하루 6개
1등급
영어독해

전국연합학력평가 기출 **고2**

📀 정답과 해설은 EBS*i* 사이트(www.ebsi.co.kr)에서 다운로드 받으실 수 있습니다.

| 교재 내용 문의 | 교재 내용 문의는 EBS*i* 사이트 (www.ebsi.co.kr)의 교재 Q&A 서비스를 활용하시기 바랍니다. | 교재 정오표 공지 | 발행 이후 발견된 정오 사항을 EBS*i* 사이트 정오표 코너에서 알려 드립니다.
교재 ▶ 교재 자료실 ▶ 교재 정오표 | 교재 정정 신청 | 공지된 정오 내용 외에 발견된 정오 사항이 있다면 EBS*i* 사이트를 통해 알려 주세요.
교재 ▶ 교재 정정 신청 |

고교 내신 대비 EBS Line Up

고등학교 0학년 필수 교재
고등예비과정

국어, 영어, 수학, 한국사, 사회, 과학 6책

모든 교과서를 한 권으로,
교육과정 필수 내용을 빠르고 쉽게!

국어 · 영어 · 수학 내신 + 수능 기본서
올림포스

국어, 영어, 수학 16책

내신과 수능의 기초를 다지는 기본서
학교 수업과 보충 수업용 선택 No.1

국어 · 영어 · 수학 개념+기출 기본서
올림포스
전국연합학력평가
기출문제집

국어, 영어, 수학 8책

개념과 기출을 동시에 잡는 신개념 기본서
최신 학력평가 기출문제 완벽 분석

한국사 · 사회 · 과학 개념 학습 기본서
개념완성

한국사, 사회, 과학 19책

한 권으로 완성하는 한국사, 탐구영역의 개념
부가 자료와 수행평가 학습자료 제공

수준에 따라 선택하는 영어 특화 기본서
영어 POWER 시리즈

Grammar POWER 3책
Reading POWER 4책
Listening POWER 2책
Voca POWER 2책

원리로 익히는 국어 특화 기본서
국어 독해의 원리

현대시, 현대 소설, 고전 시가, 고전 산문,
독서 5책

국어 문법의 원리

수능 국어 문법, 수능 국어 문법 180제 2책

유형별 문항 연습부터 고난도 문항까지
올림포스 유형편

수학(상), 수학(하), 수학 I, 수학 II,
확률과 통계, 미적분 6책

올림포스 고난도

수학(상), 수학(하), 수학 I, 수학 II,
확률과 통계, 미적분 6책

최다 문항 수록 수학 특화 기본서
수학의 왕도

수학(상), 수학(하), 수학 I, 수학 II,
확률과 통계, 미적분 6책

개념의 시각화 + 세분화된 문항 수록
기초에서 고난도 문항까지 계단식 학습

단기간에 끝내는 내신
단기 특강

국어, 영어, 수학 8책

얇지만 확실하게, 빠르지만 강하게!
내신을 완성시키는 문항 연습

하루 6개
1등급
영어독해

전국연합학력평가 기출 **고2**

이 책의
구성과 특징

본 교재는 대학수학능력시험을 준비하는 고2 예비 수험생들이 영어 영역 1등급 목표 달성을 위해 하루 6개의 문항을 1주일에 5일씩 5주간 풀어 보며 실력을 향상할 수 있도록 전국연합학력평가에서 총 150문항을 선제하여 구성한 기출 유형서입니다. 최근 7개년간의 문항 중 등급을 가르는 최고 오답률의 유형을 중심으로 엄선하여 매일 집중하여 학습할 수 있도록 구성하였습니다.

본문

Preview

한 주간 학습하게 될 30문항에 대하여 각 Day 별로 문항 유형, 오답률, 출처, 난도 그리고 모듈 설명 및 출제 경향 등을 제시하여 학습의 길잡이가 될 수 있도록 하였습니다.

Word Preview

한 주간의 학습에서 다루게 될 어휘를 미리 확인 및 학습할 수 있도록 제시하였습니다.

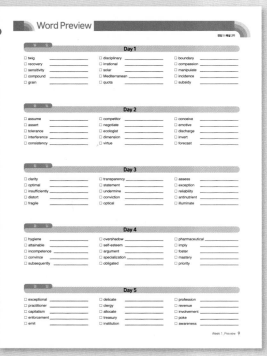

Day

하루 6문항씩 학습하도록 구성하였고, 풀이 포인트 에 문항 정보와 효과적인 문항 접근 방법을 제시하여 학습에 도움을 주고자 하였습니다. 목표 풀이 시간을 제시하고 풀이 시작 시간과 종료 시간을 기입하도록 하여 문항을 해결하는 데 걸린 시간을 확인하며 속도를 점검할 수 있도록 하였습니다.

＊목표 풀이 시간은 유형 및 난이도를 고려하여 제시한 것이므로 참고용으로만 활용하세요.

Daily Review

하루 동안 학습한 문항에 대한 중요 어휘와 핵심 문법을 복습할 수 있도록 구성하였습니다.

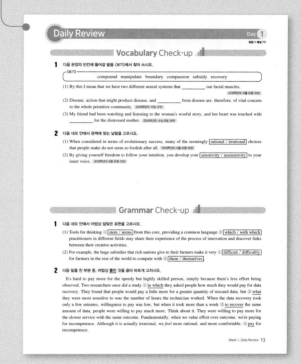

정답과 해설

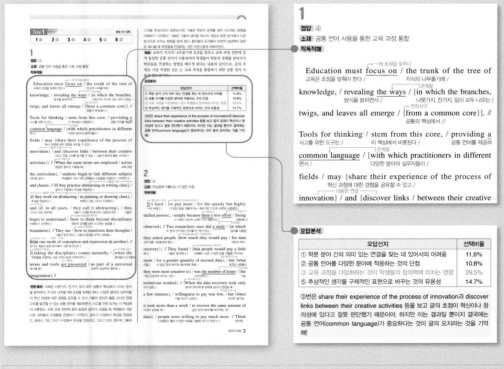

직독직해

지문마다 끊어 읽기와 첨삭 설명을 넣어 내용을 직관적으로 이해할 수 있도록 생생한 해설을 제공하였습니다.

오답분석

최다 선택 오답을 표시하고 오답을 선택하게 된 이유를 제시하면서, 매력적인 오답을 피해 가는 방법에 대한 가이드를 제시하였습니다.

본문과 해설의 오답률은 EBSi 사이트의 이용자 자료를 바탕으로 제시한 자료로써, 데이터 수집 시점과 기준에 따라 수치가 다소 불일치하는 부분이 있고, 시험별 오답률 TOP15에 포함되지 않은 문항에는 오답률이 기재되어 있지 않다는 점을 참고하여 활용하시기 바랍니다.

목차
Contents

학습계획표

○ 계획적인 학습 - 매일매일 일정한 분량을 꾸준히 공부하세요.

○ 학습 체크 - 학습하고 나서 Day 아래에 있는 □에 ✓표 하고 '학습한 날짜'도 기록해 보세요.

Week 1	Day 1 □	Day 2 □	Day 3 □	Day 4 □	Day 5 □
	월 일	월 일	월 일	월 일	월 일

Week 2	Day 6 □	Day 7 □	Day 8 □	Day 9 □	Day 10 □
	월 일	월 일	월 일	월 일	월 일

Week 3	Day 11 □	Day 12 □	Day 13 □	Day 14 □	Day 15 □
	월 일	월 일	월 일	월 일	월 일

Week 4	Day 16 □	Day 17 □	Day 18 □	Day 19 □	Day 20 □
	월 일	월 일	월 일	월 일	월 일

Week 5	Day 21 □	Day 22 □	Day 23 □	Day 24 □	Day 25 □
	월 일	월 일	월 일	월 일	월 일

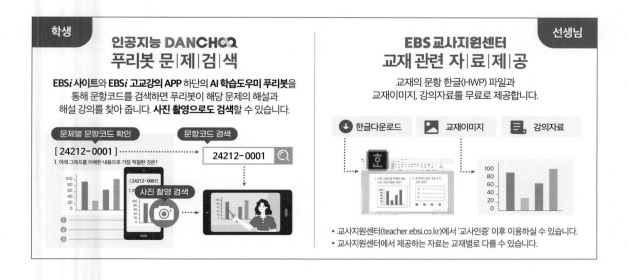

학생

인공지능 DANCHOQ
푸리봇 문|제|검|색

EBS*i* 사이트와 EBS*i* 고교강의 APP 하단의 AI 학습도우미 푸리봇을 통해 문항코드를 검색하면 푸리봇이 해당 문제의 해설과 해설 강의를 찾아 줍니다. **사진 촬영으로도 검색**할 수 있습니다.

문제별 문항코드 확인

[24212-0001]

문항코드 검색

24212-0001

사진 촬영 검색

선생님

EBS 교사지원센터
교재 관련 자|료|제|공

교재의 문항 한글(HWP) 파일과 교재이미지, 강의자료를 무료로 제공합니다.

↓ 한글다운로드   🖼 교재이미지   ☰, 강의자료

• 교사지원센터(teacher.ebsi.co.kr)에서 '교사인증' 이후 이용하실 수 있습니다.

• 교사지원센터에서 제공하는 자료는 교재별로 다를 수 있습니다.

하루 6개
1등급 영어독해
(고2)

(2023학년도 6월 학평) ~ (2022학년도 6월 학평)

일차	문항 번호	유형	오답률	출처		난도
Day 1	1	주제	66.6%	2023학년도 고2 전국연합 학력평가 6월	23번	★★★★★
	2	빈칸 추론(짧은 어구)	62.6%		32번	★★★★
	3	빈칸 추론(긴 어구)	73.8%		34번	★★★★★
	4	주어진 문장의 적합한 위치	54.8%		38번	★★★
	5	주어진 문장의 적합한 위치	63.1%		39번	★★★★
	6	어휘	63.5%		30번	★★★★
Day 2	1	함축 의미	49.2%	2023학년도 고2 전국연합 학력평가 3월	21번	★★★
	2	빈칸 추론(한 단어)	72.8%		31번	★★★★★
	3	빈칸 추론(긴 어구)	59.6%		34번	★★★★
	4	주어진 문장의 적합한 위치	70.3%		38번	★★★★★
	5	문단 요약	52.1%		40번	★★★
	6	어휘	59.0%		30번	★★★★
Day 3	1	주장	58.8%	2022학년도 고2 전국연합 학력평가 11월	20번	★★★
	2	빈칸 추론(짧은 어구)	64.1%		33번	★★★★
	3	빈칸 추론(긴 어구)	62.3%		34번	★★★★
	4	글의 순서	70.3%		36번	★★★★★
	5	주어진 문장의 적합한 위치	67.9%		38번	★★★★
	6	어휘	71.8%		30번	★★★★★
Day 4	1	제목	53.6%	2022학년도 고2 전국연합 학력평가 9월	24번	★★★
	2	빈칸 추론(짧은 어구)	60.2%		32번	★★★★
	3	글의 순서	57.2%		37번	★★★
	4	어휘	55.5%		30번	★★★
	5	1지문 2문항(제목)	64.8%		41번	★★★★
	6	1지문 2문항(어휘)	66.4%		42번	★★★★★
Day 5	1	함축 의미	49.7%	2022학년도 고2 전국연합 학력평가 6월	21번	★★★
	2	빈칸 추론(짧은 어구)	71.6%		33번	★★★★★
	3	빈칸 추론(긴 어구)	71.6%		34번	★★★★★
	4	글의 순서	60.3%		36번	★★★★
	5	주어진 문장의 적합한 위치	55.9%		38번	★★★
	6	어법	57.3%		29번	★★★

모듈 정리

모듈 1 대의 파악

◉ 모듈 설명
대의 파악 모듈은 글을 읽고 전체적인 내용을 이해, 추론하는 능력을 측정하는 유형의 문항들을 가리킵니다. 대의 파악 유형 문항에서는 필자의 주장과 글의 주제와 같은 핵심 내용을 직접적으로 알려 주는 결정적인 문장이 있는 경우가 많으며, 그 문장을 잘 찾아서 정확히 이해하는 능력을 평가합니다.

◉ 유형 분류
글의 목적, 심경 변화, 필자의 주장, 함축 의미, 글의 요지, 주제, 그리고 제목 유형을 포함하며, 흔히 모의고사 18번에서 24번까지가 이 유형에 해당합니다.

◉ 출제 경향
전반적으로는 쉬운 유형으로 분류되는 편이지만, 최근 '밑줄 친 표현의 함축 의미 추론' 문제의 등장과 함께 한두 문제의 난도 높은 문항이 출제되고 있습니다. 왼쪽 표에서 색칠된 문제들이 대표적인 최근의 고난도 대의 파악 유형 문제입니다.

◉ 만점 전략
글의 핵심을 드러내고 강조하기 위해 사용하는 표현에 주목하세요!
- 예1 역접이나 결과의 연결 어구 이후의 문장에 주목하기
- 예2 나열한 예시를 정리, 요약하는 문장에 주목하기
- 예3 명령문 및 should, must, need 등의 조동사를 포함한 문장에 주목하기
- 예4 강조를 나타내는 표현 및 반복되는 어구에 주목하기

Word Preview

정답과 해설 2쪽

Day 1

- ☐ twig _____
- ☐ recovery _____
- ☐ sensitivity _____
- ☐ compound _____
- ☐ grain _____

- ☐ disciplinary _____
- ☐ irrational _____
- ☐ solar _____
- ☐ Mediterranean _____
- ☐ quota _____

- ☐ boundary _____
- ☐ compassion _____
- ☐ manipulate _____
- ☐ incidence _____
- ☐ subsidy _____

Day 2

- ☐ assume _____
- ☐ assert _____
- ☐ tolerance _____
- ☐ interference _____
- ☐ consistency _____

- ☐ competitor _____
- ☐ negotiate _____
- ☐ ecologist _____
- ☐ dimension _____
- ☐ virtue _____

- ☐ conceive _____
- ☐ emotive _____
- ☐ discharge _____
- ☐ invert _____
- ☐ forecast _____

Day 3

- ☐ clarity _____
- ☐ optimal _____
- ☐ insufficiently _____
- ☐ distort _____
- ☐ fragile _____

- ☐ transparency _____
- ☐ statement _____
- ☐ undermine _____
- ☐ conviction _____
- ☐ optical _____

- ☐ assess _____
- ☐ exception _____
- ☐ reliability _____
- ☐ antinutrient _____
- ☐ illuminate _____

Day 4

- ☐ hygiene _____
- ☐ attainable _____
- ☐ incompetence _____
- ☐ convince _____
- ☐ subsequently _____

- ☐ overshadow _____
- ☐ self-esteem _____
- ☐ argument _____
- ☐ specialization _____
- ☐ obligated _____

- ☐ pharmaceutical _____
- ☐ imply _____
- ☐ foster _____
- ☐ mastery _____
- ☐ priority _____

Day 5

- ☐ exceptional _____
- ☐ practitioner _____
- ☐ capitalism _____
- ☐ enforcement _____
- ☐ emit _____

- ☐ delicate _____
- ☐ clergy _____
- ☐ allocate _____
- ☐ treasury _____
- ☐ institution _____

- ☐ profession _____
- ☐ revenue _____
- ☐ involvement _____
- ☐ poke _____
- ☐ awareness _____

Day 1 Week 1

1
2023학년도 6월 학평 23번 [24212-0001]

다음 글의 주제로 가장 적절한 것은?

Education must focus on the trunk of the tree of knowledge, revealing the ways in which the branches, twigs, and leaves all emerge from a common core. Tools for thinking stem from this core, providing a common language with which practitioners in different fields may share their experience of the process of innovation and discover links between their creative activities. When the same terms are employed across the curriculum, students begin to link different subjects and classes. If they practice abstracting in writing class, if they work on abstracting in painting or drawing class, and if, in all cases, they call it abstracting, they begin to understand how to think beyond disciplinary boundaries. They see how to transform their thoughts from one mode of conception and expression to another. Linking the disciplines comes naturally when the terms and tools are presented as part of a universal imagination.

① difficulties in finding meaningful links between disciplines
② drawbacks of applying a common language to various fields
③ effects of diversifying the curriculum on students' creativity
④ necessity of using a common language to integrate the curriculum
⑤ usefulness of turning abstract thoughts into concrete expressions

2
2023학년도 6월 학평 32번 [24212-0002]

다음 빈칸에 들어갈 말로 가장 적절한 것은?

It's hard to pay more for the speedy but highly skilled person, simply because there's less effort being observed. Two researchers once did a study in which they asked people how much they would pay for data recovery. They found that people would pay a little more for a greater quantity of rescued data, but what they were most sensitive to was the number of hours the technician worked. When the data recovery took only a few minutes, willingness to pay was low, but when it took more than a week to recover the same amount of data, people were willing to pay much more. Think about it: They were willing to pay more for the slower service with the same outcome. Fundamentally, when we _____, we're paying for incompetence. Although it is actually irrational, we *feel* more rational, and more comfortable, paying for incompetence.

① prefer money to time
② ignore the hours put in
③ value effort over outcome
④ can't stand any malfunction
⑤ are biased toward the quality

모듈/유형 대의 파악 / 주제　오답률 66.6%
난도 ★★★★★　목표 풀이 시간 2분 00초

풀이포인트 교육을 나무에 비유하면서 common core를 언급했는데, 이것이 결국 common language와 연결되지? 학생들이 서로 다른 과목들과 수업들을 연결하면서 학문의 경계를 넘어설 수 있도록 하려면 결국 교육 과정에 필요한 것이 무엇이라고 필자가 말하고 있는지를 잘 생각해 봐.

모듈/유형 상호 작용 / 빈칸 추론(짧은 어구)　오답률 62.6%
난도 ★★★★　목표 풀이 시간 2분 10초

풀이포인트 사람들이 일을 맡기는 사람들의 실력을 기준으로 하지 않고 단순히 시간이 오래 걸리면 돈을 더 지불할 의사를 갖게 되는데, 시간이 오래 걸린다는 건 그 사람의 능력이 오히려 떨어진다는 거잖아. 따라서 무능함을 택했다는 건 그 사람의 실력이 드러나는 결과물이 아니라 단순히 걸린 시간이 오랜 사람을 택했다는 의미이므로, 이와 연결되는 선택지가 무엇인지를 잘 생각해 봐!

3

다음 빈칸에 들어갈 말로 가장 적절한 것은?

Many people look for safety and security in popular thinking. They figure that if a lot of people are doing something, then it must be right. It must be a good idea. If most people accept it, then it probably represents fairness, equality, compassion, and sensitivity, right? Not necessarily. Popular thinking said the earth was the center of the universe, yet Copernicus studied the stars and planets and proved mathematically that the earth and the other planets in our solar system revolved around the sun. Popular thinking said surgery didn't require clean instruments, yet Joseph Lister studied the high death rates in hospitals and introduced antiseptic practices that immediately saved lives. Popular thinking said that women shouldn't have the right to vote, yet people like Emmeline Pankhurst and Susan B. Anthony fought for and won that right. We must always remember _____. People may say that there's safety in numbers, but that's not always true.

*antiseptic: 멸균의

① majority rule should be founded on fairness
② the crowd is generally going in the right direction
③ the roles of leaders and followers can change at any time
④ people behave in a different fashion to others around them
⑤ there is a huge difference between acceptance and intelligence

모듈/유형	상호 작용 / 빈칸 추론(긴 어구)	오답률	73.8%
난도	★★★★★	목표 풀이 시간	2분 20초

풀이 포인트 지구와 태양계의 다른 행성들이 태양 주위를 돈다는 것, 수술 시 깨끗한 수술 도구가 필요하다는 것, 여성들도 투표권을 가져야 한다는 것 등의 예시를 통해 필자가 하고자 하는 말은 무엇일까?

4

글의 흐름으로 보아, 주어진 문장이 들어가기에 가장 적절한 곳은?

> Rather, we have to create a situation that doesn't actually occur in the real world.

The fundamental nature of the experimental method is manipulation and control. Scientists manipulate a variable of interest, and see if there's a difference. At the same time, they attempt to control for the potential effects of all other variables. The importance of controlled experiments in identifying the underlying causes of events cannot be overstated. (①) In the real-uncontrolled-world, variables are often correlated. (②) For example, people who take vitamin supplements may have different eating and exercise habits than people who don't take vitamins. (③) As a result, if we want to study the health effects of vitamins, we can't merely observe the real world, since any of these factors (the vitamins, diet, or exercise) may affect health. (④) That's just what scientific experiments do. (⑤) They try to separate the naturally occurring relationship in the world by manipulating one specific variable at a time, while holding everything else constant.

모듈/유형	간접 쓰기 / 주어진 문장의 적합한 위치	오답률	54.8%
난도	★★★	목표 풀이 시간	1분 50초

풀이 포인트 실험에서 중요한 것은 조작과 통제인데 예시에서 보듯이 변인을 통제하는 것이 매우 어렵다고 했지? 그러니까 변인을 통제하기 위해 무엇이 필요한지 생각해 보면 주어진 문장의 위치를 파악하는 데 도움이 될 거야.

5 2023학년도 6월 학평 39번 [24212-0005]

글의 흐름으로 보아, 주어진 문장이 들어가기에 가장 적절한 곳은?

> These healthful, non-nutritive compounds in plants provide color and function to the plant and add to the health of the human body.

Why do people in the Mediterranean live longer and have a lower incidence of disease? Some people say it's because of what they eat. Their diet is full of fresh fruits, fish, vegetables, whole grains, and nuts. Individuals in these cultures drink red wine and use great amounts of olive oil. Why is that food pattern healthy? (①) One reason is that they are eating a palette of colors. (②) More and more research is surfacing that shows us the benefits of the thousands of colorful "phytochemicals" (*phyto*=plant) that exist in foods. (③) Each color connects to a particular compound that serves a specific function in the body. (④) For example, if you don't eat purple foods, you are probably missing out on anthocyanins, important brain protection compounds. (⑤) Similarly, if you avoid green-colored foods, you may be lacking chlorophyll, a plant antioxidant that guards your cells from damage.

*antioxidant: 산화 방지제

6 2023학년도 6월 학평 30번 [24212-0006]

다음 글의 밑줄 친 부분 중, 문맥상 낱말의 쓰임이 적절하지 <u>않은</u> 것은?

Over the past several decades, there have been some agreements to reduce the debt of poor nations, but other economic challenges (like trade barriers) ① <u>remain</u>. Nontariff trade measures, such as quotas, subsidies, and restrictions on exports, are increasingly prevalent and may be enacted for policy reasons having nothing to do with trade. However, they have a ② <u>discriminatory</u> effect on exports from countries that lack the resources to comply with requirements of nontariff measures imposed by rich nations. For example, the huge subsidies that ③ <u>poor</u> nations give to their farmers make it very difficult for farmers in the rest of the world to compete with them. Another example would be domestic health or safety regulations, which, though not specifically targeting imports, could ④ <u>impose</u> significant costs on foreign manufacturers seeking to conform to the importer's market. Industries in developing markets may have more ⑤ <u>difficulty</u> absorbing these additional costs.

*nontariff: 비관세의 **subsidy: 보조금

모듈/유형 간접 쓰기 / 주어진 문장의 적합한 위치 **오답률** 63.1%

난도 ★★★★ **목표 풀이 시간** 2분 10초

풀이 포인트 주어진 문장에서 These healthful, non-nutritive compounds 는 무엇을 지칭할까? 그리고 ③번 뒤 문장의 Each color는 바로 주어진 문장에서 언급한 color를 말하고, 이 색깔이 특정 화합물과 연결된다고 설명하는 흐름이지. 대명사 등을 활용해 순서를 대략적으로 파악하고 다시 앞뒤 문장을 읽어 보면서 정확한 순서를 다시 한번 확인하는 것이 이 유형을 해결하는 데 필요한 전략이야.

모듈/유형 문법 · 어휘 / 어휘 **오답률** 63.5%

난도 ★★★★ **목표 풀이 시간** 2분 00초

풀이 포인트 가난한 나라를 위한 노력이 그동안 있었음에도 부유한 국가들에 의해 부과된 비관세 조치가 오히려 자원이 부족한 국가들의 수출에 차별적인 효과를 가진다고 했지? 이에 대한 예시를 들었으니까 막대한 보조금(huge subsidies)을 부과한 것은 부자인 나라일지 아니면 가난한 나라일지를 잘 생각해 봐!

Vocabulary Check-up

1 다음 문장의 빈칸에 들어갈 말을 〈보기〉에서 찾아 쓰시오.

〈보기〉
compound   manipulate   boundary   compassion   subsidy   recovery

(1) By this I mean that we have two different neural systems that _____ our facial muscles.

2019학년도 6월 모평 39번

(2) Disease, action that might produce disease, and _____ from disease are, therefore, of vital concern to the whole primitive community.   2018학년도 수능 37번

(3) My friend had been watching and listening to the woman's woeful story, and her heart was touched with _____ for the distressed mother.   2014학년도 수능 B형 26번

2 다음 네모 안에서 문맥에 맞는 낱말을 고르시오.

(1) When considered in terms of evolutionary success, many of the seemingly rational / irrational choices that people make do not seem so foolish after all.   2018학년도 6월 모평 40번

(2) By giving yourself freedom to follow your intuition, you develop your sensitivity / insensitivity to your inner voice.   2016학년도 6월 모평 20번

Grammar Check-up

1 다음 네모 안에서 어법상 알맞은 표현을 고르시오.

(1) Tools for thinking ① stem / stems from this core, providing a common language ② which / with which practitioners in different fields may share their experience of the process of innovation and discover links between their creative activities.

(2) For example, the huge subsidies that rich nations give to their farmers make it very ① difficult / difficultly for farmers in the rest of the world to compete with ② them / themselves .

2 다음 밑줄 친 부분 중, 어법상 틀린 것을 골라 바르게 고치시오.

It's hard to pay more for the speedy but highly skilled person, simply because there's less effort being observed. Two researchers once did a study ① in which they asked people how much they would pay for data recovery. They found that people would pay a little more for a greater quantity of rescued data, but ② what they were most sensitive to was the number of hours the technician worked. When the data recovery took only a few minutes, willingness to pay was low, but when it took more than a week ③ to recover the same amount of data, people were willing to pay much more. Think about it: They were willing to pay more for the slower service with the same outcome. Fundamentally, when we value effort over outcome, we're paying for incompetence. Although it is actually irrational, we *feel* more rational, and more comfortable, ④ pay for incompetence.

1 2023학년도 3월 학평 21번 [24212-0007]

밑줄 친 helping move the needle forward가 다음 글에서 의미하는 바로 가장 적절한 것은?

Everyone's heard the expression *don't let the perfect become the enemy of the good*. If you want to get over an obstacle so that your idea can become the solution-based policy you've long dreamed of, you can't have an all-or-nothing mentality. You have to be willing to alter your idea and let others influence its outcome. You have to be okay with the outcome being a little different, even a little *less*, than you wanted. Say you're pushing for a clean water act. Even if what emerges isn't as well-funded as you wished, or doesn't match how you originally conceived the bill, you'll have still succeeded in ensuring that kids in troubled areas have access to clean water. That's what counts, that *they* will be safer because of your idea and your effort. Is it perfect? No. Is there more work to be done? Absolutely. But in almost every case, helping move the needle forward is vastly better than not helping at all.

① spending time and money on celebrating perfection
② suggesting cost-saving strategies for a good cause
③ making a difference as best as the situation allows
④ checking your resources before altering the original goal
⑤ collecting donations to help the education of poor children

모듈/유형 대의 파악 / 함축 의미	오답률 49.2%
난도 ★★★	목표 풀이 시간 1분 50초

풀이 포인트 전부 아니면 전무라고 여기는 완벽주의적인 사고방식을 가지지 말고, 원하는 결과가 설령 안 나와도 괜찮다고 여길 수 있어야 한다는 이 글의 핵심 내용을 이해하는 것이 문제 풀이의 포인트가 될 수 있어. 필자는 원래 가지고 있던 목표를 완벽하게 달성하지 못하더라도, 아이디어를 가지고 노력해서 주어진 상황을 더 낫게 만드는 것이 중요하다고 보고 있거든. 비교 구문이 포함된 마지막 문장이 의미하는 바를 글의 전체 맥락에서 잘 생각해 봐.

2 2023학년도 3월 학평 31번 [24212-0008]

다음 빈칸에 들어갈 말로 가장 적절한 것은?

Free play is nature's means of teaching children that they are not _____. In play, away from adults, children really do have control and can practice asserting it. In free play, children learn to make their own decisions, solve their own problems, create and follow rules, and get along with others as equals rather than as obedient or rebellious subordinates. In active outdoor play, children deliberately dose themselves with moderate amounts of fear and they thereby learn how to control not only their bodies, but also their fear. In social play children learn how to negotiate with others, how to please others, and how to manage and overcome the anger that can arise from conflicts. None of these lessons can be taught through verbal means; they can be learned only through experience, which free play provides.

*rebellious: 반항적인

① noisy
② sociable
③ complicated
④ helpless
⑤ selective

모듈/유형 상호 작용 / 빈칸 추론(한 단어)	오답률 72.8%
난도 ★★★★★	목표 풀이 시간 2분 20초

풀이 포인트 자유 놀이를 통해서 아이들이 어떤 것들을 배울 수 있을지 찾아봐. children really do have control and can practice asserting it과 children learn to make their own decisions, solve their own problems, create and follow rules, and get along with others as equals. 그리고 they thereby learn how to control not only their bodies, but also their fear 등이 나열되어 있지. 그러면, 이것들을 종합해서 고려할 때 한마디로 아이들은 자유 놀이에서 어떤 것을 배운다고 할 수 있을까? 특히 조심해야 하는 것은 빈칸 앞에 부정어 not이 있다는 거야. 이럴 땐 not까지 꼭 포함해서 적절한 의미를 가진 단어를 골라야 해!

3 [24212-0009]

다음 빈칸에 들어갈 말로 가장 적절한 것은?

It seems natural to describe certain environmental conditions as 'extreme', 'harsh', 'benign' or 'stressful'. It may seem obvious when conditions are 'extreme': the midday heat of a desert, the cold of an Antarctic winter, the salinity of the Great Salt Lake. But this only means that these conditions are extreme *for us*, given our particular physiological characteristics and tolerances. To a cactus there is nothing extreme about the desert conditions in which cacti have evolved; nor are the icy lands of Antarctica an extreme environment for penguins. It is lazy and dangerous for the ecologist to assume that _____. Rather, the ecologist should try to gain a worm's-eye or plant's-eye view of the environment: to see the world as others see it. Emotive words like harsh and benign, even relativities such as hot and cold, should be used by ecologists only with care.

*benign: 온화한 **salinity: 염도

① complex organisms are superior to simple ones
② technologies help us survive extreme environments
③ ecological diversity is supported by extreme environments
④ all other organisms sense the environment in the way we do
⑤ species adapt to environmental changes in predictable ways

모듈/유형	상호 작용 / 빈칸 추론(긴 어구)	오답률	59.6%
난도	★★★★	목표 풀이 시간	2분 10초

풀이포인트 어떤 특정한 환경 조건을 우리가 가진 기준으로는 '극심한', '혹독한', '온화한' 또는 '스트레스를 주는'이라고 묘사하는 것이 당연해 보이잖아. 그런데 선인장에게 사막 환경, 그리고 펭귄에게 남극이라는 환경은 어떨까? 그들에게도 자신들이 처한 환경이 극심한 환경일까? 그렇지 않겠지. 그들은 주어진 환경에 잘 적응해서 살고 있잖아. 그렇다면 이러한 맥락에서 볼 때, 생태학자가 어떤 것을 추정하는 것이 나태하고 위험하다고 볼 수 있을지 한번 생각해 봐. 그게 이 문제의 포인트니까.

4 [24212-0010]

글의 흐름으로 보아, 주어진 문장이 들어가기에 가장 적절한 곳은?

In the electric organ the muscle cells are connected in larger chunks, which makes the total current intensity larger than in ordinary muscles.

Electric communication is mainly known in fish. The electric signals are produced in special electric organs. When the signal is discharged the electric organ will be negatively loaded compared to the head and an electric field is created around the fish. (①) A weak electric current is created also in ordinary muscle cells when they contract. (②) The fish varies the signals by changing the form of the electric field or the frequency of discharging. (③) The system is only working over small distances, about one to two meters. (④) This is an advantage since the species using the signal system often live in large groups with several other species. (⑤) If many fish send out signals at the same time, the short range decreases the risk of interference.

모듈/유형	간접 쓰기 / 주어진 문장의 적합한 위치	오답률	70.3%
난도	★★★★★	목표 풀이 시간	2분 20초

풀이포인트 주어진 문장은 전기 기관 안에서 더 큰 덩어리로 연결되어 있는 근육 세포로 인해 총 전류 강도가 어떤 근육에서보다 더 커진다고 했지? which 이하에서 언급한 ordinary muscles에서보다 더 커진다고 했지? 그렇다면 주어진 문장 앞에는 그 비교 대상인 ordinary muscle cells에서 발생한 전류를 언급하는 문장이 나오지 않을까? 거기서부터 이 문제 풀이의 실마리를 찾아봐!

5

다음 글의 내용을 한 문장으로 요약하고자 한다. 빈칸 (A), (B)에 들어갈 말로 가장 적절한 것은?

A young child may be puzzled when asked to distinguish between the directions of right and left. But that same child may have no difficulty in determining the directions of up and down or back and front. Scientists propose that this occurs because, although we experience three dimensions, only two had a strong influence on our evolution: the vertical dimension as defined by gravity and, in mobile species, the front/back dimension as defined by the positioning of sensory and feeding mechanisms. These influence our perception of vertical versus horizontal, far versus close, and the search for dangers from above (such as an eagle) or below (such as a snake). However, the left-right axis is not as relevant in nature. A bear is equally dangerous from its left or the right side, but not if it is upside down. In fact, when observing a scene containing plants, animals, and man-made objects such as cars or street signs, we can only tell when left and right have been inverted if we observe those artificial items.   *axis: 축

↓

Having affected the evolution of our   (A)   perception, vertical and front/back dimensions are easily perceived, but the left-right axis, which is not   (B)   in nature, doesn't come instantly to us.

	(A)		(B)
①	spatial	·····	significant
②	spatial	·····	scarce
③	auditory	·····	different
④	cultural	·····	accessible
⑤	cultural	·····	desirable

모듈/유형 간접 쓰기 / 문단 요약   **오답률** 52.1%

난도 ★★★   **목표 풀이 시간** 1분 50초

풀이 포인트 the directions of right and left와 the directions of up and down or back and front를 알아내기 위해서 인간은 어떤 지각 능력이 필요할지를 잘 생각해 보면 빈칸 (A)에 들어갈 말을 찾을 수 있을 거야. 그리고 빈칸 (B)는 곰이 우리의 왼편에 있든 오른편에 있든 똑같이 위험한 것처럼, 자연에서는 좌우를 구분하는 것이 그리 중요하지 않다는 점을 파악하는 것이 포인트야. 참, (B) 앞에 부정어 not이 있으므로, 그것까지 고려해서 정답을 선택해야 해.

6

다음 글의 밑줄 친 부분 중, 문맥상 낱말의 쓰임이 적절하지 <u>않은</u> 것은?

Robert Blattberg and Steven Hoch noted that, in a changing environment, it is not clear that consistency is always a virtue and that one of the advantages of human judgment is the ability to detect change. Thus, in changing environments, it might be ① <u>advantageous</u> to combine human judgment and statistical models. Blattberg and Hoch examined this possibility by having supermarket managers forecast demand for certain products and then creating a composite forecast by averaging these judgments with the forecasts of statistical models based on ② <u>past</u> data. The logic was that statistical models ③ <u>deny</u> stable conditions and therefore cannot account for the effects on demand of novel events such as actions taken by competitors or the introduction of new products. Humans, however, can ④ <u>incorporate</u> these novel factors in their judgments. The composite — or average of human judgments and statistical models — proved to be more ⑤ <u>accurate</u> than either the statistical models or the managers working alone.

*composite: 종합적인; 종합된 것

모듈/유형 문법 · 어휘 / 어휘   **오답률** 59.0%

난도 ★★★★   **목표 풀이 시간** 2분 00초

풀이 포인트 변화하는 환경에서는 인간의 판단과 통계 모델들을 결합할 때 더 정확하게 예측하는 것이 가능한데, 이 문제에서는 그 둘의 특성을 이해하는 것이 포인트야. 인간은 새롭게 등장하는 요인들로 인한 변화를 자신들의 판단에 통합할 수 있잖아. 하지만 저자는 통계 모델이 지난 데이터에 근거해서 예측하는 것이기 때문에 변화하는 상황들을 고려할 수 없다고 말하고 있어. 이 점을 잘 생각하면서 선택지 단어들이 적절한지 확인해 봐.

Vocabulary Check-up

1 다음 문장의 빈칸에 들어갈 말을 〈보기〉에서 찾아 쓰시오.

〈보기〉

discharge ecologist competitor dimension tolerance assume

(1) It is natural to _____ that anyone who sees an object sees everything about it — the shape, color, location, and movement. 2023학년도 수능 24번

(2) If we are to be successful in our business interactions with people who have different values and beliefs about how the world is ordered, then we must go below the surface of what it means to understand culture and attempt to see what Edward Hall calls the "hidden _____s." 2023학년도 9월 모평 20번

(3) Some coaches erroneously believe that mental skills training (MST) can only help perfect the performance of highly skilled _____s. 2018학년도 6월 모평 29번

2 다음 네모 안에서 문맥에 맞는 낱말을 고르시오.

(1) They help to convert / invert free natural resources like the sun and wind into the power that fuels our lives. 2020학년도 수능 33번

(2) However, it is now recognized that traces of mercury can appear in lakes far removed from any such industrial discharge / dispute . 2018학년도 수능 39번

Grammar Check-up

1 다음 네모 안에서 어법상 알맞은 표현을 고르시오.

(1) Free play is nature's means of teaching children ① what / that they are not helpless. In play, away from adults, children really do have control and can practice asserting ② them / it .

(2) In fact, when ① observed / observing a scene containing plants, animals, and man-made objects such as cars or street signs, we can only tell when left and right have ② been inverted / inverted if we observe those artificial items.

2 다음 밑줄 친 부분 중, 어법상 틀린 것을 골라 바르게 고치시오.

Everyone's heard the expression *don't let the perfect become the enemy of the good*. If you want to get over an obstacle so that your idea can become the solution-based policy you've long ① dreamed of, you can't have an all-or-nothing mentality. You have to be willing to alter your idea and let others ② influence its outcome. You have to be okay with the outcome ③ being a little different, even a little *less*, than you wanted. Say you're pushing for a clean water act. Even if what emerges isn't as well-funded as you wished, or doesn't match ④ what you originally conceived the bill, you'll have still succeeded in ensuring that kids in troubled areas have access to clean water.

1

2022학년도 11월 학평 20번   [24212-0013]

다음 글에서 필자가 주장하는 바로 가장 적절한 것은?

Clarity in an organization keeps everyone working in one accord and energizes key leadership components like trust and transparency. No matter who or what is being assessed in your organization, what they are being assessed on must be clear and the people must be aware of it. If individuals in your organization are assessed without knowing what they are being assessed on, it can cause mistrust and move your organization away from clarity. For your organization to be productive, cohesive, and successful, trust is essential. Failure to have trust in your organization will have a negative effect on the results of any assessment. It will also significantly hinder the growth of your organization. To conduct accurate assessments, trust is a must — which comes through clarity. In turn, assessments help you see clearer, which then empowers your organization to reach optimal success.

① 조직이 구성원에게 제공하는 보상은 즉각적이어야 한다.

② 조직의 발전을 위해 구성원은 동료의 능력을 신뢰해야 한다.

③ 조직 내 구성원의 능력에 맞는 명확한 목표를 설정해야 한다.

④ 조직의 신뢰 형성을 위해 구성원에 대한 평가 요소가 명확해야 한다.

⑤ 구성원의 의견 수용을 위해 신뢰에 기반한 조직 문화가 구축되어야 한다.

모듈/유형 대의 파악 / 주장   **오답률** 58.8%

난도 ★★★   **목표 풀이 시간** 1분 40초

풀이 포인트 얼핏 보면 trust가 글의 핵심으로 보이지만 결국 신뢰를 얻으려면 필요한 것이 무엇일까? 끝에서 두 번째 문장에서도 trust가 생기려면 결국 무엇이 필요하다고 했는지를 고민해 봐!

2

2022학년도 11월 학평 33번   [24212-0014]

다음 빈칸에 들어갈 말로 가장 적절한 것은?

Negative numbers are a lot more abstract than positive numbers — you can't see negative 4 cookies and you certainly can't eat them — but you can think about them, and you *have to*, in all aspects of daily life, from debts to contending with freezing temperatures and parking garages. Still, many of us haven't quite made peace with negative numbers. People have invented all sorts of funny little mental strategies to _____. On mutual fund statements, losses (negative numbers) are printed in red or stuck in parentheses with no negative sign to be found. The history books tell us that Julius Caesar was born in 100 B.C., not −100. The underground levels in a parking garage often have designations like B1 and B2. Temperatures are one of the few exceptions: folks do say, especially here in Ithaca, New York, that it's −5 degrees outside, though even then, many prefer to say 5 below zero. There's something about that negative sign that just looks so unpleasant.

*parentheses: 괄호

① sidestep the dreaded negative sign

② resolve stock market uncertainties

③ compensate for complicated calculating processes

④ unify the systems of expressing numbers below zero

⑤ face the truth that subtraction can create negative numbers

모듈/유형 상호 작용 / 빈칸 추론(짧은 어구)   **오답률** 64.1%

난도 ★★★★   **목표 풀이 시간** 2분 10초

풀이 포인트 사람들은 음수에 대해서 어떤 감정을 가지고 있지? 그리고 빈칸이 포함된 문장에서 사람들이 all sorts of funny little mental strategies를 사용하는 이유가 무엇 때문인지를 찾는 것이 포인트야!

3 [24212-0015]

다음 빈칸에 들어갈 말로 가장 적절한 것은?

Observational studies of humans cannot be properly controlled. Humans live different lifestyles and in different environments. Thus, they are insufficiently homogeneous to be suitable experimental subjects. These *confounding factors* undermine our ability to draw sound causal conclusions from human epidemiological surveys. Confounding factors are variables (known or unknown) that make it difficult for epidemiologists to _____. For example, Taubes argued that since many people who drink also smoke, researchers have difficulty determining the link between alcohol consumption and cancer. Similarly, researchers in the famous Framingham study identified a significant correlation between coffee drinking and coronary heart disease. However, most of this correlation disappeared once researchers corrected for the fact that many coffee drinkers also smoke. If the confounding factors are known, it is often possible to correct for them. However, if they are unknown, they will undermine the reliability of the causal conclusions we draw from epidemiological surveys.

*homogeneous: 동질적인 **epidemiological: 역학의

① distort the interpretation of the medical research results

② isolate the effects of the specific variable being studied

③ conceal the purpose of their research from subjects

④ conduct observational studies in an ethical way

⑤ refrain from intervening in their experiments

모듈/유형 상호 작용 / 빈칸 추론(긴 어구)   **오답률** 62.3%

난도 ★★★★   **목표 풀이 시간** 2분 10초

풀이 **포인트** 빈칸 문제에서는 여러 예시가 글을 이해하는 데 도움이 되는 경우가 많아. 술과 암 사이의 연관성을 알아보고 싶은데 술 마시는 사람 중 많은 흡연자가 있다던가, 커피와 심장 질환의 관계를 알고 싶은데 커피를 마시는 사람 중 많은 사람이 흡연을 한다는 것은 무엇을 의미할까? 결국 이런 사례를 통해 역학자들이 어려워하는 것이 무엇인지를 한번 생각해 봐.

4 [24212-0016]

주어진 글 다음에 이어질 글의 순서로 가장 적절한 것은?

The right to be forgotten is a right distinct from but related to a right to privacy. The right to privacy is, among other things, the right for information traditionally regarded as protected or personal not to be revealed.

(A) One motivation for such a right is to allow individuals to move on with their lives and not be defined by a specific event or period in their lives. For example, it has long been recognized in some countries, such as the UK and France, that even past criminal convictions should eventually be "spent" and not continue to affect a person's life.

(B) The right to be forgotten, in contrast, can be applied to information that has been in the public domain. The right to be forgotten broadly includes the right of an individual not to be forever defined by information from a specific point in time.

(C) Despite the reason for supporting the right to be forgotten, the right to be forgotten can sometimes come into conflict with other rights. For example, formal exceptions are sometimes made for security or public health reasons.

① (A)－(C)－(B)   ② (B)－(A)－(C)
③ (B)－(C)－(A)   ④ (C)－(A)－(B)
⑤ (C)－(B)－(A)

모듈/유형 간접 쓰기 / 글의 순서   **오답률** 70.3%

난도 ★★★★★   **목표 풀이 시간** 2분 20초

풀이 **포인트** 주어진 문장에서 잊힐 권리와 사생활 권리를 언급한 뒤 사생활 권리를 정의했으니, 그다음에는 잊힐 권리를 정의하면 자연스럽겠지? 그런 다음 (A)와 (C) 중에서 잊힐 권리를 설명하는 내용(A)과 잊힐 권리가 필요하지 않은 예외를 설명하는 내용(C) 중 무엇이 먼저 오는 것이 자연스러울지를 생각해 봐!

5

2022학년도 11월 학평 38번 [24212-0018]

글의 흐름으로 보아, 주어진 문장이 들어가기에 가장 적절한 곳은?

> It does this by making your taste buds perceive these flavors as bad and even disgusting.

In the natural world, if an animal consumes a plant with enough antinutrients to make it feel unwell, it won't eat that plant again. Intuitively, animals also know to stay away from these plants. Years of evolution and information being passed down created this innate intelligence. (①) This "intuition," though, is not just seen in animals. (②) Have you ever wondered why most children hate vegetables? (③) Dr. Steven Gundry justifies this as part of our genetic programming, our inner intelligence. (④) Since many vegetables are full of antinutrients, your body tries to keep you away from them while you are still fragile and in development. (⑤) As you grow and your body becomes stronger enough to tolerate these antinutrients, suddenly they no longer taste as bad as before.

*taste bud: 미뢰(味蕾)

모듈/유형 간접 쓰기 / 주어진 문장의 적합한 위치   **오답률** 67.9%

난도 ★★★★   **목표 풀이 시간** 2분 10초

풀이 포인트 주어진 문장에서 It과 this가 각각 가리키는 대상이 무엇일까? 채소들의 맛을 나쁘고 심지어는 역겨운 것으로 인식함으로써 어떤 행동을 취하게 될지를 생각해 보면 정답의 근거를 찾을 수 있을 거야.

6

2022학년도 11월 학평 30번 [24212-0019]

다음 글의 밑줄 친 부분 중, 문맥상 낱말의 쓰임이 적절하지 <u>않은</u> 것은?

Countershading is the process of optical flattening that provides camouflage to animals. When sunlight illuminates an object from above, the object will be brightest on top. The color of the object will gradually shade darker toward the ① <u>bottom</u>. This shading gives the object ② <u>depth</u> and allows the viewer to distinguish its shape. Thus even if an animal is exactly, but uniformly, the same color as the substrate, it will be easily ③ <u>visible</u> when illuminated. Most animals, however, are darker above than they are below. When they are illuminated from above, the darker back is lightened and the lighter belly is shaded. The animal thus appears to be a ④ <u>single</u> color and easily blends in with the substrate. This pattern of coloration, or countershading, ⑤ <u>reinforces</u> the visual impression of shape in the organism. It allows the animal to blend in with its background.

*camouflage: 위장 **substrate: 밑바탕, 기질(基質)

모듈/유형 문법 · 어휘 / 어휘   **오답률** 71.8%

난도 ★★★★★   **목표 풀이 시간** 2분 20초

풀이 포인트 마지막 문장(It allows the animal to blend in with its background.)에서 동물이 배경과 잘 섞여서 위장에 효과가 있으려면 생물체 모양의 시각적 인상이 어때야 할까? 만약에 인상이 강하다면 더 쉽게 눈에 띌 것이고 그렇다면 위장에는 도움이 되질 않겠지? 결국 시각적으로 눈에 띄지 않아야 하고 그것이 바로 카운터셰이딩의 목적이라는 점을 잘 생각해 봐.

Word Preview

정답과 해설 28쪽

Day 6

월 일

- ☐ ancestry _____
- ☐ sympathizer _____
- ☐ literary _____
- ☐ chunk _____
- ☐ status _____

- ☐ texture _____
- ☐ corridor _____
- ☐ contrasting _____
- ☐ advent _____
- ☐ primarily _____

- ☐ subordinate _____
- ☐ controversy _____
- ☐ monotony _____
- ☐ periodical _____
- ☐ novelty _____

Day 7

월 일

- ☐ liberate _____
- ☐ vivid _____
- ☐ subjectively _____
- ☐ anchor _____
- ☐ plunge _____

- ☐ establishment _____
- ☐ imposition _____
- ☐ bias _____
- ☐ subsequent _____
- ☐ inevitable _____

- ☐ stabilize _____
- ☐ contract _____
- ☐ relevance _____
- ☐ populate _____
- ☐ coexistence _____

Day 8

월 일

- ☐ erosion _____
- ☐ bland _____
- ☐ hinder _____
- ☐ debris _____
- ☐ modification _____

- ☐ invasive _____
- ☐ ingrained _____
- ☐ sustain _____
- ☐ enforce _____
- ☐ vulnerable _____

- ☐ discard _____
- ☐ thirst _____
- ☐ territory _____
- ☐ tackle _____
- ☐ biodiversity _____

Day 9

월 일

- ☐ fable _____
- ☐ superficial _____
- ☐ project _____
- ☐ negotiation _____
- ☐ moral _____

- ☐ disrupt _____
- ☐ underlying _____
- ☐ enormous _____
- ☐ impasse _____
- ☐ reinforcement _____

- ☐ stubborn _____
- ☐ layoff _____
- ☐ draft _____
- ☐ assembly _____
- ☐ consequence _____

Day 10

월 일

- ☐ attribute _____
- ☐ compromise _____
- ☐ enthusiasm _____
- ☐ festivity _____
- ☐ impulse _____

- ☐ originate _____
- ☐ perceive _____
- ☐ exploratory _____
- ☐ generalize _____
- ☐ distraction _____

- ☐ descend _____
- ☐ stimulation _____
- ☐ retain _____
- ☐ categorize _____
- ☐ collaboration _____

Day 6 Week 2

1

2022학년도 3월 학평 23번　　　　[24212-0032]

다음 글의 주제로 가장 적절한 것은?

Individual human beings differ from one another physically in a multitude of visible and invisible ways. If races — as most people define them — are real biological entities, then people of African ancestry would share a wide variety of traits while people of European ancestry would share a wide variety of *different* traits. But once we add traits that are less visible than skin coloration, hair texture, and the like, we find that the people we identify as "the same race" are less and less like one another and more and more like people we identify as "different races." Add to this point that the physical features used to identify a person as a representative of some race (e.g. skin coloration) are continuously variable, so that one cannot say where "brown skin" becomes "white skin." Although the physical differences themselves are real, the way we use physical differences to classify people into discrete races is a cultural construction.

*entity: 실체 **discrete: 별개의

① causes of physical variations among different races
② cultural differences between various races
③ social policies to overcome racism
④ importance of environmental factors in evolution
⑤ misconception about race as a biological construct

모듈/유형 대의 파악 / 주제	오답률 67.4%
난도 ★★★★	목표 풀이 시간 2분 00초

풀이 포인트 인종 간에는 피부색, 머릿결과 같은 가시적인 신체적인(생물학적) 차이가 있다고 했지? 하지만 이런 신체적 특성은 변화할 수 있으며 결국 이러한 특징들은 문화적 구성일 뿐이라는 것을 이해하는 것이 포인트야.

2

2022학년도 3월 학평 31번　　　　[24212-0033]

다음 빈칸에 들어갈 말로 가장 적절한 것은?

Around the boss, you will always find people coming across as friends, good subordinates, or even great sympathizers. But some do not truly belong. One day, an incident will blow their cover, and then you will know where they truly belong. When it is all cosy and safe, they will be there, loitering the corridors and fawning at the slightest opportunity. But as soon as difficulties arrive, they are the first to be found missing. And difficult times are the true test of _____. Dr. Martin Luther King said, "The ultimate test of a man is not where he stands in moments of comfort and convenience, but where he stands at times of challenge and controversy." And so be careful of friends who are always eager to take from you but reluctant to give back even in their little ways. If they lack the commitment to sail with you through difficult weather, then they are more likely to abandon your ship when it stops.

*loiter: 서성거리다 **fawn: 알랑거리다

① leadership
② loyalty
③ creativity
④ intelligence
⑤ independence

모듈/유형 상호 작용 / 빈칸 추론(한 단어)	오답률 67.3%
난도 ★★★★	목표 풀이 시간 2분 20초

풀이 포인트 어려운 시기에 우두머리 주변 사람 중 일부가 취하는 행동이 무엇인지 찾아봐. they are the first to be found missing, eager to take from you but reluctant to give back, more likely to abandon your ship when it stops와 같은 행동들이 의미한 바가 무엇일까? 그렇다면 어떤 사람이 어려운 시기에 이러한 행동을 할지 안 할지 '무엇'을 테스트해 봐야 할까? 잘 생각해 봐.

3 2022학년도 3월 학평 33번 [24212-0034]

다음 빈칸에 들어갈 말로 가장 적절한 것은?

According to many philosophers, there is a purely logical reason why science will never be able to explain everything. For in order to explain something, whatever it is, we need to invoke something else. But what explains the second thing? To illustrate, recall that Newton explained a diverse range of phenomena using his law of gravity. But what explains the law of gravity itself? If someone asks *why* all bodies exert a gravitational attraction on each other, what should we tell them? Newton had no answer to this question. In Newtonian science the law of gravity was a fundamental principle: it explained other things, but could not itself be explained. The moral generalizes. However much the science of the future can explain, the explanations it gives will have to make use of certain fundamental laws and principles. Since nothing can explain itself, it follows that at least some of these laws and principles _____.

*invoke: 언급하다

① govern human's relationship with nature

② are based on objective observations

③ will themselves remain unexplained

④ will be compared with other theories

⑤ are difficult to use to explain phenomena

4 2022학년도 3월 학평 37번 [24212-0035]

주어진 글 다음에 이어질 글의 순서로 가장 적절한 것은?

> There is no doubt that the length of some literary works is overwhelming. Reading or translating a work in class, hour after hour, week after week, can be such a boring experience that many students never want to open a foreign language book again.

(A) Moreover, there are some literary features that cannot be adequately illustrated by a short excerpt: the development of plot or character, for instance, with the gradual involvement of the reader that this implies; or the unfolding of a complex theme through the juxtaposition of contrasting views.

(B) Extracts provide one type of solution. The advantages are obvious: reading a series of passages from different works produces more variety in the classroom, so that the teacher has a greater chance of avoiding monotony, while still giving learners a taste at least of an author's special flavour.

(C) On the other hand, a student who is only exposed to 'bite-sized chunks' will never have the satisfaction of knowing the overall pattern of a book, which is after all the satisfaction most of us seek when we read something in our own language.

*excerpt: 발췌 **juxtaposition: 병치

① (A)−(C)−(B) ② (B)−(A)−(C)
③ (B)−(C)−(A) ④ (C)−(A)−(B)
⑤ (C)−(B)−(A)

모듈/유형 상호 작용 / 빈칸 추론(짧은 어구) **오답률** 59.1%

난도 ★★★ **목표 풀이 시간** 2분 00초

풀이 포인트 예시로 제시된 뉴턴의 중력 법칙을 보면 But what explains the law of gravity itself?, Newton had no answer to this question.과 같은 문장을 통해 중력 법칙은 설명될 수 없다는 것을 알 수 있잖아. 즉, 스스로를 설명할 수 없는 법칙과 원리는 결국 어떻게 될지를 이해하는 것이 포인트야.

모듈/유형 간접 쓰기 / 글의 순서 **오답률** 72.3%

난도 ★★★★★ **목표 풀이 시간** 2분 20초

풀이 포인트 주어진 문장이 긴 문학 작품을 읽는 것의 단점을 말하기 때문에 이에 대한 대안으로 발췌본이 언급되는 글이 바로 뒤에 오는 것이 자연스럽겠지? 하지만 거기에도 단점이 여러 가지 있기 때문에 적절한 연결사를 통해 단점들이 어떻게 언급되는지를 주목해 봐!

5

2022학년도 3월 학평 38번   [24212-0036]

글의 흐름으로 보아, 주어진 문장이 들어가기에 가장 적절한 곳은?

> For instance, the revolutionary ideas that earned Einstein his Nobel Prize — concerning the special theory of relativity and the photoelectric effect — appeared as papers in the *Annalen der Physik*.

In the early stages of modern science, scientists communicated their creative ideas largely by publishing books. (①) This modus operandi is illustrated not only by Newton's *Principia*, but also by Copernicus' *On the Revolutions of the Heavenly Spheres*, Kepler's *The Harmonies of the World*, and Galileo's *Dialogues Concerning the Two New Sciences*. (②) With the advent of scientific periodicals, such as the *Transactions of the Royal Society of London*, books gradually yielded ground to the technical journal article as the chief form of scientific communication. (③) Of course, books were not abandoned altogether, as Darwin's *Origin of Species* shows. (④) Even so, it eventually became possible for scientists to establish a reputation for their creative contributions without publishing a single book-length treatment of their ideas. (⑤) His status as one of the greatest scientists of all time does not depend on the publication of a single book.

*photoelectric effect: 광전 효과
**modus operandi: 작업 방식[절차]

6

2022학년도 3월 학평 30번   [24212-0037]

다음 글의 밑줄 친 부분 중, 문맥상 낱말의 쓰임이 적절하지 <u>않은</u> 것은?

What exactly does normal science involve? According to Thomas Kuhn it is primarily a matter of *puzzle-solving*. However successful a paradigm is, it will always ① <u>encounter</u> certain problems — phenomena which it cannot easily accommodate, or mismatches between the theory's predictions and the experimental facts. The job of the normal scientist is to try to ② <u>eliminate</u> these minor puzzles while making as few changes as possible to the paradigm. So normal science is a ③ <u>conservative</u> activity — its practitioners are not trying to make any earth-shattering discoveries, but rather just to develop and extend the existing paradigm. In Kuhn's words, 'normal science does not aim at novelties of fact or theory, and when successful finds none'. Above all, Kuhn stressed that normal scientists are not trying to *test* the paradigm. On the contrary, they accept the paradigm ④ <u>unquestioningly</u>, and conduct their research within the limits it sets. If a normal scientist gets an experimental result which ⑤ <u>corresponds</u> with the paradigm, they will usually assume that their experimental technique is faulty, not that the paradigm is wrong.

*practitioner: (어떤 일을) 실행하는 사람

모듈/유형 간접 쓰기 / 주어진 문장의 적합한 위치   **오답률** 67.4%

난도 ★★★★   **목표 풀이 시간** 2분 20초

풀이 포인트 주어진 문장이 For instance로 시작되기 때문에 책이 아닌 다른 것으로 창의적인 기여를 한다는 내용 뒤에 예시로 주어진 문장이 오면 되겠지? 그런데 ④ 뒤의 문장에서 책 한 권 길이의 출간물 없이도 창의적으로 기여한 바에 대한 명성을 세우는 것이 가능하게 되었다고 했으므로 그 문장 뒤에 예시가 오는 것이 맞을 거야.

모듈/유형 문법 · 어휘 / 어휘   **오답률** 70.0%

난도 ★★★★★   **목표 풀이 시간** 2분 20초

풀이 포인트 우선은 정상 과학의 특징을 이해하는 것이 우선이야. making as few changes as possible to the paradigm, its practitioners are not trying to make any earth-shattering discoveries, just to develop and extend the existing paradigm 등을 통해 정상 과학자들은 기존 패러다임에 변화를 주려고 하기보다는 의심하지 않고 받아들이려고 한다는 것을 이해하는 것이 포인트야.

Vocabulary Check-up

1 다음 문장의 빈칸에 들어갈 말을 〈보기〉에서 찾아 쓰시오.

〈보기〉
advent   novelty   subordinate   corridor   ancestry   chunk

(1) Employees are rated not only by their supervisors but by coworkers, clients or citizens, professionals in other agencies with whom they work, and _____s. 2022학년도 6월 모평 38번

(2) The _____ of literacy and the creation of handwritten scrolls and, eventually, handwritten books strengthened the ability of large and complex ideas to spread with high fidelity. 2019학년도 수능 38번

(3) This means blocking off a large _____ of time every day for creative work on your own priorities, with the phone and e-mail off. 2022학년도 6월 모평 21번

2 다음 네모 안에서 문맥에 맞는 낱말을 고르시오.

(1) There is something deeply paradoxical about the professional statue / status of sports journalism, especially in the medium of print. 2023학년도 수능 31번

(2) In trying to explain how different disciplines attempt to understand autobiographical memory the literal / literary critic Daniel Albright said, "Psychology is a garden, literature is a wilderness."

2023학년도 9월 모평 34번

Grammar Check-up

1 다음 네모 안에서 어법상 알맞은 표현을 고르시오.

(1) But once we add traits ① that / what are less visible than skin coloration, hair texture, and the like, we find that the people we identify as "the same race" ② is / are less and less like one another and more and more like people we identify as "different races."

(2) The advantages are obvious: reading a series of passages from different works ① produce / produces more variety in the classroom, so that the teacher has a greater chance of ② avoiding / being avoided monotony, while still giving learners a taste at least of an author's special flavour.

2 다음 밑줄 친 부분 중, 어법상 틀린 것을 골라 바르게 고치시오.

What exactly does normal science involve? According to Thomas Kuhn it is ① primarily a matter of *puzzle-solving*. ② How successful a paradigm is, it will always encounter certain problems — phenomena which it cannot easily accommodate, or mismatches between the theory's predictions and the experimental facts. The job of the normal scientist ③ is to try to eliminate these minor puzzles while making as few changes as possible to the paradigm. So normal science is a conservative activity — its practitioners are not trying to make any earth-shattering discoveries, but rather just ④ to develop and extend the existing paradigm.

1

다음 글의 제목으로 가장 적절한 것은?

The free market has liberated people in a way that Marxism never could. What is more, as A. O. Hirschman, the Harvard economic historian, showed in his classic study *The Passions and the Interests*, the market was seen by Enlightenment thinkers Adam Smith, David Hume, and Montesquieu as a powerful solution to one of humanity's greatest traditional weaknesses: violence. When two nations meet, said Montesquieu, they can do one of two things: they can wage war or they can trade. If they wage war, both are likely to lose in the long run. If they trade, both will gain. That, of course, was the logic behind the establishment of the European Union: to lock together the destinies of its nations, especially France and Germany, in such a way that they would have an overwhelming interest not to wage war again as they had done to such devastating cost in the first half of the twentieth century.

*Marxism: 마르크스주의

① Trade War: A Reflection of Human's Innate Violence
② Free Market: Winning Together over Losing Together
③ New Economic Framework Stabilizes the Free Market
④ Violence Is the Invisible Hand That Disrupts Capitalism!
⑤ How Are Governments Involved in Controlling the Market?

모듈/유형 대의 파악 / 제목	**오답률** 51.2%
난도 ★★	**목표 풀이 시간** 1분 30초

풀이 **포인트** 인간의 타고난 폭력성으로 인해 두 국가가 무조건 전쟁을 벌이던 시절에서 벗어나 두 가지 선택권, 즉 전쟁을 벌이거나 거래를 하는 것 중 하나를 선택할 수 있게 된 것은 무엇이 존재하기 때문이지? 예시로 나온 유럽 연합도 결국엔 자유 시장에서의 거래를 통해 함께 이익을 얻기 위해 생겨난 것이라는 것을 잘 생각해 봐.

2

다음 빈칸에 들어갈 말로 가장 적절한 것은?

One vivid example of how _____ is given by Dan Ariely in his book *Predictably Irrational*. He tells the story of a day care center in Israel that decided to fine parents who arrived late to pick up their children, in the hope that this would discourage them from doing so. In fact, the exact opposite happened. Before the imposition of fines, parents felt guilty about arriving late, and guilt was effective in ensuring that only a few did so. Once a fine was introduced, it seems that in the minds of the parents the entire scenario was changed from a social contract to a market one. Essentially, they were paying for the center to look after their children after hours. Some parents thought it worth the price, and the rate of late arrivals increased. Significantly, once the center abandoned the fines and went back to the previous arrangement, late arrivals remained at the high level they had reached during the period of the fines.

① people can put aside their interests for the common good
② changing an existing agreement can cause a sense of guilt
③ imposing a fine can compensate for broken social contracts
④ social bonds can be insufficient to change people's behavior
⑤ a market mindset can transform and undermine an institution

모듈/유형 상호 작용 / 빈칸 추론(긴 어구)	**오답률** 82.0%
난도 ★★★★★	**목표 풀이 시간** 2분 20초

풀이 **포인트** 일반적으로 아이를 늦게 데리러 오는 부모에게 벌금을 부과하는 것이 부모를 빨리 오게 하는 데 효과적일 것이라고 생각했지만, 오히려 정반대의 일이 일어난 거야. 즉, 늦게 도착하는 것에 대해 죄책감을 느꼈던 부모들이 벌금을 내는 것을 시장 계약의 일환으로 어린이집에 비용을 지불하는 것이라고 생각해서 오히려 늦게 도착하는 부모의 비율이 증가했다는 것이 포인트야.

3 2021학년도 11월 학평 38번   [24212-0040]

글의 흐름으로 보아, 주어진 문장이 들어가기에 가장 적절한 곳은?

> But this is a short-lived effect, and in the long run, people find such sounds too bright.

Brightness of sounds means much energy in higher frequencies, which can be calculated from the sounds easily. A violin has many more overtones compared to a flute and sounds brighter. (①) An oboe is brighter than a classical guitar, and a crash cymbal brighter than a double bass. (②) This is obvious, and indeed people like brightness. (③) One reason is that it makes sound subjectively louder, which is part of the loudness war in modern electronic music, and in the classical music of the 19th century. (④) All sound engineers know that if they play back a track to a musician that just has recorded this track and add some higher frequencies, the musician will immediately like the track much better. (⑤) So it is wise not to play back such a track with too much brightness, as it normally takes quite some time to convince the musician that less brightness serves his music better in the end.

4 2021학년도 11월 학평 29번   [24212-0041]

다음 글의 밑줄 친 부분 중, 어법상 틀린 것은?

Anchoring bias describes the cognitive error you make when you tend to give more weight to information arriving early in a situation ① compared to information arriving later — regardless of the relative quality or relevance of that initial information. Whatever data is presented to you first when you start to look at a situation can form an "anchor" and it becomes significantly more challenging ② to alter your mental course away from this anchor than it logically should be. A classic example of anchoring bias in emergency medicine is "triage bias," ③ where whatever the first impression you develop, or are given, about a patient tends to influence all subsequent providers seeing that patient. For example, imagine two patients presenting for emergency care with aching jaw pain that occasionally ④ extends down to their chest. Differences in how the intake providers label the chart — "jaw pain" vs. "chest pain," for example — ⑤ creating anchors that might result in significant differences in how the patients are treated.

*triage: 부상자 분류
**intake provider: 환자를 예진하는 의료 종사자

모듈/유형	상호 작용 / 주어진 문장의 적합한 위치	오답률	65.1%
난도	★★★★	목표 풀이 시간	2분 10초

[풀이 포인트] 주어진 문장에서 people find such sounds too bright의 결과는 무엇일까? 사람들이 높은 주파수의 소리를 좋아하기 때문에 음향 기사들은 그렇게 음악을 틀어 주지만 결국 그렇게 하지 않는 것이 현명한 이유를 설명하는 문장이 주어진 문장이야. 결과를 뜻하는 So가 정답의 힌트가 되고 있다는 점도 주목해!

모듈/유형	문법 · 어휘 / 어법	오답률	69.4%
난도	★★★★	목표 풀이 시간	2분 00초

[풀이 포인트] 독립 분사구문 compared의 사용, 내용상의 주어로 사용된 to부정사, 관계대명사와 관계부사의 구분, 주격 관계대명사 that의 수 일치, 문장 내 동사의 유무를 이해하는 것이 포인트야.

[5~6] 2021학년도 11월 학평 41~42번

다음 글을 읽고, 물음에 답하시오.

Stories populate our lives. If you are not a fan of stories, you might imagine that the best world is a world without them, where we can only see the facts in front of us. But to do this is to (a)deny how our brains work, how they are *designed* to work. Evolution has given us minds that are alert to stories and suggestion because, through many hundreds of thousands of years of natural selection, minds that can attend to stories have been more (b)successful at passing on their owners' genes.

Think about what happens, for example, when animals face one another in conflict. They rarely plunge into battle right away. No, they first try to (c)signal in all kinds of ways what the *outcome* of the battle is going to be. They puff up their chests, they roar, and they bare their fangs. Animals evolved to attend to stories and signals because these turn out to be an efficient way to navigate the world. If you and I were a pair of lions on the Serengeti, and we were trying to decide the strongest lion, it would be most (d)sensible — for both of us — to plunge straight into a conflict. It is far better for each of us to make a show of strength, to tell *the story* of how our victory is inevitable. If one of those stories is much more (e)convincing than the other, we might be able to agree on the outcome without actually having the fight.

*fang: 송곳니

5

[24212-0042]

윗글의 제목으로 가장 적절한 것은?

① The Light and Dark Sides of Storytelling
② How to Interpret Various Signals of Animals
③ Why Are We Built to Pay Attention to Stories?
④ Story: A Game Changer for Overturning a Losing Battle
⑤ Evolution: A History of Human's Coexistence with Animals

6

[24212-0043]

밑줄 친 (a)~(e) 중에서 문맥상 낱말의 쓰임이 적절하지 않은 것은?

① (a)   ② (b)   ③ (c)   ④ (d)   ⑤ (e)

모듈/유형 복합 / 1지문 2문항(제목/어휘)   **오답률** 59.6% / 61.5%

난도 ★★★ / ★★★★   **목표 풀이 시간** 3분 00초

풀이 포인트 **5** 제목 추론 문제에서는 우리가 자연 선택을 통해 이야기에 주의를 기울일 수 있는 머리를 가지게 되었다고 하였고, 이에 두 번째 단락의 예시에서 보듯이 동물들은 무조건 싸우기보다는 이야기에 주의를 기울이면서 이야기를 통해 서로를 설득하려 한다는 거야. 자연 선택을 통한 유전과 이야기를 포괄할 수 있는 선택지를 찾으면 돼.

6 어휘 문제에서는 세렝게티의 한 쌍의 사자가 누가 더 강한지를 결정하려고 할 때 곧바로 싸움을 하기보다는 이야기를 통해 오히려 싸우지 않고도 승자를 결정할 수 있다고 했지? 그 말은 아무런 이야기도 없이 곧바로 싸움을 하는 것이 좋은 생각이 아니라는 의미일 거야. 대부분의 어휘 문제는 밑줄 자리에 반의어를 넣어서 글의 전체 흐름에서 벗어나는 것을 찾아내도록 유도한다는 점을 기억한 뒤 선지들을 하나씩 읽어 보는 것이 효과적이야.

Vocabulary Check-up

1 다음 문장의 빈칸에 들어갈 말을 〈보기〉에서 찾아 쓰시오.

〈보기〉
bias subsequent inevitable anchor coexistence vivid

(1) In such a case, these people suffer from a(n) _____ social and mental trauma, leading to emotional stress and a feeling that all of a sudden they have been disassociated from what once was their identity.
2017학년도 수능 35번

(2) Although this kind of _____ might inhibit economically rational judgment in laboratory tasks, it leads us to behave in a deeply rational manner in the real world. 2014학년도 수능 B형 34번

(3) He formed special bonds with the artists he worked with and those relationships helped him capture some of his most _____ and iconic imagery. 2018학년도 수능 25번

2 다음 네모 안에서 문맥에 맞는 낱말을 고르시오.

(1) Rather than irrelevant, moral questions are fundamental to the imposition / disposition of tax.
2023학년도 9월 모평 22번

(2) As a consequence, I suspect that the number of downloads of any given scientific paper has little relevance / irrelevance to the number of times the entire article has been read from beginning to end.
2018학년도 9월 모평 38번

Grammar Check-up

1 다음 네모 안에서 어법상 알맞은 표현을 고르시오.

(1) He tells the story of a day care center in Israel that decided ① fining / to fine parents who arrived late to pick up their children, in the hope that this would discourage them ② to do / from doing so.

(2) So ① it / this is wise not to play back such a track with too much brightness, as it normally takes quite some time to convince the musician ② who / that less brightness serves his music better in the end.

2 다음 밑줄 친 부분 중, 어법상 틀린 것을 골라 바르게 고치시오.

Stories populate our lives. If you are not a fan of stories, you might imagine ① that the best world is a world without them, where we can only see the facts in front of us. But to do this ② is to deny how our brains work, how they are *designed* to work. Evolution has given us minds that are alert to stories and suggestion ③ because of, through many hundreds of thousands of years of natural selection, minds that can attend to stories have been more successful at passing on their owners' genes. Think about what happens, for example, when animals face one another in conflict. They rarely plunge into battle right away. No, they first try to signal in all kinds of ways ④ what the *outcome* of the battle is going to be.

Day 8 Week 2

1 2021학년도 9월 학평 23번 [24212-0044]

다음 글의 주제로 가장 적절한 것은?

Many marine species including oysters, marsh grasses, and fish were deliberately introduced for food or for erosion control, with little knowledge of the impacts they could have. Fish and shellfish have been intentionally introduced all over the world for aquaculture, providing food and jobs, but they can escape and become a threat to native species, ecosystem function, or livelihoods. Atlantic salmon are reared in ocean net-pens in Washington State and British Columbia. Many escape each year, and they have been recovered in both saltwater and freshwater in Washington State, British Columbia, and Alaska. Recreational fishing can also spread invasive species. Bait worms from Maine are popular throughout the country. They are commonly packed in seaweed which contains many other organisms. If the seaweed is discarded, it or the organisms on it can colonize new areas. Fishing boots, recreational boats, and trailers can pick up organisms at one location and move them elsewhere.

*aquaculture: 양식(업)

① benefits of recreational ocean fishing
② ways to maintain marine biodiversity
③ potential value of the ocean for ecotourism
④ contribution of ocean farming to food supply
⑤ human influence on the spread of invasive species

2 2021학년도 9월 학평 32번 [24212-0045]

다음 빈칸에 들어갈 말로 가장 적절한 것은?

Philosophical activity is based on the _____. The philosopher's thirst for knowledge is shown through attempts to find better answers to questions even if those answers are never found. At the same time, a philosopher also knows that being too sure can hinder the discovery of other and better possibilities. In a philosophical dialogue, the participants are aware that there are things they do not know or understand. The goal of the dialogue is to arrive at a conception that one did not know or understand beforehand. In traditional schools, where philosophy is not present, students often work with factual questions, they learn specific content listed in the curriculum, and they are not required to solve philosophical problems. However, we know that awareness of what one does not know can be a good way to acquire knowledge. Knowledge and understanding are developed through thinking and talking. Putting things into words makes things clearer. Therefore, students must not be afraid of saying something wrong or talking without first being sure that they are right.

① recognition of ignorance
② emphasis on self-assurance
③ conformity to established values
④ achievements of ancient thinkers
⑤ comprehension of natural phenomena

모듈/유형	대의 파악 / 주제	오답률	54.3%
난도	★★★	목표 풀이 시간	1분 30초

풀이 포인트 글의 주제 문제는 이 글이 '무엇'에 대해 말하고 있는지 파악하는 유형이야. 이 글의 전반부에서는 많은 어패류가 인간의 양식을 위해 의도적으로 해양 생태계에 도입되었다고 하였고, 글의 중반 이후에서는 인간이 하는 여가용 낚시가 해양 생태계에 가져오는 영향에 관해 이야기하고 있어. 이 두 가지모두 인간들이 하는 것이잖아. 이것이 공통으로 언급하고 있는 내용이 무엇일지 잘 생각해 봐.

모듈/유형	상호 작용 / 빈칸 추론(짧은 어구)	오답률	68.4%
난도	★★★★★	목표 풀이 시간	2분 20초

풀이 포인트 빈칸의 위치가 첫 문장에 있으므로 글의 요지를 파악하는 것이 중요해. 문제에서 요구하는 철학 활동의 근간을 찾아내기 위해서는 철학자의 갈망이 무엇이며, 철학적 대화 참여자들은 무엇을 목표로 하는지를 이해한 후, 철학이 없는 전통적인 학교에서 학생들이 주로 하는 활동과 대비해 봐야 할 거야. 그리고 그렇게 철학적인 활동을 하지 못하는 학생들에게 필자가 당부하고 있는 내용이 무엇인지도 잘 생각해 봐.

3
2021학년도 9월 학평 34번

[24212-0046]

다음 빈칸에 들어갈 말로 가장 적절한 것은?

Deep-fried foods are tastier than bland foods, and children and adults develop a taste for such foods. Fatty foods cause the brain to release oxytocin, a powerful hormone with a calming, antistress, and relaxing influence, said to be the opposite of adrenaline, into the blood stream; hence the term "comfort foods." We may even be genetically programmed to eat too much. For thousands of years, food was very scarce. Food, along with salt, carbs, and fat, was hard to get, and the more you got, the better. All of these things are necessary nutrients in the human diet, and when their availability was limited, you could never get too much. People also had to hunt down animals or gather plants for their food, and that took a lot of calories. It's different these days. We have food at every turn — lots of those fast-food places and grocery stores with carry-out food. But that ingrained "caveman mentality" says that we can't ever get too much to eat. So craving for "unhealthy" food may ＿＿＿＿＿＿＿＿＿＿＿＿.

① actually be our body's attempt to stay healthy
② ultimately lead to harm to the ecosystem
③ dramatically reduce our overall appetite
④ simply be the result of a modern lifestyle
⑤ partly strengthen our preference for fresh food

4
2021학년도 9월 학평 36번

[24212-0047]

주어진 글 다음에 이어질 글의 순서로 가장 적절한 것은?

When trying to sustain an independent ethos, cultures face a problem of critical mass. No single individual, acting on his or her own, can produce an ethos.

(A) They manage this feat through a combination of trade, to support their way of life, and geographic isolation. The Inuit occupy remote territory, removed from major population centers of Canada. If cross-cultural contact were to become sufficiently close, the Inuit ethos would disappear.

(B) Rather, an ethos results from the interdependent acts of many individuals. This cluster of produced meaning may require some degree of insulation from larger and wealthier outside forces. The Canadian Inuit maintain their own ethos, even though they number no more than twenty-four thousand.

(C) Distinct cultural groups of similar size do not, in the long run, persist in downtown Toronto, Canada, where they come in contact with many outside influences and pursue essentially Western paths for their lives.

*ethos: 민족(사회) 정신   **insulation: 단절

① (A)−(C)−(B)　　　　② (B)−(A)−(C)
③ (B)−(C)−(A)　　　　④ (C)−(A)−(B)
⑤ (C)−(B)−(A)

모듈/유형	상호 작용 / 빈칸 추론(긴 어구)	오답률	67.2%
난도	★★★★★	목표 풀이 시간	2분 20초

풀이 포인트 빈칸 문제를 풀 때는 고정관념의 영향을 받지 않는 것이 중요해. 기름지고 튀긴 음식은 당연히 건강에 좋지 못한 음식일 텐데, 그런 음식들이 진정 효과가 있는 호르몬을 분비하게 해서 '위로 음식'이 될 수도 있다고 글에서 언급하고 있어. 게다가 인류는 진화하면서 식량이 부족한 경우가 많았어. 그럴 때 염분, 탄수화물, 지방 같은 필수 영양소가 포함된 음식을 먹게 되면 어떨 것 같아? 이 두 가지 정보를 종합적으로 고려해서 문제를 풀어 봐!

모듈/유형	간접 쓰기 / 글의 순서	오답률	61.1%
난도	★★★★	목표 풀이 시간	1분 50초

풀이 포인트 글의 순서는 일관성과 응집성이 유지되도록 읽어 내는 게 핵심이야. 독립적인 민족(사회)정신을 생성하고 유지하는 문제에 관해 이야기하는 이 글에서는 캐나다의 소수 민족 사회가 예시로 언급되고 있어. 민족정신을 잘 유지하고 있는 이누이트족과 그렇지 못했던 비슷한 규모의 소수 민족 사이에는 어떠한 차이점이 있었는지 대조를 통해 글을 전개하고 있는데, 그 점에 유의하면서 문제를 풀어 봐!

5

2021학년도 9월 학평 39번 [24212-0048]

글의 흐름으로 보아, 주어진 문장이 들어가기에 가장 적절한 곳은?

> There isn't really a way for us to pick up smaller pieces of debris such as bits of paint and metal.

The United Nations asks that all companies remove their satellites from orbit within 25 years after the end of their mission. This is tricky to enforce, though, because satellites can (and often do) fail. (①) To tackle this problem, several companies around the world have come up with novel solutions. (②) These include removing dead satellites from orbit and dragging them back into the atmosphere, where they will burn up. (③) Ways we could do this include using a harpoon to grab a satellite, catching it in a huge net, using magnets to grab it, or even firing lasers to heat up the satellite, increasing its atmospheric drag so that it falls out of orbit. (④) However, these methods are only useful for large satellites orbiting Earth. (⑤) We just have to wait for them to naturally re-enter Earth's atmosphere.

*harpoon: 작살

모듈/유형	간접 쓰기 / 주어진 문장의 적합한 위치	오답률	65.2%
난도	★★★★	목표 풀이 시간	2분 10초

풀이 포인트 주어진 문장의 적합한 위치를 찾는 경우 글의 흐름상 논리적 공백이 발생하지 않도록 연결하는 것이 중요해. 수명이 다한 인공위성을 처리하는 방법을 다룬 이 글에서 큰 위성을 처리하는 방법과 작은 페인트나 금속 조각을 처리하는 방법이 다르게 소개되고 있어. 마지막 문장에 나온 대명사가 지칭하는 바가 과연 무엇일지 유의하면서 내용을 논리적으로 연결하며 읽어 봐!

6

2021학년도 9월 학평 30번 [24212-0049]

다음 글의 밑줄 친 부분 중, 문맥상 낱말의 쓰임이 적절하지 않은 것은?

Human innovation in agriculture has unlocked modifications in apples, tulips, and potatoes that never would have been realized through a plant's natural reproductive cycles. This cultivation process has created some of the recognizable vegetables and fruits consumers look for in their grocery stores. However, relying on only a few varieties of cultivated crops can leave humankind ① vulnerable to starvation and agricultural loss if a harvest is destroyed. For example, a million people died over the course of three years during the Irish potato famine because the Irish relied ② primarily on potatoes and milk to create a nutritionally balanced meal. In order to continue its symbiotic relationship with cultivated plants, humanity must allow for biodiversity and recognize the potential ③ benefits that monocultures of plants can introduce. Planting seeds of all kinds, even if they don't seem immediately useful or profitable, can ④ ensure the longevity of those plants for generations to come. A ⑤ balance must be struck between nature's capacity for wildness and humanity's desire for control.

*symbiotic: 공생의

모듈/유형	문법 · 어휘 / 어휘	오답률	64.6%
난도	★★★★	목표 풀이 시간	2분 10초

풀이 포인트 밑줄 친 어휘 문제는 전체 문맥 속에서 그 반의어가 더 적절하지 않을까 생각하면서 접근해야 해. 생물 다양성이 가져올 잠재적 이익에 관해 이야기하고 있는 이 글에서 식물의 단일 품종 경작이 인류에게 가져올 수 있는 효과에 대해 언급하는 어휘가 긍정적일지, 부정적일지 파악해 보는 것처럼 말이야. 특히 아일랜드 감자 기근에 대한 배경지식이 있다면 이 문제를 푸는 시간이 더욱 단축될 수도 있어. 틈틈이 배경지식을 갖추기 위한 독서 활동도 열심히 해 줘.

Vocabulary Check-up

1 다음 문장의 빈칸에 들어갈 말을 〈보기〉에서 찾아 쓰시오.

〈보기〉

territory erosion biodiversity sustain enforce discard

(1) For example, we would like to know the rate of natural soil formation from solid rock to determine whether topsoil _____ from agriculture is too great. 2018학년도 6월 모평 31번

(2) As a result of the decision, these composers and others including music publishers founded a society to _____ and administer their performing rights. 2017학년도 9월 모평 41번

(3) Drive provides direction (goals), _____s effort (motivation), and creates a training mindset that goes beyond simply working hard. 2023학년도 6월 모평 20번

2 다음 네모 안에서 문맥에 맞는 낱말을 고르시오.

(1) The speed with which computers ignore / tackle multiple tasks feeds the illusion everything happens at the same time, so comparing computers to humans can be confusing. 2015학년도 수능 31번

(2) Responses might include increasing marketing efforts, offering discounts to channel partners, and even lobbying for regulations that would hinder / benefit the rival's expansion. 2014학년도 6월 모평 36번

Grammar Check-up

1 다음 네모 안에서 어법상 알맞은 표현을 고르시오.

(1) Many marine species including oysters, marsh grasses, and fish ① was / were deliberately introduced for food or for erosion control, with little knowledge of the impacts they could have. Fish and shellfish have been intentionally introduced all over the world for aquaculture, providing food and jobs, but ② they / it can escape and become a threat to native species, ecosystem function, or livelihoods.

(2) The Inuit occupy remote territory, removed from major population centers of Canada. If cross-cultural contact were to become ① sufficient / sufficiently close, the Inuit ethos would disappear. Distinct cultural groups of similar size do not, in the long run, persist in downtown Toronto, Canada, ② where / which they come in contact with many outside influences and pursue essentially Western paths for their lives.

2 다음 밑줄 친 부분 중, 어법상 **틀린** 것을 골라 바르게 고치시오.

Human innovation in agriculture has unlocked modifications in apples, tulips, and potatoes ① that never would have been realized through a plant's natural reproductive cycles. This cultivation process has created some of the recognizable vegetables and fruits consumers ② looking for in their grocery stores. However, relying on only a few varieties of cultivated crops can leave humankind ③ vulnerable to starvation and agricultural loss if a harvest is destroyed. For example, a million people died over the course of three years during the Irish potato famine because the Irish relied primarily on potatoes and milk to create a nutritionally balanced meal. In order to continue ④ its symbiotic relationship with cultivated plants, humanity must allow for biodiversity and recognize the potential drawbacks that monocultures of plants can introduce.

Day 9 Week 2

1

2021학년도 6월 학평 21번 [24212-0050]

밑줄 친 the silent killers가 다음 글에서 의미하는 바로 가장 적절한 것은?

Author Elizabeth Gilbert tells the fable of a great saint who would lead his followers in meditation. Just as the followers were dropping into their zen moment, they would be disrupted by a cat that would walk through the temple meowing and bothering everyone. The saint came up with a simple solution: He began to tie the cat to a pole during meditation sessions. This solution quickly developed into a ritual: Tie the cat to the pole first, meditate second. When the cat eventually died of natural causes, a religious crisis followed. What were the followers supposed to do? How could they possibly meditate without tying the cat to the pole? This story illustrates what I call invisible rules. These are habits and behaviors that have unnecessarily rigidified into rules. Although written rules can be resistant to change, invisible ones are more stubborn. They're the silent killers.

*zen: (불교) 선(禪) **rigidify: 굳게 하다

① hidden rules that govern our actions unconsciously
② noises that restrict one's level of concentration
③ surroundings that lead to the death of a cat
④ internal forces that slowly lower our self-esteem
⑤ experiences that discourage us from following rules

2

2021학년도 6월 학평 32번 [24212-0051]

다음 빈칸에 들어갈 말로 가장 적절한 것은?

While leaders often face enormous pressures to make decisions quickly, premature decisions are the leading cause of decision failure. This is primarily because leaders respond to the superficial issue of a decision rather than taking the time to explore the underlying issues. Bob Carlson is a good example of a leader _____ in the face of diverse issues. In the economic downturn of early 2001, Reell Precision Manufacturing faced a 30 percent drop in revenues. Some members of the senior leadership team favored layoffs and some favored salary reductions. While it would have been easy to push for a decision or call for a vote in order to ease the tension of the economic pressures, as co-CEO, Bob Carlson helped the team work together and examine all of the issues. The team finally agreed on salary reductions, knowing that, to the best of their ability, they had thoroughly examined the implications of both possible decisions.

*revenue: 총수입 **implication: 영향

① justifying layoffs
② exercising patience
③ increasing employment
④ sticking to his opinions
⑤ training unskilled members

모듈/유형	대의 파악 / 함축 의미	오답률	54.7%
난도	★★★	목표 풀이 시간	1분 50초

풀이 포인트 함축적 의미 추론 문제 유형은 밑줄 친 말의 글자 그대로의 의미를 묻는 것이 아니라 글의 주제, 요지와 관련하여 비유적으로 표현된 의미를 이해해 내는 것이 중요해. 그런 차원에서 밑줄 친 '침묵의 살인자'는 겉으로 드러나지 않게 우리의 행동을 제어하는 것으로 이해하는 것이 문제 풀이의 포인트가 될 수 있어. 필자는 이 글에서 고양이를 묶어 두는 것이 습관이 된 나머지 종교 활동이 위축되는 현상을 예시로 들고 있으니 그 부분을 잘 생각해 봐!

모듈/유형	상호 작용 / 빈칸 추론(짧은 어구)	오답률	76.2%
난도	★★★★★	목표 풀이 시간	2분 20초

풀이 포인트 좋은 리더는 어떤 자질을 갖추어야 할까? 결정을 빨리 내려야 한다고 압박받는 상황에서는 특히 어떠해야 할까? 리더는 결정을 내릴 때 성급하게 서두르지 말고 시간을 들여서라도 문제의 근본적인 부분까지 고심해야 한다는 것을 이해하는 것이 이 문제의 포인트야. 그리고 이를 뒷받침하는 Bob Carlson의 사례를 잘 살펴보면 답에 쉽게 다가갈 수 있을 거야.

3 2021학년도 6월 학평 34번 [24212-0052]

다음 빈칸에 들어갈 말로 가장 적절한 것은?

Early in the term, our art professor projected an image of a monk, his back to the viewer, standing on the shore, looking off into a blue sea and an enormous sky. The professor asked the class, "What do you see?" The darkened auditorium was silent. We looked and looked and thought and thought as hard as possible to unearth the hidden meaning, but came up with nothing — we must have missed it. With dramatic exasperation she answered her own question, "It's a painting of a monk! His back is to us! He is standing near the shore! There's a blue sea and enormous sky!" Hmm... why didn't we see it? So as not to bias us, she'd posed the question without revealing the artist or title of the work. In fact, it was Caspar David Friedrich's *The Monk by the Sea*. To better understand your world, _____ rather than guess at what you think you are supposed to see.

*exasperation: 격분

① consciously acknowledge what you actually see
② accept different opinions with a broad mind
③ reflect on what you've already learned
④ personally experience even a small thing
⑤ analyze the answers from various perspectives

모듈/유형 상호 작용 / 빈칸 추론(긴 어구)	오답률 54.7%
난도 ★★★	목표 풀이 시간 2분 00초

풀이 포인트 눈에 빤히 보이는 것을 보고 있으면서도 무엇이 보이냐는 교수의 물음에 쉽게 답하지 못하는 학생들에 대한 글이야. 학생들은 도대체 왜 보이는 것을 보지 못했을까? 교수가 학생들에게 미리 작가의 이름과 제목을 밝히지 않은 이유는 무엇일까? 빈칸 문제의 지문에 필자의 물음이 있다면 그런 물음에 답해 보는 것이 정답과 연결되는 경우가 많으니 작가의 질문을 놓치지 않는 것이 풀이 포인트야.

4 2021학년도 6월 학평 36번 [24212-0053]

주어진 글 다음에 이어질 글의 순서로 가장 적절한 것은?

Consider the story of two men quarreling in a library. One wants the window open and the other wants it closed. They argue back and forth about how much to leave it open: a crack, halfway, or three-quarters of the way.

(A) The librarian could not have invented the solution she did if she had focused only on the two men's stated positions of wanting the window open or closed. Instead, she looked to their underlying interests of fresh air and no draft.

(B) After thinking a minute, she opens wide a window in the next room, bringing in fresh air without a draft. This story is typical of many negotiations. Since the parties' problem appears to be a conflict of positions, they naturally tend to talk about positions — and often reach an impasse.

(C) No solution satisfies them both. Enter the librarian. She asks one why he wants the window open: "To get some fresh air." She asks the other why he wants it closed: "To avoid a draft."

*draft: 외풍 **impasse: 막다름

① (A)-(C)-(B) ② (B)-(A)-(C)
③ (B)-(C)-(A) ④ (C)-(A)-(B)
⑤ (C)-(B)-(A)

모듈/유형 간접 쓰기 / 글의 순서	오답률 72.5%
난도 ★★★★★	목표 풀이 시간 2분 20초

풀이 포인트 글의 순서 문제 유형에 접근할 때는 '시간순', '원인-결과', '일반적 진술-예시 제시' 등 통상적인 글의 전개 방식을 고려해 보아야 해. 입장 충돌의 상황에서 협상을 통해 해결책을 찾으려 할 때는 어떤 부분을 생각해 봐야 하는지 이야기하는 이 글에서 (B)의 마지막 부분에서 말하는 막다른 길이 무엇을 일컫는지도 잘 생각해 봐!

5

2021학년도 6월 학평 39번   [24212-0054]

글의 흐름으로 보아, 주어진 문장이 들어가기에 가장 적절한 곳은?

> While other competitors were in awe of this incredible volume, Henry Ford dared to ask, "Can we do even better?"

Ransom Olds, the father of the Oldsmobile, could not produce his "horseless carriages" fast enough. In 1901 he had an idea to speed up the manufacturing process — instead of building one car at a time, he created the assembly line. (①) The acceleration in production was unheard-of — from an output of 425 automobiles in 1901 to an impressive 2,500 cars the following year. (②) He was, in fact, able to improve upon Olds's clever idea by introducing conveyor belts to the assembly line. (③) As a result, Ford's production went through the roof. (④) Instead of taking a day and a half to manufacture a Model T, as in the past, he was now able to spit them out at a rate of one car every ninety minutes. (⑤) The moral of the story is that good progress is often the herald of great progress.

*in awe of: ~에 깊은 감명을 받은   **herald: 선구자

6

2021학년도 6월 학평 29번   [24212-0055]

다음 글의 밑줄 친 부분 중, 어법상 틀린 것은?

While working as a research fellow at Harvard, B. F. Skinner carried out a series of experiments on rats, using an invention that later became known as a "Skinner box." A rat was placed in one of these boxes, ① which had a special bar fitted on the inside. Every time the rat pressed this bar, it was presented with food. The rate of bar-pressing was ② automatically recorded. Initially, the rat might press the bar accidentally, or simply out of curiosity, and as a consequence ③ receive some food. Over time, the rat learned that food appeared whenever the bar was pressed, and began to press ④ it purposefully in order to be fed. Comparing results from rats ⑤ gives the "positive reinforcement" of food for their bar-pressing behavior with those that were not, or were presented with food at different rates, it became clear that when food appeared as a consequence of the rat's actions, this influenced its future behavior.

모듈/유형 간접 쓰기 / 주어진 문장의 적합한 위치 **오답률** 53.6%
난도 ★★   **목표 풀이 시간** 1분 40초

풀이 포인트 이 글은 자동차 생산 과정에서 Ransome Olds의 조립 공정 아이디어에 Henry Ford가 컨베이어 벨트를 도입함으로 개선하여 위대한 진전을 이루었다는 이야기야. 주어진 문장의 적절한 위치를 알려면 문장이 빠진 채로 글을 읽었을 때 논리적으로 공백이 드러나는 곳을 찾아야 해. 특히 앞 문장의 정보가 다음 문장의 처음 부분으로 연결되며 글이 흘러가는 일반적인 문장 연결 원리에 주목해!

모듈/유형 문법 · 어휘 / 어법   **오답률** 65.8%
난도 ★★★★   **목표 풀이 시간** 2분 10초

풀이 포인트 관계대명사의 계속적 용법 쓰임, 수식하는 역할을 하는 형용사와 부사의 구분, 대등한 연결을 보이는 술어 동사, 대명사와 그것이 지칭하고 있는 명사의 수 일치 여부, 동사와 준동사의 구분을 이해하는 것이 포인트야.

Vocabulary Check-up

1 다음 문장의 빈칸에 들어갈 말을 〈보기〉에서 찾아 쓰시오.

〈보기〉
consequence   reinforcement   negotiation   impasse   superficial   underlying

(1) Psychologists call this avoidance training because the person is learning to avoid the possibility of a punishing _____ . 2016학년도 수능 36번

(2) The pull effect of a destination can be positively influenced by the introduction and _____ of pro-tourism policies that make a destination more accessible. 2017학년도 9월 모평 35번

(3) The _____ mechanism is pretty simple: When a company comes out with a new product, it often raises the prices of its existing products. 2014학년도 6월 모평 36번

2 다음 네모 안에서 문맥에 맞는 낱말을 고르시오.

(1) That is, if you can define the purpose of your career or feel passionate about the mission of your company, you can much more easily handle the occasional server maintenance that disrupts / protects your in-box. 2014학년도 9월 모평 32번

(2) When a person accepts a moral / random principle, naturally the person believes the principle is important and well justified. 2015학년도 수능 22번

Grammar Check-up

1 다음 네모 안에서 어법상 알맞은 표현을 고르시오.

(1) While leaders often face enormous pressures to make decisions ① quick / quickly , premature decisions are the leading cause of decision failure. This is primarily because leaders ② respond / responding to the superficial issue of a decision rather than taking the time to explore the underlying issues. Bob Carlson is a good example of a leader exercising patience in the face of diverse issues.

(2) After thinking a minute, the librarian opens wide a window in the next room, ① bringing / brought in fresh air without a draft. This story is typical of many negotiations. She could not have invented the solution she did if she ② focused / had focused only on the two men's stated positions of wanting the window open or closed. Instead, she looked to their underlying interests of fresh air and no draft.

2 다음 밑줄 친 부분 중, 어법상 틀린 것을 골라 바르게 고치시오.

Author Elizabeth Gilbert tells the fable of a great saint ① who would lead his followers in meditation. Just as the followers were dropping into their zen moment, they would be disrupted by a cat that would walk through the temple meowing and ② bothers everyone. The saint came up with a simple solution: He began to tie the cat to a pole during meditation sessions. This solution quickly ③ developed into a ritual: Tie the cat to the pole first, meditate second. When the cat eventually died of natural causes, a religious crisis followed. What were the followers supposed to do? How could they possibly meditate without tying the cat to the pole? This story illustrates what I call invisible rules. These are habits and behaviors that have unnecessarily ④ rigidified into rules.

1

2021학년도 3월 학평 23번 [24212-0056]

다음 글의 주제로 가장 적절한 것은?

Before the modern scientific era, creativity was attributed to a superhuman force; all novel ideas originated with the gods. After all, how could a person create something that did not exist before the divine act of creation? In fact, the Latin meaning of the verb "inspire" is "to breathe into," reflecting the belief that creative inspiration was similar to the moment in creation when God first breathed life into man. Plato argued that the poet was possessed by divine inspiration, and Plotin wrote that art could only be beautiful if it descended from God. The artist's job was not to imitate nature but rather to reveal the sacred and transcendent qualities of nature. Art could only be a pale imitation of the perfection of the world of ideas. Greek artists did not blindly imitate what they saw in reality; instead they tried to represent the pure, true forms underlying reality, resulting in a sort of compromise between abstraction and accuracy.

*transcendent: 초월적인

① conflicting views on the role of artists
② positive effects of imitation on creativity
③ contribution of art to sharing religious beliefs
④ gods as a source of creativity in the pre-modern era
⑤ collaboration between philosophy and art in ancient times

모듈/유형 대의 파악 / 주제   오답률 54.2%
난도 ★★   목표 풀이 시간 1분 30초

풀이 포인트 글의 주제 문제이니만큼 반복적으로 제시되는 소재를 눈여겨보아야 해. 이 글에 따르면 근대 과학 시대 이전의 고대 그리스 사람들은 예술의 창조성을 초인적인 힘에서 기인하는 것으로 보았다고 하였고, Plato는 시인은 신이 내린 영감에 사로잡혔다고 주장했으며, Plotin은 예술은 그것이 신으로부터 내려온 경우에만 아름다울 수 있다고 하는 등 같은 맥락의 이야기를 반복하고 있어. 이점에 주목해 봐.

2

2021학년도 3월 학평 32번 [24212-0057]

다음 빈칸에 들어갈 말로 가장 적절한 것은?

Our brains have evolved to remember unexpected events because basic survival depends on the ability to perceive causes and predict effects. If the brain predicts one event and experiences another, the unusualness will be especially interesting and will be encoded accordingly. Neurologist and classroom teacher Judith Willis has claimed that surprise in the classroom is one of the most effective ways of teaching with brain stimulation in mind. If students are exposed to new experiences via demonstrations or through the unexpected enthusiasm of their teachers or peers, they will be much more likely to connect with the information that follows. Willis has written that encouraging active discovery in the classroom allows students to interact with new information, moving it beyond working memory to be processed in the frontal lobe, which is devoted to advanced cognitive functioning. _____ sets us up for learning by directing attention, providing stimulation to developing perceptual systems, and feeding curious and exploratory behavior.

*frontal lobe: (대뇌의) 전두엽

① Awareness of social responsibility
② Memorization of historical facts
③ Competition with rivals
④ Preference for novelty
⑤ Fear of failure

모듈/유형 상호 작용 / 빈칸 추론(짧은 어구)   오답률 70.2%
난도 ★★★★★   목표 풀이 시간 2분 20초

풀이 포인트 필자는 이 글에서 생존을 위해 우리의 뇌는 예상치 못한 사건들을 기억하도록 진화해 왔다고 이야기하고 있어. 그것을 단서로 교실에서 예상치 못한 새로운 경험을 하거나 새로운 정보를 얻게 된 학생들은 그 경험과 정보를 어떻게 기억하고 처리할 것인지 글의 흐름을 따라가면서 읽어 보면 빈칸으로 제시된 부분에 대한 답의 근거를 찾을 수 있을 거야.

3

[24212-0058]

다음 빈칸에 들어갈 말로 가장 적절한 것은?

　Psychological research has shown that people naturally _____, often without thinking about it. Imagine you're cooking up a special dinner with a friend. You're a great cook, but your friend is the wine expert, an amateur sommelier. A neighbor drops by and starts telling you both about the terrific new wines being sold at the liquor store just down the street. There are many new wines, so there's a lot to remember. How hard are you going to try to remember what the neighbor has to say about which wines to buy? Why bother when the information would be better retained by the wine expert sitting next to you? If your friend wasn't around, you might try harder. After all, it would be good to know what a good wine would be for the evening's festivities. But your friend, the wine expert, is likely to remember the information without even trying.

① divide up cognitive labor
② try to avoid disagreements
③ seek people with similar tastes
④ like to share old wisdom
⑤ balance work and leisure

모듈/유형 상호 작용 / 빈칸 추론(짧은 어구)	**오답률** 66.2%
난도 ★★★★	**목표 풀이 시간** 2분 00초

풀이 포인트 빈칸 문제에서 예시가 있다면 그 예시를 일반화하여 이해해 보는 것이 좋은 풀이 포인트가 될 수 있어. 필자는 이 글에서 한 사람이 많은 새로운 정보를 기억하는 대신 더 잘 기억할 수 있는 다른 사람이 그것을 기억하는 것이 더 적절하다고 이야기해. 가령 와인 전문가는 와인에 대한 정보를 와인에 대해 잘 모르는 사람보다는 더 쉽게 기억하겠지? 그러면 와인을 잘 모르는 사람이 와인 관련 새로운 정보를 기억하려고 애쓰기보다, 그러한 정보를 잘 기억하는 와인 전문가에게 맡기는 게 더 효율적일 거야. 이러한 예시를 일반화시킬 수 있는 말을 글의 전체 맥락에서 잘 생각해 봐.

4

[24212-0059]

글의 흐름으로 보아, 주어진 문장이 들어가기에 가장 적절한 곳은?

> But the necessary and useful instinct to generalize can distort our world view.

　Everyone automatically categorizes and generalizes all the time. Unconsciously. It is not a question of being prejudiced or enlightened. Categories are absolutely necessary for us to function. (①) They give structure to our thoughts. (②) Imagine if we saw every item and every scenario as truly unique — we would not even have a language to describe the world around us. (③) It can make us mistakenly group together things, or people, or countries that are actually very different. (④) It can make us assume everything or everyone in one category is similar. (⑤) And, maybe, most unfortunate of all, it can make us jump to conclusions about a whole category based on a few, or even just one, unusual example.

모듈/유형 간접 쓰기 / 주어진 문장의 적합한 위치	**오답률** 64.7%
난도 ★★★★	**목표 풀이 시간** 2분 10초

풀이 포인트 주어진 문장을 넣는 문제를 풀 때는 논리적 공백만큼이나 연결사, 대명사, 지시어, 단/복수 등 문장의 위치를 확인할 수 있는 여러 장치에도 주의를 기울여야 해. 주어진 문장의 역접을 나타내는 연결사 But의 쓰임과 여러 선지에 다음 문장에 나오는 주어 They와 It이 각각 지칭하는 바가 무엇인지 따지면서 읽어 보면 글의 흐름에서 논리적 공백을 발견하는 데 큰 도움을 받을 거야.

5

다음 글의 내용을 한 문장으로 요약하고자 한다. 빈칸 (A), (B)에 들어갈 말로 가장 적절한 것은?

At the University of Iowa, students were briefly shown numbers that they had to memorize. Then they were offered the choice of either a fruit salad or a chocolate cake. When the number the students memorized was seven digits long, 63% of them chose the cake. When the number they were asked to remember had just two digits, however, 59% opted for the fruit salad. Our reflective brains know that the fruit salad is better for our health, but our reflexive brains desire that soft, fattening chocolate cake. If the reflective brain is busy figuring something else out — like trying to remember a seven-digit number — then impulse can easily win. On the other hand, if we're not thinking too hard about something else (with only a minor distraction like memorizing two digits), then the reflective system can deny the emotional impulse of the reflexive side.

*reflective: 숙고하는   **reflexive: 반사적인

↓

According to the above experiment, the _____(A)_____ intellective load on the brain leads the reflexive side of the brain to become _____(B)_____.

	(A)		(B)
①	limited	……	powerful
②	limited	……	divided
③	varied	……	passive
④	increased	……	dominant
⑤	increased	……	weakened

모듈/유형 간접 쓰기 / 문단 요약   **오답률** 70.5%

난도 ★★★★★   **목표 풀이 시간** 2분 10초

풀이 포인트 reflective는 '숙고하는'이라는 뜻이고 reflexive는 '반사적인'이라는 뜻인데, 아무래도 두 단어의 철자가 비슷해서 혼동하기 쉬우니 처음부터 구분을 명확히 하고서 읽는 것이 필요해. 요약문의 intellective load on the brain이 우리의 숙고하는 뇌에 주어지는 부담일지, 반사적인 뇌에 주어지는 부담일지 본문의 내용을 통해 찾아봐.

6

다음 글의 밑줄 친 부분 중, 어법상 틀린 것은?

While reflecting on the needs of organizations, leaders, and families today, we realize that one of the unique characteristics ① is inclusivity. Why? Because inclusivity supports ② what everyone ultimately wants from their relationships: collaboration. Yet the majority of leaders, organizations, and families are still using the language of the old paradigm in which one person — typically the oldest, most educated, and/or wealthiest — makes all the decisions, and their decisions rule with little discussion or inclusion of others, ③ resulting in exclusivity. Today, this person could be a director, CEO, or other senior leader of an organization. There is no need for others to present their ideas because they are considered ④ inadequate. Yet research shows that exclusivity in problem solving, even with a genius, is not as effective as inclusivity, ⑤ which everyone's ideas are heard and a solution is developed through collaboration.

모듈/유형 문법 · 어휘 / 어법   **오답률** 72.9%

난도 ★★★★★   **목표 풀이 시간** 2분 00초

풀이 포인트 주어-술어 동사 일치, 선행사를 포함하는 관계사 what의 적절한 쓰임, 분사구문의 적절한 분사의 형태(현재분사/과거분사), 형용사와 부사의 구분, 관계사 which의 계속적 용법으로의 쓰임을 이해하는 것이 포인트야.

Vocabulary Check-up

1 다음 문장의 빈칸에 들어갈 말을 〈보기〉에서 찾아 쓰시오.

〈보기〉
distraction stimulation collaboration impulse enthusiasm compromise

(1) When it was time to go off to university, he agreed to study chemical engineering as a _____ with his father, who feared that his son couldn't make a living as a mathematician. 2015학년도 9월 모평 30번

(2) The researchers concluded that _____ through television viewing can effectively relieve the discomfort associated with painful failures or mismatches between the self and self-guides. 2022학년도 9월 모평 32번

(3) In spite of the verbal comment, the lack of expressive _____ suggests that the plan isn't viewed very positively. 2015학년도 6월 모평 33번

2 다음 네모 안에서 문맥에 맞는 낱말을 고르시오.

(1) In such institutions it is difficult for the staff to abandon / retain optimism when all the patients are declining in health. 2017학년도 수능 28번

(2) When he contracts influenza, he never attributes / denies this event to his behavior toward the tax collector or his mother-in-law. 2018학년도 수능 37번

Grammar Check-up

1 다음 네모 안에서 어법상 알맞은 표현을 고르시오.

(1) In fact, the Latin meaning of the verb "inspire" is "to breathe into," reflecting the belief ① that / which creative inspiration was similar to the moment in creation when God first breathed life into man. Plato argued that the poet was possessed by divine inspiration, and Plotin wrote that art could only be beautiful if it ② was descended / descended from God.

(2) You're a great cook, but your friend is the wine expert, an amateur sommelier. A neighbor drops by and starts telling you both about the terrific new wines ① are / being sold at the liquor store just down the street. There are many new wines, so there is a lot to remember. How hard are you going to try to remember ② what / that the neighbor has to say about which wines to buy?

2 다음 밑줄 친 부분 중, 어법상 틀린 것을 골라 바르게 고치시오.

Our brains have evolved ① to remember unexpected events because basic survival depends on the ability to perceive causes and predict effects. If the brain predicts one event and experiences another, the unusualness will be especially interesting and will ② be encoded accordingly. Neurologist and classroom teacher Judith Willis has claimed that surprise in the classroom is one of the most effective ways of teaching with brain stimulation in mind. If students are exposed to new experiences via demonstrations or through the unexpected enthusiasm of their teachers or peers, ③ it will be much more likely to connect with the information that follows. Willis has written that encouraging active discovery in the classroom allows students to interact with new information, ④ moving it beyond working memory to be processed in the frontal lobe, which is devoted to advanced cognitive functioning.

(2020학년도 11월 학평) ~ (2019학년도 11월 학평)

일차	문항 번호	유형	오답률	출처		난도
Day 11	1	함축 의미	53.4%	2020학년도 고2 전국연합 학력평가 11월	21번	★★
	2	빈칸 추론(짧은 어구)	73.3%		31번	★★★★★
	3	빈칸 추론(긴 어구)	61.1%		34번	★★★★
	4	주어진 문장의 적합한 위치	51.1%		39번	★★
	5	문단 요약	51.0%		40번	★★
	6	어법	57.6%		29번	★★★
Day 12	1	함축 의미	68.7%	2020학년도 고2 전국연합 학력평가 9월	21번	★★★★
	2	빈칸 추론(한 단어)	60.0%		31번	★★★★
	3	빈칸 추론(짧은 어구)	76.0%		32번	★★★★★
	4	주어진 문장의 적합한 위치	69.2%		39번	★★★★★
	5	문단 요약	52.7%		40번	★★★
	6	어휘	65.8%		30번	★★★★
Day 13	1	함축 의미	62.5%	2020학년도 고2 전국연합 학력평가 6월	21번	★★★★
	2	빈칸 추론(긴 어구)	63.1%		33번	★★★★
	3	주어진 문장의 적합한 위치	72.2%		39번	★★★★★
	4	어법	63.5%		29번	★★★★
	5	1지문 2문항(제목)	58.1%		41번	★★★
	6	1지문 2문항(어휘)	61.3%		42번	★★★★
Day 14	1	주제	44.9%	2020학년도 고2 전국연합 학력평가 3월	23번	★★
	2	빈칸 추론(한 단어)	54.9%		31번	★★★
	3	빈칸 추론(긴 어구)	63.3%		34번	★★★★
	4	글의 순서	62.8%		37번	★★★★
	5	문단 요약	54.2%		40번	★★★
	6	어법	45.2%		29번	★★
Day 15	1	함축 의미	68.0%	2019학년도 고2 전국연합 학력평가 11월	21번	★★★★★
	2	빈칸 추론(짧은 어구)	52.2%		32번	★★★
	3	빈칸 추론(긴 어구)	71.0%		34번	★★★★★
	4	글의 순서	52.2%		37번	★★★
	5	주어진 문장의 적합한 위치	46.9%		39번	★★
	6	어법	49.2%		29번	★★

모듈 정리

모듈 3 간접 쓰기

● **모듈 설명**

간접 쓰기 모듈은 주어진 지문을 통해 이해한 바를 가상의 쓰기에 적용할 수 있는 능력을 측정하는 유형의 문항들을 가리킵니다. 간접 쓰기 유형 문항에서는 보통 글의 의미적인 일관성(coherence)과 문장들 간의 응집력(cohesion)을 파악하는 능력을 평가합니다.

● **유형 분류**

무관한 문장, 글의 순서, 주어진 문장의 적합한 위치, 그리고 문단 요약 유형을 포함하며, 흔히 모의고사 35번에서 40번까지가 이 유형에 해당합니다.

● **출제 경향**

전반적으로 어려운 유형으로 분류되는 편이며, 글의 전체적인 맥락과 문장 간의 논리적인 흐름을 정교하게 파악해야 풀 수 있는 문항이 출제되고 있습니다. 글을 읽으며 전체적인 맥락과 무관한 문장을 고르고, 논리적인 순서를 파악하며, 주어진 문장을 글의 흐름상 적절한 위치에 넣고, 글의 내용을 요약한 문장을 완성할 수 있는 능력을 갖추어야 풀 수 있습니다. 왼쪽 표에서 색칠된 문제들이 대표적인 최근의 간접 쓰기 유형 문제입니다.

● **만점 전략**

예1 역접, 인과, 예시, 추가의 연결 어구에 유의하며 글의 흐름 파악하기

예2 지시어나 대명사, 또는 관사에 유의하며 문장 간 관계 파악하기

예3 글을 읽으며 논리적인 비약이나 단절이 일어나는 곳 파악하기

Word Preview

Day 11

☐ authority	☐ revise	☐ microbe
☐ concentration	☐ ambiguity	☐ yearning
☐ transmit	☐ innovation	☐ flattery
☐ manipulation	☐ sway	☐ fabricate
☐ dehydrate	☐ segment	☐ autonomous

Day 12

☐ halt	☐ consistently	☐ cluster
☐ distribute	☐ suspicious	☐ amenity
☐ resolution	☐ articulate	☐ confront
☐ suppress	☐ converge	☐ dedicate
☐ self-efficacy	☐ spine-tingling	☐ alleged

Day 13

☐ theatrical	☐ hostile	☐ encounter
☐ intolerant	☐ absurd	☐ conceal
☐ nonverbal	☐ elaborate	☐ sheer
☐ credit	☐ revolutionary	☐ machinery
☐ utilization	☐ maintenance	☐ profitability

Day 14

☐ passive	☐ spectator	☐ intimate
☐ twilight	☐ fragility	☐ genetics
☐ initiate	☐ blueprint	☐ undeniable
☐ diversification	☐ abundance	☐ outgrow
☐ vertical	☐ collision	☐ malfunction

Day 15

☐ fusion	☐ democratization	☐ substitute
☐ affective	☐ physiological	☐ hypothesis
☐ breakthrough	☐ unprecedented	☐ permissible
☐ plantation	☐ reproduction	☐ replicate
☐ authenticity	☐ compulsory	☐ discern

Day 11 Week 3

1
2020학년도 11월 학평 21번 [24212-0062]

밑줄 친 turns the life stories of these scientists from lead to gold가 다음 글에서 의미하는 바로 가장 적절한 것은?

In school, there's one curriculum, one right way to study science, and one right formula that spits out the correct answer on a standardized test. Textbooks with grand titles like *The Principles of Physics* magically reveal "the principles" in three hundred pages. An authority figure then steps up to the lectern to feed us "the truth." As theoretical physicist David Gross explained in his Nobel lecture, textbooks often ignore the many alternate paths that people wandered down, the many false clues they followed, the many misconceptions they had. We learn about Newton's "laws" — as if they arrived by a grand divine visitation or a stroke of genius — but not the years he spent exploring, revising, and changing them. The laws that Newton failed to establish — most notably his experiments in alchemy, which attempted, and spectacularly failed, to turn lead into gold — don't make the cut as part of the one-dimensional story told in physics classrooms. Instead, our education system turns the life stories of these scientists from lead to gold.

*lectern: 강의대 **alchemy: 연금술

① discovers the valuable relationships between scientists
② emphasizes difficulties in establishing new scientific theories
③ mixes the various stories of great scientists across the world
④ focuses more on the scientists' work than their personal lives
⑤ reveals only the scientists' success ignoring their processes and errors

2
2020학년도 11월 학평 31번 [24212-0063]

다음 빈칸에 들어갈 말로 가장 적절한 것은?

Over 4.5 billion years ago, the Earth's primordial atmosphere was probably largely water vapour, carbon dioxide, sulfur dioxide and nitrogen. The appearance and subsequent evolution of exceedingly primitive living organisms (bacteria-like microbes and simple single-celled plants) began to change the atmosphere, liberating oxygen and breaking down carbon dioxide and sulfur dioxide. This made it possible for higher organisms to develop. When the earliest known plant cells with nuclei evolved about 2 billion years ago, the atmosphere seems to have had only about 1 percent of its present content of oxygen. With the emergence of the first land plants, about 500 million years ago, oxygen reached about one-third of its present concentration. It had risen to almost its present level by about 370 million years ago, when animals first spread on to land. Today's atmosphere is thus not just a requirement to sustain life as we know it — it is also _____.

*primordial: 원시의 **sulfur dioxide: 이산화 황

① a barrier to evolution
② a consequence of life
③ a record of primitive culture
④ a sign of the constancy of nature
⑤ a reason for cooperation among species

모듈/유형 대의 파악 / 함축 의미 **오답률** 53.4%
난도 ★★ **목표 풀이 시간** 1분 50초

풀이 포인트 함축 의미를 묻는 표현이 글의 주제와 명확히 닿아 있는 경우가 많아. 그래서 글의 전체 내용을 정확히 이해하는 것이 정답에 접근하는 풀이 포인트야. 우리가 학교에서 과학 시간에 배우는 과학자들의 업적의 이면에는 무수한 실패가 있겠지? 하지만 필자는 우리가 배우는 것이 그들의 성공뿐이라는 점을 이야기하고 있어. 밑줄 친 부분이 있는 문장의 바로 윗부분을 잘 읽으면서 정답에 대한 단서를 찾아봐.

모듈/유형 상호 작용 / 빈칸 추론(짧은 어구) **오답률** 73.3%
난도 ★★★★★ **목표 풀이 시간** 2분 20초

풀이 포인트 45억 년 전 지구의 대기는 지금과는 사뭇 달랐어. 그것이 지금과 같아진 것은 언제쯤일까? 또 어떻게 지금과 같아질 수 있었을까? 이 글은 이러한 물음에 대해 답하고 있어. 글의 흐름에 따라 읽어 가다 보면 빈칸에 들어갈 적절한 말을 추론할 수 있을 거야. 또한 빈칸이 있는 문장의 not just ~ also 패턴에서 a requirement에 대한 대구 표현도 고민해 보는 것도 풀이 포인트야.

3

2020학년도 11월 학평 34번   [24212-0064]

다음 빈칸에 들어갈 말로 가장 적절한 것은?

　In the modern world, we look for certainty in uncertain places. We search for order in chaos, the right answer in ambiguity, and conviction in complexity. "We spend far more time and effort on trying to control the world," best-selling writer Yuval Noah Harari says, "than on trying to understand it." We look for the easy-to-follow formula. Over time, we _____. Our approach reminds me of the classic story of the drunk man searching for his keys under a street lamp at night. He knows he lost his keys somewhere on the dark side of the street but looks for them underneath the lamp, because that's where the light is. Our yearning for certainty leads us to pursue seemingly safe solutions — by looking for our keys under street lamps. Instead of taking the risky walk into the dark, we stay within our current state, however inferior it may be.

① weigh the pros and cons of our actions
② develop the patience to bear ambiguity
③ enjoy adventure rather than settle down
④ gain insight from solving complex problems
⑤ lose our ability to interact with the unknown

4

2020학년도 11월 학평 39번   [24212-0065]

글의 흐름으로 보아, 주어진 문장이 들어가기에 가장 적절한 곳은?

> However, according to Christakis and Fowler, we cannot transmit ideas and behaviours much beyond our friends' friends' friends (in other words, across just three degrees of separation).

　In the late twentieth century, researchers sought to measure how fast and how far news, rumours or innovations moved. (①) More recent research has shown that ideas — even emotional states and conditions — can be transmitted through a social network. (②) The evidence of this kind of contagion is clear: 'Students with studious roommates become more studious. Diners sitting next to heavy eaters eat more food.' (③) This is because the transmission and reception of an idea or behaviour requires a stronger connection than the relaying of a letter or the communication that a certain employment opportunity exists. (④) Merely knowing people is not the same as being able to influence them to study more or over-eat. (⑤) Imitation is indeed the sincerest form of flattery, even when it is unconscious.

모듈/유형	상호 작용 / 빈칸 추론(긴 어구)	오답률	61.1%
난도	★★★★	목표 풀이 시간	2분 10초

풀이 포인트 빈칸 문제를 풀 때는 필자가 보이는 어조(톤)에 유의하는 것도 도움이 돼. 가로등 아래서 열쇠를 찾는 술 취한 남자의 비유는 낯설고 잠재적으로 보상받을 수 있는 것에 도전하기보다는 친숙하고 안전한 영역 내에 머무르는 경향을 보여 주고 있어. 이러한 내용에 대해 필자가 우호적인 시각을 보이는지, 아니면 비판적인 시각을 보이는지 판단하고 그러한 과정을 통해 답에 접근해 보면 좋을 거야.

모듈/유형	간접 쓰기 / 주어진 문장의 적합한 위치	오답률	51.1%
난도	★★	목표 풀이 시간	1분 50초

풀이 포인트 가까운 사람끼리는 생각이나 행동하는 바에 대한 무의식적인 모방이 자연스럽게 일어난다고 하잖아. 이 글은 이처럼 생각이나 행동이 전파되는 속도와 정도를 이해하기 위해 20세기 후반부터 이루어진 실험에 관한 내용이야. 역접의 연결사 However를 포함하고 있는 문장이 어디에 위치해야 글의 흐름이 자연스러울지 글의 전체 맥락에서 잘 생각해 봐.

5

2020학년도 11월 학평 40번 [24212-0066]

다음 글의 내용을 한 문장으로 요약하고자 한다. 빈칸 (A), (B)에 들어갈 말로 가장 적절한 것은?

In 2011, Micah Edelson and his colleagues conducted an interesting experiment about external factors of memory manipulation. In their experiment, participants were shown a two minute documentary film and then asked a series of questions about the video. Directly after viewing the videos, participants made few errors in their responses and were correctly able to recall the details. Four days later, they could still remember the details and didn't allow their memories to be swayed when they were presented with any false information about the film. This changed, however, when participants were shown fake responses about the film made by other participants. Upon seeing the incorrect answers of others, participants were also drawn toward the wrong answers themselves. Even after they found out that the other answers had been fabricated and didn't have anything to do with the documentary, it was too late. The participants were no longer able to distinguish between truth and fiction. They had already modified their memories to fit the group.

↓

According to the experiment, when participants were given false information itself, their memories remained _____(A)_____, but their memories were _____(B)_____ when they were exposed to other participants' fake responses.

	(A)		(B)
①	stable	⋯⋯	falsified
②	fragile	⋯⋯	modified
③	stable	⋯⋯	intensified
④	fragile	⋯⋯	solidified
⑤	concrete	⋯⋯	maintained

모듈/유형 간접 쓰기 / 문단 요약   **오답률** 51.0%

난도 ★★   **목표 풀이 시간** 1분 50초

풀이 포인트 요약문 문제는 내용의 전환을 잘 살펴서 전환되기 이전의 내용과 이후의 내용을 각각 빈칸 (A)와 (B)에 넣어 보는 방식으로 풀어 보는 게 풀이 포인트야. 기억이 외부 요인에 의해 얼마나 쉽게 조작될 수 있는지 이야기하는 이 글에서는 기억이 조작되기 전과 기억이 조작되고 난 후의 내용으로 나누어서 이해해 보는 것이 좋겠지?

6

2020학년도 11월 학평 29번 [24212-0067]

다음 글의 밑줄 친 부분 중, 어법상 틀린 것은?

One of the keys to insects' successful survival in the open air ① lies in their outer covering — a hard waxy layer that helps prevent their tiny bodies from dehydrating. To take oxygen from the air, they use narrow breathing holes in the body-segments, which take in air ② passively and can be opened and closed as needed. Instead of blood ③ containing in vessels, they have free-flowing hemolymph, which helps keep their bodies rigid, aids movement, and assists the transportation of nutrients and waste materials to the appropriate parts of the body. The nervous system is modular — in a sense, each of the body segments has ④ its own individual and autonomous brain — and some other body systems show a similar modularization. These are just a few of the many ways ⑤ in which insect bodies are structured and function completely differently from our own.

*hemolymph: 혈림프
**modular: 모듈식의(여러 개의 개별 단위로 되어 있는)

모듈/유형 문법·어휘 / 어법   **오답률** 57.6%

난도 ★★★   **목표 풀이 시간** 1분 50초

풀이 포인트 주어—술어 수 일치 여부 판단, 형용사와 부사의 구분, 명사를 수식하는 분사의 형태(현재분사/과거분사), 대명사가 가리키는 명사와의 수 일치 판단, '전치사와 관계사' 뒤에 나오는 절의 완전성 여부 판단을 하는 것이 풀이 포인트야.

Vocabulary Check-up

1 다음 문장의 빈칸에 들어갈 말을 〈보기〉에서 찾아 쓰시오.

〈보기〉

authority segment concentration flattery microbe manipulation

(1) In the United States particularly, most of the advertising during this _____ consists of ads for food, particularly sugared food. 2015학년도 6월 모평 28번

(2) Coordinated reaching opens up a whole new avenue for exploration of objects, and when babies can move about, their opportunities for independent exploration and _____ are multiplied.
2018학년도 6월 모평 21번

(3) It has long been recognized that the expertise and privileged position of professionals confer _____ and power that could readily be used to advance their own interests at the expense of those they serve.
2022학년도 9월 모평 22번

2 다음 네모 안에서 문맥에 맞는 낱말을 고르시오.

(1) Regional telecom companies will block / transmit the signals to the balloons, and then each balloon will relay the signals to a ground area many miles in diameter. 2016학년도 6월 모평 21번

(2) As a system for transmitting specific factual information without any distortion or ambiguity / clarity , the sign system of honey-bees would probably win easily over human language every time.
2017학년도 수능 22번

Grammar Check-up

1 다음 네모 안에서 어법상 알맞은 표현을 고르시오.

(1) We learn about Newton's "laws" — as if they arrived by a grand divine visitation or a stroke of genius — but not the years he spent exploring, revising, and changing ① it / them . The laws that Newton failed to establish — most notably his experiments in alchemy, ② it / which attempted, and spectacularly failed, to turn lead into gold — don't make the cut as part of the one-dimensional story told in physics classrooms.

(2) He knows he lost his keys somewhere on the dark side of the street but looks for them underneath the lamp, because that's ① what / where the light is. Our yearning for certainty leads us to pursue seemingly safe solutions — by looking for our keys under street lamps. Instead of taking the risky walk into the dark, we stay within our current state, ② whatever / however inferior it may be.

2 다음 밑줄 친 부분 중, 어법상 틀린 것을 골라 바르게 고치시오.

Over 4.5 billion years ago, the Earth's primordial atmosphere was probably largely water vapour, carbon dioxide, sulfur dioxide and nitrogen. The appearance and subsequent evolution of ① exceedingly primitive living organisms (bacteria-like microbes and simple single-celled plants) began to change the atmosphere, liberating oxygen and breaking down carbon dioxide and sulfur dioxide. This made ② them possible for higher organisms to develop. When the earliest known plant cells with nuclei ③ evolved about 2 billion years ago, the atmosphere seems to have had only about 1 percent of its present content of oxygen. It ④ had risen to almost its present level by about 370 million years ago, when animals first spread on to land.

Day 12 Week 3

1 2020학년도 9월 학평 21번 [24212-0068]

밑줄 친 got "colder"가 다음 글에서 의미하는 바로 가장 적절한 것은?

If creators knew when they were on their way to fashioning a masterpiece, their work would progress only forward: they would halt their idea-generation efforts as they struck gold. But in fact, they backtrack, returning to versions that they had earlier discarded as inadequate. In Beethoven's most celebrated work, the Fifth Symphony, he scrapped the conclusion of the first movement because it felt too short, only to come back to it later. Had Beethoven been able to distinguish an extraordinary from an ordinary work, he would have accepted his composition immediately as a hit. When Picasso was painting his famous *Guernica* in protest of fascism, he produced 79 different drawings. Many of the images in the painting were based on his early sketches, not the later variations. If Picasso could judge his creations as he produced them, he would get consistently "warmer" and use the later drawings. But in reality, it was just as common that he got "colder."

① moved away from the desired outcome

② lost his reputation due to public criticism

③ became unwilling to follow new art trends

④ appreciated others' artwork with less enthusiasm

⑤ imitated masters' styles rather than creating his own

2 2020학년도 9월 학평 31번 [24212-0069]

다음 빈칸에 들어갈 말로 가장 적절한 것은?

Firms in almost every industry tend to be clustered. Suppose you threw darts at random on a map of the United States. You'd find the holes left by the darts to be more or less evenly distributed across the map. But the real map of any given industry looks nothing like that; it looks more as if someone had thrown all the darts in the same place. This is probably in part because of reputation; buyers may be suspicious of a software firm in the middle of the cornfields. It would also be hard to recruit workers if every time you needed a new employee you had to persuade someone to move across the country, rather than just poach one from your neighbor. There are also regulatory reasons: zoning laws often try to concentrate dirty industries in one place and restaurants and bars in another. Finally, people in the same industry often have similar preferences (computer engineers like coffee, financiers show off with expensive bottles of wine). _____ makes it easier to provide the amenities they like.

*poach: (인력을) 빼내다

① Automation　　　　　② Concentration

③ Transportation　　　④ Globalization

⑤ Liberalization

모듈/유형 대의 파악 / 함축 의미　　　**오답률** 68.7%

난도 ★★★★　　　　　　**목표 풀이 시간** 2분 10초

풀이 포인트 베토벤이나 피카소 같은 거장이 자신의 걸작이나 비범한 작품을 미리 알아볼 수 있었다면 그들은 최초 작업이 나오자마자 그 즉시 성공으로 받아들일 거야. 하지만 그들도 종종 시행착오를 겪으며, 작품을 여러 번 버리고 다시 되살리는 과정을 거치는 것이 현실이야. 창작 과정의 예측 불가능한 특성에 관해 쓴 이 글을 읽으며 'warmer'의 의미가 and 뒤에 풀이된 것을 활용한다면 'colder'의 의미도 분명해지지 않을까?

모듈/유형 상호 작용 / 빈칸 추론(한 단어)　　　**오답률** 60.0%

난도 ★★★★　　　　　　**목표 풀이 시간** 2분 00초

풀이 포인트 커피숍 옆에 커피숍, 미용실 옆에 미용실. 거리가 이런 모습을 보이는 것에 익숙할지 몰라. 이 글에 따르면 미국도 마찬가지여서 동종 산업의 회사들의 실제 지도상 위치를 보면 다트가 한 장소에 던져진 것처럼 뭉쳐 보인다고 해. 그리고 필자가 그렇게 되는 여러 이유를 설명하는 부분을 잘 따라가면서 빈칸이 포함된 마지막 문장이 의미하는 바를 글의 전체 맥락에서 생각해 봐.

3

[24212-0070]

다음 빈칸에 들어갈 말로 가장 적절한 것은?

When we are emotionally charged, we often use anger to hide our more primary and deeper emotions, such as sadness and fear, which doesn't allow for true resolution to occur. Separating yourself from an emotionally upsetting situation gives you the space you need to better understand what you are truly feeling so you can more clearly articulate your emotions in a logical and less emotional way. A time-out also helps _____. When confronted with situations that don't allow us to deal with our emotions or that cause us to suppress them, we may transfer those feelings to other people or situations at a later point. For instance, if you had a bad day at work, you may suppress your feelings at the office, only to find that you release them by getting into a fight with your kids or spouse when you get home later that evening. Clearly, your anger didn't originate at home, but you released it there. When you take the appropriate time to digest and analyze your feelings, you can mitigate hurting or upsetting other people who have nothing to do with the situation.

*mitigate: 완화하다

① restrain your curiosity
② mask your true emotions
③ spare innocent bystanders
④ provoke emotional behavior
⑤ establish unhealthy relationships

모듈/유형 상호 작용 / 빈칸 추론(짧은 어구) **오답률** 76.0%

난도 ★★★★★ **목표 풀이 시간** 2분 20초

풀이 포인트 당황스럽거나 두려울 때 화부터 내는 사람이 있어. 하지만 분노가 좋은 해결책일 리 없어. 이 글에 따르면 감정적으로 흥분한 상황에서 자기 자신을 분리함으로써 실제로 느끼는 감정을 더 잘 이해하고, 논리적이고 감정적이지 않은 방식으로 감정을 명확하게 표현할 수 있어. 타임아웃이란 잠시 분노를 삭이고 마음을 가다듬을 시간을 갖는 거야. 빈칸 다음에 곧바로 이어지는 문장을 주의해서 읽으면 답을 찾기가 훨씬 수월할 거야.

4

[24212-0071]

글의 흐름으로 보아, 주어진 문장이 들어가기에 가장 적절한 곳은?

When an overall silence appears on beats 4 and 13, it is not because each musician is thinking, "On beats 4 and 13, I will rest."

In the West, an individual composer writes the music long before it is performed. The patterns and melodies we hear are pre-planned and intended. (①) Some African tribal music, however, results from collaboration by the players on the spur of the moment. (②) The patterns heard, whether they are the silences when all players rest on a beat or the accented beats when all play together, are not planned but serendipitous. (③) Rather, it occurs randomly as the patterns of all the players converge upon a simultaneous rest. (④) The musicians are probably as surprised as their listeners to hear the silences at beats 4 and 13. (⑤) Surely that surprise is one of the joys tribal musicians experience in making their music.

*serendipitous: 우연히 얻은   **converge: 한데 모아지다

모듈/유형 간접 쓰기 / 주어진 문장의 적합한 위치 **오답률** 69.2%

난도 ★★★★★ **목표 풀이 시간** 2분 20초

풀이 포인트 주어진 문장은 글의 흐름의 변화를 포함하고 있는 경우가 많아. 이때 변화란 역접, 또는 구체화를 이야기해. 지금의 주어진 문장도 예시의 기능을 하는 굉장히 구체적인 진술이고, 이렇게 글의 흐름이 변하는 문장은 일반적인 진술이 나온 후에 곧바로 이어지는 경우가 많아. 주어진 글은 어떤 일반적 진술 뒤에 와야 할 것인지 글의 전체 맥락에서 잘 생각해 봐.

5 2020학년도 9월 학평 40번   [24212-0072]

다음 글의 내용을 한 문장으로 요약하고자 한다. 빈칸 (A), (B)에 들어갈 말로 가장 적절한 것은?

Some researchers at Sheffield University recruited 129 hobbyists to look at how the time spent on their hobbies shaped their work life. To begin with, the team measured the seriousness of each participant's hobby, asking them to rate their agreement with statements like "I regularly train for this activity," and also assessed how similar the demands of their job and hobby were. Then, each month for seven months, participants recorded how many hours they had dedicated to their activity, and completed a scale measuring their belief in their ability to effectively do their job, or their "self-efficacy." The researchers found that when participants spent longer than normal doing their leisure activity, their belief in their ability to perform their job increased. But this was only the case when they had a serious hobby that was dissimilar to their job. When their hobby was both serious and similar to their job, then spending more time on it actually decreased their self-efficacy.

↓

Research suggests that spending more time on serious hobbies can boost ____(A)____ at work if the hobbies and the job are sufficiently ____(B)____.

(A)	(B)
① confidence	different
② productivity	connected
③ relationships	balanced
④ creativity	separate
⑤ dedication	similar

모듈/유형 간접 쓰기 / 문단 요약   **오답률** 52.7%
난도 ★★★   **목표 풀이 시간** 1분 50초

풀이 포인트 요약 문제를 풀 때는 메모를 하며 푸는 게 큰 도움이 돼. 이 글에 따르면 취미에 가진 진지한 태도와 취미와 일과의 유사도에 따라서 직장 생활을 해 나가면서 갖는 자기 효능감이 달라진다고 해. 그렇다면 취미에 진지할 때와 진지하지 않을 때, 혹은 취미와 일이 유사할 때와 유사하지 않을 때 직장 생활 자기 효능감의 증감 관계를 표를 활용해서 도식화해서 읽는 것이 풀이 포인트야.

6 2020학년도 9월 학평 30번   [24212-0073]

다음 글의 밑줄 친 부분 중, 문맥상 낱말의 쓰임이 적절하지 <u>않은</u> 것은?

Spine-tingling ghost stories are fun to tell if they are really scary, and even more so if you claim that they are true. People get a ① <u>thrill</u> from passing on those stories. The same applies to miracle stories. If a rumor of a miracle gets written down in a book, the rumor becomes hard to ② <u>believe</u>, especially if the book is ancient. If a rumor is ③ <u>old</u> enough, it starts to be called a "tradition" instead, and then people believe it all the more. This is rather odd because you might think they would realize that older rumors have had more time to get ④ <u>distorted</u> than younger rumors that are close in time to the alleged events themselves. Elvis Presley and Michael Jackson lived too ⑤ <u>recently</u> for traditions to have grown up, so not many people believe stories like "Elvis seen on Mars."

모듈/유형 문법·어휘 / 어휘   **오답률** 65.8%
난도 ★★★★   **목표 풀이 시간** 2분 00초

풀이 포인트 엘비스 프레슬리가 화성에서 살고 있다는 소문을 믿을 수 있어? 마이클 잭슨이 아직도 살아 있다는 소문도 믿지 못하지? 그런데 이 글에 따르면 사람들은 오래된 소문에 대해서는 이의를 제기하지 않는 경향이 있다고 해. 과연 왜 그럴까? 어휘 문제를 풀 때는 밑줄 친 말의 앞뒤에 있는 정보를 유심히 고려하면 근거를 발견하는 경우가 많아. 밑줄 친 낱말만 보지 말고 시야를 넓혀서 확인하도록 해.

Vocabulary Check-up

1 다음 문장의 빈칸에 들어갈 말을 〈보기〉에서 찾아 쓰시오.

〈보기〉
converge   dedicate   suppress   distribute   confront   halt

(1) Farmers also often _____ complex and difficult-to-observe phenomena that would be hard to manage even if they could run controlled experiments. 2023학년도 9월 모평 23번

(2) Genetic engineering followed by cloning to _____ many identical animals or plants is sometimes seen as a threat to the diversity of nature. 2021학년도 9월 모평 32번

(3) Alone time, however, forces you to take a break from everyday responsibilities and the requirements of others so you can _____ time to move forward with your own goals, meet your own personal needs, and further explore your personal dreams. 2019학년도 9월 모평 20번

2 다음 네모 안에서 문맥에 맞는 낱말을 고르시오.

(1) On top of the hurdles introduced in accessing his or her money, if a suspected fraud is detected, the account holder has to deal with the phone call asking if he or she made the trustful / suspicious transactions. 2023학년도 9월 모평 39번

(2) Plato is sure that the representation of cowardly people makes us cowardly; the only way to prevent this effect is to create / suppress such representations. 2015학년도 수능 40번

Grammar Check-up

1 다음 네모 안에서 어법상 알맞은 표현을 고르시오.

(1) It would also be hard to recruit workers if every time you needed a new employee you had to persuade someone ① move / to move across the country, rather than just poach one from your neighbor. There are also regulatory reasons: zoning laws often try to concentrate dirty industries in one place and restaurants and bars in another. Finally, people in the same industry often have similar preferences. Concentration makes it easier ② provide / to provide the amenities they like.

(2) Some researchers at Sheffield University recruited 129 hobbyists to look at how the time ① spending / spent on their hobbies shaped their work life. To begin with, the team measured the seriousness of each participant's hobby, asking them to rate their agreement with statements like "I regularly train for this activity," and also assessed how similar the demands of their job and hobby ② was / were .

2 다음 밑줄 친 부분 중, 어법상 틀린 것을 골라 바르게 고치시오.

Separating yourself from an emotionally upsetting situation ① giving you the space you need to better understand what you are truly feeling so you can more clearly articulate your emotions in a logical and less emotional way. A time-out also helps ② spare innocent bystanders. When confronted with situations that don't allow us to deal with our emotions or ③ that cause us to suppress them, we may transfer those feelings to other people or situations at a later point. For instance, if you had a bad day at work, you may suppress your feelings at the office, only ④ to find that you release them by getting into a fight with your kids or spouse when you get home later that evening.

1 2020학년도 6월 학평 21번 [24212-0074]

밑줄 친 constantly wearing masks가 다음 글에서 의미하는 바로 가장 적절한 것은?

Over the centuries various writers and thinkers, looking at humans from an outside perspective, have been struck by the theatrical quality of social life. The most famous quote expressing this comes from Shakespeare: "All the world's a stage, / And all the men and women merely players; / They have their exits and their entrances, / And one man in his time plays many parts." If the theater and actors were traditionally represented by the image of masks, writers such as Shakespeare are implying that all of us are constantly wearing masks. Some people are better actors than others. Evil types such as Iago in the play *Othello* are able to conceal their hostile intentions behind a friendly smile. Others are able to act with more confidence and bravado — they often become leaders. People with excellent acting skills can better navigate our complex social environments and get ahead.

*bravado: 허세

① protecting our faces from harmful external forces
② performing on stage to show off our acting skills
③ feeling confident by beating others in competition
④ doing completely the opposite of what others expect
⑤ adjusting our behavior based on the social context given

2 2020학년도 6월 학평 33번 [24212-0075]

다음 빈칸에 들어갈 말로 가장 적절한 것은?

Sociologists have proven that people bring their own views and values to the culture they encounter; books, TV programs, movies, and music may affect everyone, but they affect different people in different ways. In a study, Neil Vidmar and Milton Rokeach showed episodes of the sitcom *All in the Family* to viewers with a range of different views on race. The show centers on a character named Archie Bunker, an intolerant bigot who often gets into fights with his more progressive family members. Vidmar and Rokeach found that viewers who didn't share Archie Bunker's views thought the show was very funny in the way it made fun of Archie's absurd racism — in fact, this was the producers' intention. On the other hand, though, viewers who were themselves bigots thought Archie Bunker was the hero of the show and that the producers meant to make fun of his foolish family! This demonstrates why it's a mistake to assume that a certain cultural product _____.

*bigot: 고집쟁이

① can provide many valuable views
② reflects the idea of the sociologists
③ forms prejudices to certain characters
④ will have the same effect on everyone
⑤ might resolve social conflicts among people

모듈/유형 대의 파악 / 함축 의미 　**오답률** 62.5%
난도 ★★★★ 　**목표 풀이 시간** 2분 00초

풀이 포인트 '인생은 한 편의 연극'이라는 말은 사회적 삶이 지닌 연극적 속성을 일컫는 표현이야. 인생이라는 무대에서 우리는 여러 가면을 쓰고 다양한 역할을 소화해 낸다고 볼 수 있지. 상황에 맞게 정해진 가면을 재빨리 바꿔 쓸 수 있는 사람이 성공적인 삶을 살 수 있다는 이 글의 내용도 어느 정도는 맞는 거 같아. 밑줄 친 문장의 가면이라는 표현이 함축하고 있는 것이 무엇일지 찾아내면 문제 풀이에 성공할 거 같은데?

모듈/유형 상호 작용 / 빈칸 추론(긴 어구) 　**오답률** 63.1%
난도 ★★★★ 　**목표 풀이 시간** 2분 10초

풀이 포인트 같은 내용의 드라마를 보았더라도 저마다 생각하고 느끼는 것은 다를 거야. 그건 저마다 가지고 있는 문화적 배경이 달라서 그래. 이렇게 쉽게 이해할 수 있는 글의 내용도 막상 빈칸 문제로 풀려면 어려울 때가 있어. 바로 빈칸을 포함하는 문장이 글의 중심 내용과 반대로 진술되는 경우야. 이 문제에서는 특히 빈칸이 포함된 문장의 mistake가 의미하는 바에 주의해야 해!

3

2020학년도 6월 학평 39번

[24212-0076]

글의 흐름으로 보아, 주어진 문장이 들어가기에 가장 적절한 곳은?

> We have a continual desire to communicate our feelings and yet at the same time the need to conceal them for proper social functioning.

For hundreds of thousands of years our hunter-gatherer ancestors could survive only by constantly communicating with one another through nonverbal cues. Developed over so much time, before the invention of language, that is how the human face became so expressive, and gestures so elaborate. (①)With these counterforces battling inside us, we cannot completely control what we communicate. (②) Our real feelings continually leak out in the form of gestures, tones of voice, facial expressions, and posture. (③) We are not trained, however, to pay attention to people's nonverbal cues. (④) By sheer habit, we fixate on the words people say, while also thinking about what we'll say next. (⑤) What this means is that we are using only a small percentage of the potential social skills we all possess.

모듈/유형 간접 쓰기 / 주어진 문장의 적합한 위치 **오답률** 72.2%

난도 ★★★★★ **목표 풀이 시간** 2분 20초

풀이 포인트 주어진 문장을 삽입하는 문제는 글의 흐름에서 논리적 공백을 발견해 내는 문제야. 수렵 채집인 시절의 조상들로부터 개발해 온 비언어적 신호와 관련한 글의 흐름에서 우리는 감정을 표출하려는 욕구와 숨겨야 할 필요성을 동시에 갖고 있다는 주어진 글을 집어넣을 수 있는 빈틈을 차근차근 찾아봐. 앞 문장의 후반에 제시되는 정보와 이어지는 문장의 앞부분의 정보를 연결하여 읽다 보면 빈틈을 찾을 수 있을 거야.

4

2020학년도 6월 학평 29번

[24212-0077]

다음 글의 밑줄 친 부분 중, 어법상 **틀린** 것은?

Every farmer knows that the hard part is getting the field ① prepared. Inserting seeds and watching ② them grow is easy. In the case of science and industry, the community prepares the field, yet society tends to give all the credit to the individual who happens to plant a successful seed. Planting a seed does not necessarily require overwhelming intelligence; creating an environment that allows seeds to prosper ③ does. We need to give more credit to the community in science, politics, business, and daily life. Martin Luther King Jr. was a great man. Perhaps his greatest strength was his ability ④ to inspire people to work together to achieve, against all odds, revolutionary changes in society's perception of race and in the fairness of the law. But to really understand ⑤ that he accomplished requires looking beyond the man. Instead of treating him as the manifestation of everything great, we should appreciate his role in allowing America to show that it can be great.

* manifestation: 표명

모듈/유형 문법 · 어휘 / 어법 **오답률** 63.5%

난도 ★★★★ **목표 풀이 시간** 2분 00초

풀이 포인트 get의 목적격보어로 쓰이고 있는 분사의 적절한 형태(현재분사/과거분사), 복수 명사를 지칭하는 대명사에 대한 이해, 대동사로 쓰인 술어 동사의 주어와의 일치, to부정사구의 형용사적 용법, 명사절을 이끄는 접속사 that 또는 관계사 what의 특징을 이해하는 것이 포인트야.

[5~6] 2020학년도 6월 학평 41~42번

다음 글을 읽고, 물음에 답하시오.

An organization imported new machinery with the capacity to produce quality products at a lesser price. A manager was responsible for large quantities in a relatively short span of time. He started with the (a)full utilization of the new machinery. He operated it 24/7 at maximum capacity. He paid the least attention to downtime, recovery breaks or the general maintenance of the machinery. As the machinery was new, it continued to produce results and, therefore, the organization's profitability (b)soared and the manager was appreciated for his performance. Now after some time, this manager was promoted and transferred to a different location. A new manager came in his place to be in charge of running the manufacturing location. But this manager realized that with heavy utilization and without any downtime for maintenance, a lot of the parts of the machinery were significantly (c)worn and needed to be replaced or repaired. The new manager had to put significant time and effort into repair and maintenance of the machines, which resulted in lower production and thus a loss of profits. The earlier manager had only taken care of the goal of production and (d)ignored the machinery although he had short-term good results. But ultimately not giving attention to recovery and maintenance resulted in long-term (e)positive consequences.

5
[24212-0078]

윗글의 제목으로 가장 적절한 것은?

① Why Are Quality Products Important?
② Give Machines a Break to Avoid Overuse
③ Providing Incentives to Maximize Workers' Abilities
④ Tip for Managers: The Right Man in the Right Place
⑤ Wars for High Productivity in a World of Competition

6
[24212-0079]

밑줄 친 (a)~(e) 중에서 문맥상 낱말의 쓰임이 적절하지 않은 것은?

① (a)　　② (b)　　③ (c)　　④ (d)　　⑤ (e)

모듈/유형 복합 / 1지문 2문항(제목/어휘)　　**오답률** 58.1% / 61.3%
난도 ★★★ / ★★★★　　**목표 풀이 시간** 2분 50초

풀이 포인트 **5** 제목 추론 문제에서는 관리자가 단기적인 성공만을 위해서 기계를 일주일간 24시간 내내 가동하면서 얻어 낸 성과가 그 후에 부임한 새로운 관리자에게는 어떠한 피해로 돌아갔는지 글의 흐름에 따라 살펴보면 필자의 어조를 통해 답을 쉽게 유추할 수 있을 거야.

6 어휘 문제에서는 새로운 관리자가 마모가 심하게 된 기계를 수리하면서 겪었던 고충을 보면 풀이 포인트를 알 수 있어. 보통 어휘 문제에서는 밑줄 자리에 반의어를 넣음으로써 수험생이 내용을 제대로 파악하고 있는지를 테스트하곤 해. 고로, 각 밑줄 친 어휘 자리에 반의어가 들어가 있는지를 생각해 보거나, 훨씬 더 적합한 대체어가 있는지를 생각해 보면서 꼼꼼히 다섯 선지를 분석해 보면 도움이 될 거야.

Vocabulary Check-up

1 다음 문장의 빈칸에 들어갈 말을 〈보기〉에서 찾아 쓰시오.

〈보기〉
hostile intolerant absurd nonverbal elaborate theatrical

(1) It is easy to find examples of correlations which are far more systematic than could occur by chance and yet which it would be _____ to treat as evidence of a direct causal link. 2016학년도 9월 모평 33번

(2) Textiles and clothing have functions that go beyond just protecting the body. Dress and textiles alike are used as a means of _____ communication. 2015학년도 9월 모평 22번

(3) The species has evolved _____ greeting behaviors, the form of which reflects the strength of the social bond between the individuals (much like how you might merely shake hands with a long-standing acquaintance but hug a close friend you have not seen in a while, and maybe even tear up). 2020학년도 수능 40번

2 다음 네모 안에서 문맥에 맞는 낱말을 고르시오.

(1) Most animals innately avoid objects they have not previously ☐ dismissed / encountered ☐. Unfamiliar objects may be dangerous; treating them with caution has survival value. 2022학년도 9월 모평 34번

(2) The oil trading company Enron had cooked its books to overstate its ☐ deficit / profitability ☐ in its mandated reports. 2018학년도 9월 모평 23번

Grammar Check-up

1 다음 네모 안에서 어법상 알맞은 표현을 고르시오.

(1) We have a continual desire to communicate our feelings and yet at the same time the need to conceal ① ☐ it / them ☐ for proper social functioning. With these counterforces ② ☐ battling / battled ☐ inside us, we cannot completely control what we communicate.

(2) The new manager had to put significant time and effort into repair and maintenance of the machines, which resulted in lower production and thus a loss of profits. The earlier manager ① ☐ has / had ☐ only taken care of the goal of production and ignored the machinery although he had short-term good results. But ultimately not giving attention to recovery and maintenance ② ☐ resulting / resulted ☐ in long-term positive consequences.

2 다음 밑줄 친 부분 중, 어법상 틀린 것을 골라 바르게 고치시오.

In a study, Neil Vidmar and Milton Rokeach ① showed episodes of the sitcom All in the Family to viewers with a range of different views on race. The show centers on a character ② named Archie Bunker, an intolerant bigot who often gets into fights with his more progressive family members. Vidmar and Rokeach found that viewers who didn't share Archie Bunker's views thought the show ③ were very funny in the way it made fun of Archie's absurd racism — in fact, this was the producers' intention. On the other hand, though, viewers ④ who were themselves bigots thought Archie Bunker was the hero of the show and that the producers meant to make fun of his foolish family!

1
2020학년도 3월 학평 23번   [24212-0080]

다음 글의 주제로 가장 적절한 것은?

In addition to the varied forms that recreation may take, it also meets a wide range of individual needs and interests. Many participants take part in recreation as a form of relaxation and release from work pressures or other tensions. Often they may be passive spectators of entertainment provided by television, movies, or other forms of electronic amusement. However, other significant play motivations are based on the need to express creativity, discover hidden talents, or pursue excellence in varied forms of personal expression. For some participants, active, competitive recreation may offer a channel for releasing hostility and aggression or for struggling against others or the environment in adventurous, high-risk activities. Others enjoy recreation that is highly social and provides the opportunity for making new friends or cooperating with others in group settings.

① effects of recreational participation on memory
② various motivations for recreational participation
③ importance of balance between work and leisure
④ social factors promoting the recreation movement
⑤ economic trends affecting recreational participation

2
2020학년도 3월 학평 31번   [24212-0081]

다음 빈칸에 들어갈 말로 가장 적절한 것은?

When he was dying, the contemporary Buddhist teacher Dainin Katagiri wrote a remarkable book called *Returning to Silence*. Life, he wrote, "is a dangerous situation." It is the weakness of life that makes it precious; his words are filled with the very fact of his own life passing away. "The china bowl is beautiful because sooner or later it will break.... The life of the bowl is always existing in a dangerous situation." Such is our struggle: this unstable beauty. This inevitable wound. We forget — how easily we forget — that love and loss are intimate companions, that we love the real flower so much more than the plastic one and love the cast of twilight across a mountainside lasting only a moment. It is this very _____ that opens our hearts.

① fragility   ② stability
③ harmony   ④ satisfaction
⑤ diversity

모듈/유형 대의 파악 / 주제   **오답률** 44.9%
난도 ★★   **목표 풀이 시간** 1분 30초

풀이 포인트 첫 번째 문장에서 레크리에이션의 두 가지 특징이 언급되고 있지? 다양한 형태를 취한다는 것과 광범위한 개인의 욕구와 관심사를 충족시킨다는 것. 이 두 가지 중에서 필자는 후자에 초점을 두고 있어. 따라서 이후 언급되는 다양한 예시들은 왜 사람들이 레크리에이션에 참여하는지에 대해 설명하고 있으니 글의 주제가 무엇인지 추측할 수 있겠지?

모듈/유형 상호 작용 / 빈칸 추론(한 단어)   **오답률** 54.9%
난도 ★★★   **목표 풀이 시간** 2분 00초

풀이 포인트 빈칸이 포함된 문장에서 it ~ that 강조 구문이 사용되었기 때문에 우리의 마음을 열어 주는 것이 무엇인지를 파악하면 돼! 역시나 it ~ that 강조 구문으로 쓰인 It is the weakness of life that makes it precious.나 The china bowl is beautiful because sooner or later it will break. 와 같은 문장을 통해 빈칸에 들어갈 말은 weakness나 it will break와 관련된 것이어야 한다는 점을 염두에 두고 정답을 골라 봐!

3

다음 빈칸에 들어갈 말로 가장 적절한 것은?

The growing field of genetics is showing us what many scientists have suspected for years — _____. This information helps us better understand that genes are under our control and not something we must obey. Consider identical twins; both individuals are given the same genes. In mid-life, one twin develops cancer, and the other lives a long healthy life without cancer. A specific gene instructed one twin to develop cancer, but in the other the same gene did not initiate the disease. One possibility is that the healthy twin had a diet that turned off the cancer gene — the same gene that instructed the other person to get sick. For many years, scientists have recognized other environmental factors, such as chemical toxins (tobacco for example), can contribute to cancer through their actions on genes. The notion that food has a specific influence on gene expression is relatively new.

① identical twins have the same genetic makeup

② our preference for food is influenced by genes

③ balanced diet is essential for our mental health

④ genetic engineering can cure some fatal diseases

⑤ foods can immediately influence the genetic blueprint

모듈/유형	상호 작용 / 빈칸 추론(긴 어구)	오답률	63.3%
난도	★★★★	목표 풀이 시간	2분 10초

풀이 포인트 일란성 쌍둥이를 연구한 내용에서 One possibility is that the healthy twin had a diet that turned off the cancer gene이라는 부분에서 동일한 유전자를 가졌음에도 암의 발현 여부가 달랐던 원인이 무엇인지 알 수 있고, 그것이 포인트야.

4

주어진 글 다음에 이어질 글의 순서로 가장 적절한 것은?

Regardless of whether the people existing after agriculture were happier, healthier, or neither, it is undeniable that there were more of them. Agriculture both supports and requires more people to grow the crops that sustain them.

(A) And a larger population doesn't just mean increasing the size of everything, like buying a bigger box of cereal for a larger family. It brings qualitative changes in the way people live.

(B) Estimates vary, of course, but evidence points to an increase in the human population from 1-5 million people worldwide to a few hundred million once agriculture had become established.

(C) For example, more people means more kinds of diseases, particularly when those people are sedentary. Those groups of people can also store food for long periods, which creates a society with haves and have-nots.

*sedentary: 한곳에 정착해 있는

① (A)−(C)−(B)   ② (B)−(A)−(C)

③ (B)−(C)−(A)   ④ (C)−(A)−(B)

⑤ (C)−(B)−(A)

모듈/유형	간접 쓰기 / 글의 순서	오답률	62.8%
난도	★★★★	목표 풀이 시간	2분 10초

풀이 포인트 주어진 문장의 there were more of them에서 them이 people을 가리키므로, 이에 대한 구체적인 수치가 이어지는 것이 맞아. 그러고 나서 더 많은 인구가 생활 방식에 질적인 변화를 가져왔다고 했고 이에 대한 예시로 이어지는 흐름이 자연스럽겠지?

5 2020학년도 3월 학평 40번   [24212-0084]

다음 글의 내용을 한 문장으로 요약하고자 한다. 빈칸 (A), (B)에 들어갈 말로 가장 적절한 것은?

Some natural resource-rich developing countries tend to create an excessive dependence on their natural resources, which generates a lower productive diversification and a lower rate of growth. Resource abundance in itself need not do any harm: many countries have abundant natural resources and have managed to outgrow their dependence on them by diversifying their economic activity. That is the case of Canada, Australia, or the US, to name the most important ones. But some developing countries are trapped in their dependence on their large natural resources. They suffer from a series of problems since a heavy dependence on natural capital tends to exclude other types of capital and thereby interfere with economic growth.

↓

> Relying on rich natural resources without _____(A)_____ economic activities can be a _____(B)_____ to economic growth.

	(A)		(B)
①	varying	······	barrier
②	varying	······	shortcut
③	limiting	······	challenge
④	limiting	······	barrier
⑤	connecting	······	shortcut

모듈/유형	간접 쓰기 / 문단 요약	오답률	54.2%
난도	★★★	목표 풀이 시간	2분 00초

풀이 포인트 우선 요약문을 보면 '경제 활동을 (A)하지 않고' 천연자원에 지나치게 의존하는 것이 '경제 성장에 (B)가 될 수 있다'는 거야. 글의 내용에서 일부 개발 도상국들이 경제 활동을 다양화하지 않고 풍부한 천연자원에만 지나치게 의존했기 때문에 문제를 겪고 있다고 했으니 이를 바탕으로 알맞은 단어를 찾아봐!

6 2020학년도 3월 학평 29번   [24212-0085]

다음 글의 밑줄 친 부분 중, 어법상 틀린 것은?

Commercial airplanes generally travel airways similar to roads, although they are not physical structures. Airways have fixed widths and defined altitudes, ① which separate traffic moving in opposite directions. Vertical separation of aircraft allows some flights ② to pass over airports while other processes occur below. Air travel usually covers long distances, with short periods of intense pilot activity at takeoff and landing and long periods of lower pilot activity while in the air, the portion of the flight ③ known as the "long haul." During the long-haul portion of a flight, pilots spend more time assessing aircraft status than ④ searching out nearby planes. This is because collisions between aircraft usually occur in the surrounding area of airports, while crashes due to aircraft malfunction ⑤ tends to occur during long-haul flight.

*altitude: 고도   **long haul: 장거리 비행

모듈/유형	문법 · 어휘 / 어법	오답률	45.2%
난도	★★	목표 풀이 시간	1분 40초

풀이 포인트 계속적 용법으로 사용된 관계대명사 which, 동사 allows의 목적격 보어 형태, 적절한 분사의 형태(현재분사/과거분사), 비교(than) 문장에서 대등하게 연결되는 동사의 형태, 주어와 동사의 수 일치를 이해하는 것이 포인트야.

Vocabulary Check-up

1 다음 문장의 빈칸에 들어갈 말을 〈보기〉에서 찾아 쓰시오.

〈보기〉
fragility   malfunction   outgrow   twilight   genetics   initiate

(1) Conversely, the renewed interest in _____ has led to a growing awareness that there are many wild plants and animals with interesting or useful genetic properties that could be used for a variety of as-yet-unknown purposes. 2021학년도 9월 모평 32번

(2) She was happy that she could view the bridge in the _____. 2018학년도 6월 모평 19번

(3) This saying suggests that any "poppy" that _____s others in a field will get "cut down;" in other words, any overachiever will eventually fail. 2019학년도 6월 모평 32번

2 다음 네모 안에서 문맥에 맞는 낱말을 고르시오.

(1) Armed with tools that can provide them options, the consumer moves from active / passive bystander to active participant. 2023학년도 6월 모평 22번

(2) Horizontal / Vertical transfer refers to such situations: A learner acquires new knowledge or skills by building on more basic information and procedures. 2019학년도 6월 모평 40번

Grammar Check-up

1 다음 네모 안에서 어법상 알맞은 표현을 고르시오.

(1) Others enjoy recreation that is ① high / highly social and provides the opportunity for making new friends or ② cooperates / cooperating with others in group settings.

(2) The notion ① which / that food has a specific influence on gene expression is ② relative / relatively new.

2 다음 밑줄 친 부분 중, 어법상 틀린 것을 골라 바르게 고치시오.

When he was dying, the contemporary Buddhist teacher Dainin Katagiri wrote a remarkable book ① called *Returning to Silence*. Life, he wrote, "is a dangerous situation." It is the weakness of life that ② makes it precious; his words are filled with the very fact of his own life passing away. "The china bowl is beautiful because sooner or later it will break.... The life of the bowl is always existing in a dangerous situation." Such is our struggle: this ③ unstable beauty. This inevitable wound. We forget — how easily we forget — that love and loss are intimate companions, that we love the real flower so much more than the plastic one and love the cast of twilight across a mountainside ④ lasts only a moment. It is this very fragility that opens our hearts.

Day 15 Week 3

1
2019학년도 11월 학평 21번 [24212-0086]

밑줄 친 the democratization of business financing이 다음 글에서 의미하는 바로 가장 적절한 것은?

Crowdfunding is a new and more collaborative way to secure funding for projects. It can be used in different ways such as requesting donations for a worthy cause anywhere in the world and generating funding for a project with the contributors then becoming partners in the project. In essence, crowdfunding is the fusion of social networking and venture capitalism. In just the same way as social networks have rewritten the conventional rules about how people communicate and interact with each other, crowdfunding in all its variations has the potential to rewrite the rules on how businesses and other projects get funded in the future. Crowdfunding can be viewed as the democratization of business financing. Instead of restricting capital sourcing and allocation to a relatively small and fixed minority, crowdfunding empowers everyone connected to the Internet to access both the collective wisdom and the pocket money of everyone else who connects to the Internet.

① More people can be involved in funding a business.
② More people will participate in developing new products.
③ Crowdfunding can reinforce the conventional way of financing.
④ Crowdfunding keeps social networking from facilitating funding.
⑤ The Internet helps employees of a company interact with each other.

2
2019학년도 11월 학평 32번 [24212-0087]

다음 빈칸에 들어갈 말로 가장 적절한 것은?

Are the different types of mobile device, smartphones and tablets, substitutes or complements? Let's explore this question by considering the case of Madeleine and Alexandra, two users of these devices. Madeleine uses her tablet to take notes in class. These notes are synced to her smartphone wirelessly, via a cloud computing service, allowing Madeleine to review her notes on her phone during the bus trip home. Alexandra uses both her phone and tablet to surf the Internet, write emails and check social media. Both of these devices allow Alexandra to access online services when she is away from her desktop computer. For Madeleine, smartphones and tablets are *complements*. She gets greater functionality out of her two devices when they are used together. For Alexandra, they are *substitutes*. Both smartphones and tablets fulfil more or less the same function in Alexandra's life. This case illustrates the role that an _____ plays in determining the nature of the relationship between two goods or services.

① interaction with other people
② individual consumer's behavior
③ obvious change in social status
④ innovative technological advancement
⑤ objective assessment of current conditions

모듈/유형 대의 파악 / 함축 의미 **오답률** 68.0%
난도 ★★★★★ **목표 풀이 시간** 2분 20초

풀이 포인트 crowdfunding is the fusion of social networking and venture capitalism과 crowdfunding empowers everyone connected to the Internet을 볼 때 결국 크라우드 펀딩은 인터넷이나 소셜 네트워킹을 이용하는 사람 누구나 자금을 조달하고 할당할 수 있게 해 주기 때문에 '민주화'라는 개념과 동일한 거야. '민주화'란 누구나 정치에 참여할 수 있게 한다는 의미이니 이것이 크라우드펀딩과 어떻게 연결되는지 잘 생각해 봐.

모듈/유형 상호 작용 / 빈칸 추론(짧은 어구) **오답률** 52.2%
난도 ★★★ **목표 풀이 시간** 1분 50초

풀이 포인트 Madeleine과 Alexandra의 사례를 보면 스마트폰과 태블릿이 어떤 경우에는 대체재이지만 다른 경우에는 보완재이지? 그런데 그것을 결정하는 게 뭘까? 그것은 바로 사용자가 두 기기를 가지고 무엇을 하느냐에 따라 결정되는 거야. 이 내용을 포괄하는 어구가 무엇인지 생각해 봐!

3

2019학년도 11월 학평 34번   [24212-0088]

다음 빈칸에 들어갈 말로 가장 적절한 것은?

Attitude has been conceptualized into four main components: affective (feelings of liking or disliking), cognitive (beliefs and evaluation of those beliefs), behavioral intention (a statement of how one would behave in a certain situation), and behavior. Public attitudes toward a wildlife species and its management are generated based on the interaction of those components. In forming our attitudes toward wolves, people strive to keep their affective components of attitude consistent with their cognitive component. For example, I could dislike wolves; I believe they have killed people (cognitive belief), and having people killed is of course bad (evaluation of belief). The behavioral intention that could result from this is to support a wolf control program and actual behavior may be a history of shooting wolves. In this example, _____, producing a negative overall attitude toward wolves.

① attitude drives the various forms of belief

② all aspects of attitude are consistent with each other

③ cognitive components of attitude outweigh affective ones

④ the components of attitude are not simultaneously evaluated

⑤ our biased attitudes get in the way of preserving biodiversity

4

2019학년도 11월 학평 37번   [24212-0089]

주어진 글 다음에 이어진 글의 순서로 가장 적절한 것은?

Like the physiological discoveries of the late nineteenth century, today's biological breakthrough has fundamentally altered our understanding of how the human organism works and will change medical practice fundamentally and thoroughly.

(A) Remember the scientific method, which you probably first learned about back in elementary school? It has a long and difficult process of observation, hypothesis, experiment, testing, modifying, retesting, and retesting again and again and again.

(B) That's how science works, and the breakthrough understanding of the relationship between our genes and chronic disease happened in just that way, building on the work of scientists from decades — even centuries — ago. In fact, it is still happening; the story continues to unfold as the research presses on.

(C) The word "breakthrough," however, seems to imply in many people's minds an amazing, unprecedented revelation that, in an instant, makes everything clear. Science doesn't actually work that way.

① (A)−(C)−(B)   ② (B)−(A)−(C)

③ (B)−(C)−(A)   ④ (C)−(A)−(B)

⑤ (C)−(B)−(A)

모듈/유형 상호 작용 / 빈칸 추론(긴 어구)	오답률 71.0%
난도 ★★★★★	목표 풀이 시간 2분 20초

풀이 **포인트** 태도에는 네 가지 주요한 요소(four main components)가 있는데, 늑대의 예시에서 보듯이 이 네 가지 요소가 연결되어 늑대에 대한 부정적인 태도를 만들어 낸다는 것을 알아야 해. 이것을 이해하는 것이 포인트야!

모듈/유형 간접 쓰기 / 글의 순서	오답률 52.2%
난도 ★★★	목표 풀이 시간 1분 50초

풀이 **포인트** 주어진 문장에서 today's biological breakthrough를 언급한 뒤 이 개념을 반박하는 글이 이어지는 게 자연스러워. 그다음에 초등학교 때 배웠던 과학을 언급하고 더 구체적인 설명으로 이어지는 흐름이 맞아!

5
2019학년도 11월 학평 39번   [24212-0090]

글의 흐름으로 보아, 주어진 문장이 들어가기에 가장 적절한 곳은?

> Houses in the historic district of Key West, Florida, for example, whether new or remodeled, must be built of wood in a traditional style, and there are only a few permissible colors of paint, white being preferred.

In the US, regional styles of speech have always been associated with regional styles of building: the Midwestern farmhouse, the Southern plantation mansion, and the Cape Cod cottage all have their equivalent in spoken dialect. (①) These buildings may be old and genuine, or they may be recent reproductions, the equivalent of an assumed rather than a native accent. (②) As James Kunstler says, "half-baked versions of Scarlett O'Hara's Tara now stand replicated in countless suburban subdivisions around the United States." (③) In some cities and towns, especially where tourism is an important part of the economy, zoning codes may make a sort of artificial authenticity compulsory. (④) From the street these houses may look like the simple sea captains' mansions they imitate. (⑤) Inside, however, where zoning does not reach, they often contain modern lighting and state-of-the-art kitchens and bathrooms.

모듈/유형	간접 쓰기 / 주어진 문장의 적합한 위치	오답률	46.9%
난도	★★	목표 풀이 시간	1분 50초

풀이 포인트 주어진 문장이 ③ 뒤의 문장에서 언급한 some cities and towns의 예시라는 것을 우선 파악해야 해. 그런 다음 ④ 뒤에 있는 문장에 포함된 these houses가 어떤 집들을 뜻하는지를 이해하면 적절한 위치를 찾을 수 있을 거야!

6
2019학년도 11월 학평 29번   [24212-0017]

다음 글의 밑줄 친 부분 중, 어법상 틀린 것은?

There is a reason why so many of us are attracted to recorded music these days, especially considering personal music players are common and people are listening to music through headphones a lot. Recording engineers and musicians have learned to create special effects that tickle our brains by exploiting neural circuits that evolved ① to discern important features of our auditory environment. These special effects are similar in principle to 3-D art, motion pictures, or visual illusions, none of ② which have been around long enough for our brains to have evolved special mechanisms to perceive them. Rather, 3-D art, motion pictures, and visual illusions leverage perceptual systems that ③ are in place to accomplish other things. Because they use these neural circuits in novel ways, we find them especially ④ interested. The same is true of the way ⑤ that modern recordings are made.

*auditory: 청각의   **leverage: 이용하다

모듈/유형	문법 · 어휘 / 어법	오답률	49.2%
난도	★★	목표 풀이 시간	1분 40초

풀이 포인트 목적의 의미로 사용된 to부정사, 계속적 용법으로 사용된 주격 관계대명사 which의 사용, 관계대명사 that의 수 일치, 동사 find의 목적격보어로 사용된 적절한 분사의 형태(현재분사/과거분사), the way를 선행사로 하는 관계부사 that을 이해하는 것이 포인트야.

Vocabulary Check-up

1 다음 문장의 빈칸에 들어갈 말을 〈보기〉에서 찾아 쓰시오.

〈보기〉
breakthrough   fusion   discern   replicate   reproduction   hypothesis

(1) The highly respected physicist Enrico Fermi told his students that an experiment that successfully proves a _____ is a measurement; one that doesn't is a discovery.   2019학년도 수능 21번

(2) We can _____ different colors, but we can give a precise *number* to different sounds.
2015학년도 수능 30번

(3) HP had a _____ with a super-accurate thermometer that was created in the HP Labs.
2015학년도 9월 모평 31번

2 다음 네모 안에서 문맥에 맞는 낱말을 고르시오.

(1) This happened at a time when cities in the developing world were growing at precedented / unprecedented rates, bringing together large populations of low income urban residents, often on hazardous spontaneous settlements which made them far more vulnerable to natural and human-induced hazards.
2014학년도 9월 모평 B형 40번

(2) When those numbers were placed on the plates as a(n) institute / substitute for the actual rewards, the chimps promptly learned to point to the smaller numbers first, thereby obtaining the larger rewards for themselves.   2014학년도 9월 모평 B형 35번

Grammar Check-up

1 다음 네모 안에서 어법상 알맞은 표현을 고르시오.

(1) Instead of ① to restrict / restricting capital sourcing and allocation to a relatively small and fixed minority, crowdfunding empowers everyone ② is connected / connected to the Internet to access both the collective wisdom and the pocket money of everyone else who connects to the Internet.

(2) The word "breakthrough," however, seems ① implying / to imply in many people's minds an amazing, unprecedented revelation that, in an instant, makes everything ② clear / clearly .

2 다음 밑줄 친 부분 중, 어법상 틀린 것을 골라 바르게 고치시오.

Are the different types of mobile device, smartphones and tablets, substitutes or complements? Let's explore this question by ① considering the case of Madeleine and Alexandra, two users of these devices. Madeleine uses her tablet ② to take notes in class. These notes are synced to her smartphone wirelessly, via a cloud computing service, ③ allowing Madeleine to review her notes on her phone during the bus trip home. Alexandra uses both her phone and tablet to surf the Internet, ④ writes emails and check social media.

(2019학년도 9월 학평) ~ (2018학년도 9월 학평)

일차	문항 번호	유형	오답률	출처		난도
Day 16	1	주제	50.8%	2019학년도 고2 전국연합 학력평가 9월	23번	★★
	2	빈칸 추론(한 단어)	74.0%		31번	★★★★★
	3	빈칸 추론(짧은 어구)	69.8%		33번	★★★★★
	4	글의 순서	58.2%		36번	★★★
	5	주어진 문장의 적합한 위치	86.1%		39번	★★★★★
	6	어법	69.8%		29번	★★★★★
Day 17	1	함축 의미	55.1%	2019학년도 고2 전국연합 학력평가 6월	22번	★★★
	2	빈칸 추론(짧은 어구)	67.5%		31번	★★★★★
	3	빈칸 추론(긴 어구)	65.0%		33번	★★★★★
	4	글의 순서	59.8%		37번	★★★
	5	주어진 문장의 적합한 위치	82.1%		38번	★★★★★
	6	어휘	49.3%		30번	★★
Day 18	1	주제	48.1%	2019학년도 고2 전국연합 학력평가 3월	22번	★★
	2	빈칸 추론(긴 어구)	71.8%		32번	★★★★★
	3	주어진 문장의 적합한 위치	56.6%		39번	★★★
	4	어법	77.9%		28번	★★★★★
	5	1지문 2문항(제목)	53.1 %		41번	★★★
	6	1지문 2문항(어휘)	65.3%		42번	★★★★★
Day 19	1	주제	58.6%	2018학년도 고2 전국연합 학력평가 11월	22번	★★★
	2	빈칸 추론(짧은 어구)	76.4%		33번	★★★★★
	3	빈칸 추론(긴 어구)	67.1%		34번	★★★★★
	4	글의 순서	60.2%		36번	★★★★
	5	주어진 문장의 적합한 위치	67.5%		38번	★★★★★
	6	어법	80.0%		28번	★★★★★
Day 20	1	빈칸 추론(짧은 어구)	67.2%	2018학년도 고2 전국연합 학력평가 9월	31번	★★★★★
	2	글의 순서	56.8%		36번	★★★
	3	주어진 문장의 적합한 위치	61.4%		38번	★★★★
	4	어휘	68.3%		29번	★★★★★
	5	1지문 2문항(제목)	48.1%		41번	★★
	6	1지문 2문항(빈칸)	63.9%		42번	★★★★

모듈 정리

모듈 4 문법·어휘

● **모듈 설명**

문법 · 어휘 모듈은 글의 전체적인 의미나 문장 간의 의미적 관련성을 통하여 언어 형식이나 어휘의 적합성을 파악하는 능력을 측정하는 유형의 문항들을 가리킵니다. 문법 · 어휘 유형 문항에서는 문맥에 따른 언어 형식이나 어휘의 적절성을 파악하는 능력을 평가합니다.

● **유형 분류**

어법, 어휘 유형을 포함하며, 흔히 모의고사 29번과 30번이 이 유형에 해당합니다.

● **출제 경향**

전반적으로 어려운 유형으로 분류되는 편이며, 글의 맥락 이해를 토대로 문장의 핵심 구조를 분석하고 글의 흐름상 적절한 또는 부적절한 어휘를 파악해야 풀 수 있는 문항이 출제되고 있습니다. 어법, 어휘 유형의 문항은 공히 글의 내용 이해가 문제 풀이의 기본적인 단서가 된다는 사실을 유념해야 합니다. 왼쪽 표에서 색칠된 문제들이 대표적인 최근의 고난도 문법 · 어휘 유형 문제입니다.

● **만점전략**

예1 자주 출제되는 문법 항목 정리하기(대명사, 수 일치, 대등한 연결, 관계사, 조동사, 준동사, 태, 형용사/부사 등)

예2 글의 흐름에 적절한 어휘와 반대되는 어휘가 제시되는 경우가 많으므로, 평소 서로 반대 의미를 갖는 어휘들을 묶어서 학습하기

Word Preview

정답과 해설 79쪽

Day 16

월 일

- □ monopoly _____
- □ lawsuit _____
- □ hierarchy _____
- □ mass _____
- □ unemployment _____
- □ barrier _____
- □ solitude _____
- □ dysfunctional _____
- □ equation _____
- □ devastating _____
- □ sue _____
- □ bureaucratic _____
- □ outperform _____
- □ formula _____
- □ precedent _____

Day 17

월 일

- □ perfection _____
- □ lasting _____
- □ radical _____
- □ urgency _____
- □ oversimplification _____
- □ insert _____
- □ pursue _____
- □ reverse _____
- □ internalize _____
- □ illusion _____
- □ criteria _____
- □ executive _____
- □ inclined _____
- □ athletic _____
- □ overtake _____

Day 18

월 일

- □ disorder _____
- □ inequality _____
- □ long _____
- □ suction _____
- □ skull _____
- □ tumor _____
- □ splendidly _____
- □ coin _____
- □ specification _____
- □ in a row _____
- □ shift _____
- □ inspiration _____
- □ inappropriate _____
- □ lethargic _____
- □ mount _____

Day 19

월 일

- □ measles _____
- □ suggestive _____
- □ captivating _____
- □ feast _____
- □ mindfulness _____
- □ sanitation _____
- □ aesthetically _____
- □ geology _____
- □ famine _____
- □ paradoxical _____
- □ thesis _____
- □ majestic _____
- □ alternating _____
- □ aplenty _____
- □ meditation _____

Day 20

월 일

- □ intact _____
- □ sensory _____
- □ transfer _____
- □ commit _____
- □ syndrome _____
- □ suspend _____
- □ ubiquitous _____
- □ density _____
- □ influential _____
- □ interpret _____
- □ slip _____
- □ codify _____
- □ competence _____
- □ welfare _____
- □ contradict _____

1

2019학년도 9월 학평 23번   [24212-0091]

다음 글의 주제로 가장 적절한 것은?

The original idea of a patent, remember, was not to reward inventors with monopoly profits, but to encourage them to share their inventions. A certain amount of intellectual property law is plainly necessary to achieve this. But it has gone too far. Most patents are now as much about defending monopoly and discouraging rivals as about sharing ideas. And that disrupts innovation. Many firms use patents as barriers to entry, suing upstart innovators who trespass on their intellectual property even on the way to some other goal. In the years before World War I, aircraft makers tied each other up in patent lawsuits and slowed down innovation until the US government stepped in. Much the same has happened with smartphones and biotechnology today. New entrants have to fight their way through "patent thickets" if they are to build on existing technologies to make new ones.

*trespass: 침해하다

① side effects of anti-monopoly laws
② ways to protect intellectual property
③ requirements for applying for a patent
④ patent law abuse that hinders innovation
⑤ resources needed for technological innovation

2

2019학년도 9월 학평 31번   [24212-0092]

다음 빈칸에 들어갈 말로 가장 적절한 것은?

Children develop the capacity for solitude in the presence of an attentive other. Consider the silences that fall when you take a young boy on a quiet walk in nature. The child comes to feel increasingly aware of what it is to be alone in nature, supported by being "with" someone who is introducing him to this experience. Gradually, the child takes walks alone. Or imagine a mother giving her two-year-old daughter a bath, allowing the girl's reverie with her bath toys as she makes up stories and learns to be alone with her thoughts, all the while knowing her mother is present and available to her. Gradually, the bath, taken alone, is a time when the child is comfortable with her imagination. _____ enables solitude.

*reverie: 공상

① Hardship   ② Attachment
③ Creativity   ④ Compliment
⑤ Responsibility

모듈/유형 대의 파악 / 주제   오답률 50.8%
난도 ★★   목표 풀이 시간 1분 30초

풀이 포인트 발명품 공유의 장려라는 특허권의 목적을 달성하기 위해 어느 정도의 지적 재산권법이 필요하지만, 도를 넘어서서 오히려 특허권이 독점을 보호하고(depending monopoly), 경쟁자들을 단념시키면서(discouraging rivals) 혁신을 저해하고 있다는 것이 이 글의 핵심이야.

모듈/유형 상호 작용 / 빈칸 추론(한 단어)   오답률 74.0%
난도 ★★★★★   목표 풀이 시간 2분 20초

풀이 포인트 빈칸에 들어갈 말이 '혼자 있는 것(solitude)'을 가능하게 한다고 했는데 이것이 주제문인 첫 번째 문장의 the capacity for solitude와 연결이 되므로, 빈칸에 들어갈 말은 결국 the presence of an attentive other가 되는 거야. 두 가지 예시를 통해 보면 supported by being "with" someone, while knowing her mother is present and available to her일 때 혼자 있는 것을 아이가 즐기게 된다는 것이므로 이 어구들을 대신할 수 있는 단어를 찾아봐!

3

2019학년도 9월 학평 33번 [24212-0093]

다음 빈칸에 들어갈 말로 가장 적절한 것은?

New technology tends to come from new ventures — startups. From the Founding Fathers in politics to the Royal Society in science to Fairchild Semiconductor's "traitorous eight" in business, small groups of people bound together by a sense of mission have changed the world for the better. The easiest explanation for this is negative: it's hard to develop new things in big organizations, and it's even harder to do it by yourself. Bureaucratic hierarchies move slowly, and entrenched interests shy away from risk. In the most dysfunctional organizations, signaling that work is being done becomes a better strategy for career advancement than actually doing work. At the other extreme, a lone genius might create a classic work of art or literature, but he could never create an entire industry. Startups operate on the principle that you need to work with other people to get stuff done, but you also need to _____.

*entrenched: 굳어진

① stay small enough so that you actually can
② give yourself challenges as often as possible
③ outperform rival businesses in other countries
④ employ the efficient system of big enterprises
⑤ control the organization with consistent policies

모듈/유형 상호 작용 / 빈칸 추론(짧은 어구)   **오답률** 69.8%
난도 ★★★★★   **목표 풀이 시간** 2분 20초

풀이 포인트 신기술은 벤처 기업에서 비롯되는 경향이 있다고 하면서 몇몇 세상을 긍정적인 방향으로 변화시킨 사례들을 언급했지? 그러고 나서 큰 규모의 조직의 문제점과 혼자인 천재의 한계를 언급하고 있으니까 결국 필자는 큰 규모와 혼자의 중간이 가장 효과적이라고 말하고 싶은 거야.

4

2019학년도 9월 학평 36번 [24212-0094]

주어진 글 다음에 이어질 글의 순서로 가장 적절한 것은?

> You know that forks don't fly off to the Moon and that neither apples nor anything else on Earth cause the Sun to crash down on us.

(A) The Earth has more mass than tables, trees, or apples, so almost everything in the world is pulled towards the Earth. That's why apples fall from trees. Now, you might know that the Sun is much bigger than Earth and has much more mass.

(B) The reason these things don't happen is that the strength of gravity's pull depends on two things. The first is the mass of the object. The apple is very small, and doesn't have much mass, so its pull on the Sun is absolutely tiny, certainly much smaller than the pull of all the planets.

(C) So why don't apples fly off towards the Sun? The reason is that the pull of gravity also depends on the distance to the object doing the pulling. Although the Sun has much more mass than the Earth, we are much closer to the Earth, so we feel its gravity more.

① (A)-(C)-(B)　　② (B)-(A)-(C)
③ (B)-(C)-(A)　　④ (C)-(A)-(B)
⑤ (C)-(B)-(A)

모듈/유형 간접 쓰기 / 글의 순서   **오답률** 58.2%
난도 ★★★   **목표 풀이 시간** 2분 00초

풀이 포인트 이 글은 포크와 같은 물체가 달로 날아가지 않고 어떤 것도 태양이 우리에게 추락하지 않게 하는 이유를 설명하는 글이야. 첫 번째 이유가 질량이라고 했으니 주어진 글 다음에 (B)가 오겠지? 그러면 질량과 관련된 내용인 (A)와 거리라는 또 다른 이유를 언급하는 내용의 (C)가 어떤 순서로 연결되는 것이 더 자연스러울까?

5

글의 흐름으로 보아, 주어진 문장이 들어가기에 가장 적절한 곳은?

> Attitudes and values, however, are subjective to begin with, and therefore they are easily altered to fit our ever-changing circumstances and goals.

In physics, the principle of relativity requires that all equations describing the laws of physics have the same form regardless of inertial frames of reference. The formulas should appear identical to any two observers and to the same observer in a different time and space. (①) Thus, the same task can be viewed as boring one moment and engaging the next. (②) Divorce, unemployment, and cancer can seem devastating to one person but be perceived as an opportunity for growth by another person, depending on whether or not the person is married, employed, and healthy. (③) It is not only beliefs, attitudes, and values that are subjective. (④) Our brains comfortably change our perceptions of the physical world to suit our needs. (⑤) We will never see the same event and stimuli in exactly the same way at different times.

*inertial frame of reference: 관성좌표계

6

다음 글의 밑줄 친 부분 중, 어법상 틀린 것은?

Not only are humans ① unique in the sense that they began to use an ever-widening tool set, we are also the only species on this planet that has constructed forms of complexity that use external energy sources. This was a fundamental new development, ② which there were no precedents in big history. This capacity may first have emerged between 1.5 and 0.5 million years ago, when humans began to control fire. From at least 50,000 years ago, some of the energy stored in air and water flows ③ was used for navigation and, much later, also for powering the first machines. Around 10,000 years ago, humans learned to cultivate plants and ④ tame animals and thus control these important matter and energy flows. Very soon, they also learned to use animal muscle power. About 250 years ago, fossil fuels began to be used on a large scale for powering machines of many different kinds, thereby ⑤ creating the virtually unlimited amounts of artificial complexity that we are familiar with today.

모듈/유형 간접 쓰기 / 주어진 문장의 적합한 위치   **오답률** 86.1%

난도 ★★★★★   **목표 풀이 시간** 2분 20초

풀이 포인트 주어진 문장에 however가 포함되면서 태도나 가치관이 주관적이라고 했으므로 그 앞에는 주관적이지 않은 다른 것(물리 법칙)에 대한 설명이 있겠지? 그리고 ① 뒤의 문장은 우리의 태도나 가치관이 주관적이고 쉽게 바뀌기 때문에 결과적으로 동일한 일이 지루했다가도 매력적으로 보일 수도 있다고 했으므로, 그 원인을 설명하는 주어진 문장이 바로 그 앞에 오는 것이 맞아.

모듈/유형 문법 · 어휘 / 어법   **오답률** 69.8%

난도 ★★★★★   **목표 풀이 시간** 2분 10초

풀이 포인트 도치 구문에서 be동사의 보어로 사용된 형용사, 관계대명사와 관계부사의 구분, 주어와 동사의 수 일치, 대등하게 연결되는 동사의 형태, 분사구문의 사용을 이해하는 것이 포인트야.

Vocabulary Check-up

1 다음 문장의 빈칸에 들어갈 말을 〈보기〉에서 찾아 쓰시오.

〈보기〉
hierarchy precedent monopoly lawsuit equation solitude

(1) My advice is that if you want to do some serious thinking, then you'd better disconnect the Internet, phone, and television set and try spending twenty-four hours in absolute _____.
2018학년도 9월 모평 38번

(2) Such a view, which grounds equality not in human uniformity but in the interplay of uniformity and difference, builds difference into the very concept of equality, breaks the traditional _____ of equality with similarity, and is immune to monist distortion. 2021학년도 9월 모평 33번

(3) When working to fractionate issues of principle or _____, parties may use the time horizon (when the principle goes into effect or how long it will last) as a way to fractionate the issue. 2019학년도 수능 39번

2 다음 네모 안에서 문맥에 맞는 낱말을 고르시오.

(1) When people face real adversity — disease, employment / unemployment , or the disabilities of age — affection from a pet takes on new meaning. 2017학년도 수능 28번

(2) Its mass / mess of plants and other organic material absorb and store tons of carbon. 2019학년도 6월 모평 36번

Grammar Check-up

1 다음 네모 안에서 어법상 알맞은 표현을 고르시오.

(1) The original idea of a patent, remember, ① was / being not to reward inventors with monopoly profits, but to encourage them ② to share / from sharing their inventions.

(2) The child comes to feel ① increasing / increasingly aware of what it is to be alone in nature, ② supported / is supported by being "with" someone who is introducing him to this experience.

2 다음 밑줄 친 부분 중, 어법상 틀린 것을 골라 바르게 고치시오.

New technology tends to come from new ventures — startups. From the Founding Fathers in politics to the Royal Society in science to Fairchild Semiconductor's "traitorous eight" in business, small groups of people bound together by a sense of mission ① has changed the world for the better. The easiest explanation for this is negative: it's hard to develop new things in big organizations, and it's ② even harder to do it by yourself. Bureaucratic hierarchies move slowly, and ③ entrenched interests shy away from risk. In the most dysfunctional organizations, ④ signaling that work is being done becomes a better strategy for career advancement than actually doing work.

Day 17 Week 4

1 2019학년도 6월 학평 22번 [24212-0097]

밑줄 친 delete "perfect" and insert "complete"가 다음 글에서 의미하는 바로 가장 적절한 것은?

You can be perfect, but you need to change the way you think about it. Perfection actually is possible if you delete "perfect" and insert "complete." Imagine a basketball player taking a fifteen-foot shot and the ball going through the net, never touching the rim. Someone is likely to exclaim, "That was a perfect shot!" And it was perfect. The scoreboard reflects an increase of two points. Now again imagine that same player a few minutes later taking another fifteen-foot shot. But this time the ball hits one side of the rim, rolls around and stands still for half a second, and it finally falls through the net. An announcer might comment on what an ugly shot that was, and she would be right. But basketball games are not won on such criteria as pretty or ugly. In this instance the ball went through the net and the scoreboard increased by two points. In that sense, the second shot was as perfect as the first.

*rim: 가장자리

① redefine perfection based on task accomplishment

② distinguish what you can achieve from what you can't

③ make something free of flaws to be absolutely perfect

④ take a social perspective on what you have completed

⑤ complete the small stuff first to deal with the big stuff

2 2019학년도 6월 학평 31번 [24212-0098]

다음 빈칸에 들어갈 말로 가장 적절한 것은?

Psychologists Leon Festinger, Stanley Schachter, and sociologist Kurt Back began to wonder how friendships form. Why do some strangers build lasting friendships, while others struggle to get past basic platitudes? Some experts explained that friendship formation could be traced to infancy, where children acquired the values, beliefs, and attitudes that would bind or separate them later in life. But Festinger, Schachter, and Back pursued a different theory. The researchers believed that _____ was the key to friendship formation; that "friendships are likely to develop on the basis of brief and passive contacts made going to and from home or walking about the neighborhood." In their view, it wasn't so much that people with similar attitudes became friends, but rather that people who passed each other during the day tended to become friends and so came to adopt similar attitudes over time.

*platitude: 상투적인 말

① shared value

② physical space

③ conscious effort

④ similar character

⑤ psychological support

모듈/유형 대의 파악 / 함축 의미	오답률 55.1%
난도 ★★★	목표 풀이 시간 2분 00초

풀이 포인트 밑줄에서 '완벽함'을 지우고 '완수됨'을 삽입하라고 했으므로, 완벽함보다는 완수됨이 더 중요하다는 해석이 가능하지? 농구 선수에 대한 예시에서 보듯 완벽한 골이 중요한 것이 아니라 완벽하진 않아도 골만 넣으면 똑같은 2점이고, 그 자체로 완벽할 수 있다는 거야. 밑줄 문장에 포함된 perfect와 complete가 각각 상징하는 바를 글의 전체 맥락에서 잘 생각해 봐.

모듈/유형 상호 작용 / 빈칸 추론(짧은 어구)	오답률 67.5%
난도 ★★★★★	목표 풀이 시간 2분 20초

풀이 포인트 빈칸이 우정 형성의 핵심이라고 했으므로 빈칸 뒤에 이어지는 내용을 통해 정답의 근거를 찾으면 돼! brief and passive contacts와 passed each other during the day가 정답의 근거가 되니 이를 대신할 수 있는 선지가 무엇일까? 빈칸 문제는 항상 정답을 다르게 표현한 어구나 문장이 본문 속에 반복해서 등장하기 마련이니 이를 잘 찾아봐.

3

2019학년도 6월 학평 33번

[24212-0099]

다음 빈칸에 들어갈 말로 가장 적절한 것은?

At the pharmaceutical giant Merck, CEO Kenneth Frazier decided to motivate his executives to take a more active role in leading innovation and change. He asked them to do something radical: generate ideas that would put Merck out of business. For the next two hours, the executives worked in groups, pretending to be one of Merck's top competitors. Energy soared as they developed ideas for drugs that would crush theirs and key markets they had missed. Then, their challenge was to reverse their roles and figure out how to defend against these threats. This "kill the company" exercise is powerful because _____. When deliberating about innovation opportunities, the leaders weren't inclined to take risks. When they considered how their competitors could put them out of business, they realized that it was a risk not to innovate. The urgency of innovation was apparent.

*crush: 짓밟다 **deliberate: 심사숙고하다

① the unknown is more helpful than the negative

② it highlights the progress they've already made

③ it is not irrational but is consumer-based practice

④ it reframes a gain-framed activity in terms of losses

⑤ they discuss how well it fits their profit-sharing plans

모듈/유형 상호 작용 / 빈칸 추론(긴 어구)   **오답률** 65.0%

난도 ★★★★★   **목표 풀이 시간** 2분 20초

풀이 포인트 "kill the company" exercise는 결국 경쟁 제약사의 입장이 되어 자신의 회사를 어떻게 무너뜨릴(죽일) 수 있는지를 고민해 보는 것을 말하지? 그러면 이 방식이 왜 회사에 도움이 될까? 그 이유는 리더들이 보통은 위험을 무릅쓰지 않는 경향이 있는데 경쟁사의 입장이 되어 회사에서 가장 약하고 문제가 많은 부분(손실을 일으키는)을 찾다 보면, 이것이 혁신의 긴급성을 잘 느끼게 해 주니까 회사를 혁신하는 데 도움이 된다는 거야.

4

2019학년도 6월 학평 37번

[24212-0100]

주어진 글 다음에 이어질 글의 순서로 가장 적절한 것은?

Brain research provides a framework for understanding how the brain processes and internalizes athletic skills.

(A) This internalization transfers the swing from a consciously controlled left-brain function to a more intuitive or automatic right-brain function. This description, despite being an oversimplification of the actual processes involved, serves as a model for the interaction between conscious and unconscious actions in the brain, as it learns to perfect an athletic skill.

(B) In practicing a complex movement such as a golf swing, we experiment with different grips, positions and swing movements, analyzing each in terms of the results it yields. This is a conscious, left-brain process.

(C) Once we identify those elements of the swing that produce the desired results, we rehearse them over and over again in an attempt to record them permanently in "muscle memory." In this way, we internalize the swing as a kinesthetic feeling that we trust to recreate the desired swing on demand.

*kinesthetic: 운동 감각의

① (A)-(C)-(B)   ② (B)-(A)-(C)

③ (B)-(C)-(A)   ④ (C)-(A)-(B)

⑤ (C)-(B)-(A)

모듈/유형 간접 쓰기 / 글의 순서   **오답률** 59.8%

난도 ★★★   **목표 풀이 시간** 2분 00초

풀이 포인트 뇌가 운동 기술을 어떻게 내면화하는지를 설명하기 위한 예시로 골프채 휘두르기를 처음 언급한 뒤, 이것은 반복 연습을 통해 내면화되는 좌뇌 과정인데 이후에 자동화되고 더 직관적인 우뇌 기능으로 전이된다는 흐름으로 순서를 찾아봐!

5

2019학년도 6월 학평 38번   [24212-0101]

글의 흐름으로 보아, 주어진 문장이 들어가기에 가장 적절한 곳은?

> The illusion of relative movement works the other way, too.

You are in a train, standing at a station next to another train. Suddenly you seem to start moving. But then you realize that you aren't actually moving at all. (①) It is the second train that is moving in the opposite direction. (②) You think the other train has moved, only to discover that it is your own train that is moving. (③) It can be hard to tell the difference between apparent movement and real movement. (④) It's easy if your train starts with a jolt, of course, but not if your train moves very smoothly. (⑤) When your train overtakes a slightly slower train, you can sometimes fool yourself into thinking your train is still and the other train is moving slowly backwards.

*apparent: 외견상의 **jolt: 덜컥하고 움직임

모듈/유형 간접 쓰기 / 주어진 문장의 적합한 위치 **오답률** 82.1%

난도 ★★★★★   **목표 풀이 시간** 2분 20초

풀이 포인트 기차의 상대적 움직임을 우리가 착각할 수 있는 두 가지 경우가 설명되는 글에서 주어진 문장이 또 다른 경우를 처음으로 언급하는 문장이기 때문에 첫 번째 경우가 마지막으로 설명되는 부분에 위치하면 될 거야!

6

2019학년도 6월 학평 30번   [24212-0102]

(A), (B), (C)의 각 네모 안에서 문맥에 맞는 낱말로 가장 적절한 것은?

Our culture is biased toward the fine arts — those creative products that have no function other than pleasure. Craft objects are less worthy; because they serve an everyday function, they're not purely (A) creative / practical . But this division is culturally and historically relative. Most contemporary high art began as some sort of craft. The composition and performance of what we now call "classical music" began as a form of craft music (B) ignoring / satisfying required functions in the Catholic mass, or the specific entertainment needs of royal patrons. For example, chamber music really was designed to be performed in chambers — small intimate rooms in wealthy homes — often as background music. The dances composed by famous composers from Bach to Chopin originally did indeed accompany dancing. But today, with the contexts and functions they were composed for (C) born / gone , we listen to these works as fine art.

*mass: 미사 **patron: 후원자

	(A)	(B)	(C)
①	creative	satisfying	gone
②	creative	ignoring	gone
③	creative	satisfying	born
④	practical	ignoring	born
⑤	practical	satisfying	gone

모듈/유형 문법 · 어휘 / 어휘   **오답률** 49.3%

난도 ★★   **목표 풀이 시간** 1분 50초

풀이 포인트 기능이 사라진 순수 예술만 중시하는 요즘 문화에서 공예품은 창의적이기보다는 기능을 가지고 있고, 오늘날 우리가 고전 음악이라고 부르는 것의 작곡과 연주는 과거에는 기능을 가지고 있었다는 흐름이어야 해. 또한 춤곡에서도 유사한 변화가 일어났다는 것이 이 글의 포인트야!

Vocabulary Check-up

1 다음 문장의 빈칸에 들어갈 말을 〈보기〉에서 찾아 쓰시오.

〈보기〉
radical insert pursue lasting overtake athletic

(1) Whichever idea we _____ into the conversation to justify our actions, the point is that our motives are discursively available to us. 2023학년도 9월 모평 37번

(2) The speed with which "_____" designs by celebrity architects achieve acceptance and popularity demonstrates that formal innovation has itself become an important commodity. 2020학년도 9월 모평 40번

(3) Suppose you care very little about your own _____ skills, but when your friend scores the winning goal during a critical soccer match, you beam with pride, experience a boost to your self-esteem, and take delight in her victory celebrations as if, by association, it were your victory too. 2018학년도 9월 모평 21번

2 다음 네모 안에서 문맥에 맞는 낱말을 고르시오.

(1) In doing so, the scientist converses / reverses his drive toward mathematical exactness in favor of rhetorical vagueness and metaphor, thus violating the code of intellectual conduct that defines him as a scientist. 2014학년도 수능 B형 35번

(2) This is particularly true for people who have been valued for performance standards set by parents or the educational system, or measured by other cultural norms that are externalized / internalized and no longer questioned. 2020학년도 수능 20번

Grammar Check-up

1 다음 네모 안에서 어법상 알맞은 표현을 고르시오.

(1) ① Imagine / To imagine a basketball player taking a fifteen-foot shot and the ball going through the net, never ② touch / touching the rim.

(2) This description, ① although / despite being an oversimplification of the actual processes involved, ② serves / serving as a model for the interaction between conscious and unconscious actions in the brain, as it learns to perfect an athletic skill.

2 다음 밑줄 친 부분 중, 어법상 틀린 것을 골라 바르게 고치시오.

At the pharmaceutical giant Merck, CEO Kenneth Frazier decided to motivate his executives ① to take a more active role in leading innovation and change. He asked them to do something ② radical: generate ideas that would put Merck out of business. For the next two hours, the executives worked in groups, ③ pretended to be one of Merck's top competitors. Energy soared as they developed ideas for drugs ④ that would crush theirs and key markets they had missed.

Day 18 Week 4

1 2019학년도 3월 학평 22번 [24212-0103]

다음 글의 주제로 가장 적절한 것은?

The practice of medicine has meant the average age to which people in all nations may expect to live is higher than it has been in recorded history, and there is a better opportunity than ever for an individual to survive serious disorders such as cancers, brain tumors and heart diseases. However, longer life spans mean more people, worsening food and housing supply difficulties. In addition, medical services are still not well distributed, and accessibility remains a problem in many parts of the world. Improvements in medical technology shift the balance of population (to the young at first, and then to the old). They also tie up money and resources in facilities and trained people, costing more money, and affecting what can be spent on other things.

① benefits and losses of medical development
② inequality of medical care around the world
③ constant efforts to fight off serious diseases
④ endless competition to lengthen human life span
⑤ pros and cons regarding increasing medical budgets

2 2019학년도 3월 학평 32번 [24212-0104]

다음 빈칸에 들어갈 말로 가장 적절한 것은?

Sometimes a person is acclaimed as "the greatest" because _____. For example, violinist Jan Kubelik was acclaimed as "the greatest" during his first tour of the United States, but when impresario Sol Hurok brought him back to the United States in 1923, several people thought that he had slipped a little. However, Sol Elman, the father of violinist Mischa Elman, thought differently. He said, "My dear friends, Kubelik played the Paganini concerto tonight as splendidly as ever he did. Today you have a different standard. You have Elman, Heifetz, and the rest. All of you have developed and grown in artistry, technique, and, above all, in knowledge and appreciation. The point is: you know more; not that Kubelik plays less well."

*acclaim: 칭송하다 **impresario: 기획자, 단장

① there are moments of inspiration
② there is little basis for comparison
③ he or she longs to be such a person
④ other people recognize his or her efforts
⑤ he or she was born with great artistic talent

모듈/유형 대의 파악 / 주제　**오답률** 48.1%
난도 ★★　**목표 풀이 시간** 1분 30초

풀이 포인트 의료 행위(The practice of medicine)가 가져온 장점이 첫 문장에서 소개되고 있지? 이어 However로 시작되는 문장이 나오면서 단점들이 제시되고 있어. 그렇다면 이 글은 단순히 장점이나 단점만을 소개하는 것이 아니라 양측면을 모두 다루고 있다는 것이 포인트야!

모듈/유형 상호 작용 / 빈칸 추론(긴 어구)　**오답률** 71.8%
난도 ★★★★★　**목표 풀이 시간** 2분 20초

풀이 포인트 어떤 상황에서 누군가가 '가장 위대하다'는 평가를 받을 것인지가 빈칸에 들어갈 말인데, 처음에는 가장 위대하다고 칭송받았던 Kubelik의 연주에 대한 평가가 바뀐 이유를 파악하는 것이 이 글의 포인트인 동시에 정답의 근거가 되는 거야!

3 2019학년도 3월 학평 39번 [24212-0105]

글의 흐름으로 보아, 주어진 문장이 들어가기에 가장 적절한 곳은?

> Rather, it is the air moving through a small hole into a closed container, as a result of air being blown out of the container by a fan on the inside.

Hubert Cecil Booth is often credited with inventing the first powered mobile vacuum cleaner. (①) In fact, he only claimed to be the first to coin the term "vacuum cleaner" for devices of this nature, which may explain why he is so credited. (②) As we all know, the term "vacuum" is an inappropriate name, because there exists no vacuum in a vacuum cleaner. (③) But I suppose a "rapid air movement in a closed container to create suction" cleaner would not sound as scientific or be as handy a name. (④) Anyway, we are stuck with it historically, and it is hard to find any references to "vacuum" prior to Booth. (⑤) Interestingly, Booth himself did not use the term "vacuum" when he filed a provisional specification describing in general terms his intended invention.

*benign: 온화한 **salinity: 염도

4 2019학년도 3월 학평 28번 [24212-0106]

다음 글의 밑줄 친 부분 중, 어법상 틀린 것은?

If there's one thing koalas are good at, it's sleeping. For a long time many scientists suspected that koalas were so lethargic ① because the compounds in eucalyptus leaves kept the cute little animals in a drugged-out state. But more recent research has shown that the leaves are simply so low in nutrients ② that koalas have almost no energy. Therefore they tend to move as little as possible — and when they ③ do move, they often look as though they're in slow motion. They rest sixteen to eighteen hours a day and spend most of that unconscious. In fact, koalas spend little time thinking; their brains actually appear to ④ have shrunk over the last few centuries. The koala is the only known animal ⑤ its brain only fills half of its skull.

모듈/유형 간접 쓰기 / 주어진 문장의 적합한 위치 **오답률** 56.6%

난도 ★★★   **목표 풀이 시간** 2분 00초

풀이 포인트 진공청소기라는 이름에 있는 '진공'이라는 표현이 결국 진짜 진공을 의미하는 것은 아니라는 것이 이 글의 핵심이야. 주어진 문장에서 a closed container를 언급하면서 왜 진공이라는 용어가 적절하지 않은지를 설명하고 있고, ③ 바로 뒤 문장에서 a closed container를 다시 한번 언급하면서 왜 제대로 된 과학적 설명을 청소기에 그대로 사용할 수 없었는지를 설명하고 있다는 것이 포인트야!

모듈/유형 문법 · 어휘 / 어법 **오답률** 77.9%

난도 ★★★★★   **목표 풀이 시간** 2분 10초

풀이 포인트 because와 because of의 구분, so ~ that 구문의 이해, 강조의 의미로 사용된 조동사 do, 주절보다 더 과거의 일을 나타내는 완료부정사의 사용, 두 개의 문장을 연결하는 역할을 하는 관계사의 사용을 이해하는 것이 포인트야.

[5~6] 2019학년도 3월 학평 41~42번

다음 글을 읽고, 물음에 답하시오.

Unlike coins and dice, humans have memories and do care about wins and losses. Still, the probability of a hit in baseball does not (a) increase just because a player has not had one lately. Four outs in a row may have been bad luck, line drives hit straight into fielders' gloves. This bad luck does not (b) ensure good luck the next time at bat. If it is not bad luck, then a physical problem may be causing the player to do poorly. Either way, a baseball player who had four outs in a row is not due for a hit, nor is a player who made four hits in a row due for an out. If anything, a player with four hits in a row is probably a (c) better batter than the player who made four outs in a row.

Likewise, missed field goals need not be balanced by successes. A poor performance may simply suggest that the kicker is not very good. Being rejected for jobs does not make a job offer more likely. If anything, the evidence is mounting that this person is not qualified or interviews poorly. Not having a fire does not increase the chances of a fire — it may just be the mark of a (d) careless homeowner who does not put paper or cloth near a stove, put metal in the microwave, leave home with the stove on, or fall asleep smoking cigarettes. Every safe airplane trip does not increase the chances that the next trip will be a (e) crash.

5
[24212-0107]

윗글의 제목으로 가장 적절한 것은?

① Go with the Crowd
② Chance Is Only Chance
③ Misfortune: A Blessing in Disguise
④ Strike the Iron While It Is Hot
⑤ No Rain from Loud Thunder

6
[24212-0108]

밑줄 친 (a)~(e) 중에서 문맥상 낱말의 쓰임이 적절하지 <u>않은</u> 것은?

① (a)   ② (b)   ③ (c)   ④ (d)   ⑤ (e)

모듈/유형	복합 / 1지문 2문항(제목/어휘)	오답률	53.1% / 65.3%
난도	★★★ / ★★★★★	목표 풀이 시간	3분 10초

풀이 포인트 **5** 제목 추론 문제에서는 예시로 제시된 타자의 타율, 면접, 화재 가능성 등을 통해 가능성 또는 확률이 어떤 의미인지를 설명하고 있어. 다양한 예시를 통해 가능성은 그냥 가능성이지 이후의 어떤 결과를 예측하는 것은 아니라고 말하고 있으므로, 이를 잘 표현하는 선지를 찾으면 돼.
6 어휘 문제에서는 불이 안 난 것이 불이 날 가능성을 높여 주는 것이 아니고, 불이 안 난 것은 단지 put paper or cloth near a stove, put metal in the microwave, leave home with the stove on, fall asleep smoking cigarette 등의 행동을 주인이 하지 않았기 때문이라는 거야. 이런 행동을 하지 않은 사람은 어떤 집주인일까?

Vocabulary Check-up

1 다음 문장의 빈칸에 들어갈 말을 〈보기〉에서 찾아 쓰시오.

〈보기〉
disorder   coin   inspiration   specification   skull   shift

(1) After the cell has grown to the proper size, its metabolism _____s as it either prepares to divide or matures and differentiates into a specialized cell. 2022학년도 수능 29번

(2) This became the source of _____ for some of her writings which included *The Yearling* and her autobiographical book, *Cross Creek*. 2019학년도 수능 26번

(3) Furthermore, a certain amount of recreation reduces the chances of developing stress-related _____s. 2014학년도 수능 A형 25번

2 다음 네모 안에서 문맥에 맞는 낱말을 고르시오.

(1) My friend was disappointed that scientific progress has not cured the world's ills by abolishing wars and starvation; that gross human equality / inequality is still widespread; that happiness is not universal. 2015학년도 수능 32번

(2) Occasionally, there are children who have trouble understanding that their clothing choice is appropriate / inappropriate or even unhealthy. 2014학년도 9월 모평 B형 28번

Grammar Check-up

1 다음 네모 안에서 어법상 알맞은 표현을 고르시오.

(1) The practice of medicine has meant the average age ① which / to which people in all nations may expect to live is higher than it has been in recorded history, and there is a better opportunity than ever ② of / for an individual to survive serious disorders such as cancers, brain tumors and heart diseases.

(2) Not having a fire ① do / does not increase the chances of a fire — it may just be the mark of a careful homeowner who does not put paper or cloth near a stove, put metal in the microwave, leave home with the stove on, or fall asleep ② smoking / to smoke cigarettes.

2 다음 밑줄 친 부분 중, 어법상 틀린 것을 골라 바르게 고치시오.

Sometimes a person is acclaimed as "the greatest" because there is little basis for comparison. For example, violinist Jan Kubelik ① was acclaimed as "the greatest" during his first tour of the United States, but when impresario Sol Hurok brought him back to the United States in 1923, several people thought that he ② had slipped a little. However, Sol Elman, the father of violinist Mischa Elman, thought differently. He said, "My dear friends, Kubelik played the Paganini concerto tonight as ③ splendid as ever he did. Today you have a different standard. You have Elman, Heifetz, and the rest. All of you have developed and ④ grown in artistry, technique, and, above all, in knowledge and appreciation.

1

다음 글의 주제로 가장 적절한 것은?

It turns out that the secret behind our recently extended life span is not due to genetics or natural selection, but rather to the relentless improvements made to our overall standard of living. From a medical and public health perspective, these developments were nothing less than game changing. For example, major diseases such as smallpox, polio, and measles have been eradicated by mass vaccination. At the same time, better living standards achieved through improvements in education, housing, nutrition, and sanitation systems have substantially reduced malnutrition and infections, preventing many unnecessary deaths among children. Furthermore, technologies designed to improve health have become available to the masses, whether via refrigeration to prevent spoilage or systemized garbage collection, which in and of itself eliminated many common sources of disease. These impressive shifts have not only dramatically affected the ways in which civilizations eat, but also determined how civilizations will live and die.

*relentless: 끊임없는 **eradicate: 근절하다

① ways to raise public awareness of sanitation
② effects of improved nutrition on child growth
③ factors contributing to longer life expectancy
④ demand for establishing better medical infrastructure
⑤ controversies over how technologies change human life

2

다음 빈칸에 들어갈 말로 가장 적절한 것은?

A vast academic literature provides empirical support for the thesis that _____. Large data sets have been constructed, measuring firm environmental behavior and financial performance across a wide number of industries and over many years. While the results are not unequivocal, there is evidence suggestive of a positive correlation between environmental performance and financial performance. In our own work, we find that, on average, a 10% decrease in a company's toxic emissions as reported in the US Environmental Protection Agency's Toxic Release Inventory — a database of toxic emissions from US manufacturing facilities — results in an average 3% increase in a firm's financial performance as measured by return on assets. Another study suggests that a 10% reduction in emissions could result in a $34 million increase in market value.

*unequivocal: 명료한

① it pays to be green
② toxins destroy markets
③ green products are on the rise
④ environmental problems persist
⑤ our faith in statistics is unfounded

모듈/유형	대의 파악 / 주제	오답률	58.6%
난도	★★★	목표 풀이 시간	1분 40초

풀이 포인트 첫 번째 문장이 글의 중심 내용을 담고 있는 경우가 많아. 첫 문장에서 「not A but B」 구조가 쓰였으므로 최근 늘어난 수명의 비결(the secret behind our recently extended life span)이 the relentless improvements made to our overall standard of living이라는 것이 이 글의 포인트야.

모듈/유형	상호 작용 / 빈칸 추론(짧은 어구)	오답률	76.4%
난도	★★★★★	목표 풀이 시간	2분 20초

풀이 포인트 필자는 기업의 환경 행위, 즉 유해 물질 배출 감소가 기업의 재무 성과를 3퍼센트 증가시켰고, 또 다른 연구에서는 배출물을 10퍼센트 감소시켰더니 시장 가치가 3천4백만 달러 증가했다는 거야. 이 인과 관계를 설명하는 문장이 빈칸에 오면 되는 거야!

3

2018학년도 11월 학평 34번
[24212-0111]

다음 빈칸에 들어갈 말로 가장 적절한 것은?

Scientific knowledge cannot _____ because science represents natural objects as members of a specific class, rather than as individual entities. The science-based approach claims that aesthetically relevant properties are only those properties that all members of a natural kind share with each other. But this is not true. When we experience nature, we do not experience it as species, but as individual objects. And as separated into individual objects, nature can have aesthetic properties that are not entailed by its scientific description. Natural science can explain, for instance, the formation of the waterfall, but it has nothing to say about our experience of the majestic Victoria Falls when viewed at sunset, its reds and oranges countless and captivating; geology can explain the formation of the Ngorongoro Crater in Tanzania, but not its painful and breathtaking beauty at sunrise, the fog slowly lifting above the crater and a lone hippopotamus dark and heavy in the lake.

*entity: 독립체

① devalue the true beauty of mother nature
② rely on the perspectives of artistic professionals
③ explain the evolutionary process of every species
④ give up its trust in the usefulness of classification
⑤ account for correct aesthetic appreciation of nature

모듈/유형	상호 작용 / 빈칸 추론(긴 어구)	오답률	67.1%
난도	★★★★★	목표 풀이 시간	2분 20초

풀이 포인트 빈칸 앞이나 뒤에 부정어가 있으면 특별히 주의를 기울이는 것이 좋아! 예시로 든 두 자연물에 관한 설명에서 보듯이 폭포나 분화구의 형성 과정은 과학으로 설명이 가능하지만 우리가 거기에서 느끼는 경험은 설명할 수 없다는 거야. 이 경험이 결국 무엇을 가리키는 것인지를 생각해 봐!

4

2018학년도 11월 학평 36번
[24212-0112]

주어진 글 다음에 이어질 글의 순서로 가장 적절한 것은?

During the late 1800s, printing became cheaper and faster, leading to an explosion in the number of newspapers and magazines and the increased use of images in these publications.

(A) This "yellow journalism" sometimes took the form of gossip about public figures, as well as about socialites who considered themselves private figures, and even about those who were not part of high society but had found themselves involved in a scandal, crime, or tragedy that journalists thought would sell papers.

(B) Photographs, as well as woodcuts and engravings of them, appeared in newspapers and magazines. The increased number of newspapers and magazines created greater competition — driving some papers to print more salacious articles to attract readers.

(C) Gossip was of course nothing new, but the rise of mass media in the form of widely distributed newspapers and magazines meant that gossip moved from limited (often oral only) distribution to wide, printed dissemination.

*engraving: 판화 **salacious: 외설스러운
***dissemination: 보급

① (A)−(C)−(B)　　　② (B)−(A)−(C)
③ (B)−(C)−(A)　　　④ (C)−(A)−(B)
⑤ (C)−(B)−(A)

모듈/유형	간접 쓰기 / 글의 순서	오답률	60.2%
난도	★★★★	목표 풀이 시간	2분 10초

풀이 포인트 1800년대 후반, 인쇄가 저렴해지면서 이미지 사용이 증가했고, 이는 결국 일부 신문들로 하여금 외설적인 기사들을 찍어 내게 하였는데, 결국 이것이 황색 저널리즘을 의미하는 거야. 이는 황색 저널리즘을 판단하는 결정적인 힌트가 되는데, 우선은 전체적인 내용에 대한 이해를 바탕으로 대명사(this)나 연결사(of course) 등의 힌트를 적극 활용하면 자연스러운 순서를 찾는 데 도움이 될 거야!

5

2018학년도 11월 학평 38번   [24212-0113]

글의 흐름으로 보아, 주어진 문장이 들어가기에 가장 적절한 곳은?

However, living off big game in the era before refrigeration meant humans had to endure alternating periods of feast and famine.

The problem of amino acid deficiency is not unique to the modern world by any means. (①) Preindustrial humanity probably dealt with protein and amino acid insufficiency on a regular basis. (②) Sure, large hunted animals such as mammoths provided protein and amino acids aplenty. (③) Droughts, forest fires, superstorms, and ice ages led to long stretches of difficult conditions, and starvation was a constant threat. (④) The human inability to synthesize such basic things as amino acids certainly worsened those crises and made surviving on whatever was available that much harder. (⑤) During a famine, it's not the lack of calories that is the ultimate cause of death; it's the lack of proteins and the essential amino acids they provide.

*synthesize: 합성하다

모듈/유형 간접 쓰기 / 주어진 문장의 적합한 위치   **오답률** 67.5%

난도 ★★★★★   **목표 풀이 시간** 2분 20초

풀이 포인트 매머드와 같은 거대한 사냥감을 통해 단백질과 아미노산을 섭취할 수 있었음에도 불구하고 사람들이 기근을 경험할 수밖에 없었던 이유는 무엇일까? 주어진 문장에서 말한 냉장 보관이 없었다는 것과 가뭄, 산불, 슈퍼스톰 그리고 빙하기가 있었기 때문이므로 이유 앞에 주어진 문장이 위치하는 것이 맞겠지?

6

2018학년도 11월 학평 28번   [24212-0114]

다음 글의 밑줄 친 부분 중, 어법상 틀린 것은?

Application of Buddhist-style mindfulness to Western psychology came primarily from the research of Jon Kabat-Zinn at the University of Massachusetts Medical Center. He initially took on the difficult task of treating chronic-pain patients, many of ① them had not responded well to traditional pain-management therapy. In many ways, such treatment seems completely ② paradoxical — you teach people to deal with pain by helping them to become more aware of it! However, the key is to help people let go of the constant tension that ③ accompanies their fighting of pain, a struggle that actually prolongs their awareness of pain. Mindfulness meditation allowed many of these people to increase their sense of well-being and ④ to experience a better quality of life. How so? Because such meditation is based on the principle that if we try to ignore or repress unpleasant thoughts or sensations, then we only end up ⑤ increasing their intensity.

모듈/유형 문법 · 어휘 / 어법   **오답률** 80.0%

난도 ★★★★★   **목표 풀이 시간** 2분 00초

풀이 포인트 두 개의 문장을 연결하는 역할을 하는 관계대명사의 사용, 동사 seems의 보어로 쓰인 형용사, 관계대명사 that의 선행사에 따른 동사의 수, 대등하게 연결되는 동사의 형태, end up -ing 구문을 이해하는 것이 포인트야.

Vocabulary Check-up

1 다음 문장의 빈칸에 들어갈 말을 〈보기〉에서 찾아 쓰시오.

〈보기〉

thesis famine mindfulness captivating paradoxical majestic

(1) There is a considerable difference as to whether people watch a film about the Himalayas on television and become excited by the 'untouched nature' of the _____ mountain peaks, or whether they get up and go on a trek to Nepal. 2019학년도 6월 모평 38번

(2) This reluctance to take sports journalism seriously produces the _____ outcome that sports newspaper writers are much read but little admired. 2023학년도 수능 31번

(3) Similarly, when _____ and civil war threaten people in sub-Saharan Africa, many African-Americans are reminded of their kinship with the continent in which their ancestors originated centuries earlier, and they lobby their leaders to provide humanitarian relief. 2019학년도 9월 모평 32번

2 다음 네모 안에서 문맥에 맞는 낱말을 고르시오.

(1) He won the prize from the Geological Society due to his achievements in geometry / geology .
2023학년도 6월 모평 26번

(2) Instead, they have a distinct social presence and have visual features negative / suggestive of their ability to interact socially, such as eyes, ears, or a mouth. 2022학년도 9월 모평 37번

Grammar Check-up

1 다음 네모 안에서 어법상 알맞은 표현을 고르시오.

(1) It turns out ① that / what the secret behind our recently extended life span is not due to genetics or natural selection, but rather to the relentless improvements ② made / are made to our overall standard of living.

(2) The human inability ① synthesizing / to synthesize such basic things as amino acids certainly worsened those crises and made surviving on whatever was available that ② very / much harder.

2 다음 밑줄 친 부분 중, 어법상 틀린 것을 골라 바르게 고치시오.

Scientific knowledge cannot account for correct aesthetic appreciation of nature ① because science represents natural objects as members of a specific class, rather than as individual entities. The science-based approach claims that aesthetically relevant properties are only those properties ② what all members of a natural kind share with each other. But this is not true. When we experience nature, we do not experience ③ it as species, but as individual objects. And as ④ separated into individual objects, nature can have aesthetic properties that are not entailed by its scientific description.

Day 20 Week 4

1

다음 빈칸에 들어갈 말로 가장 적절한 것은?

Online environments vary widely in how easily you can save whatever happens there, what I call its *recordability* and *preservability*. Even though the design, activities, and membership of social media might change over time, the content of what people posted usually remains intact. Email, video, audio, and text messages can be saved. When perfect preservation is possible, time has been suspended. Whenever you want, you can go back to reexamine those events from the past. In other situations, _____ slips between our fingers, even challenging our reality testing about whether something existed at all, as when an email that we seem to remember receiving mysteriously disappears from our inbox. The slightest accidental tap of the finger can send an otherwise everlasting document into nothingness.

① scarcity
② creativity
③ acceleration
④ permanency
⑤ mysteriousness

모듈/유형 상호 작용 / 빈칸 추론(짧은 어구)　**오답률** 67.2%

난도 ★★★★★　**목표 풀이 시간** 2분 10초

풀이 포인트 필자는 이 글에서 사람들이 온라인에 게시한 콘텐츠는 일반적으로 변하지 않고 유지되며, 언제든 과거로 돌아가서 다시 검토할 수 있다고 설명하고 있어. 그리고 이것을 가리켜 기록의 가능성과 저장의 가능성이라고도 언급하고 있어. 그런데 이메일함에서 어느새 지워져 있는 편지에서 볼 수 있듯이 다른 상황에서는 꼭 그럴지만도 않은가 봐. 핵심 키워드끼리 만들어 내는 대비를 파악하는 것이 풀이 포인트야.

2

주어진 글 다음에 이어질 글의 순서로 가장 적절한 것은?

> Your concepts are a primary tool for your brain to guess the meaning of incoming sensory inputs.

(A) When Westerners hear Indonesian gamelan music for the first time, which is based on seven pitches per octave with varied tunings, it's more likely to sound like noise. A brain that's been wired by listening to twelve-tone scales doesn't have a concept for that music.

(B) All people of Western culture with normal hearing have a concept for this ubiquitous scale, even if they can't explicitly describe it. Not all music uses this scale, however.

(C) For example, concepts give meaning to changes in sound pressure so you hear them as words or music instead of random noise. In Western culture, most music is based on an octave divided into twelve equally spaced pitches: the equal-tempered scale codified by Johann Sebastian Bach in the 17th century.

① (A)−(C)−(B)
② (B)−(A)−(C)
③ (B)−(C)−(A)
④ (C)−(A)−(B)
⑤ (C)−(B)−(A)

모듈/유형 간접 쓰기 / 글의 순서　**오답률** 56.8%

난도 ★★★　**목표 풀이 시간** 1분 50초

풀이 포인트 글의 순서를 연결할 때는 글에 일관된 흐름이 생기도록 제시되는 정보를 배치해야 해. 인과 관계도 원인과 결과의 순으로 배치해야 하지. 원인과 결과가 뒤죽박죽 섞여서 왔다 갔다 읽어야 하는 글은 적절한 순서가 아니야. 이 글에도 서구 음계에 익숙한 사람에게 인도네시아의 음악은 소음처럼 들리는 결과가 언급되고, 필자는 그 이유로 서구 사람들이 인도네시아 음계에 대한 개념을 갖고 있지 못하기 때문이라고 이야기하고 있다는 점을 잘 살펴보도록 해.

3

2018학년도 9월 학평 38번 [24212-0117]

글의 흐름으로 보아, 주어진 문장이 들어가기에 가장 적절한 곳은?

> This allows the solids to carry the waves more easily and efficiently, resulting in a louder sound.

Tap your finger on the surface of a wooden table or desk, and observe the loudness of the sound you hear. Then, place your ear flat on top of the table or desk. (①) With your finger about one foot away from your ear, tap the table top and observe the loudness of the sound you hear again. (②) The volume of the sound you hear with your ear on the desk is much louder than with it off the desk. (③) Sound waves are capable of traveling through many solid materials as well as through air. (④) Solids, like wood for example, transfer the sound waves much better than air typically does because the molecules in a solid substance are much closer and more tightly packed together than they are in air. (⑤) The density of the air itself also plays a determining factor in the loudness of sound waves passing through it.

*molecule: 분자

모듈/유형	간접 쓰기 / 주어진 문장의 적합한 위치	오답률	61.4%
난도	★★★★	목표 풀이 시간	2분 00초

풀이 **포인트** 주어진 문장이 지시대명사로 시작하고 있다면 이것은 강력한 연결 장치로 기능하고 있음을 명심해. 이 지시대명사의 지칭 대상을 명확히 밝힐 수 있느냐가 주어진 문장의 위치를 가늠하는 기준으로 작동하기 때문이야. 공기와 고체 물질의 소리 파동 전달에 관해 이야기하는 이 글에서 고체 물질이 공기보다 더 크게 소리를 전달할 수 있는 이유를 잘 찾아보면서 읽는 것이 풀이 포인트야.

4

2018학년도 9월 학평 29번 [24212-0118]

(A), (B), (C)의 각 네모 안에서 문맥에 맞는 낱말로 가장 적절한 것은?

A phenomenon in social psychology, the Pratfall Effect states that an individual's perceived attractiveness increases or decreases after he or she makes a mistake — depending on the individual's (A) perceived / hidden competence. As celebrities are generally considered to be competent individuals, and often even presented as flawless or perfect in certain aspects, committing blunders will make one's humanness endearing to others. Basically, those who never make mistakes are perceived as being less attractive and "likable" than those who make occasional mistakes. Perfection, or the attribution of that quality to individuals, (B) creates / narrows a perceived distance that the general public cannot relate to — making those who never make mistakes perceived as being less attractive or likable. However, this can also have the opposite effect — if a perceived average or less than average competent person makes a mistake, he or she will be (C) more / less attractive and likable to others.

*blunder: 부주의하거나 어리석은 실수

	(A)		(B)		(C)
①	perceived	……	creates	……	less
②	perceived	……	narrows	……	more
③	perceived	……	creates	……	more
④	hidden	……	creates	……	less
⑤	hidden	……	narrows	……	less

모듈/유형	문법 · 어휘 / 어휘	오답률	68.3%
난도	★★★★★	목표 풀이 시간	2분 10초

풀이 **포인트** '실수 효과(Pratfall Effect)'란 실수를 저지른 후에 그 사람의 인지된 능력에 따라서 매력이 증가하거나 감소한다는 것을 말해. 능력 있는 사람이 실수하면 인간미가 보여서 매력도가 올라가겠지만, 능력 부족으로 늘 실수하던 사람이 또 실수를 하면 과연 그 사람이 더 매력적으로 보일까? 마지막 문장에서 언급하는 정반대의 경우가 무엇을 의미하는지 글의 전체 맥락에서 잘 생각해 봐.

[5~6] 2018학년도 9월 학평 41~42번

다음 글을 읽고, 물음에 답하시오.

In 2000, James Kuklinski of the University of Illinois led an influential experiment in which more than 1,000 Illinois residents were asked questions about welfare. More than half indicated that they were confident that their answers were correct — but in fact, only three percent of the people got more than half of the questions right. Perhaps more disturbingly, the ones who were the *most* confident they were right were generally the ones who knew the least about the topic. Kuklinski calls this sort of response the "I know I'm right" syndrome. "It implies not only that most people will resist correcting their factual beliefs," he wrote, "but also that the very people who most need to correct them will be least likely to do so."

How can we have things so wrong and be so sure that we're right? Part of the answer lies in the way our brains are wired. Generally, people tend to seek _____. There is a substantial body of psychological research showing that people tend to interpret information with an eye toward reinforcing their preexisting views. If we believe something about the world, we are more likely to passively accept as truth any information that confirms our beliefs, and actively dismiss information that doesn't. This is known as "motivated reasoning." Whether or not the consistent information is accurate, we might accept it as fact, as confirmation of our beliefs. This makes us more confident in said beliefs, and even less likely to entertain facts that contradict them.

5
[24212-0119]

윗글의 제목으로 가장 적절한 것은?

① Belief Wins Over Fact
② Still Judge by Appearance?
③ All You Need Is Motivation
④ Facilitate Rational Reasoning
⑤ Correct Errors at the Right Time

6
[24212-0120]

윗글의 빈칸에 들어갈 말로 가장 적절한 것은?

① diversity   ② accuracy
③ popularity   ④ consistency
⑤ collaboration

| 모듈/유형 복합 / 1지문 2문항(제목/빈칸) | 오답률 48.1% / 63.9% |
| 난도 ★★ / ★★★★ | 목표 풀이 시간 2분 50초 |

풀이 포인트 **5** 제목 추론 문제에서는 두 단락이 공통으로 이야기하고 있는 핵심 소재에 대해 주목할 필요가 있어. 자칫하면 하나의 단락에서 강조되고 있는 것만 제목으로 정해 버릴 염려가 있거든. 전반부 단락에서 실험을 진행한 연구자의 말을 인용한 부분을 토대로 핵심 내용을 정리한 후에 후반부 단락에서 그 내용에 대한 글의 흐름이 어떤지 파악하면 답을 쉽게 찾을 수 있어.
6 빈칸 추론 문제에서는 보통 글의 핵심적인 내용이 빈칸에 들어갈 말을 찾는 근거가 되어 주거든. 특히 지금처럼 적절한 한 단어를 찾아야 하는 빈칸 문제의 경우에는 더더욱 그런 편이야. 사람들의 뇌는 기존의 믿음을 강화하기 위해 어떠한 태도로 정보를 받아들이고 있는지 설명하는 글의 흐름을 따라가는 것이 풀이 포인트가 될 거야.

Vocabulary Check-up

1 다음 문장의 빈칸에 들어갈 말을 〈보기〉에서 찾아 쓰시오.

〈보기〉

commit   interpret   contradict   suspend   transfer   slip

(1) With the advance of science, there has been a tendency to _____ into scientism, and assume that any factual claim can be authenticated if and only if the term 'scientific' can correctly be ascribed to it.

2020학년도 수능 31번

(2) For example, algorithms have proved more accurate than humans in predicting whether a prisoner released on parole will go on to _____ another crime, or in predicting whether a potential candidate will perform well in a job in future.   2023학년도 수능 41번

(3) Too many writers _____ the term *logical* to mean chronological, and it has become habitual to begin reports and papers with careful reviews of previous work.   2017학년도 수능 38번

2 다음 네모 안에서 문맥에 맞는 낱말을 고르시오.

(1) Since these two ways of assimilating / transferring sound have quite different relative efficiencies at various frequencies, the overall quality of the sound will be quite different.   2016학년도 6월 모평 33번

(2) Here, based on a complex logical / sensory analysis that is not only restricted to the sense of taste but also includes smell, touch, and hearing, the final decision whether to swallow or reject food is made.

2016학년도 수능 39번

Grammar Check-up

1 다음 네모 안에서 어법상 알맞은 표현을 고르시오.

(1) As celebrities are generally considered to be competent individuals, and often even presented as flawless or perfect in certain aspects, ① committing / committed blunders will make one's humanness endearing to others. Basically, those who never make mistakes are perceived as being less ② attractive / attractively and "likable" than those who make occasional mistakes.

(2) There is a substantial body of psychological research showing ① what / that people tend to interpret information with an eye toward reinforcing their preexisting views. If we believe something about the world, we are more likely to passively accept as truth any information that confirms our beliefs, and actively ② dismiss / dismisses information that doesn't.

2 다음 밑줄 친 부분 중, 어법상 틀린 것을 골라 바르게 고치시오.

Tap your finger on the surface of a wooden table or desk, and observe the loudness of the sound you hear. Then, ① place your ear flat on top of the table or desk. With your finger about one foot away from your ear, tap the table top and observe the loudness of the sound you hear again. The volume of the sound you hear with your ear on the desk is much louder than with ② them off the desk. Sound waves are capable of traveling through many solid materials as well as through air. Solids, like wood for example, transfer the sound waves much better than air typically ③ does because the molecules in a solid substance are much closer and more tightly packed together than they are in air. This allows the solids to carry the waves more easily and efficiently, ④ resulting in a louder sound.

(2018학년도 6월 학평) ~ (2017학년도 6월 학평)

일차	문항 번호	유형	오답률	출처		난도
Day 21	1	제목	60.0%	2018학년도 고2 전국연합 학력평가 6월	23번	★★★
	2	빈칸 추론(짧은 어구)	72.4%		34번	★★★★★
	3	주어진 문장의 적합한 위치	69.5%		37번	★★★★★
	4	어휘	57.0%		29번	★★★
	5	1지문 2문항(제목)	65.5%		41번	★★★★
	6	1지문 2문항(빈칸)	53.7%		42번	★★
Day 22	1	빈칸 추론(한 단어)	82.2%	2018학년도 고2 전국연합 학력평가 3월	31번	★★★★★
	2	빈칸 추론(긴 어구)	75.4%		34번	★★★★★
	3	글의 순서	77.2%		37번	★★★★★
	4	주어진 문장의 적합한 위치	69.5%		39번	★★★★★
	5	문단 요약	54.5%		40번	★★★
	6	어휘	69.2%		29번	★★★★★
Day 23	1	제목	47.2%	2017학년도 고2 전국연합 학력평가 11월	22번	★★
	2	빈칸 추론(긴 어구)	67.6%		33번	★★★★★
	3	주어진 문장의 적합한 위치	68.0%		39번	★★★★★
	4	문단 요약	71.2%		40번	★★★★★
	5	1지문 2문항(제목)	– %		41번	★
	6	1지문 2문항(빈칸)	69.3%		42번	★★★★★
Day 24	1	제목	55.8%	2017학년도 고2 전국연합 학력평가 9월	24번	★★★
	2	빈칸 추론(긴 어구)	71.0%		33번	★★★★★
	3	주어진 문장의 적합한 위치	65.9%		39번	★★★★
	4	어휘	57.5%		30번	★★★
	5	1지문 2문항(제목)	51.2%		41번	★★
	6	1지문 2문항(빈칸)	74.5%		42번	★★★★★
Day 25	1	주제	63.4%	2017학년도 고2 전국연합 학력평가 6월	21번	★★★★
	2	빈칸 추론(짧은 어구)	63.2%		32번	★★★★
	3	빈칸 추론(짧은 어구)	65.7%		33번	★★★★
	4	주어진 문장의 적합한 위치	60.3%		38번	★★★
	5	문단 요약	69.6%		40번	★★★★★
	6	어법	70.8%		28번	★★★★★

모듈 5 복합

● **모듈 설명**
복합 모듈은 상향, 하향, 상호 작용 이해 방식을 작동하여 하나의 긴 지문을 통해 글의 중심 및 세부 내용 등 학습자의 다양한 읽기 능력을 측정하는 유형의 문항들을 가리킵니다. 복합 유형 문항에서는 장문을 읽은 후, 두 문항 또는 세 문항에 답하는 유형으로 출제됩니다.

● **유형 분류**
제목, 어휘, 글의 순서, 지칭 추론, 내용 불일치 유형을 포함하며, 흔히 모의고사 41번에서 45번까지가 이 유형에 해당합니다.

● **출제 경향**
전반적으로는 쉬운 유형으로 분류되는 편이나 42번 어휘 문항의 경우 장문을 읽고 맥락을 정확히 이해해야 풀 수 있는 문제로 출제되어 어려운 문항으로 간주됩니다. 또한, 문항 배치상 마지막 다섯 문항으로서 시간의 압박 속에서 긴 지문을 읽고 중심 및 세부 내용, 글의 적절한 순서, 대명사의 지칭 대상 등의 문제를 풀어 내야 하므로, 평소 글을 빠르게 읽고 정확히 이해하는 훈련을 꾸준히 해야 합니다. 왼쪽 표에서 색칠된 문제들이 대표적인 최근의 고난도 복합 유형 문제입니다.

● **만점 전략**
예1 글을 읽으며 중심 내용(제목)과 맥락에 따른 세부 내용(어휘, 내용 불일치)을 동시에 파악하기
예2 시간의 흐름 및 대명사, 연결사의 기능에 따른 글의 순서 파악하기
예3 내용 이해를 토대로 대명사가 지칭하는 대상 파악하기

Word Preview

월   일
Day 21

- [ ] prejudice _____
- [ ] depression _____
- [ ] operate _____
- [ ] boast _____
- [ ] procedure _____

- [ ] overestimate _____
- [ ] downgrade _____
- [ ] prioritize _____
- [ ] derive _____
- [ ] celebrity _____

- [ ] underestimate _____
- [ ] appreciate _____
- [ ] disposition _____
- [ ] independent _____
- [ ] substantial _____

월   일
Day 22

- [ ] commodity _____
- [ ] tremendous _____
- [ ] productive _____
- [ ] artificial _____
- [ ] preoccupied _____

- [ ] currency _____
- [ ] enrich _____
- [ ] toll _____
- [ ] emphasize _____
- [ ] disclosure _____

- [ ] applaud _____
- [ ] sophisticated _____
- [ ] artifact _____
- [ ] automatically _____
- [ ] reluctant _____

월   일
Day 23

- [ ] addiction _____
- [ ] equivalent _____
- [ ] liberalization _____
- [ ] fluidity _____
- [ ] flashback _____

- [ ] outsource _____
- [ ] instability _____
- [ ] scope _____
- [ ] traumatic _____
- [ ] psychiatric _____

- [ ] consumption _____
- [ ] domestic _____
- [ ] division _____
- [ ] fatal _____
- [ ] function _____

월   일
Day 24

- [ ] archaeologist _____
- [ ] extract _____
- [ ] accumulate _____
- [ ] eliminate _____
- [ ] utilitarian _____

- [ ] incentive _____
- [ ] complication _____
- [ ] properties _____
- [ ] fundamental _____
- [ ] ethical _____

- [ ] noteworthy _____
- [ ] violate _____
- [ ] security _____
- [ ] pedestrian _____
- [ ] persist _____

월   일
Day 25

- [ ] nutrient _____
- [ ] cultivation _____
- [ ] embarrass _____
- [ ] mechanism _____
- [ ] accidental _____

- [ ] component _____
- [ ] swarm _____
- [ ] governor _____
- [ ] inevitably _____
- [ ] profitability _____

- [ ] emission _____
- [ ] colony _____
- [ ] reaction _____
- [ ] comparison _____
- [ ] tap into _____

Day 21 Week 5

1

다음 글의 제목으로 가장 적절한 것은?

We create a picture of the world using the examples that most easily come to mind. This is foolish, of course, because in reality, things don't happen more frequently just because we can imagine them more easily. Thanks to this prejudice, we travel through life with an incorrect risk map in our heads. Thus, we overestimate the risk of being the victims of a plane crash, a car accident, or a murder. And we underestimate the risk of dying from less spectacular means, such as diabetes or stomach cancer. The chances of bomb attacks are much rarer than we think, and the chances of suffering depression are much higher. We attach too much likelihood to spectacular, flashy, or loud outcomes. Anything silent or invisible we downgrade in our minds. Our brains imagine impressive outcomes more readily than ordinary ones.

① We Weigh Dramatic Things More!
② Brains Think Logically, Not Emotionally
③ Our Brains' Preference for Positive Images
④ How Can People Overcome Their Prejudices?
⑤ The Way to Reduce Errors in Risk Analysis

모듈/유형	대의 파악 / 제목	오답률 60.0%
난도 ★★★		목표 풀이 시간 1분 30초

풀이 포인트 우리가 머릿속에 가지고 살아가는 위험 요소에 대한 정보는 얼마나 정확할까? 사고로 죽을 위험이 질병으로 죽을 위험보다 과연 더 클까? 이 글에서는 우리의 뇌가 이미지를 기억하는 것에 있어서 선호하는 이미지에 관해 이야기하고 있어. 필자의 주장과 근거, 제시되는 사례를 전체적으로 이해하고 그것을 비유적으로 표현한 것을 찾으면 글의 제목을 금세 발견할 수 있겠지?

2

다음 빈칸에 들어갈 말로 가장 적절한 것은?

Appreciating _____ can correct our false notions of how we see the world. People love heroes. Individuals are given credit for major breakthroughs. Marie Curie is treated as if she worked alone to discover radioactivity and Newton as if he discovered the laws of motion by himself. The truth is that in the real world, nobody operates alone. Scientists not only have labs with students who contribute critical ideas, but also have colleagues who are doing similar work, thinking similar thoughts, and without whom the scientist would get nowhere. And then there are other scientists who are working on different problems, sometimes in different fields, but nevertheless set the stage through their own findings and ideas. Once we start understanding that knowledge isn't all in the head, that it's shared within a community, our heroes change. Instead of focusing on the individual, we begin to focus on a larger group.

*radioactivity: 방사능

① the process of trial and error
② the changeable patterns of nature
③ the academic superiority of scholars
④ the diversity of scientific theories
⑤ the collective nature of knowledge

모듈/유형	상호 작용 / 빈칸 추론(짧은 어구)	오답률 72.4%
난도 ★★★★★		목표 풀이 시간 2분 20초

풀이 포인트 우리는 지금까지 Marie Curie, Newton 등의 과학자들의 위대한 발견을 그들만의 공로로 돌려 왔어. 하지만 그것이 정말 그들 개인만의 공로라기보다는 그들이 속한 공동체에서 함께 지식을 공유했기 때문이라는 것이 필자가 글에서 주장하는 바야. 필자의 주장은 글의 중심 내용을 형성하지. 글의 마지막 부분을 통해 우리가 세상을 보는 인식에 대한 필자의 관점을 이해하는 것이 문제 풀이의 포인트가 될 거야.

3

글의 흐름으로 보아, 주어진 문장이 들어가기에 가장 적절한 곳은?

> Thinking of an internal cause for a person's behaviour is easy — the strict teacher is a stubborn person, the devoted parents just love their kids.

You may be wondering why people prefer to prioritize internal disposition over external situations when seeking causes to explain behaviour. One answer is simplicity. (①) In contrast, situational explanations can be complex. (②) Perhaps the teacher appears stubborn because she's seen the consequences of not trying hard in generations of students and wants to develop self-discipline in them. (③) Perhaps the parents who're boasting of the achievements of their children are anxious about their failures, and conscious of the cost of their school fees. (④) These situational factors require knowledge, insight, and time to think through. (⑤) Whereas, jumping to a dispositional attribution is far easier.

*disposition: 성질, 기질

모듈/유형 간접 쓰기 / 주어진 문장의 적합한 위치	오답률 69.5%
난도 ★★★★★	목표 풀이 시간 2분 00초

풀이 포인트 주어진 문장에 핵심 개념이 표현된 낱말을 찾아서 지문 중 그 낱말 또는 동의어가 나오는 곳 근처에 주어진 문장을 넣어 보곤 하잖아. 하지만 논리적 공백을 찾는 시도 없이 단순히 단어 찾기식으로 접근하면 오답을 찾을 수밖에 없어. 왜 행동의 이유를 상황보다는 기질 탓으로 돌리는 것이 우선시되는지 설명하는 이 글에서도 핵심 단어 찾기보다는 중간에 빠진 정보가 있어서 전개가 자연스럽지 않은 논리가 있는지부터 먼저 살펴보도록 해.

4

다음 글의 밑줄 친 부분 중, 문맥상 낱말의 쓰임이 적절하지 <u>않은</u> 것은?

Allowing people to influence each other reduces the ① <u>precision</u> of a group's estimate. To derive the most useful information from multiple sources of evidence, you should always try to make these sources ② <u>independent</u> of each other. This rule is part of good police procedure. When there are multiple witnesses to an event, they are not allowed to ③ <u>discuss</u> it before giving their testimony. The goal is not only to prevent collusion by hostile witnesses, it is also to prevent witnesses from influencing each other. Witnesses who exchange their experiences will tend to make similar errors in their testimony, ④ <u>improving</u> the total value of the information they provide. The standard practice of ⑤ <u>open</u> discussion gives too much weight to the opinions of those who speak early and confidently, causing others to line up behind them.

*testimony: 증언 **collusion: 공모, 담합

모듈/유형 문법 · 어휘 / 어휘	오답률 57%
난도 ★★★	목표 풀이 시간 2분 00초

풀이 포인트 어휘 문제를 풀 때는 제시된 밑줄 친 부분 앞에 not을 붙여서 의도적으로 반의어를 만들어 보고 읽어 가며 어떤 것이 흐름에 더 자연스럽게 어울리는지 확인해 보는 것이 도움이 될 때가 많아. 집단 평가에서 참여자끼리 의견 공유를 하는 것이 정보의 가치를 오히려 훼손할 수 있다고 이야기하는 이글에서 어떤 단어의 반의어가 글의 흐름을 더 매끄럽게 만들 것인지 잘 살펴봐.

[5~6] 2018학년도 6월 학평 41~42번

다음 글을 읽고, 물음에 답하시오.

David Stenbill, Monica Bigoutski, Shana Tirana. I just made up these names. If you encounter any of them within the next few minutes, you are likely to remember where you saw them. You know, and will know for a while, that these are not the names of minor celebrities. But suppose that a few days from now you are shown a long list of names, including those of some minor celebrities and "new" names of people that you have never heard of; your task will be to check every name of a celebrity on the list. There is a substantial probability that you will identify David Stenbill as a well-known person, although you will not know whether you encountered his name in the context of movies, sports, or politics. Larry Jacoby, the psychologist who first demonstrated this memory illusion in the laboratory, titled his article "Becoming Famous Overnight". How does this happen? Start by asking yourself how you know whether or not someone is famous. In some cases of truly famous people, you have a mental file with rich information about a person — think Albert Einstein, Michael Jackson, or Hillary Clinton. But you will have no file of information about David Stenbill if you encounter his name in a few days. All you will have is a sense of _____.

5 [24212-0125]

윗글의 제목으로 가장 적절한 것은?

① Strategies for Boosting Memory
② How Celebrities Maintain Popularity
③ Useful and Accurate Ways of Identifying People
④ Recognize, Analyze, and Standardize Names!
⑤ What Causes the Illusion of Remembering?

6 [24212-0126]

윗글의 빈칸에 들어갈 말로 가장 적절한 것은?

① predictability　　② fairness
③ familiarity　　④ responsibility
⑤ belonging

모듈/유형 복합 / 1지문 2문항(제목/빈칸)	오답률 65.5% / 53.7%
난도 ★★★★ / ★★	목표 풀이 시간 2분 40초

풀이 포인트 **5** 제목 추론 문제에서는 지문에서 언급한 구체적인 내용을 보다 일반적인 진술로 확장시켜 이해하는 것이 포인트야. 필자는 이름을 여러 번 접하여 기억하게 되면 그 사람에 대한 아무런 정보가 없어도 그 사람을 잘 알고 있다고 착각할 수 있다는 예시를 들고 있거든. 핵심 개념을 직접적으로 언급하지 않더라도 중심 내용을 드러낼 수 있는 선지를 찾으면 돼.
6 빈칸 추론 문제에서는 핵심 개념을 담고 있지 않은 어휘를 선택에서 소거해 내면 답을 찾을 수 있어. 특히 가상의 이름을 가진 사람과 실제로 유명한 사람들을 대비시켜서 정보량의 차이를 언급하고 있으므로 이때 가상 이름에 대해 알고 있는 것에 해당하지 않는 것을 지워 가는 방식으로 답에 접근하는 것이 풀이 포인트야.

Vocabulary Check-up

1 다음 문장의 빈칸에 들어갈 말을 〈보기〉에서 찾아 쓰시오.

〈보기〉

prejudice   procedure   disposition   operate   appreciate   prioritize

(1) Even when scientists are able to identify seemingly beneficial nutrients, they cannot always understand how those nutrients will _____ in a real-life context, in the course of our daily meals.

2014학년도 9월 모평 24번

(2) Prior to the development of social biases and cultural preferences that all too easily turn into _____s the opportunity to know people through song, dance, and instrument play is a gift to all who work for the well-balanced development of young children into the responsible citizens they will one day become.

2021학년도 9월 모평 22번

(3) Very often bias is (unintentionally) introduced into the experiment, the experimental _____ or the interpretation of results. 2016학년도 9월 모평 39번

2 다음 네모 안에서 문맥에 맞는 낱말을 고르시오.

(1) This "genetic optimism" has influenced public opinion, and research suggests that ordinary people are largely accepting of genetic explanations for health and behavior and tend to overestimate / underestimate the heritability of common diseases for biological relatives.

2020학년도 9월 22번

(2) In larger-scale projects, however, even where a strong personality exercises powerful influence, the fact that disturbing / substantial numbers of designers are employed in implementing a concept can easily be overlooked. 2023학년도 9월 모평 40번

Grammar Check-up

1 다음 네모 안에서 어법상 알맞은 표현을 고르시오.

(1) People love heroes. Individuals ① give / are given credit for major breakthroughs. The truth is that in the real world, nobody operates alone. Scientists not only have labs with students who contribute critical ideas, but also have colleagues who are doing similar work, ② think / thinking similar thoughts, and without whom the scientist would get nowhere.

(2) ① Start / Starting by asking yourself how you know whether or not someone is famous. In some cases of truly famous people, you have a mental file with rich information about a person. But you will have no file of information about David Stenbill if you encounter his name in a few days. All you will have ② is / are a sense of familiaty.

2 다음 밑줄 친 부분 중, 어법상 틀린 것을 골라 바르게 고치시오.

   Allowing people to influence each other ① reduce the precision of a group's estimate. To derive the most useful information from multiple sources of evidence, you should always try to make these sources ② independent of each other. This rule is part of good police procedure. When there are multiple witnesses to an event, they are not allowed ③ to discuss it before giving their testimony. The goal is not only to prevent collusion. by hostile witnesses, ④ it is also to prevent witnesses from influencing each other.

Day 22 Week 5

1

2018학년도 3월 학평 31번   [24212-0127]

다음 빈칸에 들어갈 말로 가장 적절한 것은?

Most importantly, money needs to be _____ in a predictable way. Precious metals have been desirable as money across the millennia not only because they have intrinsic beauty but also because they exist in fixed quantities. Gold and silver enter society at the rate at which they are discovered and mined; additional precious metals cannot be produced, at least not cheaply. Commodities like rice and tobacco can be grown, but that still takes time and resources. A dictator like Zimbabwe's Robert Mugabe could not order the government to produce 100 trillion tons of rice. He was able to produce and distribute trillions of new Zimbabwe dollars, which is why they eventually became more valuable as toilet paper than currency.

*intrinsic: 내재적인

① invested   ② scarce
③ transferred   ④ divisible
⑤ deposited

2

2018학년도 3월 학평 34번   [24212-0128]

다음 빈칸에 들어갈 말로 가장 적절한 것은?

When the late Theodore Roosevelt came back from Africa, just after he left the White House in 1909, he made his first public appearance at Madison Square Garden. Before he would agree to make the appearance, he carefully arranged for nearly one thousand *paid applauders* to be scattered throughout the audience to applaud his entrance on the platform. For more than 15 minutes, these paid hand-clappers made the place ring with their enthusiasm. The rest of the audience took up the suggestion and joined in for another quarter hour. The newspaper men present were literally swept off their feet by the tremendous applause given the American hero, and his name was emblazoned across the headlines of the newspapers in letters two inches high. Roosevelt _____.

*emblazon: 선명히 새기다

① understood and made intelligent use of personal promotion
② made public policies that were beneficial to his people
③ knew when was the right time for him to leave office
④ saw the well-being of his supporters as the top priority
⑤ didn't appear before the public in an arranged setting

모듈/유형 상호 작용 / 빈칸 추론(한 단어)   **오답률** 82.2%

난도 ★★★★★   **목표 풀이 시간** 2분 10초

풀이 포인트 아프리카의 짐바브웨란 나라의 Robert Mugabe 대통령은 나라의 경제가 어려워지자 수조에 이르는 화폐를 새롭게 유통했나 봐. 그런데 그로 인해 초인플레이션에 직면하여 그 돈은 결국 화장지 정도의 가치밖에 갖지 못하게 되었대. 돈의 가치는 과연 무엇으로 결정되는 것인지 이 글을 읽으면서 찾아보도록 해.

모듈/유형 상호 작용 / 빈칸 추론(긴 어구)   **오답률** 75.4%

난도 ★★★★★   **목표 풀이 시간** 2분 20초

풀이 포인트 빈칸의 위치가 맨 마지막에 있지. 이건 Roosevelt에 관하여 언급하고 있는 내용을 요약하여 종합적으로 정리하고 있는 선지를 고르는 문제란 뜻으로 봐도 돼. 돈을 주고 박수 부대까지 동원해서 매디슨 스퀘어 가든에 모습을 드러낸 Theodore Roosevelt에 대해서 필자가 어떤 평가를 하고 있는지 찬찬히 읽으면서 파악해 봐.

3

2018학년도 3월 학평 37번

[24212-0129]

주어진 글 다음에 이어질 글의 순서로 가장 적절한 것은?

According to the consulting firm McKinsey, knowledge workers spend up to 60 percent of their time looking for information, responding to emails, and collaborating with others.

(A) Think of it as the robot-assisted human, given superpowers through the aid of technology. Our jobs become enriched by relying on robots to do the tedious while we work on increasingly more sophisticated tasks.

(B) The solution is to enable people to work smarter, not just by saying it, but by putting smart tools and improved processes in place so that people can perform at enhanced levels.

(C) By using social technologies, those workers can become up to 25 percent more productive. The need for productivity gains through working harder and longer has a limit and a human toll.

*tedious: 지루한, 싫증 나는

① (A)−(C)−(B)　　　② (B)−(A)−(C)
③ (B)−(C)−(A)　　　④ (C)−(A)−(B)
⑤ (C)−(B)−(A)

모듈/유형 간접 쓰기 / 글의 순서　　**오답률** 77.2%
난도 ★★★★★　　　　　　　　**목표 풀이 시간** 2분 10초

풀이 포인트 글의 순서를 배열할 때 대명사, 지시어 등이 지칭하는 대상과 적절하게 연결되도록 하는 것이 중요해. 순서가 엉키면 엉뚱한 지칭 대상과 연결되면서 의미가 불명확해지고 말거든. 이러한 순서 배열을 잘하기 위해서는 평소 독해를 하면서 대명사와 지시어를 그냥 쉽게 지나치지 말고 지칭하는 대상과의 연결을 꼭 확인하는 연습을 해야 해.

4

2018학년도 3월 학평 39번

[24212-0130]

글의 흐름으로 보아, 주어진 문장이 들어가기에 가장 적절한 곳은?

A clay pot is an example of a material artifact, which, although transformed by human activity, is not all that far removed from its natural state.

By acting on either natural or artificial resources, through techniques, we alter them in various ways. (①) Thus we create *artifacts*, which form an important aspect of technologies. (②) A plastic cup, a contact lens, and a computer chip, on the other hand, are examples of artifacts that are far removed from the original states of the natural resources needed to create them. (③) Artifacts can serve as resources in other technological processes. (④) This is one of the important interaction effects within the technological system. (⑤) In other words, each new technology increases the stock of available tools and resources that can be employed by other technologies to produce new artifacts.

*artifact: 가공품

모듈/유형 간접 쓰기 / 주어진 문장의 적합한 위치　**오답률** 69.5%
난도 ★★★★★　　　　　　　　　　　　**목표 풀이 시간** 2분 10초

풀이 포인트 주어진 문장을 삽입하는 문제는 논리적 공백을 찾는 문제야. 기술은 천연자원과 인공 자원을 변형시켜 가공품을 만들어 내고, 그러한 가공품이 또 다른 기술적 과정에서 자원이 될 수 있기에 기술은 이용할 수 있는 도구와 자원의 축적을 늘린다는 내용의 글에서 주어진 글을 집어넣을 수 있는 빈틈을 차근차근 찾아봐. 연결사와 지시어의 정보적 의미에 유의해서 읽다 보면 빈틈을 찾을 수 있을 거야.

5 2018학년도 3월 학평 40번 [24212-0131]

다음 글의 내용을 한 문장으로 요약하고자 한다. 빈칸 (A), (B)에 들어갈 말로 가장 적절한 것은?

Despite all the talk of how weak intentions are in the face of habits, it's worth emphasizing that much of the time even our strong habits do follow our intentions. We are mostly doing what we intend to do, even though it's happening automatically. This probably goes for many habits: although we perform them without bringing the intention to consciousness, the habits still line up with our original intentions. Even better, our automatic, unconscious habits can keep us safe even when our conscious mind is distracted. We look both ways before crossing the road despite thinking about a rather depressing holiday we took in Brazil, and we put oven gloves on before reaching into the oven despite being preoccupied about whether the cabbage is overcooked. In both cases, our goal of keeping ourselves alive and unburnt is served by our automatic, unconscious habits.

↓

The habitual acts we automatically do are related to our _____(A)_____ and these acts can be helpful in keeping us from _____(B)_____ in our lives.

	(A)		(B)
①	intention	……	danger
②	intention	……	ignorance
③	mood	……	danger
④	experience	……	laziness
⑤	experience	……	ignorance

6 2018학년도 3월 학평 29번 [24212-0132]

다음 글의 밑줄 친 부분 중, 문맥상 낱말의 쓰임이 적절하지 <u>않은</u> 것은?

Although instances occur in which partners start their relationship by telling everything about themselves to each other, such instances are ① rare. In most cases, the amount of disclosure ② increases over time. We begin relationships by revealing relatively little about ourselves; then if our first bits of self-disclosure are well received and bring on similar responses from the other person, we're ③ reluctant to reveal more. This principle is important to remember. It would usually be a ④ mistake to assume that the way to build a strong relationship would be to reveal the most private details about yourself when first making contact with another person. Unless the circumstances are unique, such baring of your soul would be ⑤ likely to scare potential partners away rather than bring them closer.

*bare: 드러내다

| 모듈/유형 간접 쓰기 / 문단 요약 | 오답률 54.5% |
| 난도 ★★★ | 목표 풀이 시간 1분 50초 |

풀이 포인트 요약문에 있는 (A)와 (B)는 글을 내용상 이등분하였을 경우 각각 한 부분씩 요약하는 경우가 많아. 그렇다고 하더라도 하나의 주제를 가진 글을 요약하는 것이니만큼 (A)와 (B)는 주제에 따라 긴밀하게 연결되어 있어야 해. 습관이 우리를 이끈다고 주로 말하는 세상에서 오히려 우리가 습관을 이끌며, 습관이 우리를 지키게 하고 있다는 필자의 접근은 참 신선하게 읽히네.

| 모듈/유형 문법·어휘 / 어휘 | 오답률 69.2% |
| 난도 ★★★★★ | 목표 풀이 시간 2분 10초 |

풀이 포인트 어휘 문제는 한 문장에 하나의 어휘가 문제로 출제되고 있어. 그러니 그 문장 안에서 일단 밑줄 친 어휘의 의미가 적절한지 판정해야 해. 그리고 대개는 그 문장의 앞뒤에 연결된 부분에서 정답 판정의 단서를 확인할 수 있을 테니, 풀이 포인트로 활용하면 좋겠어. 파트너에게 자기 얘기를 털어놓은 타이밍을 알려 주는 이 글을 읽으며 차근차근 연습해 봐.

Vocabulary Check-up

1 다음 문장의 빈칸에 들어갈 말을 〈보기〉에서 찾아 쓰시오.

〈보기〉
productive sophisticated artificial commodity artifact currency

(1) Cities are often blamed as a major cause of ecological destruction — _____, crowded places that suck up precious resources. 2021학년도 6월 모평 35번

(2) Thus, individuals of many resident species, confronted with the fitness benefits of control over a _____ breeding site, may be forced to balance costs in the form of lower nonbreeding survivorship by remaining in the specific habitat where highest breeding success occurs. 2020학년도 수능 38번

(3) Some prominent journalists say that archaeologists should work with treasure hunters because treasure hunters have accumulated valuable historical _____s that can reveal much about the past.
2018학년도 수능 29번

2 다음 네모 안에서 문맥에 맞는 낱말을 고르시오.

(1) The reviewer was harsh, calling it "an awful performance." That raised in Sharon's mind the question of whether it was worthwhile to go, but in the end, she reluctantly / willingly decided to attend the concert. 2021학년도 6월 모평 19번

(2) Researchers at a Los Angeles school found that 136 second year elementary school pupils who learned to play the piano and read music improved their numeracy skills. This could be so since learning music diminishes / emphasizes thinking in space and time, and when pupils learn rhythm, they are learning ratios, fractions and proportions. 2016학년도 9월 모평 21번

Grammar Check-up

1 다음 네모 안에서 어법상 알맞은 표현을 고르시오.

(1) Gold and silver enter society at the rate ① which / at which they are discovered and mined; additional precious metals cannot be produced, at least not ② cheap / cheaply .

(2) According to the consulting firm McKinsey, knowledge workers spend up to 60 percent of their time ① to look / looking for information, responding to emails, and collaborating with others. The need for productivity gains through working harder and longer ② has / to have a limit and a human toll.

2 다음 밑줄 친 부분 중, 어법상 틀린 것을 골라 바르게 고치시오.

By acting on either natural or artificial resources, through techniques, we alter ① them in various ways. Thus we create *artifacts*, which form an important aspect of technologies. A clay pot is an example of a material artifact, which, although ② transformed by human activity, is not all that far removed from its natural state. A plastic cup, a contact lens, and a computer chip, on the other hand, are examples of artifacts ③ that are far removed from the original states of the natural resources needed to create them. Each new technology increases the stock of available tools and resources that can be employed by other technologies ④ produce new artifacts.

Day 23 Week 5

1

다음 글의 제목으로 가장 적절한 것은?

Katherine Schreiber and Leslie Sim, experts on exercise addiction, recognized that smartwatches and fitness trackers have probably inspired sedentary people to take up exercise, and encouraged people who aren't very active to exercise more consistently. But they were convinced the devices were also quite dangerous. Schreiber explained that focusing on numbers separates people from being in tune with their body. Exercising becomes mindless, which is 'the goal' of addiction. This 'goal' that she mentioned is a sort of automatic mindlessness, the outsourcing of decision making to a device. She recently sustained a stress fracture in her foot because she refused to listen to her overworked body, instead continuing to run toward an unreasonable workout target. Schreiber has suffered from addictive exercise tendencies, and vows not to use wearable tech when she works out.

*sedentary: 주로 앉아서 지내는

① Get out of Your Chair If You Want to Stay Fit
② Addiction: Another Name for Unbreakable Habit
③ Don't Respond Mindlessly to Stressful Situations
④ It's Time to Use Advanced Technology for a Better Life
⑤ Setting a Workout Goal with Technology Isn't Always Right

2

다음 빈칸에 들어갈 말로 가장 적절한 것은?

Veblen goods are named after Thorstein Veblen, a US economist who formulated the theory of "conspicuous consumption". They are strange because demand for them increases as their price rises. According to Veblen, these goods must signal high status. A willingness to pay higher prices is due to a desire to advertise wealth rather than to acquire better quality. A true Veblen good, therefore, should not be noticeably higher quality than the lower-priced equivalents. If the price falls so much that _____, the rich will stop buying it. There is much evidence of this behavior in the markets for luxury cars, champagne, watches, and certain clothing labels. A reduction in prices might see a temporary increase in sales for the seller, but then sales will begin to fall.

*conspicuous: 과시적인

① the government starts to get involved in the industry
② manufacturers finally decide not to supply the market
③ the law of supply and demand does not work anymore
④ there is no quality competition remaining in the market
⑤ it is no longer high enough to exclude the less well off

모듈/유형 대의 파악 / 제목	오답률 47.2%
난도 ★★	목표 풀이 시간 1분 20초

풀이 포인트 웨어러블 기기를 많이 사용하고 있니? 이러한 기기를 사용하는 것은 우리의 의사 결정을 기기에 위임하는 것이라는 필자의 주장은 과연 어떤 의미일까? 글의 제목을 찾을 때는 주요 소재에 대해 필자가 어떤 어조와 태도를 지니고 있는지 파악하는 것도 풀이 포인트야. 글의 마지막 부분까지 잘 종합해서 글의 제목으로 가장 적절한 것을 찾아봐.

모듈/유형 상호 작용 / 빈칸 추론(긴 어구)	오답률 67.6%
난도 ★★★★★	목표 풀이 시간 2분 20초

풀이 포인트 경제 상황이 힘들어도 명품 소비는 늘고 있다는 언론 보도를 접한 적 있지? 필자는 이러한 명품을 '베블런재'라고 하고 있어. 다른 저가의 상품보다 품질이 우수한 것은 아니지만 다른 사람들에게 부유함을 과시하기 위해 구매하는 상품을 일컫는 말이야. 이 글에서 다루고 있는 이러한 베블런재의 특성을 이해하면 빈칸에 들어갈 말을 쉽게 발견할 수 있을 거야.

3

2017학년도 11월 학평 39번 [24212-0135]

글의 흐름으로 보아, 주어진 문장이 들어가기에 가장 적절한 곳은?

> However, some say that a freer flow of capital has raised the risk of financial instability.

The liberalization of capital markets, where funds for investment can be borrowed, has been an important contributor to the pace of globalization. Since the 1970s there has been a trend towards a freer flow of capital across borders. (①) Current economic theory suggests that this should aid development. (②) Developing countries have limited domestic savings with which to invest in growth, and liberalization allows them to tap into a global pool of funds. (③) A global capital market also allows investors greater scope to manage and spread their risks. (④) The East Asian crisis of the late 1990s came in the wake of this kind of liberalization. (⑤) Without a strong financial system and a sound regulatory environment, capital market globalization can sow the seeds of instability in economies rather than growth.

모듈/유형	간접 쓰기 / 주어진 문장의 적합한 위치	오답률	68.0%
난도	★★★★★	목표 풀이 시간	2분 20초

풀이 포인트 주어진 문장을 읽으며 필자의 어조가 긍정적인지 부정적인지 일차적으로 판단해 보는 것은 답을 찾아내는 속도를 높여 주는 풀이 포인트가 될 거야. 그리고 주어진 문장이 들어갈 자리는 글의 흐름이 바뀌는 전환점이 되는 경우가 많으므로 자본 시장의 자유화에 대한 이 글에서도 그 부분에 대해 유의하면서 읽으면 쉽게 답을 찾을 수 있어.

4

2017학년도 11월 학평 40번 [24212-0136]

다음 글의 내용을 한 문장으로 요약하고자 한다. 빈칸 (A), (B)에 들어갈 말로 가장 적절한 것은?

Power distance is the term used to refer to how widely an unequal distribution of power is accepted by the members of a culture. It relates to the degree to which the less powerful members of a society accept their inequality in power and consider it the norm. In cultures with high acceptance of power distance (e.g., India, Brazil, Greece, Mexico, and the Philippines), people are not viewed as equals, and everyone has a clearly defined or allocated place in the social hierarchy. In cultures with low acceptance of power distance (e.g., Finland, Norway, New Zealand, and Israel), people believe inequality should be minimal, and a hierarchical division is viewed as one of convenience only. In these cultures, there is more fluidity within the social hierarchy, and it is relatively easy for individuals to move up the social hierarchy based on their individual efforts and achievements.

↓

> Unlike cultures with high acceptance of power distance, where members are more _____(A)_____ to accept inequality, cultures with low acceptance of power distance allow more _____(B)_____ within the social hierarchy.

	(A)		(B)
①	willing	······	mobility
②	willing	······	assistance
③	reluctant	······	resistance
④	reluctant	······	flexibility
⑤	afraid	······	openness

모듈/유형	간접 쓰기 / 문단 요약	오답률	71.2%
난도	★★★★★	목표 풀이 시간	2분 10초

풀이 포인트 글을 요약하는 문제에서 선지는 주로 핵심 개념의 동의어와 반의어로 구성된 경우가 많아. 권력의 불평등한 분배가 사회별로 어떻게 수용되고 있는지, 그리고 그 수용도에 따라 계층 간 이동은 어떻게 이루어지는지를 명확하게 드러내는 핵심 개념을 찾은 다음에, 요약문 빈칸에 적절한 단어를 꼼꼼히 따지며 확인해야 해.

[5~6] 2017학년도 11월 학평 41~42번

다음 글을 읽고, 물음에 답하시오.

In 2009, Emily Holmes asked a group of adults to watch a video featuring "eleven clips of traumatic content including graphic real scenes of human surgery and fatal road traffic accidents." This was their trauma simulation, and the participants were indeed traumatized. Before watching the video, they reported feeling calm and relaxed; afterward they were disturbed and anxious. Holmes forced the adults to wait for thirty minutes. Then, half the participants played a block-matching puzzle video game for ten minutes, while the other half sat quietly.

The adults went home for a week, and recorded their thoughts in a daily diary. Once a day they recalled the scenes from the video that replayed in their minds. Those who had sat quietly after watching the video experienced an average of six flashbacks; those who had played the game experienced an average of fewer than three. The video game, with its colors and music and rotating blocks, prevented the initial traumatic memories from _____. The game soaked up the mental attention that might have otherwise moved those horrific memories to long-term memory, and so they were stored imperfectly or not at all. At the end of the week, the adults returned to the lab, and those who had been lucky enough to play the game reported fewer psychiatric symptoms. The video game had functioned as a "cognitive vaccine," the researchers explained.

5
[24212-0137]

윗글의 제목으로 가장 적절한 것은?

① Is It Possible for Time to Heal Trauma?
② Overcoming Your Bad Memories by Facing Them
③ Video Games: Great Tools to Boost Your Brain Power
④ Playing Video Games Can Help Frightening Memories Go Away
⑤ Exposure to Dreadful Scenes Worsens Psychiatric Symptoms

6
[24212-0138]

윗글의 빈칸에 들어갈 말로 가장 적절한 것은?

① fading   ② receding
③ solidifying   ④ diversifying
⑤ withdrawing

모듈/유형 복합 / 1지문 2문항(제목/빈칸)	오답률 − % / 69.3%
난도 ★ / ★★★★★	목표 풀이 시간 2분 40초

풀이 포인트 5 제목 추론 문제에서는 무서운 장면에 노출된 사람들에게 비디오 게임을 하게 했을 경우 어떻게 되었겠느냐는 물음에 대한 답을 금세 찾을 수 있을 거야. 친숙한 소재이니만큼 내용을 이해하기 어렵지는 않겠지. 이 글을 풀며 느끼는 것처럼 평소 다양한 소재에 관해 관심을 두기 시작하면 영어 문제들이 훨씬 풀기 쉬워질 거야.

6 빈칸 추론 문제에서는 빈칸에 들어갈 내용을 조심해서 선별해야 해. 왜냐하면 빈칸이 포함된 문장이 이 글의 전체 흐름과 정반대의 진술을 요구하고 있거든. 이런 양태를 보이는 문제는 대개 정답률이 낮기 마련이야. 왜냐하면 빈칸을 풀면서 글의 중심 내용이라면 빈칸 문장에 적용해 보지 않고 바로 답으로 선택하는 경우가 많거든. 항상 빈칸이 포함된 문장에 선택한 선지를 적용해 보는 게 풀이 포인트야.

Vocabulary Check-up

1 다음 문장의 빈칸에 들어갈 말을 〈보기〉에서 찾아 쓰시오.

〈보기〉

liberalization addiction consumption division scope flashback

(1) To break planning _____, allow yourself one freedom. Decide to spend a day exploring a park or a neighborhood with curiosity as your only guide. 2016학년도 6월 모평 20번

(2) In the case of climate change, however, the sharp _____ of time into past, present, and future has been desperately misleading and has, most importantly, hidden from view the extent of the responsibility of those of us alive now. 2023학년도 수능 34번

(3) Consumers facing such decisions consider not only the product's immediate _____ outcomes but also the product's general effect on society, including how the manufacturer behaves. 2017학년도 9월 모평 39번

2 다음 네모 안에서 문맥에 맞는 낱말을 고르시오.

(1) We are programmed to be afraid. It is a survival need, as is | stability / instability |, which is another force of nature that can limit the capacity to change. Stable patterns are necessary lest we live in chaos. 2017학년도 9월 모평 22번

(2) The cloning and transgenic alteration of | domestic / lifelike | animals makes little difference to the overall situation. 2021학년도 9월 모평 32번

Grammar Check-up

1 다음 네모 안에서 어법상 알맞은 표현을 고르시오.

(1) The liberalization of capital markets, ① | which / where | funds for investment can be borrowed, has been an important contributor to the pace of globalization. Developing countries have limited domestic savings ② | which / with which | to invest in growth, and liberalization allows them to tap into a global pool of funds.

(2) A willingness to pay higher prices ① | is / are | due to a desire to advertise wealth rather than to acquire better quality. A true Veblen good, therefore, should not be ② | noticeable / noticeably | higher quality than the lower-priced equivalents.

2 다음 밑줄 친 부분 중, 어법상 틀린 것을 골라 바르게 고치시오.

The adults went home for a week, and recorded their thoughts in a daily diary. Once a day they recalled the scenes from the video ① that replayed in their minds. Those who had sat quietly after watching the video ② experienced an average of six flashbacks; those who had played the game experienced an average of fewer than three. The video game, with its colors and music and ③ rotating blocks, prevented the initial traumatic memories from solidifying. The game ④ was soaked up the mental attention that might have otherwise moved those horrific memories to long-term memory, and so they were stored imperfectly or not at all.

1 2017학년도 9월 학평 24번 [24212-0139]

다음 글의 제목으로 가장 적절한 것은?

In 1947, when the Dead Sea Scrolls were discovered, archaeologists set a finder's fee for each new document. Instead of lots of extra scrolls being found, they were simply torn apart to increase the reward. Similarly, in China in the nineteenth century, an incentive was offered for finding dinosaur bones. Farmers located a few on their land, broke them into pieces, and made a lot of money. Modern incentives are no better: Company boards promise bonuses for achieved targets. And what happens? Managers invest more energy in trying to lower the targets than in growing the business. People respond to incentives by doing what is in their best interests. What is noteworthy is, first, how quickly and radically people's behavior changes when incentives come into play, and second, the fact that people respond to the incentives themselves, and not the higher intentions behind them.

*scroll: 두루마리

① Relive the Glory of the Golden Past
② How Selfishness Weakens Teamwork
③ Rewards Work Against Original Purposes
④ Non-material Incentives: Superior Motivators
⑤ Cultural Heritage Becomes Tourism Booster!

2 2017학년도 9월 학평 33번 [24212-0140]

다음 빈칸에 들어갈 말로 가장 적절한 것은?

One of the most curious paintings of the Renaissance is a careful depiction of a weedy patch of ground by Albrecht Dürer. Dürer extracts design and harmony from an apparently random collection of weeds and grasses that we would normally not think twice to look at. By taking such an ordinary thing, he is able to convey his artistry in a pure form. In a similar way, scientists often _____ when trying to understand the essence of a problem. Studying relatively simple systems avoids unnecessary complications, and can allow deeper insights to be obtained. This is particularly true when we are trying to understand something as problematic as our ability to learn. Human reactions are so complex that they can be difficult to interpret objectively. It sometimes helps to step back and consider how more modest creatures, like bacteria or weeds, deal with the challenges they face.

① depend on personal experience
② choose to study humble subjects
③ work in close cooperation with one another
④ look for solutions to problems from the past
⑤ test a hypothesis through lots of experiments

모듈/유형 대의 파악 / 제목	오답률 55.8%
난도 ★★★	목표 풀이 시간 1분 30초

풀이 포인트 사례 중심으로 나열되는 글에서 제목을 찾으려면 사례가 공통으로 다루고 있는 소재와 그 소재에 대한 필자의 일관된 주장, 평가, 어조 등에 주목해야 해. 사해 문서에 대한 보상금이 주어졌을 때나 공룡 뼈에 대해서 보상금이 주어질 때, 그리고 오늘날 회사에서 보상이 주어질 때 어떤 일이 일어나는지 글의 전체 맥락에서 잘 생각해 봐.

모듈/유형 상호 작용 / 빈칸 추론(긴 어구)	오답률 71.0%
난도 ★★★★★	목표 풀이 시간 2분 20초

풀이 포인트 풀처럼 평범한 대상을 묘사하여도 예술가의 대단한 재능을 전달해 줄 수 있듯이, 간단한 주제나 대상에 관해 연구하는 과학자가 복잡하고 어려운 문제에 대한 통찰을 얻어 내기도 하나 봐. 영어 공부도 기출 문제를 열심히 공부하다 보면 어려운 수능에 대한 통찰력이 저절로 생기게 될 테니 하루 여섯 문제씩 꼭꼭 풀도록 해.

3
2017학년도 9월 학평 39번 [24212-0141]

글의 흐름으로 보아, 주어진 문장이 들어가기에 가장 적절한 곳은?

> However, concerns have been raised that cookies, which can track what people do online, may be violating privacy by helping companies or government agencies accumulate personal information.

Favorite websites sometimes greet users like old friends. Online bookstores welcome their customers by name and suggest new books they might like to read. (①) Real estate sites tell their visitors about new properties that have come on the market. (②) These tricks are made possible by cookies, small files that an Internet server stores inside individuals' web browsers so it can remember them. (③) Therefore, cookies can greatly benefit individuals. (④) For example, cookies save users the chore of having to enter names and addresses into e-commerce websites every time they make a purchase. (⑤) Security is another concern: Cookies make shared computers far less secure and offer hackers many ways to break into systems.

4
2017학년도 9월 학평 30번 [24212-0142]

(A), (B), (C)의 각 네모 안에서 문맥에 맞는 낱말로 가장 적절한 것은?

Dworkin suggests a classic argument for a certain kind of equality of opportunity. From Dworkin's view, justice requires that a person's fate be determined by things that are within that person's control, not by luck. If differences in well-being are determined by circumstances lying outside of an individual's control, they are (A) fair / unjust . According to this argument, inequality of well-being that is driven by differences in individual choices or tastes is (B) acceptable / intolerable . But we should seek to eliminate inequality of well-being that is driven by factors that are not an individual's responsibility and which prevent an individual from achieving what he or she values. We do so by (C) ensuring / neglecting equality of opportunity or equality of access to fundamental resources.

	(A)	(B)	(C)
①	fair	acceptable	neglecting
②	unjust	acceptable	ensuring
③	unjust	intolerable	ensuring
④	fair	intolerable	neglecting
⑤	unjust	acceptable	neglecting

모듈/유형	간접 쓰기 / 주어진 문장의 적합한 위치	오답률	65.9%
난도	★★★★	목표 풀이 시간	2분 20초

풀이 포인트 cookie가 인터넷 서버에서 웹브라우저 내부에 저장되어 사용자를 기억할 수 있게 해 주는 것에 대해 알고 있지? 필자에 따르면 이것은 긍정적인 면이 있지만 부정적인 면도 있어. 주어진 문장에 있는 연결사 However를 이용하여 글의 흐름이 어떻게 전환되는지 파악하면 이 문제는 어렵지 않게 풀 수 있을 거야.

모듈/유형	문법·어휘 / 어휘	오답률	57.5%
난도	★★★	목표 풀이 시간	1분 50초

풀이 포인트 기회의 평등을 보장해야 한다는 고전적 주장을 다룬 이 글에서 개인이 자신의 책임이 아니면서 통제할 수 없는 경우에 행복에 불평등이 존재하는 것이 부당하다고 이야기하고 있어. (A), (B), (C) 형태로 제시되는 어휘 문제는 보통 네모가 포함된 문장의 앞 또는 뒤에서 어휘 판정에 대한 단서가 위치하는 경우가 많다는 것이 풀이 포인트니까 글의 흐름에 따라 네모 주변에서 단서를 잘 찾아봐.

[5~6] 2017학년도 9월 학평 41~42번

다음 글을 읽고, 물음에 답하시오.

A new study published in *Science* reveals that people generally approve of driverless, or autonomous, cars programmed to sacrifice their passengers in order to save pedestrians, but these same people are not enthusiastic about riding in such autonomous vehicles (AVs) themselves. In six online surveys of U.S. residents conducted in 2015, researchers asked participants how they would want their AVs to behave. The scenarios involved in the surveys varied in the number of pedestrian and passenger lives that could be saved, among other factors. For example, participants were asked whether it would be more moral for AVs to sacrifice one passenger rather than kill 10 pedestrians. Survey participants said that AVs should be programmed to be utilitarian and to minimize harm to pedestrians, a position that would put the safety of those outside the vehicle ahead of the driver and passengers' safety. The same respondents, however, said they prefer to buy cars that protect them and their passengers, especially if family members are involved. This suggests that if both self-protective and utilitarian AVs were allowed on the market, few people would be willing to ride in the latter — even though they would prefer others to do so. The _____, which illustrates an ethical tension between the good of the individual and that of the public, persisted across a wide range of survey scenarios analyzed.

*utilitarian: 공리적인

5
[24212-0143]

윗글의 제목으로 가장 적절한 것은?

① Will AVs Finally End Car Accidents?
② How Driverless Cars Cause Unemployment
③ Safety Measures Required for Driverless Cars
④ Putting Safety First: A New Trend in Car Industry
⑤ The Dilemma: AVs to Save Passengers or Pedestrians?

6
[24212-0144]

윗글의 빈칸에 들어갈 말로 가장 적절한 것은?

① guilt
② inferiority
③ pessimism
④ ignorance
⑤ inconsistency

모듈/유형 복합 / 1지문 2문항(제목/빈칸) 　오답률 51.2 % / 74.5%
난도 ★★ / ★★★★★ 　목표 풀이 시간 2분 50초

풀이 포인트 **5** 제목 추론 문제에서는 자율 주행차에 대한 설문 조사에서 응답자가 탑승자의 입장이냐 보행자의 입장이냐에 따라 다른 대답을 내놓았다는 것이 풀이 포인트야. 응답자는 어떤 기준에 따라 대답을 달리했을지 글의 흐름을 따라가다 보면 응답자가 대답을 달리하는 것은 윤리적 딜레마에 닿아 있다는 것을 발견할 수 있을 거야.
6 빈칸 추론 문제에서는 자율 주행차와 관련하여 나 혹은 우리 가족의 생명을 지키는 것이 가장 중요한 원칙으로 작동하는 것인데도 글의 전개 방식을 살펴보면 입장 차에 따라서 두 가지 관점으로 글이 흘러가는 것을 확인할 수 있어. 두 가지 입장이 어떤 관계에 있는지 파악하는 것이 풀이 포인트야.

Vocabulary Check-up

1 다음 문장의 빈칸에 들어갈 말을 〈보기〉에서 찾아 쓰시오.

〈보기〉

extract incentives complications properties persist violate

(1) With time, they discovered techniques for producing materials that had _____ superior to those of the natural ones. 2022학년도 9월 모평 38번

(2) Sometimes the awareness that one is distrusted can provide the necessary _____ for self-reflection. 2020학년도 6월 모평 30번

(3) The person will tend to feel guilty when his or her own conduct _____s that principle and to disapprove of others whose behavior conflicts with it. 2015학년도 수능 22번

2 다음 네모 안에서 문맥에 맞는 낱말을 고르시오.

(1) The idea of a fish in a freshwater lake struggling to accumulate / secrete salts inside its body to mimic the ocean reminds one of the other great contradiction of the biosphere: plants are bathed in an atmosphere composed of roughly three-quarters nitrogen, yet their growth is frequently restricted by lack of nitrogen. 2018학년도 6월 모평 34번

(2) Not knowing traffic safety laws, it turns out, is actually a good thing for drivers / pedestrians . Because they do not know whether cars are supposed to stop, they act more cautiously. 2015학년도 9월 모평 37번

Grammar Check-up

1 다음 네모 안에서 어법상 알맞은 표현을 고르시오.

(1) From Dworkin's view, justice requires that a person's fate ① determine / be determined by things that are within that person's control, not by luck. According to this argument, inequality of well-being that is driven by differences in individual choices or tastes ② is / are acceptable.

(2) Real estate sites tell their visitors about new properties that have come on the market. This trick is made ① possible / possibly by cookies, small files that an Internet server stores inside individuals' web browsers so ② it / they can remember them.

2 다음 밑줄 친 부분 중, 어법상 틀린 것을 골라 바르게 고치시오.

In 1947, when the Dead Sea Scrolls were discovered, archaeologists set a finder's fee for each new document. Instead of lots of extra scrolls ① being found, they were simply torn apart to increase the reward. Similarly, in China in the nineteenth century, an incentive was offered for finding dinosaur bones. Farmers located a few on their land, broke ② them into pieces, and made a lot of money. Modern incentives are no better: Company boards promise bonuses for ③ achieved targets. What is noteworthy is, first, how quickly and radically people's behavior changes when incentives come into play, and second, the fact that people respond to the incentives themselves, and not the higher intentions behind ④ themselves.

1

2017학년도 6월 학평 21번 [24212-0145]

다음 글의 주제로 가장 적절한 것은?

How can we access the nutrients we need with less impact on the environment? The most significant component of agriculture that contributes to climate change is livestock. Globally, beef cattle and milk cattle have the most significant impact in terms of greenhouse gas emissions(GHGEs), and are responsible for 41% of the world's CO_2 emissions and 20% of the total global GHGEs. The atmospheric increases in GHGEs caused by the transport, land clearance, methane emissions, and grain cultivation associated with the livestock industry are the main drivers behind increases in global temperatures. In contrast to conventional livestock, insects as "minilivestock" are low-GHGE emitters, use minimal land, can be fed on food waste rather than cultivated grain, and can be farmed anywhere thus potentially also avoiding GHGEs caused by long distance transportation. If we increased insect consumption and decreased meat consumption worldwide, the global warming potential of the food system would be significantly reduced.

① necessity of a dietary shift toward eating insects
② effects of supply and demand on farming insects
③ importance of reducing greenhouse gas emissions
④ technological advances to prevent global warming
⑤ ways of productivity enhancement in agriculture

2

2017학년도 6월 학평 32번 [24212-0146]

다음 빈칸에 들어갈 말로 가장 적절한 것은?

Honeybees have evolved what we call "swarm intelligence," with up to 50,000 workers in a single colony coming together to make democratic decisions. When a hive gets too crowded in springtime, colonies send scouts to look for a new home. If any scouts disagree on where the colony should build its next hive, they argue their case the civilized way: through a dance-off. Each scout performs a "waggle dance" for other scouts in an attempt to convince them of their spot's merit. The more enthusiastic the dance is, the happier the scout is with his spot. The remainder of the colony _____, flying to the spot they prefer and joining in the dance until one potential hive overcomes all other dances of the neighborhood. It would be great if Congress settled their disagreements the same way.

*colony: (개미, 벌 등의) 집단, 군집

① votes with their bodies
② invades other bees' hives
③ searches for more flowers
④ shows more concern for mates
⑤ improves their communication skills

모듈/유형	대의 파악 / 주제	오답률	63.4%
난도	★★★★	목표 풀이 시간	1분 40초

풀이 포인트 대의 파악 유형, 특히 주제 문제를 풀 때 지문을 겉핥기식으로 읽으면 오답을 선택할 수 있어. 글에서 공통으로 다루고 있는 소재를 잘 살펴보고 이 글이 무엇에 관해 쓴 글인지 정확하게 찾아내는 것이 풀이 포인트야. 우리가 먹는 소고기가 기후 위기에 큰 영향을 미치고 있다니. 환경을 위해서라도 이제는 다른 먹거리를 찾아야 할 것 같아.

모듈/유형	상호 작용 / 빈칸 추론(짧은 어구)	오답률	63.2%
난도	★★★★	목표 풀이 시간	2분 10초

풀이 포인트 마지막 문장의 비유적으로 표현된 말을 이해하면 조금 더 쉽게 답을 찾을 수 있을 거야. 우리 의회에서도 의견이 불일치할 때마다 벌들과 마찬가지 방식으로 신나게 의견을 합의해 낼 수 있다면 참 재미있을 것 같아. 빈칸에 들어갈 문제를 고르기 위해서는 글의 중심 내용을 잘 따라 읽어야 한다는 것도 잊지 않았지?

Grammar Check-up
1 (1) ① quickly ② respond (2) ① bringing ② had focused
2 ② → bothering

Day 10 Week 2
본문 48~50쪽

| **1** ④ | **2** ④ | **3** ① | **4** ③ | **5** ④ | **6** ⑤ |

Daily Review
Day **10**

Vocabulary Check-up
1 (1) compromise (2) distraction (3) enthusiasm
2 (1) retain (2) attributes

Grammar Check-up
1 (1) ① that ② descended (2) ① being ② what
2 ③ → they

Week 3

Day 11 Week 3
본문 54~56쪽

| **1** ⑤ | **2** ② | **3** ⑤ | **4** ③ | **5** ① | **6** ③ |

Daily Review
Day **11**

Vocabulary Check-up
1 (1) segment (2) manipulation (3) authority
2 (1) transmit (2) ambiguity

Grammar Check-up
1 (1) ① them ② which (2) ① where ② however
2 ② → it

Day 12 Week 3
본문 58~60쪽

| **1** ① | **2** ② | **3** ③ | **4** ③ | **5** ① | **6** ② |

Daily Review
Day **12**

Vocabulary Check-up
1 (1) confront (2) distribute (3) dedicate
2 (1) suspicious (2) suppress

Grammar Check-up
1 (1) ① to move ② to provide (2) ① spent ② were
2 ① → gives

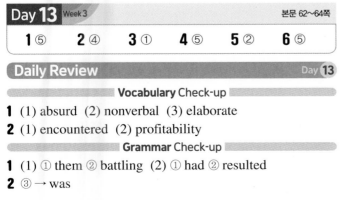

Day 13 Week 3
본문 62~64쪽

| **1** ⑤ | **2** ④ | **3** ① | **4** ⑤ | **5** ② | **6** ⑤ |

Daily Review
Day **13**

Vocabulary Check-up
1 (1) absurd (2) nonverbal (3) elaborate
2 (1) encountered (2) profitability

Grammar Check-up
1 (1) ① them ② battling (2) ① had ② resulted
2 ③ → was

Day 14 Week 3
본문 66~68쪽

| **1** ② | **2** ① | **3** ⑤ | **4** ② | **5** ① | **6** ⑤ |

Daily Review
Day **14**

Vocabulary Check-up
1 (1) genetics (2) twilight (3) outgrow
2 (1) passive (2) Vertical

Grammar Check-up
1 (1) ① highly ② cooperating (2) ① that ② relatively
2 ④ → lasting

Day 15 Week 3
본문 70~72쪽

| **1** ① | **2** ② | **3** ② | **4** ④ | **5** ④ | **6** ④ |

Daily Review
Day **15**

Vocabulary Check-up
1 (1) hypothesis (2) discern (3) breakthrough
2 (1) unprecedented (2) substitute

Grammar Check-up
1 (1) ① restricting ② connected (2) ① to imply ② clear
2 ④ → write

Week 4

Day 16 Week 4
본문 76~78쪽

| **1** ④ | **2** ② | **3** ① | **4** ② | **5** ① | **6** ② |

Daily Review
Day **16**

Vocabulary Check-up
1 (1) solitude (2) equation (3) precedent
2 (1) unemployment (2) mass

Grammar Check-up
1 (1) ① was ② to share (2) ① increasingly ② supported
2 ① → have

Day 17 Week 4
본문 80~82쪽

| **1** ① | **2** ② | **3** ④ | **4** ③ | **5** ② | **6** ① |

Daily Review
Day **17**

Vocabulary Check-up
1 (1) insert (2) radical (3) athletic
2 (1) reverses (2) internalized

Grammar Check-up
1 (1) ① Imagine ② touching (2) ① despite ② serves
2 ③ → pretending

Day 18 Week 4
본문 84~86쪽

| **1** ① | **2** ② | **3** ③ | **4** ⑤ | **5** ② | **6** ④ |

Daily Review — Day 18

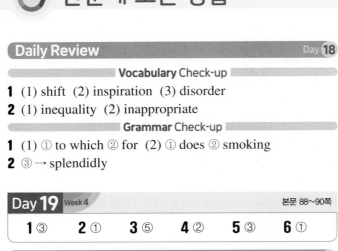

Vocabulary Check-up

1 (1) shift (2) inspiration (3) disorder
2 (1) inequality (2) inappropriate

Grammar Check-up

1 (1) ① to which ② for (2) ① does ② smoking
2 ③ → splendidly

Day 19 Week 4 본문 88~90쪽

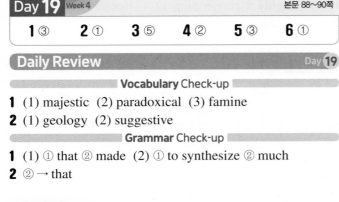

| 1 ③ | 2 ① | 3 ⑤ | 4 ② | 5 ③ | 6 ① |

Daily Review — Day 19

Vocabulary Check-up

1 (1) majestic (2) paradoxical (3) famine
2 (1) geology (2) suggestive

Grammar Check-up

1 (1) ① that ② made (2) ① to synthesize ② much
2 ② → that

Day 20 Week 4 본문 92~94쪽

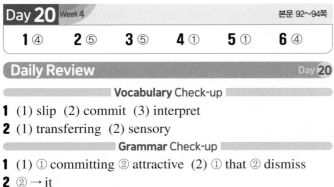

| 1 ④ | 2 ⑤ | 3 ⑤ | 4 ① | 5 ① | 6 ④ |

Daily Review — Day 20

Vocabulary Check-up

1 (1) slip (2) commit (3) interpret
2 (1) transferring (2) sensory

Grammar Check-up

1 (1) ① committing ② attractive (2) ① that ② dismiss
2 ② → it

Week 5

Day 21 Week 5 본문 98~100쪽

| 1 ① | 2 ⑤ | 3 ① | 4 ④ | 5 ⑤ | 6 ③ |

Daily Review — Day 21

Vocabulary Check-up

1 (1) operate (2) prejudice (3) procedure
2 (1) overestimate (2) substantial

Grammar Check-up

1 (1) ① are given ② thinking (2) ① Start ② is
2 ① → reduces

Day 22 Week 5 본문 102~104쪽

| 1 ② | 2 ① | 3 ⑤ | 4 ② | 5 ① | 6 ③ |

Daily Review — Day 22

Vocabulary Check-up

1 (1) artificial (2) productive (3) artifact
2 (1) reluctantly (2) emphasizes

Grammar Check-up

1 (1) ① at which ② cheaply (2) ① looking ② has
2 ④ → to produce

Day 23 Week 5 본문 106~108쪽

| 1 ⑤ | 2 ⑤ | 3 ④ | 4 ① | 5 ④ | 6 ③ |

Daily Review — Day 23

Vocabulary Check-up

1 (1) addiction (2) division (3) consumption
2 (1) stability (2) domestic

Grammar Check-up

1 (1) ① where ② with which (2) ① is ② noticeably
2 ④ → soaked

Day 24 Week 5 본문 110~112쪽

| 1 ③ | 2 ② | 3 ⑤ | 4 ② | 5 ⑤ | 6 ⑤ |

Daily Review — Day 24

Vocabulary Check-up

1 (1) properties (2) incentives (3) violate
2 (1) accumulate (2) pedestrians

Grammar Check-up

1 (1) ① be determined ② is (2) ① possible ② it
2 ④ → them

Day 25 Week 5 본문 114~116쪽

| 1 ① | 2 ① | 3 ⑤ | 4 ③ | 5 ② | 6 ④ |

Daily Review — Day 25

Vocabulary Check-up

1 (1) mechanism (2) reaction (3) nutrient
2 (1) cultivation (2) accidentally

Grammar Check-up

1 (1) ① had ② do (2) ① at which ② stable
2 ① → is

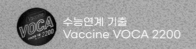
수능연계 기출
Vaccine VOCA 2200

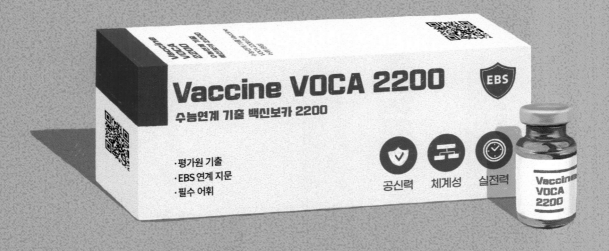

○ **수능 영단어장의 끝판왕!**
10개년 수능 빈출 어휘 + 7개년 연계교재 핵심 어휘

○ **수능 적중 어휘 자동암기 3종 세트 제공**
휴대용 포켓 단어장 / 표제어 & 예문 MP3 파일 / 수능형 어휘 문항 실전 테스트

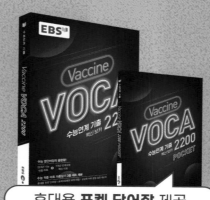

휴대용 **포켓 단어장** 제공

EBS

하루 6개
1등급
영어독해

전국연합학력평가 기출

 문제를 사진 찍고
해설 강의 보기
Google Play | App Store

 EBS*i* 사이트
무료 강의 제공

고2

정답과 해설

 '한눈에 보는 정답' 보기
& 정답과 해설 다운로드

하루 6개 1등급 영어독해

전국연합학력평가 기출 **고2**

정답과 해설

Week 1 Word Preview

Day 1
월   일

☐ twig 잔가지	☐ disciplinary 학문의, 교과의	☐ boundary 경계
☐ recovery 복구, 회복	☐ irrational 비합리적인	☐ compassion 동정심, 연민
☐ sensitivity 민감성, 예민함	☐ solar 태양의	☐ manipulate 조작하다, 조정하다
☐ compound 화합물, 혼합물	☐ Mediterranean 지중해의	☐ incidence 발생 정도, 영향 범위
☐ grain 곡물	☐ quota 할당량, 한도, 몫	☐ subsidy 보조금

Day 2
월   일

☐ assume 가정[추정]하다, 떠맡다	☐ competitor 경쟁자, (시합) 참가자	☐ conceive 고안[착안]하다, 생각하다
☐ assert 발휘하다, 주장하다	☐ negotiate 협상하다	☐ emotive 감정을 나타내는[자극하는]
☐ tolerance 내성, 관용	☐ ecologist 생태학자	☐ discharge 방출하다; 성분
☐ interference 간섭	☐ dimension 차원	☐ invert 뒤바꾸다
☐ consistency 일관성	☐ virtue 장점, 미덕	☐ forecast 예측하다

Day 3
월   일

☐ clarity 명확성, 명료성	☐ transparency 투명성	☐ assess 평가하다
☐ optimal 최적의	☐ statement 진술, 성명, 서술	☐ exception 예외
☐ insufficiently 불충분하게	☐ undermine 손상시키다, 약화시키다	☐ reliability 신뢰성, 신빙성
☐ distort 왜곡하다, 비틀다	☐ conviction 유죄 판결	☐ antinutrient 항영양소
☐ fragile 연약한, 부서지기 쉬운	☐ optical 시각의	☐ illuminate 비추다, 밝히다

Day 4
월   일

☐ hygiene 위생	☐ overshadow 가리다, 그늘을 드리우다	☐ pharmaceutical 제약의
☐ attainable 달성 가능한	☐ self-esteem 자존감	☐ imply 암시하다
☐ incompetence 무능함, 무능력	☐ argument 주장, 논쟁	☐ foster 기르다, 조성하다
☐ convince 설득하다	☐ specialization 전문화	☐ mastery 숙달
☐ subsequently 후속적으로, 그 뒤에	☐ obligated 의무가 있는	☐ priority 우선, 우선 사항

Day 5
월   일

☐ exceptional 뛰어난	☐ delicate 미묘한, 연약한, 섬세한	☐ profession 직업, 전문직
☐ practitioner 종사하는 사람	☐ clergy 성직자	☐ revenue 수익, 수입
☐ capitalism 자본주의	☐ allocate 분배하다, 할당하다	☐ involvement 개입
☐ enforcement 집행	☐ treasury 재무 기관	☐ poke 찌르다
☐ emit 방출하다	☐ institution 기관, 제도	☐ awareness 인식, 의식

1

정답 ④

소재 공통 언어 사용을 통한 교육 과정 통합

직독직해

Education must focus on / the trunk of the tree of
교육은 초점을 맞춰야 한다 /　　　　지식의 나무줄기에 /
→~에 초점을 맞추다

knowledge, / revealing the ways / [in which the branches,
방식을 밝히면서 /　　　　나뭇가지, 잔가지, 잎이 모두 나오는 /
관계절

twigs, and leaves all emerge / {from a common core}]. //
　　　　　　　　　　　　공통의 핵심에서 //
전치사구

Tools for thinking / stem from this core, / providing a
사고를 위한 도구는 /　이 핵심에서 비롯된다 /　공통 언어를 제공하

common language / [with which practitioners in different
면서 /　　　　다양한 분야의 실무자들이 /
관계절

fields / may {share their experience of the process of
혁신 과정에 대한 경험을 공유할 수 있고 /

innovation} / and {discover links / between their creative
그리고 연결 고리를 발견할 수 있는 / 그들의 창의적 활동 사이의 //
대등한 연결

activities}]. // [When the same terms are employed / across
동일한 용어가 사용될 때 /　　　　교육 과정
부사절(시간)

the curriculum], / students begin to link different subjects
전반에 걸쳐 /　　　학생들은 서로 다른 과목들과 수업을 연결하기 시작한다 //

and classes. // [If they practice abstracting in writing class], /
글쓰기 수업에서 추상을 연습하고 /
대등한 연결

[if they work on abstracting / in painting or drawing class], /
추상을 연습하고 /　　　　회화나 그림 그리기 수업에서 /

and [if, in all cases, / they call it abstracting], / they
그리고 모든 경우에 /　그들이 그것을 추상이라고 일컫는다면 /　그들은

begin to understand / [how to think beyond disciplinary
이해하기 시작한다 /　학문의 경계를 넘어 사고하는 방법을 //
→understand의 목적어

boundaries]. // They see / [how to transform their thoughts /
그들은 알게 된다 / 그들의 생각을 바꾸는 방법을 /
→see의 목적어

from one mode of conception and expression to another]. //
하나의 개념과 표현 방식에서 다른 방식으로 //
→from ~ to ...: ~에서 ...으로

[Linking the disciplines] comes naturally / [when the
학문들을 연결하는 것은 자연스럽게 이루어진다 /　　용어들과 도구들이
→동명사구(주어)　　　　　　　　　　　　　　부사절(시간)

terms and tools are presented / as part of a universal
제시될 때 /　　　　　보편적 상상력의 일부로 //
수동태

imagination]. //

전문 해석 교육은 나뭇가지, 잔가지, 잎이 모두 공통의 핵심에서 나오는 방식을 밝히면서, 지식의 나무줄기에 초점을 맞춰야 한다. 다양한 분야의 실무자들이 혁신 과정에 대한 경험을 공유할 수 있고 그들의 창의적 활동 사이의 연결 고리를 발견할 수 있는 공통 언어를 제공하면서, 사고를 위한 도구는 이 핵심에서 비롯된다. 교육 과정 전반에 걸쳐 동일한 용어가 사용될 때, 학생들은 서로 다른 과목들과 수업을 연결하기 시작한다. 글쓰기 수업에서 추상을 연습하고, 회화나 그림 그리기 수업에서 추상을 연습하고, 그리고 모든 경우에 그들이 그것을 추상이라고 일컫는다면, 그들은 학문의 경계를 넘어 사고하는 방법을 이해하기 시작한다. 그들은 그들의 생각을 하나의 개념과 표현 방식에서 다른 방식으로 바꾸는 방법을 알게 된다. 용어들과 도구들이 보편적 상상력의 일부로 제시될 때 학문들을 연결하는 것은 자연스럽게 이루어진다.

해설 교육이 지식의 나무줄기에 초점을 맞추고 교육 과정 전반에 걸쳐 동일한 공통 언어가 사용되어야 학생들이 학문의 경계를 넘어서서 학문들을 연결하는 방법을 배우게 된다는 내용의 글이므로, 글의 주제로 가장 적절한 것은 ④ '교육 과정을 통합하기 위한 공통 언어 사용의 필요성'이다.

오답분석

오답선지	선택비율
① 학문 분야 간의 의미 있는 연결을 찾는 데 있어서의 어려움	11.6%
② 공통 언어를 다양한 분야에 적용하는 것의 단점	10.8%
③ 교육 과정을 다양화하는 것이 학생들의 창의력에 미치는 영향	29.5%
⑤ 추상적인 생각을 구체적인 표현으로 바꾸는 것의 유용성	14.7%

③번은 share their experience of the process of innovation과 discover links between their creative activities 등을 보고 글의 초점이 혁신이나 창의성에 있다고 잘못 판단했기 때문이야. 하지만 이는 결과일 뿐이지 결국에는 공통 언어(common language)가 중요하다는 것이 글의 요지라는 것을 기억해!

2

정답 ③

소재 무능함에 지불되는 더 많은 비용

직독직해

It's hard / [to pay more / for the speedy but highly
~은 어렵다 /　더 많은 돈을 지불하기는 /　빠르지만 고도로 숙련된 사람에게 /
→형식상의 주어　→내용상의 주어(to부정사구)

skilled person], / simply because there's less effort / [being
　　　　　　그 이유는 단순히 노력이 적기 때문이다 /　　관찰되는 //
→there is　　　　　　　　　　　　　　　　　분사구
관계절

observed]. // Two researchers once did a study / [in which
두 명의 연구원이 연구를 한 적이 있다 /　　얼마를 지불할

they asked people {how much they would pay / for data
것인지를 사람들에게 묻는 /　　　　　　　　데이터 복구
→명사절(asked의 직접목적어)

recovery}]. // They found / [that people would pay a little
에 // 그들은 발견했다 /　사람들이 조금 더 많은 돈을 지불할 것이라는
→명사절(found의 목적어)

more / for a greater quantity of rescued data], / but [what
것을 /　더 많은 양의 복구된 데이터에 대해 /　　하지만 사람들이
명사절(주어)

they were most sensitive to] / was the number of hours / [the
가장 민감하게 여기는 것은 /　　시간이었다 /　　기술
관계절

technician worked]. // [When the data recovery took only
자가 일한 //　　　데이터 복구에 몇 분밖에 걸리지 않았을 때 /
부사절(시간)

a few minutes], / willingness to pay was low, / but [when
지불 의사가 낮았다 /　　　하지만 일주일
부사절(시간)

it took more than a week / to recover the same amount of
이상이 걸렸을 때 /　　같은 양의 데이터를 복구하는 데 /

data], / people were willing to pay much more. // Think
　　(사람들은) 훨씬 더 많은 비용을 지불할 의사가 있었다 //　생각해

about it: / They were willing to pay more / for the slower
기꺼이 ~하다
보라 / 그들은 더 많은 비용을 기꺼이 지불하고자 했다 / 더 느린 서비스에 /

service / [with the same outcome]. // Fundamentally, /
전치사구
같은 결과에 대해 // 근본적으로 /

[when we value effort over outcome], / we're paying for
부사절(시간)
우리가 결과보다 노력을 중시할 때 / 우리는 무능함에 비용을

incompetence. // [Although it is actually irrational], / we
부사절(양보)
지불하는 것이다 // 비록 그것이 실제로는 비합리적이지만 / 우리
대등한 연결

feel [more rational], and [more comfortable], / paying for
는 더 이성적이고, 그리고 더 편하다고 '느낀다' / 무능함에 지불하

incompetence. //
면서 //

전문 해석 빠르지만 고도로 숙련된 사람에게 더 많은 돈을 지불하기는 어려운 데, 그 이유는 단순히 관찰되는 노력이 적기 때문이다. 두 명의 연구원이 사람들에게 데이터 복구에 얼마를 지불할 것인지를 묻는 연구를 한 적이 있다. 그들은 사람들이 더 많은 양의 복구된 데이터에 대해 조금 더 많은 돈을 지불할 것이라는 것을 발견했지만, 사람들이 가장 민감하게 여기는 것은 기술자가 일한 시간이었다. 데이터 복구에 몇 분밖에 걸리지 않았을 때, 지불 의사가 낮았지만, 같은 양의 데이터를 복구하는 데 일주일 이상이 걸렸을 때, 훨씬 더 많은 비용을 지불할 의사가 있었다. 생각해 보라. 그들은 같은 결과에 대해 더 느린 서비스에 더 많은 비용을 기꺼이 지불하고자 했다. 근본적으로, 우리가 결과보다 노력을 중시할 때, 우리는 무능함에 비용을 지불하는 것이다. 비록 그것이 실제로는 비합리적이지만, 우리는 무능함에 지불하면서, 더 이성적이고, 더 편하다고 '느낀다.'

해설 고도로 숙련된 사람들은 일을 빠르게 끝내기 때문에 우리가 많은 돈을 지불하기가 어려운 반면, 단순히 겉으로 보이는 시간이 길면 더 많은 돈을 지불하게 되는데, 이는 결국 시간이 오래 걸리는, 즉 더 능력이 떨어지는 사람에게 돈을 더 많이 지불하게 된다는 것이다. 이는 그 사람의 결과물이 아니라 일을 끝내기 위해 투자한 시간, 즉 얼마나 많은 노력을 했느냐에 초점을 맞춘다는 내용이므로, 빈칸에 들어갈 말로 가장 적절한 것은 ③이다.

오답분석

오답선지	선택비율
① 시간보다 돈을 선호할	20.4%
② 투입된 시간을 무시할	18.6%
④ 어떤 오작동도 참을 수 없을	11.4%
⑤ 품질에 편향되어 있을	12.2%

①번은 이 글의 내용에 서비스 시간이 많이 걸리는 것은 기술자의 무능함에서 기인한 것이라는 설명이 포함되어 있기 때문에, 돈을 지불하는 기준이 시간이 되어서는 안 된다고 잘못 생각해서 선택한 거야. 하지만 글에는 돈을 선호한다는 내용이 없을 뿐만 아니라 돈은 무능함과 아무런 관계가 없기 때문에 빈칸에 들어갈 말로 적절하진 않아.

3

정답 ⑤

소재 대중적인 사고의 단점

직독직해

Many people look for safety and security / in popular
~을 찾다
많은 사람이 안전과 안심을 찾는다 / 대중적인 사고

thinking. // They figure / [that {if a lot of people are
명사절(figure의 목적어) 부사절(조건)
에서 // 그들은 생각한다 / 만약 많은 사람이 무언가를 하고 있다면
something

doing something}, / then it must be right]. // It must be a
그것은 틀림없이 옳을 것으로 // 그것은 좋은 생각임

good idea. // [If most people accept it], / then it probably
부사절(조건)
이 틀림없다 // 만약 대부분의 사람들이 그것을 받아들인다면 / 그렇다면 그것은 아마도

represents / fairness, equality, compassion, and sensitivity, /
상징할 것이다 공정함, 평등함, 동정심, 그리고 민감성을 /

right? // Not necessarily. // Popular thinking said / [(that)
명사절(said의 목적어): 접속사 that 생략
그러한가 / 꼭 그렇다고 할 수는 없다 // 대중적인 사고는 말했다 / 지구가

the earth was the center of the universe], / yet Copernicus
우주의 중심이라고 / 하지만 Copernicus는
대등한 연결

[studied the stars and planets] / and [proved mathematically /
명사절(proved의 목적어)
별과 행성을 연구했다 / 그리고 수학적으로 증명했다 /

{that the earth and the other planets in our solar system /
지구와 태양계의 다른 행성들이 /

revolved around the sun}]. // Popular thinking said / [(that)
명사절(said의 목적어): 접속사 that 생략
태양 주위를 돈다는 것을 // 대중적인 사고는 말했다 / 수술이

surgery didn't require clean instruments], / yet Joseph
깨끗한 도구를 필요로 하지 않는다고 / 그러나 Joseph
대등한 연결

Lister [studied the high death rates / in hospitals] / and
Lister는 높은 사망률을 연구했다 / 병원에서의 / 그리고
관계절

[introduced antiseptic practices / {that immediately saved
멸균법을 소개했다 / 즉시 생명을 구하는 /
명사절(said의 목적어)

lives}]. // Popular thinking said / [that women shouldn't
대중적인 사고는 말했다 / 여성들이 투표권을 가져서는 안 된다고 /
(예를 들어) ~ 같은

have the right to vote], / yet people like Emmeline
그러나 Emmeline Pankhurst와 Susan B.

Pankhurst and Susan B. Anthony / fought for and won that
Anthony 같은 사람들은 / 그 권리를 위해 싸웠고 쟁취했다 /
명사절(remember의 목적어): 접속사 that 생략

right. // We must always remember / [(that) there is a huge
우리는 항상 기억해야 한다 / 큰 차이가 있다는 것을 /

difference / between acceptance and intelligence]. // People
수용과 지성 사이에 // 사람들은
명사절(say의 목적어) there's safety in numbers

may say / [that there's safety in numbers], / but that's not
말할지도 모른다 / 수가 많은 편이 더 안전하다고 / 그러나 그것이 항상

always true. //
사실인 것은 아니다 //

전문 해석 많은 사람이 대중적인 사고에서 안전과 안심을 찾는다. 그들은 만약 많은 사람이 무언가를 하고 있다면, 그것은 틀림없이 옳을 것으로 생각한다. 그것은 좋은 생각임이 틀림없다. 만약 대부분의 사람들이 그것을 받아들인다면, 그것은 아마도 공정함, 평등함, 동정심, 그리고 민감성을 상징할 것이다. 그러한가? 꼭 그렇다고 할 수는 없다. 대중적인 사고는 지구가 우주의 중심이라고 했지만, Copernicus는 별과 행성을 연구했고 지구와 태양계의 다른 행성들이 태양 주위를 돈다는 것을 수학적으로 증명했다. 대중적인 사고는 수술이 깨끗한 도구를 필요로 하지 않는다고 말했지만, Joseph Lister는 병원에서의 높은 사망률을 연구했고 즉시 생명을 구하는 멸균법을 소개했다. 대중적인 사고는 여성들이 투표권을 가져서는 안 된다고 했지만, Emmeline Pankhurst와 Susan B. Anthony 같은 사람들은 그 권리를 위해 싸웠고 쟁취했다. 우리는 항상 수용과 지성 사이에 큰 차이가 있다는 것을 기억해야 한다. 사람들은 수가 많은 편이 더 안전하다고 말할지도 모르지만, 그것이 항상 사실인 것은 아니다.

해설 사람들은 대중적인 사고가 안전하고 옳은 것이라고 생각하지만, 반드시 그런 것은 아니라고 하면서 대중적인 사고가 틀렸던 사례를 소개하는 내용의 글이다. 즉, 다른 사람들이 그렇게 생각하니 자신도 받아들이는 경우가 많긴 하지만, 꼭 그것이 옳다는 것을 보장하지는 않는다는 내용이므로, 빈칸에 들어갈 말로 가장 적절한 것은 ⑤이다.

오답분석

오답선지	선택비율
① 다수결 원칙은 공정성에 근거해야 한다는 것	17.0%
② 군중은 일반적으로 올바른 방향으로 가고 있다는 것	15.7%
③ 지도자와 추종자의 역할은 언제든지 바뀔 수 있다는 것	19.1%
④ 사람들은 자기 주변의 다른 사람들과 다른 방식으로 행동한다는 것	22.0%

④번은 이 글에 언급된 사례들이 단순히 대중들의 생각과는 다르게 생각했던 사람들도 있었다고 잘못 생각하고 고른 거야. 하지만 이 글은 대중들의 생각과는 다른 것이 실제로는 사실이었다는 것이지 단순하게 행동 방식이 다른 사람들이 있다는 내용은 아니야.

4

정답 ④

소재 조작과 통제라는 실험의 본질

직독직해

The fundamental nature [of the experimental method] /
실험 방법의 근본적인 본질은 /

is manipulation and control. // Scientists [manipulate a
조작과 통제이다 // 과학자들은 관심 변인을 조작한다 /

variable of interest], / and [see {if there's a difference}]. //
그리고 차이가 있는지 확인한다 //

At the same time, / they attempt to control / for the potential
동시에 / 그들은 통제하려고 시도한다 / 다른 모든 변인의 잠재적

effects [of all other variables]. // The importance of controlled
영향을 // 통제된 실험의 중요성은 /

experiments / [in identifying the underlying causes of events] /
실험 / 사건의 근본적인 원인을 식별하는 데 있어 /

cannot be overstated. // [In the real-uncontrolled-world], /
아무리 강조해도 지나치지 않다 // 현실의 통제되지 않은 세계에서 /

variables are often correlated. // For example, / people /
변인들은 종종 상관관계가 있다 // 예를 들어 / 사람들은 /

[who take vitamin supplements] / may have different
비타민 보충제를 섭취하는 / 다른 식습관과 운동 습관을 지닐

eating and exercise habits / than people [who don't take
수 있다 / 비타민을 섭취하지 않는 사람들과는 //

vitamins]. // As a result, / [if we want to study / the health
그 결과 / 만약 우리가 연구하고 싶다면 / 비타민이 건강에

effects of vitamins], / we can't merely observe the real
미치는 효과를 / 우리는 단지 현실 세계만 관찰할 수 없다 /

world, / [since any of these factors (the vitamins, diet, or
왜냐하면 이러한 요소(비타민, 식단, 또는 운동) 중 어느 것이든 건강에 영향을

exercise) may affect health]. // Rather, / we have to create a
미칠 수 있기 때문이다 // 오히려 / 우리는 상황을 만들어야 한다 /

situation / [that doesn't actually occur in the real world]. //
현실 세계에서 실제로 일어나지 않는 //

That's just [what scientific experiments do]. // They try
그것이 바로 과학 실험이 하는 일이다 // 그것들은 자연

to separate the naturally occurring relationship / [in the
적으로 발생하는 관계를 분리하려고 애쓴다 / 세상에서 /

world] / by manipulating one specific variable / at a time, /
하나의 특정 변인을 조작하여 / 한 번에 /

while holding everything else constant. //
그 밖의 다른 모든 것을 일정하게 유지하면서 //

전문 해석 실험 방법의 근본적인 본질은 조작과 통제이다. 과학자들은 관심 변인을 조작하고, 차이가 있는지 확인한다. 동시에, 다른 모든 변인의 잠재적 영향을 통제하려고 시도한다. 사건의 근본적인 원인을 식별하는 데 있어 통제된 실험의 중요성은 아무리 강조해도 지나치지 않다. 현실의 통제되지 않은 세계에서, 변인들은 종종 상관관계가 있다. 예를 들어, 비타민 보충제를 섭취하는 사람들은 비타민을 섭취하지 않는 사람들과는 다른 식습관과 운동 습관을 지닐 수 있다. 그 결과, 만약 우리가 비타민이 건강에 미치는 효과를 연구하고 싶다면, 우리는 단지 현실 세계만 관찰할 수 없는데, 왜냐하면 이러한 요소(비타민, 식단, 또는 운동) 중 어느 것이든 건강에 영향을 미칠 수 있기 때문이다. 오히려, 우리는 현실 세계에서 실제로 일어나지 않는 상황을 만들어야 한다. 그것이 바로 과학 실험이 하는 일이다. 그것들은 그 밖의 다른 모든 것을 일정하게 유지하면서, 한 번에 하나의 특정 변인을 조작하여 세상에서 자연적으로 발생하는 관계를 분리하려고 애쓴다.

해설 주어진 문장은 변인의 통제가 쉽지 않기 때문에 현실 세계에서 일어나지 않는 상황을 만들어야 한다는 것이다. 이에 이 문장 바로 앞에는 비타민이 건강에 미치는 효과에 대한 연구에서처럼 현실에서 변인 통제가 어렵다는 내용의 문장이 있어야 하고, 바로 뒤에는 그런 상황을 만드는 것이 결국 과학 실험이 하는 일이라고 언급하는 문장이 이어져야 한다. 따라서 주어진 문장이 들어가기에 가장 적절한 곳은 ④이다.

오답분석

오답선지	①	②	③	⑤
선택비율	9.1%	18.0%	18.9%	8.8%

글의 흐름을 정확하게 이해하지 못한 학생들이 ②번과 ③번을 많이 선택한 것으로 보여. 이 문제를 푸는 핵심은 주어진 문장에서 a situation that doesn't actually occur in the real world가 말하는 대상이 무엇인지를 파악하는 것인데, 그것이 바로 scientific experiments인 거야. 게다가 Rather로 시작되는 주어진 문장은 변인 통제가 어려운 이유를 설명하는 예시 문장의 전후에는 오면 안 돼!

5

정답 ③

소재 지중해 지역 사람들의 낮은 질병 발생률

직독직해

Why do people in the Mediterranean / [live longer] / and
왜 지중해 지역의 사람들은 / 더 오래 살고 / 그리고

[have a lower incidence of disease]? // Some people say /
질병 발생률이 더 낮을까 // 몇몇 사람들은 말한다 /

[(that) it's because of what they eat]. // Their diet is full
→ 명사절(say의 목적어): 접속사 that 생략 | ~로 가득하다
그것이 그들이 먹는 것 때문이라고 | 그들의 식단은 가득하다 /

of / fresh fruits, fish, vegetables, whole grains, and nuts. //
신선한 과일, 생선, 채소, 통곡물, 그리고 견과류로 //
전치사구

Individuals [in these cultures] / [drink red wine] / and
이러한 문화권의 사람들은 / 적포도주를 마신다 / 그리고
대등한 연결

[use great amounts of olive oil]. // Why is that food
많은 양의 올리브유를 사용한다 // 왜 그러한 음식 패턴이 건강에
명사절(is의 보어)

pattern healthy? // One reason is / [that they are eating a
좋은가 // 한 가지 이유는 ~때문이다 / 그들이 다양한 색깔을 먹고 있기

palette of colors]. // More and more research is surfacing /
점점 더 많은 연구가 표면화되고 있다 /
관계절

[that shows us the benefits of the thousands of colorful
수천 가지의 다채로운 '생화학 물질'(phyto=식물)의 이점을 보여 주는 /
관계절

"phytochemicals" (phyto=plant) / {that exist in foods}]. //
식품에 존재하는 //

These healthful, non-nutritive compounds in plants /
식물에 있는 건강에 좋고, 영양가 없는 이 화합물들은 /
대등한 연결

[provide color and function / to the plant] / and [add to
색과 기능을 제공한다 / 식물에 / 그리고 인체의 건강

the health of the human body]. // Each color connects to a
에 보탬이 된다 // 각각의 색깔은 특정 화합물과 연결된다 /
관계절

particular compound / [that serves a specific function in the
몸에서 특정 기능을 하는 //

body]. // For example, / [if you don't eat purple foods], /
예를 들어 / 만약 당신이 보라색 음식을 먹지 않는다면 /
부사절(조건)

you are probably missing out on anthocyanins, [important
당신은 안토시아닌을 아마도 놓치고 있는 것이다 | 중요한 뇌 보호
~을 놓치다 | 동격

brain protection compounds]. // Similarly, / [if you avoid
화합물인 // 그와 유사하게 / 만약 당신이 녹색
부사절(조건)

green-colored foods], / you may be lacking chlorophyll, /
음식을 피한다면 / 엽록소가 부족할 수도 있다 /
동격

[a plant antioxidant] / {that guards your cells from damage}]. //
식물 산화 방지제인 / 세포가 손상되는 것을 막아 주는 //
관계절

전문 해석 왜 지중해 지역의 사람들은 더 오래 살고 질병 발생률이 더 낮을까? 몇몇 사람들은 그것이 그들이 먹는 것 때문이라고 말한다. 그들의 식단은 신선한 과일, 생선, 채소, 통곡물, 견과류로 가득하다. 이러한 문화권의 사람들은 적포도주를 마시고 많은 양의 올리브유를 사용한다. 왜 그러한 음식 패턴이 건강에 좋은가? 한 가지 이유는 그들이 다양한 색깔을 먹고 있기 때문이다. 식품에 존재하는 수천 가지의 다채로운 '생화학 물질'('phyto'=식물)의 이점을 보여 주는 점점 더 많은 연구가 표면화되고 있다. 식물에 있는 건강에 좋고, 영양가 없는 이 화합물들은 식물에 색과 기능을 제공하고 인체의 건강에 보탬이 된다. 각각의 색깔은 몸에서 특정 기능을 하는 특정 화합물과 연결된다. 예를 들어, 만약 당신이 보라색 음식을 먹지 않는다면, 당신은 중요한 뇌 보호 화합물인 안토시아닌을 아마도 놓치고 있는 것이다. 그와 유사하게, 만약 당신이 녹색 음식을 피한다면, 세포가 손상되는 것을 막아 주는 식물 산화 방지제인 엽록소가 부족할 수도 있다.

해설 주어진 문장은 식물에 있는 건강에 좋지만 영양가 없는 이 화합물이 건강에 도움이 된다고 설명한다. 이에 이 문장 바로 앞에는 이 화합물을 지칭하는 '생화학 물질'을 언급하면서 이것의 이점을 보여 주는 많은 연구들이 나오고 있다는 내용의 문장이 있어야 하고, 바로 뒤에는 이 화합물들이 건강에 어떻게 보탬이 되는지를 언급하는 문장

이 이어져야 한다. 따라서 주어진 문장이 들어가기에 가장 적절한 곳은 ③이다.

오답분석

오답선지	①	②	④	⑤
선택비율	6.1%	11.3%	34.6%	11.1%

④번은 뒤에 주어진 문장과 관련된 예시(For example)가 왔기 때문에 많은 학생이 선택한 것으로 보여. 하지만 ③번과 ④번 사이의 문장이 각 색깔이 특정 기능을 하는 특정 화합물과 연결된다고 했는데 ④번 뒤의 문장은 이에 대한 예시야. 오히려 주어진 문장은 ③번 앞에 있는 문장에 대한 구체적인 설명이니 ③이 더 적절한 위치가 되는 거야!

6

정답 ③

소재 비관세 무역 조치의 부작용

직독직해

Over the past several decades, / there have been some
지난 수십 년 동안 / 몇 가지 합의가 있었다 /
→to부정사구(~하기 위한)

agreements / [to reduce the debt of poor nations], / but
가난한 나라들의 부채를 줄이기 위한 / 그러나
→ (예를 들어) ~ 같은

other economic challenges (like trade barriers) / remain. //
다른 경제적 과제(무역 장벽과 같은)는 / 남아 있다 //
→ (예를 들어) ~ 같은

Nontariff trade measures, / such as quotas, subsidies, and
비관세 무역 조치가 / 할당제, 보조금, 수출 제한과 같은 /

restrictions on exports, / are increasingly prevalent / and
점점 더 널리 퍼지고 있으며 / 그리고
분사구 | ~과 무관하다

may be enacted / for policy reasons [having nothing to do
제정될 수 있다 / 무역과 무관한 정책적 이유로 //

with trade]. // However, / they have a discriminatory effect /
그러나 / 그것들은 차별적인 효과를 가진다 /
관계절

on exports from countries / [that lack the resources / to
국가들의 수출에 / 자원이 부족한 /
분사구

comply with requirements of nontariff measures / {imposed
비관세 조치의 요건을 준수할 / 부유한 국가

by rich nations}]. // For example, / the huge subsidies /
들에 의해 부과된 // 예를 들어 / 막대한 보조금은 /
관계절 | 형식상의 목적어

[that rich nations give to their farmers] / make it very
부유한 국가들이 자국의 농부들에게 주는 / 매우 어렵게 만든다 /
→ to부정사구의 의미상의 주어 | 내용상의 목적어

difficult / for farmers in the rest of the world / [to compete
전 세계 나머지 국가들의 농부들이 / 그들과 경쟁하는

with them]. // Another example would be domestic health
것을 // 또 다른 예는 국내 보건 또는 안전 규제인데
관계절(domestic ~ regulations 부연 설명)

or safety regulations, / [which, {though not specifically
이것은 구체적으로 수입을 목표로 삼진 않지만
접속사(though)를 | impose ~ on ...: ~을 …에 부과하다
생략하지 않은 분사구문

targeting imports}, / could impose significant costs /
상당한 비용을 부과할 수 있다 /
분사구 | ~에 순응하다

on foreign manufacturers / {seeking to conform to the
외국 제조업체에 / 수입자 시장에 순응하고자 하는

importer's market}]. // Industries in developing markets /
개발 도상국 시장의 산업은 /

→ have difficulty -ing: ~하는 데 어려움을 겪다

may have more difficulty / absorbing these additional
더 많은 어려움을 겪을 수 있다 /   이러한 추가 비용을 부담하는 데 //

costs. //

전문 해석 지난 수십 년 동안, 가난한 나라들의 부채를 줄이기 위한 몇 가지 합의가 있었지만, 다른 경제적 과제(무역 장벽과 같은)는 남아 있다. 할당제, 보조금, 수출 제한과 같은 비관세 무역 조치가 점점 더 널리 퍼지고 있으며 무역과 무관한 정책적 이유로 제정될 수 있다. 그러나 그것들은 부유한 국가들에 의해 부과된 비관세 조치의 요건을 준수할 자원이 부족한 국가들의 수출에 차별적인 효과를 가진다. 예를 들어, 가난한(→ 부유한) 국가들이 자국의 농부들에게 주는 막대한 보조금은 전 세계 나머지 국가들의 농부들이 그들과 경쟁하는 것을 매우 어렵게 만든다. 또 다른 예는 국내 보건 또는 안전 규제인데, 이것은, 구체적으로 수입을 목표로 삼진 않지만, 수입자 시장에 순응하고자 하는 외국 제조업체에 상당한 비용을 부과할 수 있다. 개발 도상국 시장의 산업은 이러한 추가 비용을 부담하는 데 더 많은 어려움을 겪을 수 있다.

해설 보조금, 수출 제한과 같은 부유한 국가들의 무역 조치가 자원이 부족한 국가나 개발 도상국을 불리하게 만들 수 있다는 내용의 글이다. 나머지 국가들의 농부들이 경쟁하기 어렵게 만드는 것은 가난한 국가가 아닌 부유한 국가들이 자국의 농부들에게 주는 막대한 보조금이므로, ③의 poor를 rich와 같은 낱말로 바꾸어야 한다.

오답분석

오답선지	① 남아 있다	② 차별적인	④ 부과하다	⑤ 어려움
선택비율	5.5%	16.3%	27.1%	14.6%

④번은 나머지 선택지에 비해 어려운 단어인 데다가 접두사 im을 반의어 접두사로 착각해서 선택한 학생들이 많았던 것으로 보여. 부유한 국가들에 의해 비관세 조치들이 부과되었듯이 국내 보건 및 안전 규제에서도 상당한 비용을 외국 제조업체에 부과할 수 있다는 내용이기 때문에 impose는 자연스럽게 사용된 거야. 어휘 문항 역시 전체적인 내용에 대한 이해가 선행되어야 함을 꼭 기억해!

Daily Review   Day ①

Vocabulary Check-up

1 (1) manipulate (2) recovery (3) compassion
2 (1) irrational (2) sensitivity

1 (1) manipulate / 이 말로써 내가 의미하는 것은 얼굴 근육을 조종하는 두 가지 서로 다른 신경 체계가 우리에게 있다는 것이다.

(2) recovery / 따라서 질병, 질병을 일으켰을지도 모르는 행동, 그리고 질병으로부터의 회복은 전체 원시 사회에 매우 중요하다.

(3) compassion / 내 친구는 그녀의 가련한 이야기를 보고 듣고 있었기에, 그녀는 그 괴로워하는 엄마에 대한 동정하는 마음이 생겼다.

2 (1) irrational / 진화적 성공의 관점에서 고려해 볼 때, 사람들이 하는 비이성적인 것처럼 보이는 선택들 중 많은 것들이 결국에는 그다지 어리석어 보이지 않는다.

(2) sensitivity / 자신의 직관력을 따르는 자유를 자기 자신에게 줌으로써, 마음의 목소리에 대한 감성을 계발하게 된다.

Grammar Check-up

1 (1) ① stem ② with which (2) ① difficult ② them
2 ④ → paying

1 (1) ① stem: Tools가 주어의 핵이므로 복수 동사 stem이 적절하다.
② with which: 선행사가 a common language이고 뒤에 이어지는 문장이 주어, 목적어가 있는 완전한 절이므로 with which가 어법상 적절하다.

(2) ① difficult: 동사 make의 목적격보어로 형용사가 와야 하므로 difficult가 어법상 적절하다.
② them: compete의 주체인 farmers in the rest of the world가 farmers of rich nations와 경쟁한다는 의미이므로 them이 어법상 적절하다.

2 ④ 주절(we feel ~ comfortable)에 동사가 이미 있기 때문에 동사가 또 올 수 없고 분사구문으로 연결해야 하므로 paying으로 고쳐야 한다.

1

정답 ③

소재 유연한 사고로 완벽주의 극복

직독직해

사역동사+목(the perfect)+목·보(become)
has heard
Everyone's heard the expression / *don't let the perfect*
누구라도 표현을 들어 본 적이 있다 / '완벽함이 좋음의 적이 되게 내버
become the enemy of the good. // [If you want to get over an
려 두지 말라' // 부사절(조건) 여러분이 장애물을 극복하고 싶다면
so that ~ can: ~할 수 있도록
obstacle / so that your idea can become / the solution-based
자기 아이디어가 될 수 있도록 / 해결을 기반으로 한 방책이
관계절
policy / {you've long dreamed of}], / you can't have /
자신이 오랫동안 꿈꿔 왔던 / 여러분은 가져서는 안 된다 /
기꺼이 ~하다
an all-or-nothing mentality. // You have to be willing to /
전부 아니면 전무라고 여기는 사고방식을 / 여러분은 기꺼이 해야 한다 /
대등한 연결
[alter your idea] and [let others influence its outcome]. //
자신의 아이디어를 바꾸고 다른 사람들이 그것의 결과에 영향을 미치도록 //
You have to be okay / with the outcome being a little
여러분은 괜찮다고 여겨야 한다 / 결과가 조금 다르거나
less than ~: ~보다 못한
different, / even a little *less*, / than you wanted. // Say /
심지어 조금 '못'하여도 / 여러분이 원했던 것보다 / 가정해 보자 /
명사절(Say의 목적어): 접속사 that 생략 부사절(양보)
[(that) you're pushing for a clean water act]. // [Even if
여러분이 수질 오염 방지법을 추진하고 있다고 // 비록 나타난
as ~ as ...: ...만큼 ~한
what emerges isn't as well-funded as you wished, /
것이 원했던 만큼의 자금이 충분히 지원되지 않더라도 /
or doesn't match how you originally conceived the bill], /
또는 처음에 법안을 고안한 방식과 일치하지 않더라도 /
명사절(ensuring의 목적어)
you'll have still succeeded / in ensuring [that kids in
여러분은 여전히 성공하게 될 것이다 / 힘든 지역의 아이들이 깨끗한 물을 접근하
troubled areas have access to clean water]. // That's what
게 보장하는 데 // 그것이 중요한
counts, / that *they* will be safer / because of your idea and
것이다 / '그들'이 더 안전하게 되리라는 것 / 여러분의 아이디어와 노력 덕분에 //
your effort. // Is it perfect? // No. // Is there more work
여러분의 노력 // 그것이 완벽한가 // 아니다 해야 할 일이 더 있는가
전치사구
to be done? // Absolutely. // But [in almost every case], /
// 당연히 있다 // 하지만 거의 모든 경우에 /
동명사구(주어) ~보다 나은
[helping move the needle forward] / is vastly better / than
바늘을 앞으로 이동시키는 것을 돕는 것이 / 훨씬 낫다 / 전혀
not helping at all. //
돕지 않는 것보다 //

전문 해석 '완벽함이 좋음의 적이 되게 내버려 두지 말라'는 표현은 누구나 들어 본 적이 있다. 자신의 아이디어가 오랫동안 꿈꿔 왔던 해결을 기반으로 한 방책이 될 수 있도록 장애물을 극복하고 싶다면, 전부 아니면 전무라고 여기는 사고방식을 가져서는 안 된다. 기꺼이 자기 아이디어를 바꾸고 다른 사람들이 그것의 결과에 영향을 미치도록 해야 한다. 결과가 원했던 것과 조금 다르거나, 심지어 조금 '못'하여도 괜찮다고 여겨야 한다. 수질 오염 방지법을 추진하고 있다고 가정해 보자. 비록 나타난 것이 원했던 만큼의 자금이 충분하게 지원되

지 않거나, 처음에 법안을 고안한 방식과 일치하지 않더라도, 당신은 힘든 지역의 아이들이 깨끗한 물에 접근할 수 있도록 보장하는 데 여전히 성공하게 될 것이다. 중요한 것은 바로 당신의 아이디어와 노력 덕분에 '그들'이 더 안전하게 되리라는 것이다. (그런데) 그것이 완벽한가? 아니다. 해야 할 일이 더 있는가? 당연히 있다. 하지만 거의 모든 경우에, 바늘을 앞으로 이동시키는 것을 돕는 것이 전혀 돕지 않는 것보다 훨씬 더 낫다.

해설 목표를 달성하는 데 있어서 완벽주의에 집착하지 말고 자신이 원하는 것과 조금 다르거나 조금 모자라도 괜찮다고 여기는 유연한 사고방식의 중요성을 강조하는 내용의 글이다. helping move the needle forward는 문맥상 목표 달성을 완벽하게 하지 못하고 목표를 위해 해야 할 일이 더 있다 하더라도 아무것도 하지 않는 것보다 훨씬 낫다는 의미이므로, 밑줄 친 부분이 글에서 의미하는 바로 가장 적절한 것은 ③ '상황이 허락하는 한 최선의 변화를 만드는 것'이다.

오답분석

오답선지	선택비율
① 완벽함을 축하하는 데 시간과 돈을 쓰는 것	6.9%
② 좋은 목적을 위한 비용 절감 전략을 제안하는 것	10.5%
④ 원래 목표를 변경하기 전에 자신의 방책을 확인하는 것	19.4%
⑤ 가난한 아이들의 교육을 돕기 위한 기부금을 모으는 것	12.4%

④번은 You have to be willing to alter your idea와 You have to be okay with the outcome being a little different, even a little *less*, than you wanted.를 '원래 목표를 변경하는 것'과 관련된 것으로 대략적으로 이해는 했지만, checking your resources에 관한 내용이 본문에서 언급되지 않았다는 것을 정확히 파악하지 못해서 선택한 거야. 지문 내용과 선택지 표현을 꼼꼼히 비교하며 어떻게 연결되어 있는지 꼭 확인해!

2

정답 ④

소재 자유 놀이의 효율성

직독직해

전치사구
Free play is nature's means / [of teaching children /
자유 놀이는 자연의 수단이다 / 아이들에게 가르치는 /
명사절(teaching의 목적어)
{that they are not helpless}]. // In play, / away from adults, /
자신이 무력하지 않다는 것을 // 놀면서 / 어른들과 떨어져서 /
동사 have 의미 강조
children really do have control / and can practice asserting
아이들은 정말로 통제력을 가지게 된다 / 그리고 그것을 발휘하는 것을 연습할 수
control learn의 목적어①
it. // In free play, / children learn / [to make their own
있게 된다 // 자유 놀이에서 / 아이들은 배운다 / 스스로 결정을 내리는 것을 /
learn의 목적어② learn의 목적어③
decisions], [solve their own problems], / [create and follow
자신들의 문제를 직접 해결하는 것을 / 규칙을 만들어 지키는 것을 /
learn의 목적어④ ~라기보다는 (차라리)
rules], / and [get along with others / as equals / rather than
그리고 다른 사람들과 어울리는 것을 / 동등한 사람으로서 / 복종적이거나
as obedient or rebellious subordinates]. // In active outdoor
반항적인 아랫사람이라기보다는 // 활동적인 야외에서
dose ~ with ...: ~에게 ...을 주다
play, / children deliberately dose themselves with moderate
아이들은 의도적으로 자기 자신에게 적절한 정도의 두려움을 준다 /
amounts of fear / and they thereby learn / how to control /
그리고 그렇게 함으로써 배운다 / 통제하는 법을 /

→ not only ~ but also ...: ~뿐만 아니라 …도

not only their bodies, but also their fear. // In social play /
자신의 신체뿐만 아니라 두려움도 //　　　　　　사회 놀이에서 /

→ learn의 목적어①
children learn / [how to negotiate with others], / [how to
아이들은 배운다 / 어떻게 다른 사람과 협상하는지를 /　　어떻게 다른
→ learn의 목적어②
please others], / and [how to manage and overcome the
사람들을 기쁘게 하는지를 / 그리고 어떻게 분노를 다스리고 극복하는지를 /
→ learn의 목적어③

관계절
anger / {that can arise from conflicts}]. // None of these
갈등으로부터 생길 수 있는 //　　　　　이러한 교훈 중 어느

→ 수동태
lessons can be taught / through verbal means; / they can
것도 학습될 수 없다 /　언어적 수단을 통해서는 /　그것들은 학습될
→ 수동태　　　관계절(experience 부연 설명)←
be learned / only through experience, / [which free play
수 있다 /　오로지 경험을 통해서만 /　(그런데) 그것이 자유 놀이

provides]. //
가 제공하는 것이다 //

전문 해석 자유 놀이는 아이들에게 자신이 무력하지 않다는 것을 가르치는 자연의 수단이다. 어른과 떨어져 놀면서, 아이들은 정말로 통제력을 가지게 되고 그것을 발휘하는 것을 연습할 수 있게 된다. 자유 놀이에서 아이들은 스스로 결정을 내리고, 자신들의 문제를 직접 해결하고, 규칙을 만들어 지키며, 복종적이거나 반항적인 아랫사람이라기보다는 동등한 사람으로서 다른 사람과 어울리는 것을 배운다. 활동적인 야외 놀이에서 아이들은 의도적으로 자기 자신에게 적절한 정도의 두려움을 주고, 그렇게 함으로써 자신의 신체뿐만 아니라 두려움도 통제하는 법을 배운다. 사회 놀이에서 아이들은 어떻게 다른 사람과 협상하고, 다른 사람을 기쁘게 하며, 갈등으로부터 생길 수 있는 분노를 다스리고 극복할 수 있는지를 배운다. 이러한 교훈 중 어느 것도 언어적 수단을 통해서는 학습될 수 없다. 그것들은 오로지 경험을 통해서만 학습될 수 있는데, 그것이 자유 놀이가 제공하는 것이다.

해설 아이들은 자유 놀이를 하면서 자신의 의지대로 움직이고 행동하며 다른 사람과의 관계 속에서 다양한 경험을 하면서 언어로 배울 수 없는 소중한 교훈을 얻고, 자신이 무력하지 않다는 것을 스스로 인식하게 된다는 내용의 글이다. 따라서 빈칸에 들어갈 말로 가장 적절한 것은 ④이다.

오답분석

오답선지	① 시끄러운	② 사교적인	③ 복잡한	⑤ 선택적인
선택비율	7.7%	37.3%	17.4%	10.3%

②번은 get along with others as equals와 learn how to negotiate with others, 그리고 how to please others와 같은 표현들을 통해 자유 놀이가 아이들의 사교성만을 길러 준다고 생각한 친구들이 많이 선택했어. 하지만 글을 잘 읽어 보면 자유 놀이는 사교성뿐 아니라 다른 많은 것들을 아이들에게 가르쳐 주고 있지? 지문에 언급된 자유 놀이를 통해 아이들이 배울 수 있는 것들을 종합해서 표현할 때, 어떤 단어가 가장 적절할지 생각해 보면 정답이 보일 거야.

3

정답 ④

소재 환경 조건의 상대성

직독직해

→ 형식상의 주어　　　→ 내용상의 주어(to부정사구)
It seems natural / [to describe certain environmental
당연해 보인다 /　　특정한 환경 조건을 묘사하는 것이 /

→ describe ~ as ...: ~을 …으로[이라고] 묘사하다
conditions / as 'extreme', 'harsh', 'benign' or 'stressful'].
'극심한', '혹독한', '온화한' 또는 '스트레스를 주는'으로 //

'극심한' 조건의 예시①
It may seem obvious / when conditions are 'extreme': / [the
그것이 명백해 보일지도 모른다 / (환경) 조건이 '극심한' 경우에 /　　　사막
예시②
midday heat of a desert], / [the cold of an Antarctic winter],
의 한낮 열기 /　　　남극 겨울의 추위 /
→ 예시③
[the salinity of the Great Salt Lake]. // But this only means /
그레이트솔트호의 염도(와 같이) //　　하지만 이것은 의미할 뿐이다 /
→ 명사절(means의 목적어)　　　　　　　　　→ ~을 고려할 때
[that these conditions are extreme *for us*, / given our
이러한 조건이 '우리에게' 극심하다는 것을 /　　　우리의 특정한

particular physiological characteristics and tolerances]. //
생리적 특징과 내성을 고려할 때 //

To a cactus / there is nothing extreme / about the desert
선인장에게는 /　극심한 것이 아니다 /　사막 환경 조건에 관해 /
→ 관계절
conditions / [in which cacti have evolved]; / nor are the icy
선인장들이 진화해 온 /　　　　　　남극의 얼음으로 뒤덮인
→ ~도 (또한) 아니다

lands of Antarctica an extreme environment / for penguins. //
땅도 또한 극심한 환경이 아니다 /　　펭귄에게 //
→ 형식상의 주어　　→ to부정사구의 의미상 주어
It is lazy and dangerous / for the ecologist [to assume /
나태하고 위험하다 /　　　생태학자가 추정하는 것은 / → 내용상의 주어
(to부정사구)
that all other organisms sense the environment / in the
모든 다른 유기체가 환경을 느낀다는 것을 /　　　　우리가

way we do]. // Rather, / the ecologist should try to gain /
느끼는 방식으로 //　오히려 /　생태학자는 획득하고자 노력해야 한다 /

a worm's-eye or plant's-eye view / of the environment: /
벌레의 관점이나 식물의 관점을 /　　환경에 대한 /
→ to부정사(~하기 위해)　　　　　　　　　　(예를 들어) ~ 같은
[to see the world as others see it]. // Emotive words / like
다른 유기체가 세계를 보는 것과 같이 그것을 바라보기 위해 / 감정을 나타내는 단어들 / → (예를 들어) ~ 같은
harsh and benign, / even relativities / such as hot and cold, /
혹독한, 그리고 온화한 같은 / 심지어 상대적인 단어들도 / 덥고 추운 것과 같은 /

should be used / by ecologists / only with care. //
사용되어야 한다 /　생태학자들에 의해 / 오로지 신중하게 //

전문 해석 특정한 환경 조건을 '극심한', '혹독한', '온화한' 또는 '스트레스를 주는'으로 묘사하는 것은 당연해 보인다. 사막의 한낮 열기, 남극 겨울의 추위, 그레이트솔트호의 염도와 같이 (환경) 조건이 '극심한' 경우에 그것이 명백해 보일지도 모른다. 하지만 이것은 우리의 특정한 생리적 특징과 내성을 고려할 때 이러한 조건이 '우리에게' 극심하다는 것을 의미할 뿐이다. 선인장에게 선인장들이 진화해 온 사막의 환경 조건은 전혀 극심한 것이 아니며, 펭귄에게 남극의 얼음으로 뒤덮인 땅도 또한 극심한 환경이 아니다. 생태학자가 모든 다른 유기체가 우리가 느끼는 방식으로 환경을 느낀다고 추정하는 것은 나태하고 위험하다. 오히려 생태학자는 다른 유기체가 세계를 보는 방식으로 그것을 바라보기 위해 환경에 대한 벌레의 관점이나 식물의 관점을 획득하려고 노력해야 한다. 혹독한, 그리고 온화한 같은 감정을 나타내는 단어들, 심지어 덥고 추운 것과 같은 상대적인 단어들도 생태학자들에 의해 오로지 신중하게 사용되어야 한다.

해설 특정한 환경 조건을 '극심한', '혹독한', '온화한' 또는 '스트레스를 주는'이라는 용어를 사용하여 묘사하는 것은 지극히 인간 중심의 생리적 특성과 내성을 고려한 것일 뿐이며, 특정 생물에게는 그 환경 조건이 극심하지 않다고 했으므로, 빈칸에 들어갈 말로 가장 적절한 것은 ④이다.

4

정답 ②

소재 물고기의 전기적 의사소통

직독직해

Electric communication / is mainly known / in fish. //
전기적 의사소통은 / 주로 알려져 있다 / 물고기에서 //

The electric signals are produced / in special electric
전기 신호는 생성된다 / 특수 전기 기관에서 //

organs. // [When the signal is discharged] / the electric
신호가 방출되면 / 전기 기관이 음전하

organ will be negatively loaded / compared to the head /
를 띨 것이다 / 머리에 비해 /

and an electric field is created / around the fish. // A weak
그리고 전기장이 생긴다 / 물고기 주변에 // 약한 전류가

electric current / is created / also in ordinary muscle cells /
발생된다 / 일반 근육 세포 안에서도 /

[when they contract]. // In the electric organ / the muscle
그것들이 수축할 때 // 전기 기관 안에 / 근육 세포가 연결

cells are connected / in larger chunks, / [which makes the
되어 있다 / 더 큰 덩어리로 / (그런데) 그것이 총 전류

total current intensity larger / than in ordinary muscles]. //
강도를 더 크게 만든다 / 일반 근육에서보다 //

The fish varies the signals / by changing / [the form of the
물고기는 신호를 다양하게 한다 / 변화시킴으로써 / 전기장의 형태를 /

electric field] / or [the frequency of discharging]. // The
또는 방출 주파수를 //

system is only working / over small distances, / about one
이 체계는 오직 작동한다 / 짧은 거리에서 / 약 1~2미터

to two meters. // This is an advantage / [since the species
정도의 / 이것은 이점이다 / 신호 체계를 사용하는 종은

{using the signal system} often live / {in large groups} /
흔히 살기 때문에 / 큰 무리를 지어 /

{with several other species}]. // [If many fish send out
다른 여러 종들과 함께 // 많은 물고기가 신호를 보내면 /

signals / at the same time], / the short range decreases /
동시에 / 짧은 (도달 가능) 범위는 줄여 준다 /

the risk of interference. //
간섭의 위험을 //

전문 해석 전기적 의사소통은 주로 물고기에서 알려져 있다. 전기 신호는 특수 전기 기관에서 생성된다. 신호가 방출되면 머리에 비해 전기 기관이 음전하를 띨 것이고 물고기 주위에 전기장이 생긴다. 일반 근육 세포가 수축할 때 약한 전류가 그 안에서도 발생한다. 전기 기관 안에서 근육 세포는 더 큰 덩어리로 연결되어 있는데, 그것이 일반 근육에서보다 총 전류 강도를 더 크게 만든다. 물고기는 전기장의 형태나 방출 주파수를 변화시켜 신호를 다양하게 한다. 이 체계는 약 1~2미터 정도의 짧은 거리에서만 작동한다. 신호 체계를 사용하는 종은 흔히 큰 무리를 지어 다른 여러 종과 함께 살기 때문에 이것은 이점이다. 많은 물고기가 동시에 신호를 보내면, 짧은 (도달 가능) 범위는 간섭의 위험을 줄여 준다.

해설 물고기는 전기 신호를 사용하여 짧은 거리 내에 있는 다른 여러 종과 소통하며 사는데, 흔히 큰 무리를 지어 살므로 이러한 물고기의 특성이 이점이 있다는 내용의 글이다. ② 바로 앞의 문장에 물고기의 일반 근육 세포가 수축할 때 약한 전류가 그 안에서 발생한다는 내용이 나오고, ② 바로 뒤에는 물고기가 전기장의 형태나 방출 주파수를 변화시켜 신호를 다양하게 한다는 내용이 나온다. 그런데 주어진 문장은 물고기의 근육 세포가 전기 기관 안에서 더 큰 덩어리로 연결되어 있어서 일반 근육에서보다 총 전류 강도를 더 크게 만든다는 내용으로, ② 앞의 문장에서 언급한 일반 근육 세포에서 발생하는 전류와 비교하여 물고기의 전기 기관 근육 세포에서 전류 강도가 다름을 기술하고 있으므로, 주어진 문장이 들어가기에 가장 적절한 곳은 ②이다.

5

정답 ①

소재 인간의 공간 지각 인식

직독직해

A young child / may be puzzled / when asked to distinguish /
어린아이는 / 당황할지도 모른다 / 구분하라고 요구받으면

between ~ and ...: ~과 … 사이에

between the directions of right and left. // But that same
오른쪽과 왼쪽 사이의 방향을 // 하지만 그 동일한 아이

child may have no difficulty / in determining the directions /
가 전혀 어려움을 겪지 않을 것이다 / 방향을 알아내는 데 /

of up and down or back and front. // Scientists propose /
위아래나 또는 앞뒤의 // 과학자들은 주장한다 /

┌→ 명사절(propose의 목적어) ┌→ 부사절(양보)
[that this occurs / because, {although we experience three
이것이 발생한다고 / 비록 우리가 세 가지 차원을 경험하지만 /

dimensions}, / only two had a strong influence / on our
두 가지만이 / 강력한 영향을 미쳤기 때문에 / 우리의

evolution]: / the vertical dimension as defined by gravity /
진화에 / (그 두 가지 중 하나) 중력에 의해 정의되는 수직적 차원이다 /

┌→ 전치사구
and, [in mobile species], / the front/back dimension /
그리고 (다른 하나) 이동하는 종의 / 앞/뒤 차원이다 /

as defined by the positioning of sensory and feeding
감각과 먹이 섭취 메커니즘의 배치로 정의되는 //

                                          ┌→ of의 목적어①
mechanisms. // These influence our perception / of [vertical
이것들이 우리의 지각에 영향을 미친다 / 수직 대 수평 /

                    ┌→ of의 목적어②   ┌→ of의 목적어③
versus horizontal], / [far versus close], / and [the search
                      원거리 대 근거리 / 그리고 위험 탐색에 대한

                ┌→ from의 목적어①   from의 목적어②┐
for dangers / from {above (such as an eagle)} / or {below
(우리의 지각에) / (독수리와 같은) 위로부터의 / 또는 (뱀과 같은)

(such as a snake)}]. // However, / the left-right axis is not
아래로부터의 // 그러나 / 좌우 축은 자연에서는 그만큼 중요하지

as relevant in nature. // A bear is equally dangerous / from
않다 // 곰은 똑같이 위험하다 / 왼쪽

                             ┌→ 부사절(조건)
its left or the right side, / but not [if it is upside down]. //
편에서든 또는 오른쪽 편에서든 / 그러나 거꾸로 뒤집혀 있다면 그렇지 않다 //

                                   ┌→ 분사구
In fact, / when observing a scene / [containing plants,
사실 / (우리가) 장면을 관찰할 때 / 식물, 동물 그리고 인간이 만든

                                ┌→ ~과 같은
animals, and man-made objects / such as cars or street
물체를 포함하고 있는 / 자동차나 도로 표지판과 같은 /

                      ┌→ 명사절(tell의 목적어)
signs], / we can only tell / [when left and right have been
우리는 구별할 수 있을 뿐이다 / 좌우가 뒤바뀐 때를 /

          ┌→ 부사절(조건)
inverted / {if we observe those artificial items}]. //
만약 우리가 그 인공적인 물체들을 관찰한다면 //

전문 해석 오른쪽과 왼쪽 사이의 방향을 구분하라고 요구받으면 어린아이는 당황할지도 모른다. 하지만 그 동일한 아이는 위아래나 앞뒤의 방향을 알아내는 데에는 전혀 어려움을 겪지 않을 것이다. 과학자들은 이것이 발생하는 이유가, 비록 우리가 세 가지 차원을 경험하지만, 두 가지만이 우리의 진화에 강력한 영향을 미쳤기 때문이라고 주장하는데, 그것들은 중력에 의해 정의되는 수직적 차원과 이동하는 종의 감각과 먹이 섭취 메커니즘의 배치로 정의되는 앞/뒤 차원이다. 이것들은 수직 대 수평, 원거리 대 근거리, 그리고 (독수리와 같은) 위로부터의 또는 (뱀과 같은) 아래로부터의 위험 탐색에 대한 우리의 지각에 영향을 미친다. 그러나 좌-우 축은 자연에서는 그만큼 중요하지 않다. 곰은 그것의 왼쪽 편에서든 오른쪽 편에서든 똑같이 위험하지만, 거꾸로 뒤집혀 있다면 그렇지 않다. 사실, 우리가 식물, 동물, 그리고 자동차나 도로 표지판과 같은 인간이 만든 물체를 포함하고 있는 장면을 관찰할 때, 만약 그 인공적인 물체들을 관찰한다면 좌우가 뒤바뀐 때를 구별할 수 있을 뿐이다.

→ 우리의 공간 지각의 진화에 영향을 미쳤기 때문에, 수직적 차원과 앞/뒤 차원은 쉽게 인식되지만, 자연에서 유의미하지 않은 좌-우 축은 우리에게 즉각 이해되지 않는다.

해설 인간의 공간 지각 능력이 진화되는 과정에서 수직적 차원과 앞/뒤 차원은 자연에서 중요한 역할을 했지만, 좌-우 축은 그만큼 중요

하지 않았다. 그렇기 때문에, 어린아이들은 위아래나 앞뒤의 방향과는 달리 오른쪽과 왼쪽을 구분하는 데 어려움을 겪을 수 있다는 내용의 글이다. 따라서 빈칸 (A), (B)에 들어갈 말로 가장 적절한 것은 ① '공간의 – 유의미한'이다.

오답분석

오답선지	선택비율
② 공간의 – 부족한	12.4%
③ 청각의 – 서로 다른	8.4%
④ 문화의 – 접근 가능한	20.8%
⑤ 문화의 – 바람직한	10.6%

④번은 지문 내용을 정확히 이해하지 못한 채 right and left, up and down, back and front, 그리고 vertical versus horizontal, far versus close, above or below와 같은 표현들만 보고 이 글이 물리적인 접근성에 관해 기술하고 있다고 생각해서 선택한 거야. 하지만 이러한 지엽적인 표현들에만 집중하지 말고 글의 전체적인 맥락을 이해하는 것이 더 중요하다는 것을 기억해!

6

정답 ③

소재 인간의 판단과 통계 모델의 결합

직독직해

                                  ┌→ 명사절(noted의 목적어①)
Robert Blattberg and Steven Hoch noted / [that, in a
Robert Blattberg와 Steven Hoch는 주목했다 / 변화하는 환경

           ┌→ 형식상의 주어   ┌→ 내용상의 주어(명사절)
changing environment, / it is not clear / {that consistency
에서 / 분명하지 않다는 것을 / 일관성이 항상 장점인지가

                       ┌→ 명사절(noted의 목적어②)
is always a virtue}] / and [that one of the advantages of
/ 그리고 인간이 판단하는 것의 이점 중 하나가

human judgment / is the ability to detect change]. // Thus, /
변화를 감지하는 능력이라는 것을 // 따라서 /

                          ┌→ 형식상의 주어
in changing environments, / it might be advantageous /
변화하는 환경에서는 / 유리할 수 있다 /

┌→ 내용상의 주어(to부정사구)
[to combine human judgment and statistical models]. //
인간의 판단과 통계 모델들을 결합하는 것이 //

                                        ┌→ 동명사구(by의 목적어①)
Blattberg and Hoch examined this possibility / by [having
Blattberg와 Hoch는 이러한 가능성을 조사했다 / 슈퍼마켓 관리자

supermarket managers forecast demand / for certain
들에게 수요를 예측하게 함으로써 / 특정한 제품에 대한 /

                         ┌→ 동명사구(by의 목적어②)
products] / and then / [creating a composite forecast / by
그런 다음 / 종합적인 예측을 생성해 봄으로써 / 이

averaging these judgments with the forecasts of statistical
판단을 통계 모델의 예측과 평균을 내어 /

                ┌→ 분사구   ┌→ 명사절(was의 보어)
models / {based on past data}]. // The logic was / [that
/ 지난 데이터에 근거한 // (그들의) 논리는 / 통계

statistical models assume stable conditions / and therefore /
모델들이 변동이 없는 조건을 가정한다는 것이다 / 따라서 /

cannot account for the effects on demand of novel events /
새로운 사건의 수요에 미치는 영향을 설명할 수 없다는 것이다 /

                   ┌→ 분사구
such as actions {taken by competitors} or the introduction
경쟁자들에 의해 취해진 행동이나 신제품의 도입과 같은 //

of new products]. // Humans, however, / can incorporate
그러나, 인간은 / 이러한 새로운 요인들을

these novel factors / in their judgments. // The composite
통합할 수 있다 / 자신들의 판단에서 // 종합한 것 /

— / or average of human judgments and statistical models
즉 인간의 판단과 통계 모델의 평균이 /
either ~ or ...: ~이거나 ···이거나(어느 것이라도)
— / proved to be more accurate / than either the statistical
더 정확하다는 것이 증명되었다 / 통계 모델이나 관리자들이 단독으로

models or the managers working alone. //
처리하는 것보다 //

전문 해석 Robert Blattberg와 Steven Hoch는 변화하는 환경에서 일관성
이 항상 장점인지가 분명하지 않다는 것과 인간이 판단하는 것의 이점 중 하나
가 변화를 감지하는 능력이라는 것에 주목했다. 따라서 변화하는 환경에서는
인간의 판단과 통계 모델들을 결합하는 것이 유리할 수 있다. Blattberg와
Hoch는 슈퍼마켓 관리자들에게 특정한 제품에 대한 수요를 예측하게 한 다
음, 이 판단을 지난 데이터에 근거한 통계 모델의 예측과 평균을 내어 종합적인
예측을 생성함으로써 이러한 가능성을 조사했다. (그들의) 논리는 통계 모델들
은 변동이 없는 조건을 부정하기(→ 가정하기) 때문에 경쟁자들에 의해 취해진
행동이나 신제품의 도입과 같은 새로운 사건의 수요에 미치는 영향을 설명할
수 없다는 것이었다. 그러나 인간은 이러한 새로운 요인들을 자신들의 판단에
서 통합할 수 있다. 종합한 것, 즉 인간의 판단과 통계 모델의 평균이 통계 모델
이나 관리자들이 단독으로 처리하는 것보다 더 정확하다는 것이 증명되었다.

해설 Robert Blattberg와 Steven Hoch가 변화하는 환경에서 새
로운 요인들을 고려하는 인간의 판단과 지난 데이터에 근거하며 변동
없는 조건을 가정하여 새로운 요인들을 고려하지 못하는 통계 모델을
종합하는 것이 더 정확한 예측을 제공한다는 것을 증명했다는 내용의
글이다. 따라서 ③의 deny를 assume과 같은 낱말로 바꾸어야 한다.

오답분석

오답선지	① 유리한	② 과거의	④ 통합하다	⑤ 정확한
선택비율	7.1%	9.0%	36.2%	6.7%

④번은 인간 판단과 통계 모델의 특성을 혼동한 학생들이 많이 선택한 거야. 필
자는 인간 판단과 통계 모델을 종합할 때 가장 정확하게 예측하는 것이 가능하
다고 하잖아. 그런데 이 문제에서는 그 둘의 특성을 혼동하지 말고 각각 정확히
이해하는 것이 중요해. ③을 포함한 문장은 통계 모델을, ④를 포함한 문장은 인
간 판단의 특성을 기술하고 있는 부분이야.

Daily Review   Day ②

Vocabulary Check-up

1 (1) assume (2) dimension (3) competitor
2 (1) convert (2) discharge

1 (1) assume / 어떤 물체를 보는 사람은 누구든 그것에 관한 모든
것, 즉 모양, 색깔, 위치, 그리고 움직임을 보고 있다고 추정하는
것이 당연하다.

(2) dimension / 세상이 어떻게 질서를 세우는지에 관한 다른 가
치와 신념을 가진 사람들과의 사업상의 교류에서 성공하고자 한다
면, 문화를 이해한다는 것이 의미하는 것의 그 이면을 들여다볼 수
있어야 하고 Edward Hall이 '숨겨진 차원'이라고 부른 것을 보려
고 시도해야 한다.

(3) competitor / 일부 코치들은 정신 능력 훈련(MST)이 고도
로 숙련된 참가 선수들의 기량을 완벽하게 하는 데만 도움이 될 수
있다고 잘못 믿고 있다.

2 (1) convert / 그것들은 태양과 바람과 같은 천연 자유재를 우리
의 생활에 연료를 공급하는 동력으로 전환하는 데 도움을 준다.

(2) discharge / 하지만 이제는 그런 어떤 산업적인 방출로부터
멀리 떨어진 호수에서도 소량의 수은이 나타날 수 있다는 것이 인
식되고 있다.

Grammar Check-up

1 (1) ① that ② it (2) ① observing ② been inverted
2 ④ → how

1 (1) ① that: teaching의 목적어 역할을 하는 명사절을 이끌고 뒤
에 완전한 문장이 이어지므로, 접속사 that이 어법상 적절하다.
② it: control을 가리키는 대명사이므로, it이 어법상 적절하다.

(2) ① observing: 주절의 주어 we가 when 이하의 생략된 주어
이고 we가 장면을 능동적으로 관찰한다는 의미이므로, observing이
어법상 적절하다.
② been inverted: when절의 주어 left and right가 의미상
invert의 대상이므로 수동형 been inverted가 어법상 적절하다.

2 ④ 동사 match의 목적어 역할을 하는 명사절을 이끌고 뒤에 완전
한 절을 이끌고 있으므로, what을 how로 고쳐야 한다.

1

정답 ④

소재 조직 평가를 위한 명확성

직독직해

Clarity in an organization / [keeps everyone working in
조직에서의 명확성은 /　　　　　　　　모두가 조화롭게 계속 일하게 한다 /
　　　　　　　　　　┌─ 대등한 연결
　　　　　　　　　　└─ 조화롭게

one accord] / and [energizes key leadership components /
　　　　　　　　　그리고 핵심적인 리더십 요소에 활력을 준다 /
　　　　　　┌─ (예를 들어) ~ 같은

like trust and transparency]. // No matter who or what is
신뢰와 투명성 같은 //　　　　　누가 또는 무엇이 평가되고 있든지 간에 /
　┌─ 수동태　　　　　　　　　　　　　　　　　　　┌─ 명사절(주어)

being assessed / in your organization, / [what they are
평가되고 /　　　여러분의 조직에서 /　　　　　그들이 무엇에 대해
　┌─ 수동태

being assessed on] / must be clear / and the people must
평가되고 있는지는 /　　분명해야 한다 /　　그리고 사람들은 그것을 알고
　　　　　　　　┌─ what they are being assessed on

be aware of it. // [If individuals in your organization /
있어야 한다 //　　만약 여러분의 조직에 있는 개개인들이 /
　┌─ 수동태　　　　┌─ 부사절(조건)　　┌─ 명사절(knowing의 목적어)

are assessed / without knowing / {what they are being
평가된다면 /　　알지 못한 채로 /　　　그들이 무엇에 대해 평가되고
　　　　　　　　　　　　　　　　┌─ 대등한 연결

assessed on}], / it can [cause mistrust] and [move your
있는지를 /　　그것은 불신을 초래할 수 있다 /　그리고 여러분의 조직을
　　　　　　　　　　　　　　　┌─ to부정사구의 의미상의 주어

organization away / from clarity]. // For your organization /
멀어지게 (할 수 있다) /　명확성으로부터 /　　여러분의 조직이 /
　┌─ to부정사구(~하기 위해서는)

[to be productive, cohesive, and successful], / trust is
생산적이고 응집력이 있고 성공적이기 위해서는 /　　　　신뢰가 필수

essential. // Failure to have trust / in your organization /
적이다 //　　신뢰를 갖지 못하는 것은 /　　여러분의 조직에 대한 /
　　　　　　┌─ have ~ effect on ...: ...에게 ~한 영향을 주다

will have a negative effect / on the results of any assessment. //
부정적인 영향을 끼칠 것이다 /　어떤 평가의 결과에도 //
　┌─ Failure to have trust in your organization

It will also significantly hinder / the growth of your
그것은 또한 상당히 방해할 것이다 /　　여러분의 조직의 성장을 //
　　　　　　　┌─ to부정사구(~하기 위해)

organization. // [To conduct accurate assessments], / trust
　　　　　　　　　정확한 평가를 수행하기 위해 /　　　신뢰는
　　　　　　　　　　　　　　┌─ 관계절

is a must / — [which comes through clarity]. // In turn, /
필수적인 것이고 /　그것은 명확성으로부터 온다 //　결국 /
　　　　　　┌─ 관계절(앞의 내용을 부연 설명)

assessments help you see clearer, / [which then empowers
평가는 여러분이 더 분명하게 볼 수 있도록 도와주는데 / 그것은 그러고 나서 여러분의 조직
　┌─ empower+목(your organization)+목·보(to reach ~): ~에게 ...하도록 해 주다

your organization to reach optimal success]. //
이 최적의 성공에 도달하도록 해 준다 //

전문 해석 조직에서의 명확성은 모두가 계속 조화롭게 일하게 하고 신뢰와 투명성 같은 핵심적인 리더십 요소에 활력을 준다. 여러분의 조직에서 누가 또는 무엇이 평가되고 있든지 간에 그들이 무엇에 대해 평가되고 있는지는 분명해야 하고 사람들은 그것을 알고 있어야 한다. 만약 여러분의 조직에 있는 개개인들이 그들이 무엇에 대해 평가되고 있는지를 알지 못한 채로 평가된다면 그것은 불신을 초래하고 여러분의 조직을 명확성으로부터 멀어지게 할 수 있다. 여러분의 조직이 생산적이고 응집력이 있고 성공적이기 위해서는 신뢰가 필수적이다. 여러분의 조직에 대한 신뢰를 갖지 못하는 것은 어떤 평가의 결과에도 부정적인 영향을 끼칠 것이다. 그것은 또한 여러분 조직의 성장을 상당히 방해할

것이다. 정확한 평가를 수행하기 위해 신뢰는 필수적이고, 그것은 명확성으로부터 온다. 결국, 평가는 여러분이 더 분명하게 볼 수 있도록 도와주는데, 그것은 그러고 나서 여러분의 조직이 최적의 성공에 도달하도록 해 준다.

해설 조직이 생산적이고 성공하려면 신뢰가 필요하며, 조직을 정확하게 평가하는 데도 신뢰가 필수적인데 이러한 신뢰는 평가의 명확성에서 나온다는 내용의 글이므로, 필자가 주장하는 바로 가장 적절한 것은 ④이다.

오답분석

오답선지	①	②	③	⑤
선택비율	3.1%	32.6%	6.2%	16.9%

trust가 글에서 반복해서 등장하다 보니 '신뢰'가 필자의 주장에 포함되어야 한다고 생각하고 ②번을 선택한 학생이 많았던 것으로 보여. 하지만 첫 번째 문장(Clarity in an organization keeps everyone working in one accord and energizes key leadership components like trust and transparency.)에서 말했듯이 이렇게 중요한 신뢰가 생기려면 (평가의) 명확성이 필요하다는 것이 필자의 주장이야.

2

정답 ①

소재 음수에 대해 느끼는 불쾌함

직독직해

　　　　　　　　　　　　　　┌─ 비교급 강조

Negative numbers are a lot more abstract / than positive
음수는 훨씬 더 추상적이다 /　　　　　　　　　　양수보다 /

numbers / — you can't see negative 4 cookies / and you
numbers /　여러분이 4개의 음수 쿠키를 볼 수 없다 /　　그리고 틀림
　　　　　　　　　　　　　　┌─ negative 4 cookies

certainly can't eat them / — but you can think about them, /
없이 그것들을 먹을 수 없다는 점에서 / 그러나 여러분은 그것을 생각할 수 있다 /
　　　　　　　　　　　　　┌─ 전치사구

and you *have to*, / [in all aspects of daily life], / from
그리고 생각'해야만 한다' /　일상생활의 모든 측면에서 /　　　채무에
　　　　　　　　　　　　　　　　┌─ ~과 씨름하다. 다투다　　┌─ with의 목적어①

debts to contending / with [freezing temperatures] and
서부터 씨름하는 것에 이르기까지 / 몹시 차가운 기온 그리고 주차장과 //
　┌─ with의 목적어②　　　　　　　　　　　　┌─ ~과 잘 지내다

[parking garages]. // Still, / many of us haven't quite made
　　　　　　　　그럼에도 불구하고 / 우리들 중 많은 사람들은 잘 지내지 못해

peace / with negative numbers. // People have invented
왔다 /　음수와 //　　　　　　사람들은 모든 종류의 우스꽝스럽고
　　　　　　　　　　　　　　　　　　　┌─ to부정사구(~하기 위해)

all sorts of funny little mental strategies / [to sidestep the
사소한 정신적 전략들을 만들어 냈다 /　　　　그 두려운 음수의 기호를
　　　　　　　　　　　　　　　　┌─ 전치사구

dreaded negative sign]. // [On mutual fund statements], /
피하기 위해 //　　　뮤추얼 펀드(계약형 투자 신탁) 진술에서 /
　　　　　　　　　　　　　　┌─ 대등한 연결

losses (negative numbers) are [printed in red] / or [stuck in
손실(음수)은 빨간색으로 인쇄되거나 /　　　또는 괄호 안에
　　　　　　┌─ 전치사구

parentheses / {with no negative sign to be found}]. // The
갇혀 있다 /　음수의 기호가 발견되지 않은 채 //　　　역사책
　　　　　　　　┌─ 명사절(tell의 직접목적어)

history books tell us / [that Julius Caesar was born in 100
은 우리에게 말한다 /　Julius Caesar가 기원전 100년에 태어났다고 /
　　　　　　　　　　　　　　　　　　　┌─ 전치사구

B.C., / not −100]. // The underground levels [in a parking
−100이 아닌 /　　주차장의 지하층은 /

garage] / often have designations / like B1 and B2. //
　　　　　종종 명칭을 가지고 있다 /　　B1과 B2와 같은 //

Temperatures are one of the few exceptions: / folks do say, /
동사 say 의미 강조
기온은 몇 안 되는 예외 중 하나인데 / 사람들은 정말 말한다 /

especially here in Ithaca, New York, / [that it's −5 degrees
명사절(say의 목적어)
특히 여기 New York의 Ithaca에서 / 바깥의 기온이 −5도라고 /

outside], / though even then, / many prefer to say 5 below
~하기를 선호한다
심지어 그때에도 / 많은 사람들은 영하 5도라고 말하길 선호

zero. // There's something / about that negative sign / [that
관계절
한다 // 무언가가 있다 / 그 음수의 기호에 관해서는 / 정말

just looks so unpleasant]. //
불쾌하게만 보이는 //

전문 해석 여러분이 4개의 음수 쿠키를 볼 수 없고 틀림없이 그것들을 먹을 수 없다는 점에서 음수는 양수보다 훨씬 더 추상적이지만 여러분은 그것들을 생각할 수 있으며, 채무에서부터 몹시 차가운 기온 그리고 주차장과 씨름하는 것에 이르기까지 일상생활의 모든 측면에서 생각'해야만 한다'. 그럼에도 불구하고 우리들 중 많은 사람들은 음수와 잘 지내지 못해 왔다. 사람들은 그 두려운 음수의 기호를 피하기 위해 모든 종류의 우스꽝스럽고 사소한 정신적 전략들을 만들어 냈다. 뮤추얼 펀드(계약형 투자 신탁) 진술에서 손실(음수)은 빨간색으로 인쇄되거나 음수의 기호가 발견되지 않은 채 괄호 안에 갇혀 있다. 역사책은 우리에게 Julius Caesar가 −100이 아닌 기원전 100년에 태어났다고 말한다. 주차장의 지하층은 종종 B1과 B2와 같은 명칭을 가지고 있다. 기온은 몇 안 되는 예외 중 하나인데 특히 여기 New York의 Ithaca에서 사람들은 정말 바깥의 기온이 −5도라고 말하지만 심지어 그때에도 많은 사람들은 영하 5도라고 말하길 선호한다. 그 음수의 기호에 관해서는 정말 불쾌하게만 보이는 무언가가 있다.

해설 음수라는 기호는 사람들을 불쾌하게 만드는 무언가가 있기 때문에 사람들은 음수라는 기호를 사용하는 것을 피하기 위해 다양한 행동을 한다는 내용이므로, 빈칸에 들어갈 말로 가장 적절한 것은 ①이다.

오답분석

오답선지	선택비율
② 주식 시장의 불확실성 해소하기	10.1%
③ 복잡한 계산 과정 보완하기	13.9%
④ 0 이하의 숫자를 표현하는 시스템 통일하기	24.5%
⑤ 뺄셈이 음수를 만들 수 있다는 사실 직면하기	15.5%

④번은 이 글의 소재가 음수이고 음수를 표현하는 다양한 방식들(printed in red, stuck in parentheses, 100 B.C., not −100, designations like B1 and B2, 5 below zero 등)을 언급하고 있기 때문에 시스템을 통일한다고 생각했던 거야. 하지만 정답을 고를 때는 본문 내에서 골라야지 언급되지 않은 내용까지 확대 해석하면 안 돼!

3

정답 ②

소재 인간 관찰 연구의 어려움

직독직해

Observational studies of humans / cannot be properly
수동태
인간에 대한 관찰 연구는 / 적절하게 통제될 수 없다 //

controlled. // Humans live different lifestyles and in
인간은 다양한 생활 방식으로 그리고 다양한 환경에서 살고 있다 //

different environments. // Thus, / they are insufficiently
따라서 / 그들은 충분히 동질적이지 않다

homogeneous / [to be suitable experimental subjects]. //
to부정사구
적절한 실험 대상이 되기에 //

These *confounding factors* undermine our ability / [to draw
to부정사구
이러한 '교란 변수'는 우리의 능력을 손상시킨다 / 타당한 인과

sound causal conclusions / {from human epidemiological
전치사구
적 결론을 도출하는 / 인간 역학 조사로부터 //

surveys}]. // Confounding factors are variables (known or
교란 변수는 (알려지거나 알려지지 않은) 변수이다 /

unknown) / [that make it difficult / for epidemiologists /
관계절 형식상의 목적어 to부정사구의 의미상의 주어
형식상의 목적어 역학자가 /
어렵게 만드는 /

{to isolate the effects of the specific variable / ⟨being
내용상의 목적어(to부정사구) 분사구
특정한 변수의 영향을 분리하기 / 연구되고

studied⟩}]. // For example, / Taubes argued / [that since
명사절(argued의 목적어)
있는 // 예를 들어 / Taubes는 주장했다 / 술을 마시는 많은

many people {who drink} also smoke, / researchers
관계절
사람들이 흡연도 하기 때문에 / 연구자들이 연관성을

have difficulty determining the link / between alcohol
~하는 데 어려움을 겪다
결정하는 데 어려움을 겪는다 / 알코올 섭취와 암 사이의 //

consumption and cancer]. // Similarly, / researchers [in
전치사구
마찬가지로 / 유명한 Framingham

the famous Framingham study] / identified a significant
연구의 연구자들은 / 상당한 상관관계를 확인했다 /

correlation / [between coffee drinking and coronary heart
전치사구
커피를 마시는 것과 관상 동맥성 심장 질환 사이에 //

disease]. // However, / most of this correlation disappeared /
그러나 / 이러한 상관관계의 대부분은 사라졌다

[once researchers corrected for the fact / {that many coffee
부사절 동격
연구자들이 사실에 대해 수정을 하자 / 커피를 마시는 많은 사람들

drinkers also smoke}]. // [If the confounding factors are
부사절(조건)
이 흡연도 한다는 // 교란 변수들이 알려져 있다면

known], / it is often possible / [to correct for them]. //
형식상의 주어 내용상의 주어(to부정사구)
종종 가능하다 / 그것들을 수정하는 것이 //

However, / [if they are unknown], / they will undermine
부사절(조건)
그러나 / 그것들이 알려져 있지 않다면 / 그것들은 인과적 결론의 신뢰성을

the reliability of the causal conclusions / [we draw from
관계절
손상시킬 것이다 / 우리가 역학 조사로부터

epidemiological surveys]. //
도출하는 //

전문 해석 인간에 대한 관찰 연구는 적절하게 통제될 수 없다. 인간은 다양한 생활 방식으로 그리고 다양한 환경에서 살고 있다. 따라서 그들은 적절한 실험 대상이 되기에 충분히 동질적이지 않다. 이러한 '교란 변수'는 인간 역학 조사로부터 타당한 인과적 결론을 도출하는 우리의 능력을 손상시킨다. 교란 변수는 역학자가 연구되고 있는 특정한 변수의 영향을 분리하기 어렵게 만드는 (알려지거나 알려지지 않은) 변수이다. 예를 들어, Taubes는 술을 마시는 많은 사람들이 흡연도 하기 때문에 연구자들이 알코올 섭취와 암 사이의 연관성을 결정짓는 데 어려움을 겪는다고 주장했다. 마찬가지로 유명한 Framingham 연구의 연구자들은 커피를 마시는 것과 관상 동맥성 심장 질환 사이에 상당한 상관관계를 확인했다. 그러나 연구자들이 커피를 마시는 많은 사람들이 흡연도 한다는 사실에 대해 수정을 하자 이러한 상관관계의 대부분은 사라졌다. 교란 변수들이 알려져 있다면 그것들을 수정하는 것이 종종 가능하다. 그러나 그것들이 알려져 있지 않다면, 그것들은 우리가 역학 조사로부터 도출하는 인과적 결론의 신뢰성을 손상시킬 것이다.

해설 인간에게는 교란 변수가 존재하기 때문에 인간에 대한 관찰 연구를 시행할 때 연구 결론의 신뢰성이 떨어지기 쉽다는 내용의 글이

다. 결국 인간의 생활 방식과 살아가는 환경이 다양하기 때문에 교란 변수가 연구 결과에 미치는 영향을 통제하기가 어렵다는 것이므로, 빈칸에 들어갈 말로 가장 적절한 것은 ②이다.

오답분석

오답선지	선택비율
① 의학 연구 결과의 해석 왜곡하기	23.7%
③ 피실험자들로부터 그들의 연구 목적 숨기기	16.2%
④ 윤리적인 방법으로 관찰 연구 수행하기	13.2%
⑤ 그들의 실험에 개입하는 것 자제하기	9.2%

①번은 글의 마지막 부분 they will undermine the reliability of the causal conclusions로 인해 연구 결과의 신뢰성이 떨어진다는 것을 잘못 해석한 선지로 보여. 하지만 왜곡한다는 것은 의도를 가지고 다르게 해석을 한다는 의미인 반면, 이 글이 말하고자 하는 것은 변수(variables)로 인해 인간에 대한 실험을 통제하기 어렵다는 거야!

4

정답 ②

소재 잊힐 권리와 사생활 권리의 차이

직독직해

The right [to be forgotten] is a right / [distinct from
잊힐 권리는 권리이다 / 구별되지만 관련이

but related / to a right to privacy]. // The right to privacy
있는 / 사생활 권리와 // 사생활 권리는 ~이다 /

is, / among other things, / the right for information /
무엇보다도 / 정보에 대한 권리 /

[traditionally regarded / as {protected} or {personal not to
전통적으로 여겨지는 / 보호되거나 공개되지 않아야 할 개인적인 것으로 //

be revealed}]. // The right to be forgotten, / in contrast, /
잊힐 권리는 / 반면에 /

can be applied to information / [that has been in the
정보에 적용될 수 있다 / 공공의 영역에 있었던 //

public domain]. // The right to be forgotten / broadly
잊힐 권리는 / 광범위하게

includes / the right of an individual / [not to be forever
포함한다 / 개인의 권리를 / 영원히 정의되지 않아야 할

defined / by information from a specific point in time]. //
특정 시점의 정보에 의해 //

One motivation for such a right / is to allow individuals
그러한 권리의 한 가지 이유는 / 개인이 자신의 삶을 영위할 수 있게

to move on with their lives / and not be defined / [by a
해 주는 것이다 / 그리고 정의되지 않도록 해 (주는 것이다) /

specific event or period in their lives]. // For example, /
자신의 삶의 특정한 사건이나 기간에 의해 // 예를 들어 /

it has long been recognized / in some countries, such as
오랫동안 인식되어 왔다 / 영국과 프랑스와 같은 일부 국가에서는 /

the UK and France, / [that even past criminal convictions /
과거의 범죄 유죄 판결조차도 /

should eventually be "spent" / and not continue to affect
결국 '소모'되어야 하고 / 그리고 한 사람의 삶에 계속 영향을 미치지

a person's life]. // [Despite the reason / for supporting
않아야 한다고 / 이유에도 불구하고 / 잊힐 권리를 지지하는

the right to be forgotten], / the right to be forgotten /
잊힐 권리는 /

can sometimes come into conflict / with other rights. //
때때로 충돌할 수 있다 / 다른 권리와 //

For example, / formal exceptions are sometimes made /
예를 들어 / 공식적인 예외가 때때로 만들어진다 /

for security or public health reasons. //
안보나 공공 보건의 이유로 //

전문 해석 잊힐 권리는 사생활 권리와 구별되지만 관련이 있는 권리이다. 사생활 권리는 무엇보다도 전통적으로 보호되거나 공개되지 않아야 할 개인적인 것으로 여겨지는 정보에 대한 권리이다. (B) 반면에 잊힐 권리는 공공의 영역에 있었던 정보에 적용될 수 있다. 잊힐 권리는 특정 시점의 정보에 의해 영원히 정의되지 않아야 할 개인의 권리를 광범위하게 포함한다. (A) 그러한 권리의 한 가지 이유는 개인이 자신의 삶을 영위할 수 있게 해 주고 자신의 삶의 특정한 사건이나 기간에 의해 정의되지 않도록 해 주는 것이다. 예를 들어, 영국과 프랑스와 같은 일부 국가에서는 과거의 범죄 유죄 판결조차도 결국 '소모'되어야 하고 한 사람의 삶에 계속 영향을 미치지 않아야 한다고 오랫동안 인식되어 왔다. (C) 잊힐 권리를 지지하는 그러한 이유에도 불구하고 잊힐 권리는 다른 권리와 때때로 충돌할 수 있다. 예를 들어, 공식적인 예외가 안보나 공공 보건의 이유로 인해 때때로 만들어진다.

해설 주어진 글에서 잊힐 권리와 사생활 권리는 다르지만 관련성이 있다고 하면서 사생활 권리를 정의하고 있으므로, 사생활 권리와는 다른 잊힐 권리를 설명하는 (B)가 주어진 글 뒤에 이어져야 한다. 잊힐 권리가 특정 시점의 정보에 의해 영원히 정의되지 않아야 할 개인의 권리가 포함되는 이유를 설명하는 내용으로 (A)가 시작되고 있으므로, (B) 뒤에는 (A)가 와야 한다. 개인의 권리로써 보호되어야 할 잊힐 권리로 (A)에서 언급한 사례에도 불구하고 (C)에서 잊힐 권리가 다른 권리와 충돌할 수도 있다고 하면서 예를 들고 있으므로, (A) 뒤에는 (C)가 이어지는 것이 글의 순서로 가장 적절하다.

오답분석

오답선지	①	③	④	⑤
선택비율	7.8%	33.7%	15.0%	13.9%

③번을 선택한 학생이 많았던 이유는, 사생활 권리와는 다른 잊힐 권리를 정의하는 (B)가 주어진 글 다음에 바로 와야 하는 것까지는 파악이 어렵지 않았지만 (A)와 (C)의 순서를 정하는 데 있어 흐름을 잘못 이해했기 때문이야. (A)는 (B)에서 언급한 특정 시점의 정보에 의해 영원히 정의되지 않아야 할 개인의 권리에 대한 설명임을 우선 파악하고 (C)는 잊힐 권리가 다른 권리와 충돌되는 예외를 언급하고 있기 때문에 (A)는 (C)보다 먼저 와야 해!

5

정답 ⑤

소재 항(抗)영양소에 대한 타고난 거부 반응

직독직해

In the natural world, / [if an animal consumes a plant /
자연계에서 / 만약 동물이 식물을 섭취하면 /

{with enough antinutrients / to make it feel unwell}], /
충분한 항(抗)영양소가 있는 / 자신의 상태를 안 좋게 하기에 /

it won't eat that plant again. // Intuitively, / animals also
→ 항영양소가 많은 식물
그 동물은 그 식물을 다시는 먹지 않을 것이다 // 직관적으로 / 동물은 또한 멀리할

know to stay away / from these plants. // Years of evolution /
줄 안다 / 이러한 식물을 // 오랜 시간의 진화 /

and information [being passed down] / created this innate
→ 분사구
그리고 전해 내려오는 정보는 / 이 타고난 지능을 만들어 냈다 //

intelligence. // This "intuition," / though, / is not just seen
→ 수동태
이 '직관'은 / 그러나 / 동물에게서만 보이는 것은

in animals. // Have you ever wondered / [why most children
→ 명사절(wondered의 목적어)
아니다 // 여러분은 궁금해한 적이 있는가 / 대부분의 아이들이 왜 채소를

hate vegetables]? // Dr. Steven Gundry justifies this /
싫어하는지 // Steven Gundry 박사는 이것을 정당화한다 /
→ 동격

as part of our genetic programming, / our inner intelligence. //
우리의 유전적 프로그래밍의 일부로 / 즉 우리의 내적 지능인 //
→ 부사절(이유)   → ~로 가득 차 있다

[Since many vegetables are full of antinutrients], / your
많은 채소들이 항영양소로 가득 차 있기 때문에 / 여러분

→ keep ~ away from ...: ~을 ...으로부터 멀리하게 하다
body tries to keep you away from them / while you are
의 몸은 여러분을 그것들로부터 멀리하게 하려고 노력한다 / 여러분이 아직 연약하고

→ 사역동사+목(your taste buds)+목·보(perceive)
still fragile and in development. // It does this / by making
성장 중에 있을 때 // 그것은 이를 수행한다 / 여러분의

→ perceive ~ as ...: ~을 ...으로 인식하다
your taste buds perceive / these flavors / as bad and even
미뢰(味蕾)로 하여금 인식하게 만듦으로써 / 이러한 맛을 / 나쁘고 심지어 역겨운
→ 부사절

disgusting. // [As you grow and your body becomes
것으로 // 여러분이 성장하고 여러분의 신체가 충분히 더 강해지면
→ to부정사구

stronger enough / {to tolerate these antinutrients}], /
이러한 항영양소를 견딜 만큼 /
→ 더 이상 ~하지 않다   → as ~ as ...: ...만큼 ~한[하게]

suddenly they no longer taste / as bad as before. //
갑자기 그것들은 더 이상 느껴지지 않는다 / 이전만큼 맛이 나쁘게 //

전문 해석 자연계에서 만약 동물이 자신의 상태를 안 좋게 하기에 충분한 항(抗)영양소(영양소의 흡수를 방해하는 화합물)가 있는 식물을 섭취하면 그 동물은 그 식물을 다시는 먹지 않을 것이다. 직관적으로 동물은 또한 이러한 식물을 멀리할 줄 안다. 오랜 시간의 진화와 전해 내려오는 정보는 이 타고난 지능을 만들어 냈다. 그러나 이 '직관'은 동물에게서만 보이는 것은 아니다. 여러분은 대부분의 아이들이 왜 채소를 싫어하는지 궁금해한 적이 있는가? Steven Gundry 박사는 이것을 우리의 유전적 프로그래밍, 즉 우리의 내적 지능의 일부로 정당화한다. 많은 채소들이 항영양소로 가득 차 있기 때문에 여러분이 아직 연약하고 성장 중에 있을 때 여러분의 몸은 여러분을 그것들로부터 멀리하게 하려고 노력한다. 그것은 여러분의 미뢰(味蕾)로 하여금 이러한 맛을 나쁘고 심지어 역겨운 것으로 인식하게 만듦으로써 이를 수행한다. 여러분이 성장하고 여러분의 신체가 이러한 항영양소를 견딜 만큼 충분히 더 강해지면 갑자기 그것들은 더 이상 이전만큼 맛이 나쁘게 느껴지지 않는다.

해설 주어진 문장은 미뢰가 채소의 맛을 나쁘고 역겨운 것으로 인식하게 만들었기 때문이라고 이유를 설명한다. 이에 이 문장 바로 앞에는 우리가 어렸을 때 우리의 몸이 채소들을 멀리하게 하려고 노력한다는 내용의 문장이 있어야 하고, 바로 뒤에는 나중에 성장하여 우리의 신체가 항영양소를 견딜 만큼 충분히 강해지면 더 이상 맛을 나쁘게 느끼지 않는다는 내용의 문장이 이어져야 한다. 따라서 주어진 문장이 들어가기에 가장 적절한 곳은 ⑤이다.

오답분석

오답선지	①	②	③	④
선택비율	6.8%	10.9%	22.3%	28.0%

이 문제에서 ④번을 많이 선택한 이유는 ④ 뒤의 문장과 ⑤ 뒤의 문장이 각각 어려웠을 때와 이후 성장했을 때 차이점을 설명하기 때문에, 그 두 문장이 자연스럽게 연결된다고 판단해서야. 하지만 주어진 문장에서 말하는 '그것(It)'이 ⑤ 앞의 문장 내용을 지칭하며 구체적으로 채소들을 멀리하려는 노력의 방식을 설명하고 있으므로, 그 뒤에 이어지는 것이 자연스럽겠지?

6

정답 ⑤

소재 카운터셰이딩(명암역위형보호색)을 이용한 동물의 위장

직독직해

→ 관계절
Countershading is the process of optical flattening / [that
명암역위형보호색은 시각적으로 평평하게 하는 과정이다 / 동물에
→ 부사절(시간)
provides camouflage to animals]. // [When sunlight
게 위장을 제공하는 // 햇빛이 물체를 비출 때 /

illuminates an object / from above], / the object will be
위에서 / 그 물체는 맨 위에서 가장 밝

brightest on top. // The color of the object / will gradually
을 것이다 // 물체의 색깔은 / 점차 더 어두운색으로
→ 전치사구

shade darker / [toward the bottom]. // This shading [gives
음영이 생기게 될 것이다 / 맨 아래로 향할수록 // 이러한 음영은 물체에 농도를
→ 대등한 연결

the object depth] / and [allows the viewer to distinguish its
준다 / 그리고 보는 사람이 그것의 모양을 식별하게 해 준다
→ 부사절(양보)

shape]. // Thus / [even if an animal is exactly, but uniformly,
따라서 / 비록 동물이 정확하지만 균일하게 같은 색일지라도 /

the same color / as the substrate], / it will be easily
밑바탕과 / 그것은 쉽게 눈에 띌

visible / when illuminated. // Most animals, however, /
것이다 / 빛이 비춰질 때 // 그러나 대부분의 동물은 /
→ 부사절(시간)   → 수동태

are darker above / than they are below. // [When they are
윗부분이 더 어둡다 / 아랫부분보다 // 그들이 위에서 빛을 받을

illuminated from above], / the darker back is lightened /
때 / 더 어두운 등은 밝아진다 /

and the lighter belly is shaded. // The animal thus [appears
그리고 더 밝은 복부는 음영이 생긴다 // 따라서 동물은 하나의 색처럼 보인다 /
→ 대등한 연결

to be a single color] / and [easily blends in / with the
그리고 쉽게 섞인다 / 밑바탕과
→ 동격

substrate]. // This pattern of coloration, or countershading, /
이러한 형태의 배색 즉, 카운터셰이딩은 /

destroys the visual impression of shape / in the organism. //
모양의 시각적 인상을 파괴한다 / 생물체의 //
→ allow+목(the animal)+목·보(to blend in): ~이 ...할 수 있게 해 주다
It allows the animal to blend in / with its background. //
그것은 동물이 섞이게 해 준다 / 그것의 배경과 //

전문 해석 카운터셰이딩(명암역위형보호색)은 동물에게 위장을 제공하는 시각적으로 평평하게 하는 과정이다. 햇빛이 물체를 위에서 비출 때, 그 물체는 맨 위에서 가장 밝을 것이다. 물체의 색깔은 맨 아래로 향할수록 점차 더 어두운색으로 음영이 생기게 될 것이다. 이러한 음영은 물체에 농도를 주고 보는 사람이

그것의 모양을 식별하게 해 준다. 따라서 비록 동물이 밑바탕과 정확하지만 균일하게 같은 색일지라도 빛이 비춰질 때 그것은 쉽게 눈에 띨 것이다. 그러나 대부분의 동물은 아랫부분보다 윗부분이 더 어둡다. 그들이 위에서 빛을 받을 때, 더 어두운 등은 밝아지고 더 밝은 복부는 음영이 생긴다. 따라서 동물은 하나의 색처럼 보이고 밑바탕과 쉽게 섞인다. 이러한 형태의 배색 즉, 카운터셰이딩은 생물체의 모양의 시각적 인상을 강화한다(→ 파괴한다). 그것은 동물이 그것의 배경과 섞이게 해 준다.

해설 카운터셰이딩(명암역위형보호색)의 정의로 시작되는 이 글은 카운터셰이딩이 어떻게 동물을 시각적으로 평평하게 하는지를 설명하는 내용이다. 밑바탕과 동물이 잘 섞여야 위장을 효과적으로 제공할 수 있으므로 시각적 인상이 강화되어서는 안 되므로, ⑤의 reinforces를 destroys와 같은 낱말로 바꾸어야 한다.

오답분석

오답선지	① 맨 아래	② 농도	③ 눈에 띄는	④ 하나의
선택비율	5.5%	10.4%	27.5%	28.5%

④번은 카운터셰이딩의 의미와 과정을 혼동한 학생들이 많이 선택한 거야. 카운터셰이딩이란 대부분의 동물은 윗부분이 더 어두워 빛이 비칠 때 더 어두운 등 부분은 밝아지고 더 밝은 복부는 음영이 생기기 때문에 동물을 하나의 색으로 보이게 하는 거야. 여러 색으로 보이게 되면 위장에는 방해가 되겠지?

1 (1) ① that ② determining (2) ① full ② them
2 ① → traditionally

1 (1) ① that: argued의 목적어 역할을 하는 명사절을 이끌고 있으므로 접속사 that이 어법상 적절하다.
② determining: '~하는 데 어려움이 있다'라는 의미의 표현은 have difficulty -ing이므로 determining이 어법상 적절하다.

(2) ① full: be동사의 보어 자리에는 형용사가 와야 하므로 full이 어법상 적절하다.
② them: many vegetables를 지칭하는 대명사로 them이 어법상 적절하다.

2 ① 분사 regarded를 수식하는 말로는 부사가 와야 하므로 traditionally로 고쳐야 한다.

Daily Review   Day 3

1 (1) optimal (2) reliability (3) optical
2 (1) assessing (2) insufficiently

1 (1) optimal / 상대가 싸움에서 이길 것 같다면, 최적의 결정은 즉시 포기하고 부상당할 위험을 무릅쓰지 않는 것일 것이다.

(2) reliability / 뒤이어 일어난 Enron의 재정적인 붕괴의 한 가지 결과는 기업이 대중들에게 제공해야 하는 정보의 신뢰성을 향상하기 위해 계획된 새로운 규제의 도입이었다.

(3) optical / 지금까지 여러 해 동안 TV와 영화와 같은 매체에 의한 오락은 볼거리와 소리로 우리의 시각과 청각을 자극할 수 있었다.

2 (1) assessing / 그들은 농업 활동을 실험으로 보고 상대적 이점, 기존 자원과의 양립성, 사용의 어려움, 그리고 '시험 가능성', 즉 그것이 얼마나 잘 실험될 수 있는가와 같은 요인을 평가하고 있다.

(2) insufficiently / 잘못된 선택의 오류는, 우리가 숨어 있는 중요한 가정에 불충분하게 주의를 기울이면, 명백한 것으로 밝혀진 선택 사항들이 합리적인 대안을 고갈시키도록 오도한다.

1 ①　**2** ①　**3** ②　**4** ③　**5** ①　**6** ⑤

1

정답 ①

소재 병원 치료만큼 중요한 공공 헬스케어

직독직해

From the earliest times, / healthcare services have
가장 초기의 시대부터 / 헬스케어 서비스는 인식되어 왔다 /
→ 수동태

been recognized / to have two equal aspects, / namely
→ 두 가지의 동등한 영역에 대한 부연 설명
두 가지의 동등한 영역을 포함하는 것으로 / 즉 병원 치료

[clinical care and public healthcare]. // In classical Greek
와 공공 헬스케어를 // 고대 그리스 신화에서 /
동격

mythology, / the god of medicine, Asklepios, / had two
의료의 신 아스클레피오스에게는 / 하이지아와
동격 ┌ Hygiea

daughters, [Hygiea and Panacea]. // The former was the
파나시아라는 두 딸이 있었다 // 전자는 예방적 건강과 건강 관리,
┌ Panacea

goddess of preventive health and wellness, or hygiene, /
즉 위생의 여신이었다 /

and the latter / the goddess of treatment and curing. //
그리고 후자는 / 치료와 치유의 여신이었다 //

In modern times, / the societal ascendancy of medical
현대 시대에 / 의료 전문성에 대한 사회적 우세는 /
→ cause+목(treatment ~ patients)+목·보(to overshadow ~)

professionalism / has caused treatment of sick patients /
아픈 환자들의 치료가 /
┌ 목적격보어

[to overshadow those preventive healthcare services /
그러한 예방적 헬스케어 서비스를 가리도록 만들었다 /
┌ 분사구

{provided by the less heroic figures / of sanitary engineers,
덜 영웅적인 인물들에 의해서 제공되는 / 위생 공학자, 생물학자, 그리고

biologists, and governmental public health officers}]. //
정부 공공 건강 관료와 같은 //
┌ 관계절

Nevertheless, / the quality of health / [that human
그럼에도 불구하고 / 건강의 질은 / 인류가 향유하는 /
┌ to의 목적어①

populations enjoy] / is attributable less / to surgical
그 원인이 있다기보다 / 수술적 기민함,
┌ to의 목적어②

dexterity, innovative pharmaceutical products, and
혁신적 제약 제품, 그리고 생물 공학적 장비에 /
┌ to의 목적어③

bioengineered devices / than to the availability of public
공공 위생, 하수 관리 그리고 서비스들의 이용 가능성에 (원인이)
┌ of의 목적어①

sanitation, sewage management, and services / [which
(원인이) 있다 / 대기 오염,
┌ of의 목적어② ┌ of의 목적어③ ┌ 관계절

control the pollution of the air, drinking water, urban noise,
식수, 도시 소음, 음식을 관리하는 /

and food / for human consumption]. // The human right
인간이 소비하는 // 건강에 대한 달성 가능한

to the highest attainable standard of health / depends on
최고 수준에 대한 인간의 권리는 / 공공 헬스케어
┌ no less than ~: ~만큼이나, ~과 마찬가지로

public healthcare services / no less than on the skills and
서비스에 달려 있다 / 기술과 장비만큼이나

equipment / of doctors and hospitals. //
/ 의사와 병원의 //

전문 해석 가장 초기의 시대부터, 헬스케어 서비스는 두 가지의 동등한 영역, 즉 병원 치료와 공공 헬스케어를 포함하는 것으로 인식되어 왔다. 고대 그리스 신화에서 의료의 신 아스클레피오스에게는 하이지아와 파나시아라는 두 딸이 있었다. 전자는 예방적 건강과 건강 관리, 즉 위생의 여신이었고, 후자는 치료와 치유의 여신이었다. 현대 시대에, 의료 전문성에 대한 사회적 우세는 아픈 환자들의 치료가 위생 공학자, 생물학자, 정부 공공 건강 관료와 같은 덜 영웅적인 인물들에 의해서 제공되는 그러한 예방적 헬스케어 서비스를 가리도록 만들었다. 그럼에도 불구하고, 인류가 향유하는 건강의 질은 수술적 기민함, 혁신적 제약 제품, 그리고 생물 공학적 장비에 그 원인이 있다기보다 공공위생 하수 관리 그리고 대기 오염, 식수, 도시 소음, 인간이 소비하는 음식을 관리하는 서비스들의 이용 가능성에 (원인이) 있다. 건강에 대한 달성 가능한 최고 수준에 대한 인간의 권리는 의사와 병원의 기술과 장비만큼이나 공공 헬스케어 서비스에 달려 있다.

해설 헬스케어 서비스에는 두 가지 영역, 즉 병원 치료(치료 관리)와 공공 헬스케어(예방 관리)가 있는데, 공공 헬스케어는 현대 의료의 발달에 의해 그 중요성이 가려지는 상황에 처해 있음에도 불구하고 건강에 대한 인간의 권리는 치료적인 영역뿐만 아니라 예방적인 공공 헬스케어에 달려 있다는 내용의 글이다. 병원 치료와 공공 헬스케어의 동등한 중요성을 강조하고 있으므로, 글의 제목으로 가장 적절한 것은 ① '공공 헬스케어: 조연 아닌 공동 주연'이다.

오답분석

오답선지	선택비율
② 의학과 수술의 역사적 발전	18.0%
③ 병원 치료 논란: 당신이 모르는 것	12.6%
④ 서로 다른 신화들 사이의 상당한 유사점들	8.8%
⑤ 전 세계의 건강 혁신을 여는 계획	14.3%

②번은 글의 내용과 필자의 주장을 충분히 이해하지 못한 상태에서 글의 초반부에 classical Greek mythology가 언급되고, 이어서 In modern times가 나오면서 의학의 역사를 과거부터 현대까지 설명하고 있다고 오해해서 선택한 거야. 필자가 지문에서 말하고자 하는 바를 명확하게 이해한 뒤에 적절한 제목을 고르도록 해!

2

정답 ①

소재 도움을 받는 것의 문제점

직독직해

┌ 관계절

There are several reasons / [why support may not be
몇몇 이유들이 있다 / 도움이 효과적이지 않을 수 있는 //
┌ 명사절(is의 보어)

effective]. // One possible reason / is [that receiving
한 가지 가능한 이유는 / 도움을 받는 것이 타격이 될

help could be a blow / to self-esteem]. // A recent study
수 있다는 것이다 / 자존감에 // Christopher Burke와
┌ 전치사구

[by Christopher Burke and Jessica Goren / at Lehigh
Jessica Goren에 의한 최근 한 연구는 / Lehigh 대학교의 /
┌ 전치사구

University] / examined this possibility. // [According to
이 가능성을 조사했다 // 자존감 위협 모델 이론
┌ 수동태

the threat to self-esteem model], / help can be perceived /
에 따르면 / 도움은 여겨질 수 있다 /
┌ 수동태

as supportive and loving, / or it can be seen / as threatening /
협력적이고 애정 있는 것으로 / 혹은 보여질 수 있다 / 위협적으로 /

[if that help is interpreted / as {implying incompetence}]. //
만약 그 도움이 해석된다면 / 무능함을 암시하는 것으로 //

[According to Burke and Goren], / support is especially
Burke와 Goren에 따르면 / 도움은 특히 위협으로 보여질 가능

likely to be seen as threatening / [if it is in an area {that
성이 있다 / 그것이 자기 연관적이거나 자기 정의

is self-relevant or self-defining} — that is, / in an area
적인 영역에 있다면 / 다시 말해, / 당신 자신의 성

{where your own success and achievement are especially
공과 성취가 특히 중요한 영역 안에 있는 경우 //

important}]. // [Receiving help with a self-relevant task]
자기 연관적인 일로 도움을 받는 것은 /

can make you feel bad / about yourself, / and this can
당신이 나쁘게 느끼게 만들 수 있고 / 자기 자신에 대해 / 그리고 이것은 손상

undermine / [the potential positive effects of the help]. //
시킬 수 있다 / 도움의 잠재적인 긍정적 영향을 //

For example, / [if your self-concept rests, in part, / on your
예를 들어, / 만약 당신의 자아 개념이 어느 정도는 놓여 있다면 / 당신의 훌륭

great cooking ability], / it may be a blow to your ego
한 요리 실력에 / 이는 당신의 자아에 타격이 될 수 있다

[when a friend helps you prepare a meal for guests] /
친구가 당신이 손님들을 위해 식사를 준비하는 것을 도울 때 /

because it suggests / [that you're not the master chef / {you
이는 암시하기 때문이다 / 당신이 유능한 요리사가 아니라는 점을 / 자신이

thought you were}]. //
그렇다고 생각했던 //

전문 해석 도움이 효과적이지 않을 수 있는 몇몇 이유들이 있다. 한 가지 가능한 이유는 도움을 받는 것이 자존감에 타격이 될 수 있다는 것이다. Lehigh 대학교의 Christopher Burke와 Jessica Goren에 의한 최근 한 연구는 이 가능성을 조사했다. 자존감 위협 모델 이론에 따르면, 도움은 협력적이고 애정 있는 것으로 여겨질 수도 있고, 혹은 만약 그 도움이 무능함을 암시하는 것으로 해석된다면 위협적으로 보여질 수 있다. Burke와 Goren에 따르면 도움이 자기 연관적이거나 자기 정의적인 영역 — 다시 말해, 당신 자신의 성공과 성취가 특히 중요한 영역 — 안에 있는 경우, 그것은 특히 위협으로 보여질 가능성이 있다. 자기 연관적인 일로 도움을 받는 것은 당신이 자신에 대해 나쁘게 느끼게 만들 수 있고, 이것은 도움의 잠재적인 긍정적 영향을 손상시킬 수 있다. 예를 들어, 만약 당신의 자아 개념이 어느 정도는 당신의 훌륭한 요리 실력에 놓여 있다면, 친구가 당신이 손님들을 위해 식사를 준비하는 것을 도울 때 이는 당신의 자아에 타격이 될 수 있는데 이는 당신이 자신이 그렇다고 생각했던 유능한 요리사가 아니라는 점을 암시하기 때문이다.

해설 자존감 위협 모델에 따르면 도움은 자신의 무능함을 암시하는 경우 위협적으로 여겨지며, 자기 연관적이거나 정의적인 영역에서 특히 그렇게 느껴진다고 설명한다. 따라서 빈칸에는 자기 연관적인 일에서 도움을 받는 것이 '자존감에 위협이 된다'와 같은 내용이 와야 하므로, 빈칸에 들어갈 말로 가장 적절한 것은 ①이다.

오답분석

오답선지	선택비율
② 도전에 대처하는 당신의 능력을 향상할	20.9%
③ 또 다른 부탁을 하는 방법으로 여겨질	9.6%
④ 당신이 성공했다고 생각하도록 당신을 속일	20.4%
⑤ 당신의 행동을 본보기로 삼으려는 사람을 낙담시킬	9.3%

②번과 ④번을 고른 학생들이 많았던 것은 도움이 자존감에 오히려 부정적인 영향을 준다는 글의 내용을 잘 이해하지 못한 상태에서 도움이 우리가 도전에 대처하거나(deal with challenges), 성공(successful)에 도움이 된다고 판단했기 때문이야. 필자가 하고자 하는 말이 무엇인지 명확히 이해하는 것이 우선이라는 것을 명심해!

3

정답 ②

소재 근거와 주장이 있는 논쟁의 이점

직독직해

One benefit of reasons and arguments / is [that they
근거와 주장의 한 가지 이점은 / 겸손을 기를 수 있다

can foster humility]. // [If two people disagree / without
는 점이다 // 만약에 두 사람이 의견만 다르다면 / 논쟁 없이 /

arguing], / all [they do] is yell / at each other. // No
그들이 하는 것은 고함을 지르는 것뿐이다 / 서로에게 // 어떠

progress is made. // Both still think / [that they are right]. //
한 발전도 없다 // 양측은 여전히 생각한다 / 자신이 옳다고 //

In contrast, / [if both sides give arguments {that articulate
대조적으로 / 양측이 주장을 제시한다면 / 이유를 분명하게 말하

reasons / for their positions}], / then new possibilities open
는 / 자신의 입장에 대한 / 그러면 새로운 가능성이 열린다

up. // One of the arguments gets refuted / — that is, / it is
이러한 주장 중 한쪽이 반박된다 / 즉 / 틀렸다

shown to fail. // In that case, / the person [who depended on
는 것이 보여진다 // 이런 경우에 / 반박된 주장에 의지했던 사람은 배운다

the refuted argument] learns / [that he needs to change his
자신의 관점을 바꿀 필요가 있다는 것을 //

view]. // That is one way [to achieve humility] / — on one
이것은 겸손을 얻는 한 방식이다 / 적어도 한

side at least. // Another possibility is [that neither argument
쪽에서는 // 또 다른 가능성은 어떤 주장도 반박되지 않는 것이다 //

is refuted]. // Both have a degree of reason / on their side. //
둘 다 어느 정도 근거가 있다 / 자신의 입장에서 //

[Even if neither person {involved} is convinced / by the
대화자의 어느 누구도 설득되지 않더라도 / 상대의 주

other's argument], / both can still come to appreciate the
장에 / 양측은 그럼에도 불구하고 반대 견해를 이해하게 된다

opposing view. // They also realize / [that, {even if they
그들은 또한 인식하게 된다 / 그들이 약간의 진실을 가지고

have some truth}, / they do not have the whole truth]. //
있다 하더라도 / 그들은 완전한 진실을 가지고 있지 않다는 점을 //

They can gain humility / [when they recognize and
그들은 겸손을 얻을 수 있다 / 그들이 근거를 인식하고 이해할 때

appreciate the reasons / {against their own view}]. //
자신의 견해에 반대되는 //

전문 해석 근거와 주장의 한 가지 이점은 겸손을 기를 수 있다는 점이다. 만약에 두 사람이 논쟁 없이 의견만 다르다면, 그들이 하는 것은 서로에게 고함을 지르는 것뿐이다. 어떠한 발전도 없다. (B) 양측은 여전히 자신이 옳다고 생각한다. 대조적으로, 양측이 자신의 입장에 대한 이유를 분명하게 말하는 주장을

제시한다면, 새로운 가능성이 열린다. 이러한 주장 중 한쪽이 반박된다. 즉, 틀렸다는 것이 보여진다. 그런 경우에 반박된 주장에 의지했던 사람은 자신의 관점을 바꿀 필요가 있다는 것을 배운다. (A) 이것은 적어도 한쪽에서는 겸손을 얻는 한 방식이다. 또 다른 가능성은 어떤 주장도 반박되지 않는 것이다. 둘 다 자신의 입장에서 어느 정도 근거가 있다. 대화자의 어느 누구도 상대의 주장에 설득되지 않더라도, 양측은 그럼에도 불구하고 반대 견해를 이해하게 된다. (C) 그들이 약간의 진실을 가지고 있다 하더라도 완전한 진실은 가지고 있지 않다는 점을 그들은 또한 인식하게 된다. 그들은 자신의 견해에 반대되는 근거를 인식하고 이해할 때 겸손을 얻을 수 있다.

해설 주어진 글에서 근거와 주장을 통해 겸손을 기를 수 있다고 말하면서, 양측이 근거와 주장 없이 의견만 다른 경우에는 어떠한 발전도 없다고 말하고 있으므로, 양측은 여전히 자신이 옳다고 생각한다는 내용으로 시작되는 (B)가 주어진 글 뒤에 이어져야 한다. 적어도 한쪽에서 겸손을 얻는 방식이라는 내용으로 (A)가 시작되고 있으므로, 양측이 자신의 입장을 분명히 제시함으로써 반박된 주장에 의지했던 사람이 자신의 관점을 바꿀 필요가 있다는 것을 배우게 된다는 (B) 뒤에는 (A)가 와야 한다. (A)에서 또 다른 가능성으로 어떤 주장도 반박되지 않더라도 반대 견해를 이해하게 된다는 내용에 대한 추가적인 설명으로 약간의 진실을 가지고 있다 하더라도 완전한 진실은 가지고 있지 않다는 점을 인식하게 된다고 설명하고 있으므로, (A) 뒤에는 (C)가 이어지는 것이 글의 순서로 가장 적절하다.

오답분석

오답선지	①	③	④	⑤
선택비율	7.9%	24.4%	14.6%	10.3%

주어진 문장과 (B)의 앞부분이 연결된다는 것은 파악이 어렵지 않았을 거 같아. 그런데 ③번을 많이 선택한 이유는 (A)의 Another possibility만 보고 또 다른 가능성을 언급하기 때문에 (A)가 (C) 뒤에 온다고 오해했을 수도 있어. 순서를 결정하는 데 도움이 되기도 하지만 특정 연결사나 어구만 보고 성급하게 순서를 파악하는 것은 위험해!

4

정답 ③

소재 Adam Smith의 노동의 전문화

직독직해

Adam Smith pointed out / [that specialization, / {where
Adam Smith는 지적했다 / 전문화 /

each of us focuses on one specific skill}, / leads to a
즉, 우리 각각이 하나의 특정 기술에 집중하는 것이 / 모든 사람의 복지

general improvement of everybody's well-being]. // The
의 전반적인 향상을 이끈다고 // 그 개념

idea is simple and powerful. // By specializing in just one
은 간단하고 강력하다 // 단지 하나의 활동에서만 전문화함으로써 /

activity / — such as food raising, clothing production, or
 예를 들어 식량 재배, 의류 생산, 혹은 주택 건설과 같은 /

home construction / — each worker gains mastery / over
 각각의 노동자는 숙달하게 된다 / 특정한

the particular activity. // Specialization makes sense, /
활동에 // 전문화는 성립한다 /

however, / [only if the specialist can subsequently trade his
하지만 / 전문가가 자신의 생산물을 후속적으로 거래할 수 있을 때만 /

or her output / with the output of specialists / in other lines
 전문가들의 생산물과 / 다른 활동 라인의 //
of activity]. // It would make no sense / [to produce more
 말이 되지 않을 것이다 / 더 많은 식량을 생산하는

food / than a household needs / {unless there is a market
것은 / 한 가구가 필요로 하는 것보다 / 만약 시장 판매처가 없다면 /

outlet / to exchange that excess food / for clothing, shelter,
 그 넘치는 식량을 교환할 / 의류, 주거지 등등으로 //

and so forth}]. // At the same time, / [without the ability
 동시에 / 시장에서 식량을 구매할 능력이

{to buy food on the market}], / it would not be possible /
없다면 / 불가능할 것이다 /

[to be a specialist home builder or clothing maker], / since
 전문 주택 건축가나 전문 의류 제작자가 되는 것은 / 필요하기

it would be necessary / [to farm / for one's own survival]. //
때문에 / 농사를 짓는 것이 / 자기 자신의 생존을 위해 //

Thus Smith realized / [that the division of labor is limited /
따라서 Smith는 알았다 / 노동의 분업은 제한된다는 것을 /

by the extent of the market, / whereas the extent of the
 시장의 규모에 의해 / 시장의 규모는 결정되는 반면에 /

market is determined / by the degree of specialization]. //
 전문화의 정도에 따라 //

전문 해석 Adam Smith는 전문화, 즉 우리 각각이 하나의 특정한 기술에 집중하는 것이 모든 사람의 복지의 전반적인 향상을 이끈다고 지적했다. 그 개념은 간단하고 강력하다. 예를 들어, 식량 재배, 의류 생산, 혹은 주택 건설과 같은 단지 하나의 활동에서만 전문화함으로써 각각의 노동자는 특정한 활동에 숙달하게 된다. 하지만 전문화는 전문가가 자신의 생산물을 다른 활동 라인 전문가들의 생산물과 후속적으로 거래할 수 있을 때만 성립한다. 만약 그 부족한(→넘치는) 식량을 의류, 주거지 등등으로 교환할 시장 판매처가 없다면 한 가구가 필요로 하는 것보다 더 많은 식량을 생산하는 것은 말이 되지 않을 것이다. 동시에, 시장에서 식량을 구매할 능력이 없다면, 자기 자신의 생존을 위해 농사를 짓는 것이 필요하기 때문에 전문 주택 건축가나 전문 의류 제작자가 되는 것은 불가능할 것이다. 따라서 Smith는 시장의 규모는 전문화의 정도에 따라 결정되는 반면에, 노동의 분업은 시장의 규모에 의해 제한된다는 것을 알았다.

해설 한 가구가 필요로 하는 것보다 더 많은 식량을 생산하는 것은 의류, 주거지 등 다른 것을 전문화로 하는 전문가와 생산물을 교환하기 위해서이기 때문에 한 가구가 필요로 하는 것보다 '더 많은' 식량을 교환할 시장 판매처가 없다면 전문화는 이뤄지지 않는다는 내용의 글이다. 따라서 ③의 scarce를 excess와 같은 낱말로 바꿔야 한다.

오답분석

오답선지	① 숙달	② 거래할	④ 필요한	⑤ 제한된
선택비율	5.2%	5.9%	20.2%	24.3%

⑤번의 limited는 우선 문항의 특성상 반의어를 생각하기가 쉬워 선택했을 거야. 필자는 전문화가 자신의 생산물을 다른 전문가들의 생산물과 교환할 수 있을 때만 성립할 수 있다고 했잖아. 그렇기 때문에 전문화의 정도에 따라 결정된 시장의 규모가 노동의 분업(the division of labor)까지 제한하는 것이 맞아.

5~6

정답 5 ① / 6 ⑤

소재 JOMO(소외되는 것에 대한 즐거움)의 장점

The driver of FOMO (the fear of missing out) is the
FOMO(소외되는 것에 대한 두려움)의 동기는 사회적 압박이다 /
→to부정사구

social pressure / [to be at the right place with the right
적재적소에 있어야 한다는 /

people], / [whether it's from a sense of duty / or just trying
→부사절
그것이 의무감으로부터 오는 것이든지 / 또는 앞서 나가려는

to get ahead], / we feel obligated to attend certain events /
~해야 한다는 의무감을 느끼다
것에서 오는 것이든지 간에 / 우리는 어떤 행사에 참석해야만 한다는 의무감을 느낀다 /

for work, for family and for friends. // This pressure from
직장, 가족, 친구를 위해서 // 사회로부터의 이러한 압박은 /
→분사구

society / [combined with FOMO] / can wear us down. //
FOMO와 결합된 / 우리를 지치게 할 수 있다 //

According to a recent survey, / 70 percent of employees
최근 연구에 따르면 / 직원들 중 70%는 인정한다 /
→명사절(admit의 목적어)

admit / [that {when they take a vacation}, / they still don't
부사절(시간)
휴가를 가서도 / 여전히 직장에서 단절되지

관계절(Our digital habits를 부연 설명)

disconnect from work]. // Our digital habits, / [which
되지 않는다고 // 디지털 습관은 / 끊임없이

include constantly checking emails, and social media
이메일, 소셜 미디어 타임라인을 확인하는 것을 포함한 /
so ~ that ...: 너무 ~해서 …하다

timelines], / have become so firmly established, / (that)
너무 굳어져서 / 거의 불가
→형식상의 주어 →내용상의 주어(to부정사구)

it is nearly impossible / [to simply enjoy the moment, /
능하다 / 그저 그 순간을 즐기는 것은 /
→~과 함께 관계절

along with the people / {with whom we are sharing these
사람들과 / 그 순간을 나누고 있는 //

moments}]. //

JOMO (the joy of missing out) [is the emotionally
JOMO(소외되는 것에 대한 즐거움)는 정서적으로 현명한 해독제이다 /
대등한 연결

intelligent antidote / to FOMO] / and [is essentially
FOMO에 대한 / 그리고 본질적으로 현재에 있으
→동명사구(about의 목적어①) →동명사구(about의 목적어②) ~에 만족하다

about {being present} and {being content with / where
면서 만족하는 것에 관한 것이다 / 당신이
~과 …을 비교하다

you are at in life}]. // You do not need to compare your
현재의 삶 속에서 // 당신은 다른 사람들과 자신의 삶을 비교할 필요가 없다
대등한 연결

life to others / but instead, [practice / tuning out the
그러나 대신에 연습하라 / '해야 하는 것'과 '원하는

background noise of the "shoulds" and "wants"] / and [learn
것'의 배경 소음을 없애는 것을 / 그리고 걱정을
→을 버리다 →명사절(worrying의 목적어)

to let go of worrying / {whether you are doing something
버리는 법을 배워라 / 당신 행동의 옳고 그름에 대한 //
→allows의 목적격보어①

wrong}]. // JOMO allows us [to live life in the slow lane], /
JOMO는 우리가 느리게 가는 삶을 살도록 해 주고 /
→allows의 목적격보어② →allows의 목적격보어③

[to appreciate human connections], / [to be intentional with
인간관계의 연결을 이해하며 / 당신의 시간에 대해서 의도를 갖고 /
→allows의 목적격보어④ →allows의 목적격보어⑤

our time], / [to practice saying "no,"] / [to give ourselves
'아니요'라고 말하는 연습을 하고 / 자신에게 '기기에서 벗어나
→allows의 목적격보어⑥

"tech-free breaks,"] / and [to give ourselves permission /
는 시간'을 주고 / 그리고 스스로에게 허락해 준다

대등한 연결

{to acknowledge where we are} and {to feel emotions}]. //
당신이 현재 있는 곳을 인식하고 감정을 느낄 수 있도록 //
→동명사구(of의 목적어) →~을 따라잡다

Instead of [constantly trying to keep up with the rest of
나머지 사회를 따라잡으려고 끊임없이 애쓰는 대신에 /

society], / JOMO allows us to be / who we are / in the
JOMO는 우리가 될 수 있도록 해 준다 / 우리 자신이 / 현재 이
→부사절(시간)

present moment. // [When you free up that competitive and
순간에 // 당신이 경쟁적이고 걱정스러운 공간을 해방시킬 때 /
→전치사구

anxious space / {in your brain}], / you have so much more
뇌 속 / 당신은 더욱더 많은 시간, 에너지와 감

time, energy, and emotion / to conquer your true priorities. //
정을 갖게 된다 / 당신의 진정한 우선순위를 얻을 수 있는 //

전문 해석 FOMO(소외되는 것에 대한 두려움)의 동기는 적재적소에 있어야 한다는 사회적 압박인데, 그것이 의무감으로부터 오는 것이든지 또는 앞서 나가려는 것에서 오는 것이든지 간에, 우리는 직장, 가족, 친구를 위해서 어떤 행사에 참석해야만 한다는 의무감을 느낀다. FOMO와 결합된 사회로부터의 이러한 압박은 우리를 지치게 할 수 있다. 최근 연구에 따르면 직원들 중 70%는 휴가를 가서도 여전히 직장에서 단절되지는 않는다고 인정했다. 끊임없이 이메일, 소셜 미디어 타임라인을 확인하는 것을 포함한 디지털 습관은 너무 굳어져서, 그 순간을 나누고 있는 사람들과 그저 즐기는 것은 거의 불가능하다. JOMO(소외되는 것에 대한 즐거움)는 FOMO에 대한 정서적으로 현명한 해독제이고, 본질적으로 현재에 있으면서 당신이 현재의 삶 속에서 만족하는 것에 관한 것이다. 당신은 다른 사람들과 자신의 삶을 비교할 필요가 없지만, 대신에 '해야 하는 것'과 '원하는 것'의 배경 소음을 없애는 연습을 하고, 당신 행동의 옳고 그름에 대한 걱정을 버리는 법을 배워라. JOMO는 느리게 가는 삶을 살도록 해 주고, 인간관계의 연결을 이해하며, 당신의 시간에 대해서 의도를 갖고, '아니요'라고 말하는 연습을 하고, 자신에게 '기기에서 벗어나는 시간'을 주며, 당신이 현재 있는 곳을 인식하고 감정을 느낄 수 있도록 스스로에게 허락해 준다. 나머지 사회를 따라잡으려고 끊임없이 애쓰는 대신에, JOMO는 현재 이 순간에 우리 자신이 될 수 있도록 해 준다. 당신이 뇌 속 경쟁적이고 걱정스러운 공간을 활성화할(→ 해방시킬) 때, 당신은 더욱더 많은 시간, 에너지와 감정을 갖고 당신의 진정한 우선순위를 얻을 수 있다.

해설 5 우리가 현재를 즐기지 못하고 스스로에게 피로감만 주는 FOMO(소외되는 것에 대한 두려움)의 해독제로서 JOMO(소외되는 것에 대한 즐거움)가 있음을 설명하는 글이다. JOMO는 우리가 현재의 삶에 만족하면서 다른 사람과 비교하지 않으면서 온전히 나의 감정을 느낄 수 있도록 하는 것 등의 많은 장점이 있다고 말하고 있으므로, 글의 제목으로 가장 적절한 것은 ① '소외되는 것은 좋은 점이 있다'이다.

6 뇌 속의 경쟁적이고 걱정스러운 공간은 FOMO가 발동할 때 생기는 것이므로 JOMO를 통해 이 부정적인 부분을 '활성화하는(activate)' 것이 아니라 '해방시켜야(free up)' 우리의 진정한 우선순위를 얻기 위한 시간, 에너지, 감정을 가질 수 있는 것이다. 따라서 밑줄 친 낱말 중 문맥상 쓰임이 적절하지 않은 것은 ⑤이다.

오답분석

오답선지	선택비율
5 ② JOMO: 또 다른 형태의 자기기만	32.2%
③ 디지털 기술을 따라잡는 방법	11.8%
④ 타인으로부터 고립되는 것은 당신을 외롭게 만든다	8.4%
⑤ 소셜 미디어 올바르게 사용하기: 행동 수칙	12.4%

6 ① 의무를 진	7.7%
② 단절되다	18.7%
③ 만족하는	14.8%
④ 의도적인	25.3%

5 ②번은 JOMO에 대한 이야기이기 때문에 시간이 부족한 상황에서 JOMO만 보고 답을 고른 거 같아. 하지만 이 글은 FOMO의 문제를 해결하는 JOMO의 장점을 말하는 글이지, JOMO가 자기기만이라고 말하는 것은 아니야!

6 ④번은 JOMO의 장점을 언급하는 부분(JOMO allows us to live life in the slow lane, to appreciate human connections, to be intentional with our time ~)의 일부라서 좋은 점들이 나열되는데 '시간에 대해서 의도를 갖는다'는 것이 부정적으로 읽혀 그것을 고른 거 같아. 하지만 시간에 대해서 의도를 가진다는 말은 '기기에서 벗어나는 시간을 준다'와 같이 스스로 의도를 가지고 시간을 통제한다는 의미이기 때문에 긍정적인 측면이야.

Daily Review   Day **4**

Vocabulary Check-up

1 (1) attainable (2) convince (3) priority
2 (1) argument (2) implying

---

1 (1) attainable / 의아스럽게도 이 새로운 수준의 불확실성으로부터 훨씬 더 위대한 목표가 나타나고 달성 가능해 보인다.

(2) convince / 여러분이 시의회에 도서관을 위한 보안 요원을 고용할 필요를 납득시키려고 하는 의견서를 작성했고, 여러분이 납득시키고 싶어 하는 사람들인 시의회 의원 중 절반이 자신들의 8학년 문법 교사가 부정사를 분리하는 것에 대해 경고한 내용을 기억한다고 하자.

(3) priority / 사회 인류학자와 문화 인류학자 사이의 논쟁은 개념들 간의 차이에 관한 것이 아니라 분석적 우선순위에 관한 것으로, 즉 사회적인 닭이 먼저냐, 문화적인 달걀이 먼저냐는 것이다.

2 (1) argument / 팬이 사랑하는 것은 그들의 팬덤의 대상이라기보다 그 애정이 제공하는 서로에 대한 애착(그리고 서로 간의 차이)이라는 강력한 주장이 제기될 수 있다.

(2) implying / 따라서 군중은 수동성을 통해 사건이 비상 상황이 아님을 넌지시 비춤으로써 구성원들이 가만히 있도록 강제할 수 있다.

Grammar Check-up

1 (1) ① to overshadow ② provided (2) ① It ② to exchange
2 ④ → learns

---

1 (1) ① to overshadow: 동사 caused의 목적격보어로 to부정사가 오기 때문에 to overshadow가 어법상 적절하다.
② provided: those preventive healthcare services를 수식하는 말이 와야 하므로 분사 provided가 어법상 적절하다.
(2) ① It: to produce 이하가 내용상의 주어이므로 형식상의 주어 It이 어법상 적절하다.
② to exchange: a market outlet을 수식하는 말로 to exchange가 어법상 적절하다.

2 ④ 주어 the person에 대한 동사가 와야 하므로 learns로 고쳐야 한다.

1

정답 ①

소재 고객 가치 창출과 기업의 수익성

직독직해

For companies / [interested in {delighting customers}], /
└분사구　　　　　└동명사구(in의 목적어)
기업들에게 /　　고객들을 즐겁게 하는 데 관심이 있는 /

exceptional value and service / become part of the overall
뛰어난 가치와 서비스는 /　　　　기업 문화 전반의 일부가 된다 //

company culture. // For example, / year after year, / Pazano
예를 들어 /　　　해마다 /　　　Pazano는

ranks at or near the top of the hospitality industry / in terms
　　　　　　　　　　　　　　　　　　　　　　└~라는 측면에서
서비스업 중 최상위 또는 상위권을 차지한다 /　　　고객 만족이

of customer satisfaction. // The company's passion for
라는 측면에서 //　　　　　고객을 만족시키기 위한 그 기업의 열정은 /
└동명사구(for의 목적어)　　 └수동태　　관계절(its credo 부연 설명)

[satisfying customers] / is summed up in its credo, / [which
　　　　　　　　그것의 신조에 요약되어 있고 /　이는 약속
promises / {that its luxury hotels will deliver a truly
└명사절(promises의 목적어)
한다 /　그 기업의 고급 호텔이 진정으로 기억될 만한 경험을 제공할 것을 //
└부사절(양보)

memorable experience}]. // [Although a customer-centered
고객 중심 기업은 제공하고자 하지만 /
　　　　　　　　　　　　　└~ 대비, ~에 비해

firm seeks to deliver / high customer satisfaction / relative
높은 고객 만족을 /　　　　경쟁사 대비
└a customer-centered firm

to competitors], / it does not attempt to *maximize* customer
그것은 고객 만족을 '최대화하려고' 하지는 않는다 //

satisfaction. // A company can always increase customer
기업은 고객 만족을 항상 높일 수 있다 /
　　　　　　　└동명사구(by의 목적어①)　　　└동명사구(by의 목적어②)

satisfaction / by [lowering its price] or [increasing its
가격을 낮추거나 서비스를 증진시킴으로써 //
　　　　　　　└(결과로) ~로 이어지다

services]. // But this may result in lower profits. // Thus, /
하지만 이것은 더 낮은 이윤으로 이어질지도 모른다 //　따라서 /
　　　　　　　　　　　　└to부정사구(~하는 것)

the purpose of marketing / is [to generate customer value
마케팅의 목적은 /　　　　수익을 내면서 고객 가치를 창출하는 것이다 //

profitably]. // This requires a very delicate balance: / the
이것은 매우 미묘한 균형을 필요로 하는데 /　　　마케
　　　　　　└generate의 목적어①

marketer must continue to generate / more customer value
팅 담당자는 계속해서 창출해야 한다 /　더 많은 고객 가치와 만족 /
└generate의 목적어②

and satisfaction / but not 'give away the house'. //
　　　　그러나 '집을 거저나 다름없이 팔아서는' 안 된다 //

전문 해석 고객들을 즐겁게 하는 데 관심이 있는 기업들에게, 뛰어난 가치와 서비스는 기업 문화 전반의 일부가 된다. 예를 들어, 해마다, 고객 만족이라는 측면에서 Pazano는 서비스업 중 최상위 또는 상위권을 차지한다. 고객을 만족시키기 위한 그 기업의 열정은 그것의 신조에 요약되어 있고, 이는 그 기업의 고급 호텔이 진정으로 기억될 만한 경험을 제공할 것을 약속한다. 고객 중심 기업은 경쟁사 대비 높은 고객 만족을 제공하고자 하지만, 그것은 고객 만족을 '최대화하려고' 시도하지는 않는다. 기업은 가격을 낮추거나 서비스를 증진시킴으로써 고객 만족을 항상 높일 수 있다. 하지만 이것은 더 낮은 이윤으로 이어질지도 모른다. 따라서, 마케팅의 목적은 수익을 내면서 고객 가치를 창출하

는 것이다. 이것은 매우 미묘한 균형을 필요로 하는데, 마케팅 담당자는 더 많은 고객 가치와 만족을 계속해서 창출해야 하지만 '집을 거저나 다름없이 팔아서는' 안 된다.

해설 고객 만족도를 중시하는 기업들에게 뛰어난 가치와 서비스를 제공하는 것이 기업의 문화이기는 하지만, 그렇다고 기업의 수익을 포기할 수는 없기 때문에 그 균형을 잘 맞춰야 한다는 내용의 글이다. 따라서 마케팅의 목적은 고객 가치와 만족을 계속 추구하면서 수익을 포기하지는 않아야 하므로, 밑줄 친 부분이 글에서 의미하는 바로 가장 적절한 것은 ① '기업의 수익성을 위협해서는'이다.

오답분석

오답선지	선택비율
② 경쟁자의 강점을 간과해서는	5.3%
③ 회사의 평판을 해쳐서는	10.0%
④ 더 많은 고객의 불만을 만들어 내서는	19.7%
⑤ 고객 지향의 마케팅을 포기해서는	14.7%

④번은 밑줄 친 부분이 있는 문장이 but으로 연결되어 있어 단순하게 앞 내용과 반대되는 뜻이라고 잘못 이해한 거야. 즉, 마케팅 담당자가 더 많은 고객 가치와 만족을 계속 창출한다는 것과 고객을 만족시키지 못한다는 내용이 상반되는 내용이기 때문이지. 단순하게 문장 내에서 의미를 해석하지 말고, 전체적인 글의 내용과 연결해서 정답을 찾아야 한다는 것을 명심해!

2

정답 ①

소재 언론인의 독립성 부족

직독직해

[What is unusual about journalism / as a profession] /
└관계절(주어)
저널리즘에 관해 특이한 점은 /　　　직업으로서의 /

is its lack of independence. // In theory, / practitioners [in
그것의 독립성의 부족이다 //　이론적으로 /　고전적인 전문직에 종사
　　　　　　　　　　　　　　　　　　　　　　　　└전치사구

the classic professions], / like medicine or the clergy, /
하는 사람들은 /　　　　의학이나 성직자와 같은 /
└(예를 들어) ~ 같은

contain the means of production / in their heads and hands, /
생산 수단을 가지고 있다 /　　그들의 머리와 손에 /
└in의 목적어①　　　└in의 목적어②
　　　　　　　　　　　　└for의 목적어①

and therefore do not have to work / for a company or an
그러므로 일할 필요가 없다 /　　회사나 고용주를 위해 //
　　　　　　　　　　　　　　　　└for의 목적어②

employer. // They can draw their income directly / from
그들은 직접 수입을 끌어낼 수 있다 /　　　고객이나
└from의 목적어①　　└from의 목적어②　└부사절(이유)

their clients or patients. // [Because the professionals hold
환자로부터 //　　　　전문직 종사자들이 지식을 보유하고 있기 때문에
　　　　　　　　　　　　　　　　　　　　└에 의존하다

knowledge], / moreover, / their clients are dependent
게다가 /　　그들의 고객들은 그들에게 의존한다 //

on them. // Journalists hold knowledge, / but it is not
언론인들은 지식을 보유하고 있는데 /　　하지만 그것은 본질적
　　　　　　　　　　　　　　　　　　└명사절(argue의 목적어)

theoretical in nature; / one might argue / [that the public
으로 이론적이지 않다 /　어떤 사람들은 주장할지도 모른다 / 대중이 언론인들에게

depends on journalists / in the same way / {that patients
　　　　　　　　　　　　　　　　　└관계절
의존한다고 /　　　같은 방식으로 /　　환자들이 의사들에게

depend on doctors}], / but in practice / a journalist can
의존하는 것과 / 하지만 실제로 / 언론인은 대중에게 봉사할

→ ~(함)으로써
serve the public / usually only by working for a news
수 있으며 / 일반적으로 뉴스 기관을 위해 일해야만 /

→ 관계절(a news organization 부연 설명) ┌→ 마음대로
organization, / [which can fire her or him at will]. //
기관은, / 그 기관은 그들을 마음대로 해고할 수 있다 //

┌→ not ~ but ...: ~이 아니라 ...
Journalists' income depends / not on the public, / but on
언론인들의 수입은 의존한다 / 대중이 아닌 / 고용한 뉴스
　　　관계절(the employing news organization 부연 설명)
the employing news organization, / [which often derives
기관에 / 이는 종종 수익의 대부분을

the large majority of its revenue / from advertisers]. //
얻는다 / 광고주들로부터 //

전문 해석 직업으로서의 저널리즘에 관해 특이한 점은 그것의 독립성의 부족이다. 이론적으로, 의학이나 성직자와 같은, 고전적인 전문직에 종사하는 사람들은 그들의 머리와 손에 생산 수단을 가지고 있으므로, 회사나 고용주를 위해 일할 필요가 없다. 그들은 고객이나 환자로부터 직접 수입을 끌어낼 수 있다. 게다가, 전문직 종사자들이 지식을 보유하고 있기 때문에, 그들의 고객들은 그들에게 의존한다. 언론인들은 지식을 보유하고 있지만, 그것은 본질적으로 이론적이지 않은데, 어떤 사람들은 환자들이 의사들에게 의존하는 것과 같은 방식으로 대중이 언론인들에게 의존한다고 주장할지도 모르지만, 실제로 언론인은 일반적으로 뉴스 기관을 위해 일해야만 대중에게 봉사할 수 있으며, 그 기관은 그들을 마음대로 해고할 수 있다. 언론인들의 수입은 대중이 아닌, 고용한 뉴스 기관에 의존하는데, 이는 종종 광고주들로부터 수익의 대부분을 얻는다.

해설 전문직에 종사하는 사람들은 자신의 머리와 손이 생산 수단이므로 회사나 고용주를 위해 일할 필요가 없는 반면, 언론인은 뉴스 기관에 고용되어 일할 때만 대중들에게 서비스를 제공할 수 있어 그들을 고용한 뉴스 기관과 수입을 제공하는 광고주들에게 의존할 수밖에 없다는 내용의 글이므로, 빈칸에 들어갈 말로 가장 적절한 것은 ①이다.

오답분석

오답선지	선택비율
② 진실을 위한 지속적인 탐구	13.0%
③ 여론에 대한 무시	24.6%
④ 수입과 신념의 균형	19.8%
⑤ 사회적 영향력에 대한 과신	14.2%

③번은 Because the professionals hold knowledge, moreover, their clients are dependent on them., one might argue that the public depends on journalists in the same way that patients depend on doctors 등을 읽고 고객들이 의존할 수밖에 없는 다른 전문직과는 달리 언론인은 대중(여론)과 서로 맞서는 관계일 거라고 잘못 이해했을 거야. 하지만 언론인은 여론을 무시하는 것이 아니라 뉴스 기관이나 광고주에게 의존할 수밖에 없다는 것이 이 글의 핵심 내용이야.

3

정답 ①

소재 완전히 자유롭지 않은 자유 시장 시스템

직독직해

In most of the world, / capitalism and free markets
세계 대부분에서 / 자본주의와 자유 시장은 오늘날 받아들여지고

┌→ 수동태
are accepted today / as constituting the best system /
있다 / 최고의 시스템을 구성하는 것으로
　　┌→ 동명사구(for의 목적어①) ┌→ 동명사구(for의 목적어②)
for [allocating economic resources] and [encouraging
경제적 자원을 분배하고 경제적 생산을 장려하기 위한 //
　　　　　　　　　　　┌→ 현재완료
economic output]. // Nations have tried other systems, /
경제적 생산을 // 국가들은 다른 시스템들을 시도했다 /

┌→ (예를 들어) ~ 같은
such as socialism and communism, / but in many cases /
사회주의와 공산주의와 같은 / 하지만 많은 경우 /
　　　　　　　　┌→ either ~ or: 둘 중 하나
they have either switched wholesale to / or adopted aspects
그들은 (자유 시장으로) 완전히 전환하거나 / 혹은 자유 시장의 측면을
　　　　　　　┌→ 전치사구
of free markets. // [Despite the widespread acceptance of
받아들였다 // 자유 시장 시스템의 광범위한 수용에도 불구하고 /
　　　　　　　　　　　　　　　┌→ 수동태
the free-market system], / markets are rarely left entirely
시장이 완전히 자유로운 상태로 맡겨지는 경우는

free. // Government involvement takes many forms, /
드물다 // 정부의 개입은 다양한 형태를 취한다 /
┌→ range from ~ to ...: (범위가) ~로부터 ...까지이다
[ranging from the enactment and enforcement of laws
법과 규정의 제정과 집행에서부터 /

and regulations / to direct participation in the economy /
그리고 규정의 / 직접적인 경제 참여에 이르기까지 /
　　　　　　┌→ (예를 들어) ~ 같은
through entities like the U.S.'s mortgage agencies]. //
미국의 담보 기관과 같은 실체를 통한 //

Perhaps the most important form of government
아마도 가장 중요한 형태의 정부 개입은 /

involvement, / however, / comes in the attempts of central
　　　　　　　그러나 / 중앙은행과 국가 재무 기관의 시도로 나타난다 /
　　　　　　　　　　　　　　┌── 대등한 연결 ──┐
banks and national treasuries / to [control] and [affect] the
　　　　　　　　　　　　　경제 주기의 흥망성쇠를 통제하고 영향을

ups and downs of economic cycles. //
미치려는 //

전문 해석 오늘날 세계 대부분에서 자본주의와 자유 시장은 경제적 자원을 분배하고 경제적 생산을 장려하기 위한 최고의 시스템을 구성하는 것으로 받아들여지고 있다. 국가들은 사회주의와 공산주의와 같은 다른 시스템들을 시도했지만, 많은 경우 그들은 자유 시장으로 완전히 전환하거나 자유 시장의 측면들을 받아들였다. 자유 시장 시스템의 광범위한 수용에도 불구하고, 시장이 완전히 자유로운 상태로 맡겨지는 경우는 드물다. 정부의 개입은 법과 규정의 제정과 집행에서부터 미국의 담보 기관과 같은 실체를 통한 직접적인 경제 참여에 이르기까지 다양한 형태를 취한다. 그러나 아마도 가장 중요한 형태의 정부 개입은 중앙은행과 국가 재무 기관이 경제 주기의 흥망성쇠를 통제하고 영향을 미치려는 시도로 나타난다.

해설 대부분의 국가가 자본주의와 자유 시장을 광범위하게 수용하고 있음에도 불구하고, 정부는 법, 규정, 중앙은행, 국가 재무 기관 등의 다양한 형태를 통해 시장에 개입한다는 내용의 글이므로, 빈칸에 들어갈 말로 가장 적절한 것은 ①이다.

오답분석

오답선지	선택비율
② 정부는 개입하기를 주저한다	25.5%
③ 수요와 공급이 항상 균형을 이루는 건 아니다	18.8%
④ 경제적 불평등은 계속해서 악화된다	18.8%
⑤ 경쟁이 최대의 이윤을 보장하는 건 아니다	8.5%

②번을 많이 선택한 것은 글의 마지막 문장(Perhaps the most important form of government involvement, however, comes in the attempts of central banks and national treasuries to control and affect the ups and downs of economic cycles.)에서 however의 의미를 '역접'으로 단순하게 받아들인 결과로 보여. 즉 정부는 개입하고 싶지 않지만 실제로는 개입할 수밖에 없다는 의미로 문장이 다가올 수 있는데 그것이 아니라 이는 앞 문장과 연결돼서 '강조'의 의미로 다양한 정부 개입의 형태가 있지만 가장 중요한 형태는 다음과 같다라는 설명이야. 빈칸 추론 문항은 언제나 전체 내용을 우선 파악하는 것이 핵심이야!

4

정답 ⑤

소재 신체에 퍼져 있는 촉감 수용체

직독직해

Touch receptors are spread / over all parts of the body, /
촉감 수용체는 퍼져 있다 / 신체 곳곳에 /
→ 수동태
but they are not spread evenly. // Most of the touch
하지만 골고루 퍼져 있지는 않다 // 대부분의 촉감 수용체는 발견된다 /
→ 수동태 → most of+명사: 명사의 수에 따라 단·복수 취급

receptors are found / in your fingertips, tongue, and lips. //
손가락 끝, 혀, 그리고 입술에서 //
→ 전치사구
[On the tip of each of your fingers], / for example, /
각각의 손가락 끝에는 / 예를 들어 /

there are about five thousand separate touch receptors. //
약 5천 개의 서로 떨어져 있는 촉감 수용체가 있다 //
→ 전치사구
[In other parts of the body] / there are far fewer. // [In the
몸의 다른 부분에서는 / 훨씬 더 적다 // 당신의 등

skin of your back], / the touch receptors may be as much
피부에는 / 촉감 수용체가 2인치만큼 떨어져 있을 수도 있다 //
→ ~만큼

as 2 inches apart. // You can test this for yourself. //
당신은 스스로 이것을 테스트해 볼 수 있다 //
→ 스스로
→ 사역동사+목(someone)+목·보(poke)
Have someone poke you in the back / with one, two,
누군가에게 당신의 등을 찌르게 하라 / 한 손가락, 두 손가락, 또는
→ 명사절(guess의 목적어)

or three fingers / and try to guess / [how many fingers
세 손가락으로 / 그리고 추측해 보라 / 얼마나 많은 손가락을 사용했

the person used]. // [If the fingers are close together], /
는지를 // 만약 손가락이 서로 가까이 붙어 있다면 /
→ 명사절(think의 목적어): 접속사 that 생략
you will probably think / [(that) it was only one]. // But /
당신은 아마 생각할 것이다 / 그것이 한 개라고 // 하지만
→ 부사절(조건)
[if the fingers are spread far apart], / you can feel them
만약 손가락끼리 멀리 떨어져 있다면 / 당신은 그것들을 각각 느낄 수
→ 부사절(조건)
individually. // Yet / [if the person does the same thing /
있다 // 하지만 / 만약 그 사람이 같은 행동을 한다면 /
→ 분사구문(~한 채로)
on the back of your hand / {(with your eyes closed, / so that
당신의 손등에 / 당신의 눈을 감은 채로 / 모르게 하
→ 명사절(see의 목적어)
you don't see / 〈how many fingers are being used〉}], /
기 위해 / 몇 개의 손가락이 사용되어지고 있는지 /
→ 부사절(시간)
you probably will be able to tell easily, / [even when the
당신은 아마 쉽게 구별할 수 있을 것이다 / 손가락이 서로 가까이

fingers are close together]. //
있을 때조차도 //

전문 해석 촉감 수용체는 신체 곳곳에 퍼져 있지만 골고루 퍼져 있지는 않다. 대부분의 촉감 수용체는 손가락 끝, 혀, 그리고 입술에서 발견된다. (C) 예를 들어, 각각의 손가락 끝에는 약 5천 개의 서로 떨어져 있는 촉감 수용체가 있다. 몸의 다른 부분에서는 훨씬 더 적다. 당신의 등 피부에는, 촉감 수용체가 2인치만큼 떨어져 있을 수도 있다. (B) 당신은 스스로 이것을 테스트해 볼 수 있다. 누군가에게 당신의 등을 한 손가락, 두 손가락, 또는 세 손가락으로 찌르게 하고 그 사람이 얼마나 많은 손가락을 사용했는지 추측해 보라. 만약 손가락이 서로 가까이 붙어 있다면, 당신은 아마 그것이 한 개라고 생각할 것이다. (A) 하지만 만약 손가락끼리 멀리 떨어져 있다면, 당신은 그것들을 각각 느낄 수 있다. 하지만 만약 그 사람이 당신의 손등에 같은 행동을 한다면(몇 개의 손가락이 사용되어지고 있는지 모르게 하기 위해, 당신의 눈을 감은 채로), 당신은 아마 손가락이 서로 가까이 있을 때조차도 쉽게 구별할 수 있을 것이다.

해설 주어진 글에서 촉감 수용체는 신체 곳곳에 골고루 퍼져 있지 않고 특히 손가락 끝, 혀, 입술에서 발견된다고 했으므로, 그에 대해 예를 들어 설명하는 (C)가 주어진 글 뒤에 이어져야 한다. (C)에서 등 피부에 촉감 수용체가 2인치만큼 떨어져 있으며, 이를 손가락을 이용해 테스트해 볼 수 있다고 하면서 구체적으로 설명하는 내용의 (B)가 (C)의 뒤에 이어져야 한다. 등의 경우 손가락들이 가까이 붙어 있으면 그것을 한 개라고 인식한다는 (B)의 내용에 이어 하지만 손가락끼리 멀리 떨어져 있으면 이를 각각 느낄 수 있다고 (A)에서 설명하고 있으므로, (B) 뒤에는 (A)가 이어지는 것이 글의 순서로 가장 적절하다.

오답분석

오답선지	①	②	③	④
선택비율	4.3%	15.9%	17.3%	22.7%

④번은 주어진 글 다음에 (C)가 오는 것을 우선 어렵지 않게 판단한 학생들이 (A)와 (B)의 순서를 고민하던 중, (C) 끝의 the touch receptors may be as much as 2 inches apart와 (A)의 첫 문장(But if the fingers are spread far apart ~)이 연결된다고 착각했을 거야. 하지만 촉감 수용체가 떨어져 있는 등에 테스트해 보는 내용이 먼저 오고 등과는 대비되는 손등에 손가락으로 테스트해 보는 내용이 나중에 오는 것이 자연스러운 흐름인 거야.

5

정답 ④

소재 색을 이용한 별의 온도 측정

직독직해

→ 동명사구(of의 목적어)
One way of [measuring temperature] occurs / [if an
온도를 측정하는 한 가지 방법은 생긴다 / 물체가
→ 부사절

object is hot / enough to visibly glow, / such as a metal
뜨거울 때 / 눈에 띄게 빛이 날 정도로 / 금속 부지깽이처럼 /
→ (예를 들어) ~ 같은
→ 관계절
poker / {that has been left in a fire}]. // The color of a
불 속에 놓아둔 / 빛나는 물체의 색은 /

glowing object / is related to its temperature: / [as the
온도와 관련이 있다 / 온도가 상
→ ~과 관련이 있다 → 부사절

temperature rises], / the object is first red and then orange, /
승함에 따라 / 물체는 먼저 빨간색 그러고 나서 주황색으로 변하고 /
→ 동격
and finally it gets white, / the "hottest" color. // The
그리고 마지막으로 흰색이 된다 / '가장 뜨거운' 색인 // 온도와

정답과 해설 25

relation [between temperature and the color of a glowing
빛나는 물체의 색 사이의 관련성은 /
　　　　└ 전치사구

object] / is useful to astronomers. // The color of stars / is
천문학자들에게 유용하다 //　　　　별의 색은 /　　　그
└ ~과 관련이 있다

related to their temperature, / and [since people cannot as
것들의 온도와 관련이 있다 /　　　그리고 사람들이 아직 먼 거리를 이동할 수
　　　　　　　　　　　　└ 부사절(이유)
　　　　　　　　　　　　　└ 대등한 연결

yet {travel the great distances / to the stars} / and {measure
없고　　별까지의　　　　그것들의 온도를 측정

their temperature / in a more precise way}], / astronomers
할 수 없기 때문에 /　　더 정확한 방법으로 /　　　천문학자들은 그것

rely on their color. // This temperature is of the surface of
들의 색에 의존한다 //　　이 온도는 별 표면의 온도이다 /

the star, / [the part of the star / {which is emitting the light /
별의 부분인 /　　　　빛을 방출하는 /
└ 부연 설명 ┘　　└ 관계절 ┘

⟨that can be seen⟩}]. // The interior of the star is at a much
보일 수 있는 //　　　별의 내부는 온도가 훨씬 더 높다 /
└ 관계절　　　　　　　　　　　　　　비교급 강조 ┘

higher temperature, / [though it is concealed]. // But the
　　　　　　　　└ 부사절(양보)
　　　　　　　비록 숨겨져 있지만 //　　　하지만 정보

information / [obtained from the color of the star] / is still
는 /　　별의 색깔에서 얻은 /　　　　여전히 유
└ 분사구

useful. //
용하다 //

전문 해석 온도를 측정하는 한 가지 방법은 불 속에 놓아둔 금속 부지깽이처럼 눈에 띄게 빛이 날 정도로 물체가 뜨거울 때 생긴다. 빛나는 물체의 색은 온도와 관련이 있는데, 온도가 상승함에 따라 물체는 먼저 빨간색 그리고 나서 주황색으로 변하고, 마지막으로 '가장 뜨거운' 색인 흰색이 된다. 온도와 빛나는 물체의 색 사이의 관련성은 천문학자들에게 유용하다. 별의 색은 그것들의 온도와 관련이 있고, 사람들이 아직 별까지의 먼 거리를 이동하고 더 정확한 방법으로 그것들의 온도를 측정할 수 없기 때문에, 천문학자들은 그것들의 색에 의존한다. 이 온도는 보일 수 있는 빛을 방출하는 별의 부분인, 별 표면의 온도이다. 별의 내부는 비록 숨겨져 있지만, 온도가 훨씬 더 높다. 하지만 별의 색깔에서 얻은 정보는 여전히 유용하다.

해설 주어진 문장은 천문학자들이 의존하는 색이 별 표면의 온도라고 설명한다. 이에 이 문장 바로 앞에는 천문학자들은 별의 온도를 직접 측정할 수 없기 때문에 색에 의존한다는 내용의 문장이 있어야 하고, 바로 뒤에는 실제로는 별의 내부는 온도가 훨씬 더 높다는 내용의 문장이 이어져야 한다. 따라서 주어진 문장이 들어가기에 가장 적절한 곳은 ④이다.

오답분석

오답선지	①	②	③	⑤
선택비율	8.2%	15.8%	22.1%	9.9%

③번을 많이 선택한 이유는 글의 흐름과 요지를 명확하게 이해하지 못한 학생들이 ③번 앞에서 온도와 빛나는 물체의 색 사이의 관련성이 천문학자에게 유리하다는 내용 언급 후 그에 대한 부연 설명으로 주어진 문장이 와야 한다고 착각한 것 같아. 하지만 정확하게는 별의 내부 온도는 측정할 수 없고 빛에 의해 측정하는 것은 별의 표면 온도라는 것이 이 글의 핵심이야. 빛에 의존해 측정하는 별 표면의 온도는 유용한 정보이기는 하지만 내부 온도는 숨겨져 있다는 문장 바로 직전에 주어진 문장이 들어가면 자연스럽게 연결돼!

6

정답 ⑤

소재 초기에 다루어야 할 성장의 폐해

직독직해

[Even though institutions like the World Bank use wealth /
World Bank와 같은 기관들은 부를 사용하지만 /
└ 부사절(양보)

{to differentiate between "developed" and "developing"
'선진' 국가와 '개발 도상' 국가를 구별하기 위해 /
└ to부정사구(~하기 위해서)

countries}], / they also agree / [that development is more
그들은 또한 동의한다 /　　발전이 경제 성장 그 이상이라는 것에 //
　　　　　　　　└ 명사절(agree의 목적어)

than economic growth]. // "Development" can also include
　　　　　　　　　　　　'발전'은 또한 사회적이고 환경적인 변화도 포함할

the social and environmental changes / [that are caused
수 있다 /　　　　　　　　경제 성장에 의해 야기되
　　　　　　　　　　　└ 관계절

by or accompany economic growth, / {some of which are
거나 경제 성장을 수반하는 /　　그 변화의 일부는 긍정적이다 /
　　└ 관계절(the social ~ changes 부연 설명)

positive / and thus may be negative}]. // Awareness has
그리고 따라서 (일부는) 부정적일지도 모른다 //　인식이 커졌고 /

grown / — and continues to grow — / [that the question of
또 계속해서 커지고 있다 /　　경제 성장이 인간과 지구에 어
└ 동격

{how economic growth is affecting people and the planet} /
떻게 영향을 미치고 있는지에 대한 문제가 /
└ 명사절(of의 목적어)　　affecting의 목적어①　affecting의 목적어②

needs to be addressed]. // Countries are slowly learning /
다루어질 필요가 있다는 //　　　국가들은 서서히 깨닫고 있다 /
　　　　　　　　　　　　　　　　　　　└ 명사절(learning의 목적어)

[that it is cheaper and causes much less suffering / {to try
비용이 덜 들고 훨씬 더 적은 고통을 야기한다는 것을 /　　경제 활동
　　　└ 형식상의 주어　　　　　　　　　　　　└ 내용상의 주어(to부정사구)

to reduce the harmful effects of an economic activity or
이나 프로젝트의 폐해를 줄이려고 노력하는 것이 /

project / at the beginning, / ⟨when it is planned⟩, / than
초기에 /　　　　그것이 계획되는 때인 /　　　피해가
　　　　　　└ 관계절(the beginning 부연 설명)

after the damage appears}]. // [To do this] is not easy /
나타난 이후보다 //　　　　이것을 하는 것은 쉽지 않다
　　　　　　　　　　└ to부정사구(주어)

and is always imperfect. // But an awareness of the need
그리고 항상 불완전하다 //　　　그러나 그러한 노력의 필요성에 대한 인식은 나

for such an effort indicates / [a greater understanding]
타낸다 /　　　　　더 큰 이해와 도덕적 관심을 /
　　　　└ indicates의 목적어

and [moral concern] / than did the previous widespread
　　　　　　　　이전의 널리 퍼진 태도가 했던 것보다 /
└ indicates의 목적어②　　└ 주어와 동사가 도치

attitude / [that focused only on {creating new products and
　　　　　새로운 제품과 서비스를 만드는 데만 집중했던 //
└ 관계절　　　　　　└ 동명사구(on의 목적어)

services}]. //

전문 해석 World Bank와 같은 기관들은 '선진' 국가와 '개발 도상' 국가를 구별하기 위해 부를 사용하지만, 그들은 또한 발전이 경제 성장 그 이상이라는 것에 동의한다. '발전'은 경제 성장에 의해 야기되거나 경제 성장을 수반하는 사회적이고 환경적인 변화도 포함할 수 있으며, 그 변화의 일부는 긍정적이고 따라서 (일부는) 부정적일지도 모른다. 경제 성장이 인간과 지구에 어떻게 영향을 미치고 있는지에 대한 문제가 다루어질 필요가 있다는 인식이 커졌고, 또 계속해서 커지고 있다. 국가들은 경제 활동이나 프로젝트의 폐해를 피해가 나타난 이후보다. 그것이 계획되는 때인, 초기에 줄이려고 노력하는 것이 비용이 덜 들고 훨씬 더 적은 고통을 야기한다는 것을 서서히 깨닫고 있다. 이것을 하는 것

은 쉽지 않고 항상 불완전하다. 그러나 그러한 노력의 필요성에 대한 인식은 새로운 제품과 서비스를 만드는 데만 집중했던 이전의 널리 퍼진 태도가 했던 것보다 더 큰 이해와 도덕적 관심을 나타낸다.

해설 ⑤ 비교가 되는 대상은 '그러한 노력의 필요성에 대한 인식'과 '이전의 널리 퍼진 태도'인데 than 뒤의 동사는 주절의 indicates를 받고 있으므로, was를 did로 고쳐야 한다.

① to부정사의 부사적 용법 중 국가를 '구별하기 위해' 부를 사용한다는 목적의 의미로 사용된 것이므로, to differentiate는 어법상 적절하다.

② 선행사 the social and environmental changes를 대신하여 전치사 of의 목적어 역할을 하는 관계사 which는 어법상 적절하다.

③ that절의 주어 the question에 대한 단수 동사 needs는 어법상 적절하다.

④ less suffering이라는 비교급을 강조하기 위해 사용된 부사 much는 어법상 적절하다.

오답분석

오답선지	① to differentiate	② which	③ needs	④ much
선택비율	6.3%	17.8%	17.2%	16.1%

②번은 that are caused by or accompany economic growth가 주어를 수식하고 있어서 주어를 파악하기가 쉽지 않았을 거야. 그리고 관계대명사 앞에 some of까지 포함되어 some of which 전체가 주어인데 전치사 of 뒤에는 목적격 관계대명사 which가 쓰여야 한다는 것까지 고려해야 했기 때문에 어려웠을 거 같아.

Daily Review

Day 5

Vocabulary Check-up

1 (1) profession (2) revenue (3) delicate
2 (1) institutions (2) allocated

1 (1) profession / 그러나 스포츠 기자는 자신들의 전문직에서 그들의 독자 수나 급여 액수의 크기에 상응하는 지위를 누리지 못하며 스포츠는 스포츠 기자들이 하는 일의 가치를 묵살하는 말로 여전히 쉽게 건네지는 (이제는 상투적인 문구의 지위에 이르는) 뉴스 매체의 장난감 부서라는 옛말이 따라붙는다.

(2) revenue / 하지만 낱권 판매가 중요한데, 왜냐하면 구독 가격이 보통 낱권을 살 때 가격보다 최소 50퍼센트는 더 싸서, 낱권 판매가 잡지 한 권당 더 많은 수익을 가져오기 때문이다.

(3) delicate / 달걀은 바위보다 더 섬세한 접촉을 요구한다.

2 (1) institutions / 그것은 문화가 사회생활을 가능하게 하는 공유된 믿음, 핵심적 가치관, 의사소통 도구 등등을 제공함으로써 사회 제도를 형성한다고 가정한다.

(2) allocated / 관리부의 실제 지출은 할당된 예산의 절반보다도 적었다.

Grammar Check-up

1 (1) ① that ② which (2) ① poke ② used
2 ④ → ranging

1 (1) ① that: argue의 목적어 역할을 하는 명사절을 이끌고 있으므로 접속사 that이 어법상 적절하다.
② which: 앞에 문장과 이어지는 문장을 연결하고 있으므로 계속적 용법으로 쓰인 관계대명사 which가 어법상 적절하다.

(2) ① poke: 사역동사 Have의 목적격보어로는 동사원형 poke가 어법상 적절하다.
② used: guess의 목적어로 간접의문문이 온 것이므로 주어(the person) 뒤에 동사 used가 어법상 적절하다.

2 ④ 주절(Government ~ forms)에 동사가 이미 있어 콤마(,) 다음에 바로 동사가 또 올 수 없고 분사구문으로 연결해야 하므로 ranging으로 고쳐야 한다.

Day 6

☐ ancestry	혈통, 조상, 선조	☐ texture	결, 감촉	☐ subordinate	부하, 하위(의 사람)
☐ sympathizer	동조자, 지지자	☐ corridor	복도	☐ controversy	논쟁
☐ literary	문학의	☐ contrasting	대조되는, 대비되는	☐ monotony	단조로움
☐ chunk	토막, 덩어리, 상당한 양	☐ advent	출현	☐ periodical	정기 간행물
☐ status	지위, 상태	☐ primarily	주로	☐ novelty	참신함, 신기함

Day 7

☐ liberate	자유롭게 하다	☐ establishment	설립, 기관	☐ stabilize	안정시키다
☐ vivid	생생한	☐ imposition	도입	☐ contract	계약
☐ subjectively	주관적으로	☐ bias	편향	☐ relevance	적절성, 관련
☐ anchor	기준점	☐ subsequent	다음의, 차후의	☐ populate	거주하다
☐ plunge	뛰어들다	☐ inevitable	불가피한	☐ coexistence	공존

Day 8

☐ erosion	부식, 침식	☐ invasive	급속히 퍼지는, 침입하는	☐ discard	버리다, 폐기하다
☐ bland	(맛이) 자극적이지 않은	☐ ingrained	깊이 밴, 뿌리 깊은	☐ thirst	갈증; 목마르다
☐ hinder	방해하다, ~을 못하게 하다	☐ sustain	지속시키다	☐ territory	영역, 구역
☐ debris	(파괴된 후의) 잔해	☐ enforce	집행하다, 시행하다	☐ tackle	(문제 등을) 다루다
☐ modification	수정, 변경	☐ vulnerable	취약한, 연약한	☐ biodiversity	생물의 다양성

Day 9

☐ fable	우화, 꾸며 낸 이야기	☐ disrupt	방해하다, 지장을 주다	☐ stubborn	완고한, 고집스러운
☐ superficial	깊이 없는, 피상적인	☐ underlying	근본적인, 밑에 있는	☐ layoff	(일시적) 해고, 자택 대기
☐ project	비추다, 투사[투영]하다	☐ enormous	막대한, 거대한	☐ draft	외풍, 찬바람
☐ negotiation	협상, 교섭	☐ impasse	교착 상태, 막다른 길	☐ assembly	(차량, 가구 등의) 조립
☐ moral	도의[도덕]적인	☐ reinforcement	강화	☐ consequence	(발생한 일의) 결과

Day 10

☐ attribute	(~을 …의) 덕분[탓]으로 보다	☐ originate	비롯되다, 유래하다	☐ descend	내려오다, 내려가다
☐ compromise	절충해서 나온 것[중간물]	☐ perceive	감지[인지]하다	☐ stimulation	자극
☐ enthusiasm	열광, 열정, 열의	☐ exploratory	탐사의, 탐구의	☐ retain	유지하다, 보유하다
☐ festivity	축제 기분, 축제 행사	☐ generalize	일반화하다, 보편화하다	☐ categorize	분류하다, ~을 범주에 넣다
☐ impulse	(갑작스러운) 충동	☐ distraction	집중을 방해하는 것, 오락 활동	☐ collaboration	공동 작업, 공동 작업물

1 ⑤	2 ②	3 ③	4 ③	5 ⑤	6 ⑤

1

정답 ⑤

소재 인종을 구별하는 신체적 특징에 대한 오해

직독직해

Individual human beings differ from one another (→ ~과 다르다)
개별 인간은 신체적으로 서로 다르다 /

physically / [in a multitude of visible and invisible ways]. // (→ 전치사구)
많은 가시적이고 비가시적인 면에서 //

[If races / — as most people define them / — are real (→ 부사절(조건)) (→ races)
만약 인종이 / 대부분의 사람이 그것들을 정의하듯이 / 정말 생물학

biological entities], / then people of African ancestry
적 실체라면 / 그렇다면 아프리카계 혈통인 사람들은 공유할 것이다

would share / a wide variety of traits / [while / people of (→ a variety of: 다양한) (→ 부사절(한편으로는, 반면에))
매우 다양한 특성을 / 한편 / 유럽계 혈통인

European ancestry would share / a wide variety of *different*
사람들은 공유할 것이다 / 매우 다양한 '다른' 특성을 /

traits]. // But / [once we add traits / {that are less visible / (→ 부사절) (→ 관계절)
하지만 / 우리가 특성들을 추가해 보면 / 덜 가시적인 /

than skin coloration, hair texture, and the like}], / we find / (→ 명사절(find의 목적어))
피부색, 머릿결 등등보다 / 우리는 알게 된다 /

[that the people {we identify as "the same race"} / are less (→ 관계절)
우리가 '같은 인종'이라고 식별하는 사람들이 / 서로 점점

and less like one another / and more and more like people / (→ 관계절)
덜 닮았고 / 그리고 사람들과 더욱더 닮았다는 것을 /

{we identify as "different races."}] // Add to this point / (→ 명사절(Add의 목적어)) (→ 명령문)
우리가 '다른 인종'이라고 식별하는 // 이 점에 추가해 보라 /

[that the physical features / {used to identify a person / (→ 분사구)
신체적 특성이 / 어떤 사람을 식별하는 데 사용되는 /
(identify ~ as ...: ~을 ...이라고 식별하다)

as a representative of some race / (e.g. skin coloration)} /
어떤 인종의 전형이라고 / 예를 들어, 피부색 / (→ say의 목적어)

are continuously variable], / so that one cannot say / [where
지속적으로 변할 수 있어서 / 말할 수 없다 / 어디서 (→ 부사절(양보))

"brown skin" becomes "white skin."] // [Although the
'갈색 피부'가 '흰 피부'가 되는지는 // 비록 신체적 차이 그

physical differences themselves are real], / the way [we (→ 관계절)
자체가 실재하더라도 / 우리가 신체적 차이를

use physical differences / {to classify people into discrete (→ to부정사구(~하기 위해))
사용하는 방식은 / 사람들을 별개의 인종으로 분류하기 위해 /

races}] / is a cultural construction. //
문화적 구성이다 //

전문 해석 개별 인간은 많은 가시적이고 비가시적인 면에서 신체적으로 서로 다르다. 대부분의 사람이 그것을 정의하듯이, 인종이 정말 생물학적 실체라면 아프리카계 혈통인 사람들은 매우 다양한 특성을 공유하는 한편, 유럽계 혈통인 사람들은 매우 다양한 '다른' 특성을 공유할 것이다. 하지만 우리가 피부색, 머릿결 등등보다 덜 가시적인 특성들을 추가해 보면, 우리가 '같은 인종'이라고 식별하는 사람들이 서로 점점 덜 닮았고 우리가 '다른 인종'이라고 식별하는 사람들과 더욱더 닮았다는 것을 알게 된다. 어떤 사람을 어떤 인종의 전형이라고

식별하는 데 사용되는 신체적 특성(예를 들어, 피부색)이 지속적으로 변할 수 있어서 어디서 '갈색 피부'가 '흰 피부'가 되는지를 말할 수 없는 것을 이 점에 추가해 보라. 비록 신체적 차이 그 자체가 실재하더라도, 사람들을 별개의 인종으로 분류하기 위해 우리가 신체적 차이를 사용하는 방식은 문화적 구성이다.

해설 인종 간의 생물학적 차이들은 실재하지만, 덜 가시적인 특성들을 고려하면 우리가 알고 있던 인종 구별의 개념이 변할 수 있다고 말하고 있다. 즉, 우리가 인종을 구별할 때 흔히 사용하는 신체적 특성들은 그저 문화적으로 구성된 개념일 뿐이라는 내용의 글이므로, 글의 주제로 가장 적절한 것은 ⑤ '생물학적 구성물로서의 인종에 대한 오해'이다.

오답분석

오답선지	선택비율
① 다른 인종 간 신체적 차이의 원인	29.7%
② 다양한 인종 간의 문화 차이	24.7%
③ 인종 차별주의를 극복하기 위한 사회 정책	6.1%
④ 진화에 있어서 환경적 요인의 중요성	4.9%

이 글은 단순하게 인종 간에 생물학적 차이만 있다던가 아니면 문화적인 차이만 있다는 내용이 아닌데 한 가지 측면만 언급한 ①번과 ②번을 주제로 오해한 경우가 많은 것 같아. 글의 주제를 찾을 때는 글의 일부 내용만 포함해서는 안 되기 때문에 전체 내용을 포함하는 선택지가 맞는지를 꼭 확인해!

2

정답 ②

소재 주변 사람의 충성심을 판단하는 기준

직독직해

[Around the boss], / you will always find people / (→ 전치사구)
우두머리 주변에서 / 여러분은 항상 사람들을 발견할 수 있다 / (→ ~이라는 인상을 주다)

coming across as friends, good subordinates, or even great
친구나 좋은 부하, 또는 심지어, 대단한 동조자라는 인상을 주는 //

sympathizers. // But some do not truly belong. // One day, /
그러나 일부는 진정으로 속해 있는 것은 아니다 // 언젠가는 /

an incident will blow their cover, / and then you will
어떤 사건이 그들의 위장을 날려 버릴 것이고 / 그런 다음 여러분은 알게 될 것 (→ know의 목적어)
(→ 부사절(시간))

know / [where they truly belong]. // [When it is all cosy
이다 / 그들이 진정으로 속한 곳을 // 모든 것이 편안하고 안전할 때 /
(→ 분사구문①(~하면서))

and safe], / they will be there, / [loitering the corridors]
그들은 그곳에 있을 것이다 / 복도를 서성거리고 아주 작은 기회에
(→ 분사구문②) (→ 부사절(~하자마자))

and [fawning at the slightest opportunity]. // But / [as
도 알랑거리면서 // 하지만 / 어려 (→ to부정사구)

soon as difficulties arrive], / they are the first [to be found
움이 닥치자마자 / 그들은 가장 먼저 보이지 않을 것이다

missing]. // And difficult times are the true test of loyalty. //
그래서 어려운 시기는 충성심의 진정한 시험대이다 //

Dr. Martin Luther King said, / "The ultimate test of a man /
Martin Luther King 박사는 말했다 / 어떤 사람을 판단하는 궁극적인 시험대는 / (→ is의 보어)

is **not** [where he stands / in moments of comfort and
그 사람이 서 있는 곳이 아니라 / 편안함과 안락함의 순간에

convenience], / but [where he stands / at times of challenge
그 사람이 서 있는 곳이다 /　　　　도전과 논쟁의 시기에 //

→ 명령문　　　　　　　　　　　　　　→ 관계절
and controversy."] // And so be careful of friends / [who are
　　　　　　　　　그러므로 친구를 조심하라 /　　　　　항상 여러분

　　　　　　　　　　　　→ 대등한 연결
always {eager to take from you} / but {reluctant to give back /
에게서 뭔가 얻어 가려고 열망하는 /　　　　하지만 돌려주기를 꺼리는 /

even in their little ways}]. // If they lack the commitment /
사소하게라도 //　　　　　만약 그들에게 헌신이 부족하다면 /

→ to부정사구
[to sail with you / through difficult weather], / then they
여러분과 함께 항해하려는 / 악천후를 뚫고 /　　　　그러면 그들은

→ be likely to: ~할 가능성이 있다　　　　　　→ 부사절(시간)
are more likely to abandon your ship / [when it stops]. //
여러분의 배를 버릴 가능성이 더 크다 /　　　그것이 멈출 때 //

전문 해석 우두머리 주변에서 여러분은 항상 친구나 좋은 부하, 심지어는 대단한 동조자라는 인상을 주는 사람들을 발견할 수 있다. 그러나 일부는 진정으로 속해 있는 것은 아니다. 언젠가는, 어떤 사건이 그들의 위장을 날려 버릴 것이고, 그런 다음 여러분은 그들이 진정으로 속한 곳을 알게 될 것이다. 모든 것이 편안하고 안전할 때, 그들은 복도를 서성거리고 아주 작은 기회에도 알랑거리면서 그곳에 있을 것이다. 하지만 어려움이 닥치자마자, 그들은 가장 먼저 보이지 않을 것이다. 그래서 어려운 시기는 충성심의 진정한 시험대다. Martin Luther King 박사는 "어떤 사람을 판단하는 궁극적인 시험대는 편안함과 안락함의 순간에 그 사람이 서 있는 곳이 아니라, 도전과 논쟁의 시기에 그 사람이 서 있는 곳이다."라고 말했다. 그러므로 항상 여러분에게서 뭔가 얻어 가려고 열망하지만 사소하게라도 돌려주기를 꺼리는 친구를 조심하라. 만약 그들에게 여러분과 함께 악천후를 뚫고 항해하려는 헌신이 부족하다면, 여러분의 배가 멈출 때 그것을 버릴 가능성이 더 크다.

해설 우두머리 주변에는 항상 사람들이 있지만 이 중 일부는 어려움이 닥치게 되면 여러분에게 헌신하기보다는 여러분을 버리고 갈 가능성이 높다는 내용의 글이므로, 빈칸에 들어갈 말로 가장 적절한 것은 ②이다.

오답분석

오답선지	① 지도력	③ 창의력	④ 지성	⑤ 독립성
선택비율	31.7%	7.1%	8.3%	18.3%

①번은 글의 맨 앞의 Around the boss를 보고 글의 전체 내용을 이해하지 못한 상태에서 '우두머리'와 가장 관련이 높은 단어인 '지도력'을 답으로 선택한 거야. 하지만 빈칸 추론 문항에서 빈칸은 반드시 글의 전체 내용과 밀접한 관련이 있기 때문에 우두머리 주변 사람들이 어려운 시기에 취하게 되는 행동을 통해 그 사람이 얼마나 헌신적인 사람인지를 판별할 수 있다는 것이 글의 요지야. 즉 어려운 시기가 그 사람이 얼마나 헌신적일 수 있는지를 확인해 볼 수 있는 좋은 시기라는 거야!

3

정답 ③

소재 설명될 수 없는 과학의 기본 법칙과 원리

직독직해

→ 전치사구
[According to many philosophers], / there is a purely
많은 철학자에 따르면 /　　　　　　　　　순전히 논리적인 이유가

　　　　　　　　　　→ 관계절
logical reason / [why science will never be able to explain
있다 /　　　　과학이 모든 것을 설명할 수 있는 것은 아닐 거라는 //

everything]. // For in order to explain something, /
　　　　　　　　　　왜냐하면 무언가를 설명하기 위해서는 /
　　　　　　　→ ~하기 위해서

whatever it is, / we need to invoke something else. // But /
그것이 무엇이든 간에 / 우리는 다른 무언가를 언급해야 한다 //　　하지만

→ = For example　　　　　　→ 명령문
what explains the second thing? // [To illustrate], / recall
두 번째 것은 무엇이 설명하는가 //　　　예를 들어 /　　떠올려 보라
　　　　　　　　　　　　　　　　　　　→ 명사절(recall의 목적어)
[that Newton explained a diverse range of phenomena /
뉴턴이 매우 다양한 범위의 현상을 설명했음을 /
→ 분사구문(~하면서)
{using his law of gravity}]. // But / what explains the law
자신의 중력 법칙을 사용하여 /　　　하지만 / 중력 법칙 자체는 무엇이 설명하는
　　　　　　　　　　　　　　　　→ 부사절(조건)
of gravity itself? // [If someone asks / {why all bodies exert
가 //　　　　만약 누군가가 묻는다면 / '왜' 모든 물체가 중력을 행사하

a gravitational attraction / on each other}], / what should
는지 /　　　　　　서로에게 /　　　　　우리는 그들에게 뭐

we tell them? // Newton had no answer / to this question. //
라고 말해야 하는가 // 뉴턴은 답이 없었다 /　　　이 질문에 //

In Newtonian science / the law of gravity was a fundamental
뉴턴의 과학에서 /　　　　　중력 법칙은 기본 원리였다 /

principle: / it explained other things, / but could not itself
　　　　　　즉, 그것이 다른 것들을 설명했다 /　　그러나 그 자체는 설명될 수
　　→ 수동태　　　　　　　　　　　　→ 부사절(양보) →아무리 ~하더라도
be explained. // The moral generalizes. // [However much
없었다 //　　　그 교훈이 일반화된다 //　　미래의 과학이 아무리

the science of the future can explain], / the explanations
많이 설명할 수 있다 하더라도 /　　　　그것이 제공하는 설명은
→ 관계절
[it gives] / will have to make use of certain fundamental
　　　　어떤 기본 법칙과 원리를 이용해야만 할 것이다 //
　　　　　　　　　　　　　　　→ 부사절(이유)　　nothing ←
laws and principles. // [Since nothing can explain itself], /
　　　　　　　　　　어떤 것도 스스로를 설명할 수 없기 때문에 /
→ ~이라는 결론에 이르게 되다
it follows that at least some of these laws and principles /
결론적으로 적어도 이러한 법칙과 원리 중 일부는 /
　　　　　　　　　　　　　　　　　→ 분사(~인 채로)
will themselves remain / unexplained. //
그 자체로 남을 것이다 /　　설명되지 않은 채 //

전문 해석 많은 철학자에 따르면, 과학이 모든 것을 설명할 수 있는 것은 아닐 것이라는 순전히 논리적인 이유가 있다. 왜냐하면 무언가를 설명하기 위해서는, 그것이 무엇이든 간에, 우리는 다른 무언가를 언급해야 한다. 하지만 두 번째 것은 무엇이 설명하는가? 예를 들어, 뉴턴이 자신의 중력 법칙을 사용하여 매우 다양한 범위의 현상을 설명했음을 떠올려 보라. 하지만 중력 법칙 자체는 무엇이 설명하는가? 만약 누군가가 '왜' 모든 물체가 서로에게 중력을 행사하는지 묻는다면, 우리는 그들에게 뭐라고 말해야 하는가? 뉴턴은 이 질문에 답이 없었다. 뉴턴의 과학에서 중력 법칙은 기본 원리였다. 즉, 그것이 다른 것들을 설명했지만, 그 자체는 설명될 수 없었다. 그 교훈이 일반화된다. 미래의 과학이 아무리 많이 설명할 수 있다 하더라도, 그것이 제공하는 설명은 어떤 기본 법칙과 원리를 이용해야만 할 것이다. 어떤 것도 스스로를 설명할 수 없기 때문에, 결론적으로 적어도 이러한 법칙과 원리 중 일부는 그 자체로 설명되지 않은 채 남을 것이다.

해설 철학자에 따르면 과학은 무언가를 설명하기 위해 결국 기본 법칙과 원리를 이용해야 하는데 이에 대한 설명은 무엇도 할 수 없다는 것이다. 즉 뉴턴의 중력 법칙처럼 그것이 다양한 현상을 설명하는 데 사용되지만, 그 자체는 설명될 수 없는 것이라는 내용이므로, 빈칸에 들어갈 말로 가장 적절한 것은 ③이다.

오답선지	선택비율
① 인간이 자연과 맺는 관계를 지배한다	8.5%
② 객관적인 관찰에 기초한다	15.8%
④ 다른 이론들과 비교될 것이다	14.3%
⑤ 현상을 설명하기 위해 사용하기 어렵다	18.3%

⑤번은 Newton had no answer to this question. In Newtonian science the law of gravity was a fundamental principle: it explained other things, but could not itself be explained.를 읽고 오해한 것이야. 중력 법칙과 같은 기본 법칙이나 원리를 설명하기 어렵다는 것이 이 글의 요지이긴 하지만 현상을 설명하기 어렵다는 것은 아니야. 중력 법칙은 다양한 현상을 설명하는 데 잘 사용되고 있어. 다만 그 자체를 설명할 수 없는 것뿐이지.

4

정답 ③

소재 발췌본으로 작품을 학습하는 것의 한계

직독직해

There is no doubt / [that the length of some literary
의심의 여지가 없다 / 일부 문학 작품의 길이가 압도적이라는 데는 //

works is overwhelming]. // [Reading or translating a work
수업 시간에 작품을 읽거나 번역하는 것은 /

in class, / hour after hour, week after week], / can be such a
몇 시간, 몇 주 동안 / 너무나 지루한 경험일

boring experience / that many students never want to open
수 있어서 / 많은 학생이 다시는 외국어 서적을 절대 펴고 싶어 하지

a foreign language book again. // Extracts provide one
않는다 // 발췌본은 한 가지 해결책을 제공

type of solution. // The advantages are obvious: / reading a
한다 // 장점들은 분명하다 / 일련의 단락을

series of passages / [from different works] / produces more
읽는 것은 / 다양한 작품에서 / 교실에서 더 많은 다양

variety in the classroom, / so that the teacher has a greater
성을 만들어 내서 / 교사는 단조로움을 피할 가능성이 더 크다 /

chance of [avoiding monotony], / while still giving learners
여전히 학습자에게 맛보게 하면서 /

a taste / at least of an author's special flavour. // On the
최소한이라도 어떤 작가의 특별한 묘미를 // 반면에 /

other hand, / a student [who is only exposed to 'bite-sized
'짧은 토막글'만 접한 학생은

chunks'] / will never have the satisfaction of [knowing
책의 전반적인 구성을 아는 만족감은 결코 가질 수 없을 것이며 /

the overall pattern of a book], / [which is after all the
(그것이) 결국 그 만족감이다 /

satisfaction / {most of us seek / when we read something /
우리 대부분이 찾고자 하는 / 우리가 어떤 글을 읽을 때 /

in our own language}]. // Moreover, / there are some
모국어로 된 // 게다가 / 문학적인 특징이 몇 가지

literary features / [that cannot be adequately illustrated /
있다 / 충분히 설명될 수 없는 /

by a short excerpt: / {the development of plot or character, /
짧은 발췌로는 / 줄거리나 등장인물의 전개 /

for instance, / with the gradual involvement of the reader /
예를 들면 / 독자의 점진적 몰입과 더불어 /

that this implies}; / or {the unfolding of a complex theme /
이것이 내포하는 / 또는 복잡한 주제를 전개하는 것 /

through the juxtaposition of contrasting views}]. //
대조적인 관점의 병치를 통해 //

전문 해석 일부 문학 작품의 길이가 압도적이라는 데는 의심의 여지가 없다. 수업 시간에 작품을 몇 시간, 몇 주 동안 읽거나 번역하는 것은 너무나 지루한 경험일 수 있어서 많은 학생이 다시는 외국어 서적을 절대 펴고 싶어 하지 않는다. (B) 발췌본은 한 가지 해결책을 제공한다. 장점들은 분명하다. 즉, 다양한 작품에서 가져온 일련의 단락을 읽는 것은 교실에서 더 많은 다양성을 만들어 내서 교사는 단조로움을 피할 가능성이 더 크면서도 여전히 최소한이라도 어떤 작가의 특별한 묘미를 학습자에게 맛보게 한다. (C) 반면에, '짧은 토막글'만 접한 학생은 책의 전반적인 구성을 아는 만족감을 결코 가질 수 없을 것인데, 결국 그 만족감은 모국어로 된 어떤 글을 읽을 때 우리 대부분이 찾고자 하는 것이다. (A) 게다가 짧은 발췌로는 충분히 설명될 수 없는 문학적인 특징이 몇 가지 있는데, 예를 들면 이것이 내포하는 독자의 점진적 몰입과 더불어 줄거리나 등장인물의 전개, 또는 대조적인 관점의 병치를 통해 복잡한 주제를 전개하는 것이다.

해설 주어진 글에서 긴 문학 작품을 읽는 것이 학생들에게 지루한 경험이 될 수 있다고 말하고 있으므로, 이에 대한 해결책으로 발췌본을 언급하고 그 장점을 소개하는 (B)가 주어진 글 뒤에 이어져야 한다. 단조로움을 피하게 해 주는 발췌본의 장점에도 불구하고 (C)에서 '짧은 토막글'만 접하게 되면 전반적인 구성을 아는 만족감은 가질 수 없다고 문제점을 처음 언급하고 있으므로, (B) 뒤에는 (C)가 와야 한다. (C)에서 언급한 발췌본의 첫 문제점에 이어 (A)에서 발췌본으로는 설명할 수 없는 문학적인 특징들이 있다고 하면서 예를 들고 있으므로, (C) 뒤에는 (A)가 이어지는 것이 글의 순서로 가장 적절하다.

오답분석

오답선지	①	②	④	⑤
선택비율	11.9%	14.5%	27.5%	16.2%

④번은 발췌본의 의미를 잘 파악하지 못한 학생들이 선택했을 거야. (C)에서 언급된 'bite-sized chunks'는 결국 발췌본을 말하는 것이기 때문에 (C)가 주어진 글 뒤에 나올 수는 없지. 그럼에도 불구하고 발췌본에도 단점들이 있는데 단점들을 언급한 (A)와 (C)의 순서는 연결사를 통해 파악할 수 있어.

5

정답 ⑤

소재 과학적 의사소통 수단의 변화

직독직해

[In the early stages of modern science], / scientists
현대 과학의 초기 단계에서 / 과학자들은 자신

communicated their creative ideas / largely by publishing
의 창의적인 생각을 전달했다 / 주로 책을 출판함으로써 //

books. // This modus operandi is illustrated / not only
이런 작업 방식은 설명된다 / 뉴턴의

not only ~ but also ...: ~뿐만 아니라 …도

by Newton's *Principia*, / but also by Copernicus' *On*
'Principia'로뿐만 아니라 / 코페르니쿠스의 'On the Revolutions of the

the Revolutions of the Heavenly Spheres, / Kepler's
Heavenly Spheres'와 / 케플러의 'The

The Harmonies of the World, / and Galileo's *Dialogues*
Harmonies of the World' / 그리고 갈릴레오의 'Dialogues

Concerning the Two New Sciences. // [With the advent
Concerning the Two New Sciences'로도 // 과학 정기 간행물의 출현과

of scientific periodicals], / such as the *Transactions of*
함께 / 'Transactions of the Royal Society of

the Royal Society of London, / books gradually yielded
London' 같은 / 책은 점차 자리를 내주었다 /

ground / to the technical journal article / [as the chief
전문 학술지 논문에 / 과학적 의사소통의

form of scientific communication]. // Of course, / books
주요한 형식으로 // 물론 / 책이 완전

were not abandoned altogether, / [as Darwin's *Origin*
히 버려진 것은 아니었다 / 다윈의 'Origin of Species'가

of Species shows]. // Even so, / it eventually became
보여 주듯이 // 그랬다고 하더라도 / 결국 가능하게 되었다 /

possible / for scientists [to establish a reputation / for
과학자들이 명성을 세우는 것이 / 자신

their creative contributions / without {publishing a single
이 창의적으로 기여한 바에 대한 / 자기 생각을 다룬 책 한 권 길이의 출간물을

book-length treatment of their ideas}]. // For instance, /
내지 않고도 // 예를 들어 /

the revolutionary ideas / [that earned Einstein his Nobel
혁명적인 생각들은 / 아인슈타인에게 노벨상을 안겨 준 /

Prize] / — concerning the special theory of relativity and
/ 특수 상대성 이론과 광전 효과에 관한 /

the photoelectric effect / — appeared as papers / in the
/ 논문으로 등장했다 / 'Annalen

Annalen der Physik. // His status as one of the greatest
der Physik'에 // 역사상 가장 위대한 과학자 중 한 명으로서 그의 지위

scientists of all time / does not depend on [the publication
는 / 단 한 권의 책의 출간에 달려 있지는 않다 //

of a single book]. //

전문 해석 현대 과학의 초기 단계에서 과학자들은 주로 책을 출판함으로써 자신의 창의적인 생각을 전달했다. 이런 작업 방식은 뉴턴의 'Principia'로뿐만 아니라 코페르니쿠스의 'On the Revolutions of the Heavenly Spheres'와 케플러의 'The Harmonies of the World', 갈릴레오의 'Dialogues Concerning the Two New Sciences'로도 설명된다. 'Transactions of the Royal Society of London' 같은 과학 정기 간행물의 출현과 함께, 책은 과학적 의사소통의 주요한 형식으로 전문 학술지 논문에 점차 자리를 내주었다. 물론 다윈의 'Origin of Species'가 보여 주듯이 책이 완전히 버려진 것은 아니었다. 그랬다고 하더라도, 과학자들은 결국, 자기 생각을 다룬 책 한 권 길이의 출간물을 내지 않고도 자신이 창의적으로 기여한 바에 대한 명성을 세우는 것이 가능하게 되었다. 예를 들어, 아인슈타인에게 노벨상을 안겨 준, 특수 상대성 이론과 광전 효과에 관한 혁명적인 생각들은 'Annalen der Physik'에 논문으로 등장했다. 역사상 가장 위대한 과학자 중 한 명으로서 그의 지위는 단 한 권의 책의 출간에 달려 있지는 않다.

해설 주어진 문장은 아인슈타인이 노벨상을 받게 된 혁명적인 생각들이 논문을 통해 등장했다는 내용이다. 이에 이 문장 앞에는 과학자들이 창의적인 기여를 통해 명성을 세우는 것이 책을 출간하지 않고도 가능했다는 내용의 문장이 있어야 하고, 바로 뒤에는 아인슈타인을 역사상 가장 위대한 과학자 중 한 명이라고 칭하면서 그의 지위가 단 한 권의 책의 출간에 달려 있진 않았다는 내용의 문장이 이어져야 한다. 따라서 주어진 문장이 들어가기에 가장 적절한 곳은 ⑤이다.

오답분석

오답선지	①	②	③	④
선택비율	8.6%	14.4%	19.7%	22.4%

④번은 books were not abandoned altogether를 보고 이에 대한 예시로 주어진 문장이 온다고 착각하고 많은 학생들이 선택한 것으로 보여. 하지만 ④ 뒤에 추가적인 설명이 있고, ⑤ 뒤의 문장이 글의 내용을 정리하는 문장이기 때문에 적절한 위치는 ⑤여야 해. 주어진 문장이 어떤 문장 뒤에 연결된다고 성급하게 판단하지 말고 연결되거나 부연 설명하는 문장이 더 이어지지는 않는지 항상 유의해!

6

정답 ⑤

소재 정상 과학의 목표

직독직해

What exactly does normal science involve? // [According to
정상 과학은 정확히 무엇을 포함하는가 // Thomas Kuhn에

Thomas Kuhn] / it is primarily a matter of *puzzle-solving*. //
따르면 / 그것은 주로 '문제 해결하기'의 문제이다 //

[However successful a paradigm is], / it will always
패러다임이 아무리 성공적이더라도 / 그것은 항상 특정한 문제

encounter certain problems / — [phenomena which it
에 부딪힐 것이다 / 즉 그것이 쉽게 수용할 수 없는 현상

cannot easily accommodate, / or mismatches between
/ 또는 이론의 예측과 실험적 사실 사이의

the theory's predictions and the experimental facts]. // The
불일치(에 부딪힐 것이다) // 정상

job of the normal scientist / is [to try to eliminate these
과학자들의 일은 / 이러한 사소한 문제를 제거하려고 노력하는

minor puzzles / while making as few changes as possible /
것이다 / 가능한 한 변화를 거의 주지 않으면서 /

to the paradigm]. // So normal science is a conservative
패러다임에 // 그래서 정상 과학은 보수적인 활동이다 /

activity / — [its practitioners are not trying {to make any
/ 그것을 실행하는 사람은 극히 중대한 발견을 하고자 노력하고 있지 않다 /

earth-shattering discoveries}, / but rather just {to develop
/ 그렇지만 오히려 단지 현존하는 패러다임

and extend the existing paradigm}]. // In Kuhn's words, /
을 발전시키고 확장하려는 것이다 // Kuhn의 말로 하자면 /

'normal science does not aim at novelties of fact or
정상 과학은 사실이나 이론의 참신함을 목표로 하지 않는다 /

theory, / and when successful / finds none'. // Above all, /
/ 그리고 성공일 때에는 / 찾아내는 것이 없다 // 무엇보다도 /

Kuhn stressed / [that normal scientists are not trying to
→ 명사절(stressed의 목적어)
Kuhn은 강조했다 / 정상 과학자들이 패러다임을 '시험'하려 노력하지 않는다는 것을 //

test the paradigm]. // On the contrary, / they [accept the
오히려 / 그들은 패러다임을 의심하

paradigm unquestioningly], / and [conduct their research /
── 대등한 연결 ──
지 않고 받아들인다 / 그리고 자신의 연구를 수행한다 /

within the limits {it sets}]. // [If a normal scientist gets an
관계절   → 부사절(조건)
그것이 설정한 한계 안에서 // 만약 정상 과학자가 실험 결과를 얻는다면 /

experimental result / {which conflicts with the paradigm}], /
관계절   ~과 상충하다
패러다임과 상충하는 /

they will usually assume / [that their experimental
→ 명사절(assume의 목적어①)
그들은 보통 여긴다 / 자신의 실험 기술에 결함이 있다고 /

technique is faulty], / not [that the paradigm is wrong]. //
→ 명사절(assume의 목적어②)
패러다임이 틀린 것이 아니라 //

전문 해석 정상 과학은 정확히 무엇을 포함하는가? Thomas Kuhn에 따르면, 그것은 주로 '문제 해결하기'의 문제이다. 패러다임이 아무리 성공적이더라도, 그것은 항상 특정한 문제, 즉 그것이 쉽게 수용할 수 없는 현상이나, 이론의 예측과 실험적 사실 사이의 불일치에 부딪힐 것이다. 정상 과학자들의 일은 패러다임에 가능한 한 변화를 거의 주지 않으면서, 이러한 사소한 문제를 제거하려고 노력하는 것이다. 그래서 정상 과학은 보수적인 활동으로, 그것을 실행하는 사람은 극히 중대한 발견을 하고자 노력하고 있지 않지만, 오히려 단지 현존하는 패러다임을 발전시키고 확장하려는 것이다. Kuhn의 말로 하자면, '정상 과학은 사실이나 이론의 참신함을 목표로 하지 않으며, 성공적일 때에는 찾아내는 것이 없다.' 무엇보다도, Kuhn은 정상 과학자들이 패러다임을 '시험'하려 노력하지 않는다는 것을 강조했다. 오히려 그들은 패러다임을 의심하지 않고 받아들이고, 그것이 설정한 한계 안에서 자신의 연구를 수행한다. 만약 정상 과학자가 패러다임과 상응하는(→ 상충하는) 실험 결과를 얻는다면, 그들은 보통 자신의 실험 기술에 결함이 있고, 패러다임이 틀린 것은 아니라고 여긴다.

해설 정상 과학의 목표는 새로운 이론이나 사실을 발견하는 것이 아니라, 현존하는 패러다임에 맞지 않는 사소한 문제가 생기면 그것을 해결하면서 원래의 패러다임을 유지하고 확장하려고 한다는 내용의 글이다. 정상 과학자가 패러다임과 상충하는 실험 결과를 얻었을 때 그 원인을 패러다임이 아니라 자신의 실험 기술에 문제가 있는 것으로 생각하므로, ⑤의 corresponds를 conflicts와 같은 낱말로 바꾸어야 한다.

오답분석

오답선지	①	②	③	④
선택비율	5.3%	15.8%	14.7%	32.1%

④번 바로 앞 문장에서 정상 과학자들은 현재의 패러다임을 '시험'하려고 하지 않는다고 했지? 그렇다면 과학자들은 그 패러다임을 '의심하지 않고' 받아들이는 게 당연할 거야. 접미사 un이 쓰여서 반대말을 쉽게 떠올리게 되고 잘못 사용된 어휘라고 생각하기 쉽겠지만 앞뒤 문장을 통해 낱말이 제대로 사용된 것인지를 꼭 확인하는 습관을 가져야 해!

Vocabulary Check-up

1 (1) subordinate (2) advent (3) chunk
2 (1) status (2) literary

1 (1) subordinate / 직원들은 자신의 관리자에 의해서만이 아니라, 동료, 고객이나 시민, 함께 일하는 다른 대행사 전문가들, 그리고 부하 직원들에 의해서도 평가를 받는다.

(2) advent / 글을 읽고 쓸 줄 아는 능력의 출현과 손으로 쓴 두루마리와 궁극적으로 손으로 쓴 책의 탄생은 크고 복잡한 생각이 매우 정확하게 퍼져 나가는 능력을 강화했다.

(3) chunk / 이것은 전화기와 이메일을 끈 채, 여러분 자신의 우선순위에 따라 창조적인 작업을 위해 매일 많은 상당한 양의 시간을 차단한다는 것을 의미한다.

2 (1) status / 스포츠 저널리즘의 전문적 지위에 관해서 특히 인쇄 매체에서 매우 역설적인 것이 있다.

(2) literary / 서로 다른 학문이 자전적 기억을 어떻게 이해하려고 하는지 설명하려고 노력할 때, 문학 평론가 Daniel Albright는 "심리학은 정원이고, 문학은 황무지이다."라고 말했다.

Grammar Check-up

1 (1) ① that ② are (2) ① produces ② avoiding
2 ② → However

1 (1) ① that: 선행사가 traits이고 뒤에 동사(are)가 왔으므로 주격 관계대명사 that이 어법상 적절하다.
② are: find의 목적어로 쓰인 that절에서 주어가 the people이므로 복수 동사 are가 어법상 적절하다.

(2) ① produces: 동명사구(reading ~)가 주어이므로 단수 동사 produces가 어법상 적절하다.
② avoiding: 뒤에 목적어(monotony)가 있으므로 능동태에 해당하는 avoiding이 어법상 적절하다.

2 ② '패러다임이 아무리 성공적이더라도'라는 양보의 의미를 갖는 부사절이 와야 하므로 However로 고쳐야 한다.

1

정답 ②

소재 자유 시장의 원리

직독직해

→ 현재완료 ┐   ┌ 관계절
The free market has liberated people / in a way [that
자유 시장은 사람들을 자유롭게 해 왔다 /   마르크스주의가 결코

                          ┌ 게다가(= Furthermore)
Marxism never could]. // What is more, / as A. O. Hirschman,
할 수 없었던 방식으로 //   게다가 /   하버드 대학교 경제 역사학자인

→ 동격   → 전치사구
the Harvard economic historian, showed / [in his classic
A. O. Hirschman이 보여 주었듯이 /   자신의 대표적 연구인

study *The Passions and the Interests*], / the market was
'The Passions and the Interests'에서 /   시장은 계몽주의 사상가들인

seen by Enlightenment thinkers Adam Smith, David
Adam Smith, David Hume 그리고 Montesquieu에 의해 여겨졌다 /

Hume, and Montesquieu / as a powerful solution / to one
Hume 그리고 Montesquieu /   강력한 해결책으로 /   인류의 가
              one of humanity's greatest traditional weaknesses를 뜻함 ┐
of humanity's greatest traditional weaknesses: / violence. //
장 큰 전통적 약점들 중 하나인 /   폭력에 대한 //

When two nations meet, / said Montesquieu, / they can
두 국가가 만날 때 /   Montesquieu가 말했던 바로는 / 그들은 두 가
                             → '두 가지' 중①   → '두 가지' 중②
do one of two things: / [they can wage war] or [they can
지 중 하나를 할 수 있는데 /   즉 그들은 전쟁을 벌이거나 거래를 할 수 있다 //

        → 부사절(조건)   → ~할 가능성이 있다
trade]. // [If they wage war], / both are likely to lose /
          만약 그들이 전쟁을 벌인다면 /   둘 다 손해를 볼 가능성이 있다 /

            → 부사절(조건)
in the long run. // [If they trade], / both will gain. // That,
장기적으로 //   만약 그들이 거래를 한다면 / 둘 다 이득을 얻을 것이다 //

                    → 전치사구
of course, was the logic / [behind the establishment of the
물론 그것이 논리였다 /   유럽 연합의 설립 이면에 있는 /

European Union]: / to lock together the destinies of its
즉 그것의 국가들의 운명을 한데 묶었는데 /

nations, / especially France and Germany, / in such a way /
특히 프랑스와 독일의 /   그렇게 함으로써 /
┌ 관계절   to부정사구
[that they would have an overwhelming interest / {not to
그들이 저항할 수 없는 이해관계를 가졌을 것이다 /   다시는 전

wage war again}] / as they had done / to such devastating
쟁을 벌이지 않도록 /   그들이 그랬던 것처럼 /   너무나도 파괴적인 대가를 치

cost / in the first half of the twentieth century. //
르며 / 20세기 전반에 //

전문 해석 자유 시장은 마르크스주의가 결코 할 수 없었던 방식으로 사람들을
자유롭게 해 왔다. 게다가 하버드 대학교 경제 역사학자인 A. O. Hirschman
이 자신의 대표적 연구인 'The Passions and the Interests'에서 보여 주었
듯이, 시장은 계몽주의 사상가들인 Adam Smith, David Hume 그리고
Montesquieu에 의해 인류의 가장 큰 전통적 약점들 중 하나인 폭력에 대한
강력한 해결책으로 여겨졌다. Montesquieu가 말했던 바로는 두 국가가 만날
때 그들은 두 가지 중 하나를 할 수 있는데, 즉 그들은 전쟁을 벌이거나 거래를
할 수 있다. 만약 그들이 전쟁을 벌인다면, 둘 다 장기적으로 손해를 볼 가능성
이 있다. 만약 그들이 거래를 한다면, 둘 다 이득을 얻을 것이다. 물론 그것이

유럽 연합의 설립 이면에 있는 논리였다. 즉 그것의 국가들, 특히 프랑스와 독
일의 운명을 한데 묶었는데 그렇게 함으로써 그들이 20세기 전반에 너무나도
파괴적인 대가를 치르며 그랬었던 것처럼 다시는 전쟁을 벌이지 않도록 그들
은 저항할 수 없는 이해관계를 가졌을 것이다.

해설 두 국가가 만나면 전쟁을 하거나 거래를 하거나 둘 중 하나를
선택하게 되는데, 시장의 존재로 인해 그들은 모두가 이득을 볼 수 있
도록 전쟁이 아닌 거래를 선택하게 된다는 내용의 글이므로, 글의 제
목으로 가장 적절한 것은 ② '자유 시장: 함께 잃는 것보다 함께 얻는
것'이다.

오답분석

오답선지	선택비율
① 무역 전쟁: 인간의 타고난 폭력성의 투영	18.4%
③ 새로운 경제적 틀이 자유 시장을 안정화하다	15.1%
④ 폭력은 자본주의를 방해하는 보이지 않는 손!	9.1%
⑤ 정부가 어떻게 시장 통제에 관여하는가?	6.0%

①번은 one of humanity's greatest traditional weaknesses: violence나
they can wage war or they can trade를 단편적으로 읽고 정답을 고른 것
으로 보여. 일부만 보고 파악하지 말고 전체적인 맥락을 잘 살펴봐!

2

정답 ⑤

소재 관습을 변질시키는 시장 사고방식

직독직해

                                    → 명사절(of의 목적어)
One vivid example / of [how a market mindset can
한 생생한 예가 /   어떻게 시장 사고방식이 관습을 변질시키고 훼손시킬
        → 대등한 연결   → 수동태
{transform} and {undermine} an institution] / is given by
수 있는지에 대한 /   Dan Ariely에 의해

Dan Ariely / in his book *Predictably Irrational*. // He tells
주어진다 /   그의 저서 'Predictably Irrational'에서 //   그는 이스라
                                              ┌ 관계절
the story of a day care center in Israel / [that decided to
엘의 한 어린이집에 관한 이야기를 들려준다 /   부모들에게 벌금을 부과
                              ┌ 관계절
fine parents / {who arrived late to pick up their children}, /
하기로 결정했던 /   자신의 아이를 데리러 늦게 도착한 /
→ ~을 바라다   ┌ discourage ~ from ...: ~이 …하는 것을 막다
in the hope / that this would discourage them from doing
바라서였다 /   이것이 그들이 그렇게 행동하는 것을 막을 수 있기를
                                                   → 전치사구
so]. // In fact, the exact opposite happened. // [Before the
       실제로는 정반대의 일이 일어났다 //   벌금 부과 전에
                                   → 동명사구(about의 목적어)
imposition of fines], / parents felt guilty / about [arriving
벌금 부과 전에 /   부모들은 죄책감을 느꼈고 /   늦게 도착한 것에 대해
                   → 동명사구(in의 목적어)   → 명사절(ensuring의 목적어)
late], / and guilt was effective / in [ensuring {that only a
그리고 죄책감은 효과적이었다 /   확실히 하는 데 /   오직 몇몇만이 그
          → 부사절   → 수동태   → 형식상의 주어
few did so}]. // [Once a fine was introduced], / it seems /
렇게 하도록 //   일단 벌금이 도입되자 /   (~한 것으로) 보인다 /
                                    → 내용상의 주어(명사절)
[that in the minds of the parents / the entire scenario
부모들의 마음속에서 /   전체 시나리오가 바뀐 것으로
→ 수동태   → from ~ to ...: ~에서 …으로
was changed / from a social contract to a market one]. //
사회 계약에서 시장 계약으로 //

                                              → ~을 돌보다 ┐
Essentially, / they were paying for the center / to look
근본적으로 /   그들은 어린이집에 비용을 지불하고 있었다 /   방과 후에
             think+목(it)+목·보(worth ~): ~이 … 하다고 생각하다
after their children after hours. // Some parents thought it
아이를 돌보는 것에 있어 //   일부 부모들은 그것이 값어치를 한다고

worth the price, / and the rate of late arrivals increased. //
생각했다 / 그래서 늦은 도착의 비율이 증가했다 //

Significantly, / [once the center {abandoned the fines} / and
중요하게는 / 어린이집이 벌금을 그만두고 / 이전

{went back to the previous arrangement}], / late arrivals
방식으로 돌아갔을 때 / 늦은 도착은 머물

remained / at the high level / [they had reached / during the
렀다 / 그 높은 수준에 / 그것들이 도달했었던 / 벌금 기간 동안

period of the fines]. //

전문 해석 어떻게 시장 사고방식이 관습을 변질시키고 훼손시킬 수 있는지에 대한 한 생생한 예가 그의 저서 'Predictably Irrational'에서 Dan Ariely에 의해 주어진다. 그는 자신의 아이를 데리러 늦게 도착한 부모들에게 벌금을 부과하기로 결정했던 이스라엘의 한 어린이집에 관한 이야기를 들려주는데, 이는 이것이 그들이 그렇게 행동하는 것을 막을 수 있기를 바라서였다. 실제로는 정반대의 일이 일어났다. 벌금 부과 전에 부모들은 늦게 도착한 것에 대해 죄책감을 느꼈고 죄책감은 오직 몇몇만이 그렇게 하도록 확실히 하는 데 효과적이었다. 일단 벌금이 도입되자, 부모들의 마음속에서 전체 시나리오가 사회 계약에서 시장 계약으로 바뀌었던 것으로 보인다. 근본적으로 그들은 방과 후에 자신의 아이를 돌보는 것에 있어 어린이집에 비용을 지불하고 있었다. 일부 부모들은 그것이 값어치를 한다고 생각했고 늦은 도착의 비율이 증가했다. 중요하게는 어린이집이 벌금을 그만두고 이전 방식으로 돌아갔을 때 늦은 도착은 벌금 기간 동안 그것들이 도달했었던 그 높은 수준에 머물렀다.

해설 이스라엘의 한 어린이집에서 늦게 아이를 데리러 오는 부모들에게 벌금을 부과하여 일찍 데리고 가도록 유도하고자 했으나, 오히려 반대로 벌금이 도입되자 부모들은 아이들을 조금 늦게까지 맡아 주는 것을 시장 계약으로 바뀐 것으로 생각하게 되었고, 이 서비스에 정당한 대가를 지불한다고 생각하여 오히려 늦게 도착하는 비율이 증가했다는 내용의 글이다. 따라서 빈칸에 들어갈 말로 가장 적절한 것은 ⑤이다.

오답분석

오답선지	선택비율
① 사람들이 공익을 위해 자신의 이익을 제쳐놓을 수	15.0%
② 기존의 합의를 바꾸는 것이 죄책감을 초래할 수	21.2%
③ 벌금을 부과하는 것이 파기된 사회적 계약을 보상할 수	24.3%
④ 사회적 유대감이 사람들의 행동을 바꾸기에 불충분할 수	18.4%

③번은 the entire scenario was changed from a social contract to a market one에서 사회적 계약이 시장 계약으로 바뀌었다고 했으므로, 사회적 계약이 파괴되었다는 말이 맞다고 생각하여 이 선택지를 선택한 비율이 높았을 거야. 하지만 벌금을 부과하는 것이 사회적 계약을 오히려 파괴한 것이지 사회적 계약을 보상하는 것은 아니기 때문에 빈칸에 들어갈 말이 될 수는 없어!

3

정답 ⑤

소재 밝은 소리에 대한 선호와 그것의 단점

직독직해

Brightness of sounds means much energy / [in higher
소리의 밝기는 많은 에너지를 의미한다 / 더 높은 주파수

frequencies], / [which can be calculated / from the sounds
에서의 / 그런데 이는 계산될 수 있다 / 소리로부터 쉽게 //

easily]. // A violin [has many more overtones / compared
바이올린은 더 많은 상음(上音)을 가지고 있고 / 플루트에 비해

to a flute] / and [sounds brighter]. // An oboe is brighter /
그리고 더 밝게 들린다 // 오보에가 더 밝다 /

than a classical guitar, / and a crash cymbal brighter /
클래식 기타보다 / 그리고 크래시 심벌이 더 밝다 /

than a double bass. // This is obvious, / and indeed people
더블 베이스보다 / 이것은 명백하다 / 그리고 실제로 사람들은 밝음

like brightness. // One reason / is that it makes sound
을 좋아한다 // 한 가지 이유는 / 그것이 소리를 주관적으로 더 크게 들

subjectively louder, / which is part of the loudness war /
리도록 만든다는 것이다 / 그런데 이는 소리의 세기 전쟁의 일환이다 /

in modern electronic music, / and in the classical music of
현대 전자 음악에서 / 그리고 19세기 클래식 음악에서 //

the 19th century. // All sound engineers know / [that if they
모든 음향 기사들은 안다 / 만약 그들이 음악

play back a track to a musician / {that just has recorded this
가에게 곡을 틀어 주고 / 방금 이 곡을 녹음한 /

track} / and add some higher frequencies, / the musician
그리고 약간의 더 높은 주파수를 더하면 / 그 음악가는 곧바로

will immediately like the track much better]. // But this is a
그 곡을 훨씬 더 좋아하게 되리라는 것을 // 하지만 이것은 일시

short-lived effect, / and in the long run, / people find such
적인 효과이다 / 그리고 장기적으로 / 사람들은 그러한 소리가

sounds too bright. // So it is wise / [not to play back such a
너무 밝다는 것을 알게 된다 // 따라서 현명한데 / 그러한 곡을 틀어 주지 않는 것이 /

track / {with too much brightness}], / as it normally takes
너무 밝게 / 왜냐하면 보통 꽤 상당한 시간이

quite some time / [to convince the musician / {that less
걸리기 때문이다 / 음악가에게 납득시키는 데 / 더 적은 밝기

brightness serves his music better / in the end}]. //
가 자신의 음악에 더 도움이 된다는 것을 / 결국 //

전문 해석 소리의 밝기는 더 높은 주파수에서의 많은 에너지를 의미하며, 이는 소리로부터 쉽게 계산될 수 있다. 바이올린은 플루트에 비해 더 많은 상음(上音)을 가지고 있고 더 밝게 들린다. 오보에가 클래식 기타보다 더 밝고, 크래시 심벌이 더블 베이스보다 더 밝다. 이것은 명백하고 실제로 사람들은 밝음을 좋아한다. 한 가지 이유는 그것이 소리를 주관적으로 더 크게 들리도록 만든다는 것이며, 이는 현대 전자 음악과 19세기 클래식 음악에서 소리의 세기 전쟁의 일환이다. 모든 음향 기사들은 만약 그들이 방금 이 곡을 녹음한 음악가에게 곡을 틀어 주고 약간의 더 높은 주파수를 더하면, 그 음악가는 곧바로 그 곡을 훨씬 더 좋아하게 되리라는 것을 안다. 하지만 이것은 일시적인 효과이고 장기적으로 사람들은 그러한 소리가 너무 밝다는 것을 알게 된다. 따라서 그러한 곡을 너무 밝게 틀어 주지 않는 것이 현명한데 왜냐하면 그 음악가에게 더 적은 밝기가 결국 자신의 음악에 더 도움이 된다는 것을 납득시키는 데 보통 꽤 상당한 시간이 걸리기 때문이다.

해설 주어진 문장은 높은 주파수의 음악을 좋아하는 것이 일시적인 효과이지 장기적으로는 사람들은 그러한 소리가 너무 밝다는 것을 알게 된다는 내용이다. 이에 이 문장 바로 앞에는 높은 주파수의 음악을 음악가들이 훨씬 더 좋아한다는 내용의 문장이 있어야 하고, 바로 뒤에는 그렇기 때문에 곡을 너무 밝게 틀어 주지 않는 것이 현명하다고 하면서 그 이유를 제시하는 내용의 문장이 이어져야 한다. 따라서 주어진 문장이 들어가기에 가장 적절한 곳은 ⑤이다.

③ 뒤에 언급된 것은 사람들이 밝은 소리를 좋아하는 것에 대한 이유야. 주어진 문장에서 too bright하다고 생각하니까 it is wise not to play back such a track with too much brightness로 연결되는 것이 자연스러운 흐름이야.

4

정답 ⑤

소재 인지 오류를 일으키는 기준점 편향

직독직해

Anchoring bias describes the cognitive error / [you make /
기준점 편향은 인지 오류를 말한다 /　　　　　　　　　　여러분이 저지르는 /

when you tend to give more weight to information /
여러분이 정보에 더 비중을 두는 경향이 있을 때 /

{arriving early in a situation} / compared to information /
어떤 상황에서 일찍 도착하는 /　　　　　정보에 비하여 /

{arriving later} / — regardless of the relative quality or
나중에 도착하는 /　　　　초기 정보의 상대적인 질이나 적절성과 상관없이 //

relevance of that initial information]. // [Whatever data
　　　　　　　　　　　　　　　　　　여러분에게 처음으로

is presented to you first / {when you start to look at
어떠한 정보가 제시되는지가 /　　　여러분이 어떠한 상황을 보기 시작할 때 /

a situation}] / can form an "anchor" / and it becomes
'기준점'을 형성할 수 있다 /　　　그리고 상당히 더 어려워

significantly more challenging / [to alter your mental
진다 /　　　　　　　　여러분의 생각의 방향을 바꾸는 것

course / away from this anchor / than it logically should
은 /　　　이 기준점에서 벗어나도록 /　　논리적으로 그러해야 하는 것보다 //

be]. // A classic example of anchoring bias / [in emergency
　　　기준점 편향의 고전적인 예는 /　　　응급 진료에서 /

medicine] / is "triage bias," / [where {whatever the first
　　　　　　　'부상자 분류 편향'인데 /　여러분이 어떠한 첫인상을 갖거나 받는지

impression you develop, or are given, / about a patient} /
가 /　　　　　　　　　　　　　　　　환자에 대해 /

tends to influence all subsequent providers / {seeing that
모든 다음의 의료 종사자들에게 영향을 미치는 경향이 있다는 것이다 /　환자를 보는 /

patient}]. // For example, / imagine two patients [presenting
예를 들어 /　　　　　응급 치료를 위해 나타난 두 명의 환자를 상상해

for emergency care / with aching jaw pain / {that occasionally
보라 /　　　　쑤시는 턱 통증으로 /　　이따금 가슴까지 아래로

extends down to their chest}]. // Differences / in [how the
퍼지는 //　　　　　　　　　　차이는 /　　환자들을 예진하는

intake providers label the chart] / — "jaw pain" vs. "chest
의료 종사자들이 어떻게 차트에 분류하는가의 /　　'턱 통증' 대 '가슴 통증' 중 무엇

pain," / for example — create anchors / [that might
으로 /　　예를 들어 /　기준점을 만든다 /　　　중대한 차이를 초

result in significant differences / in {how the patients are
래할 수도 있는 /　　　　　　　그 환자가 어떻게 치료받는가에 있어 //

treated}]. //

전문 해석 기준점 편향은 초기 정보의 상대적인 질이나 적절성과 상관없이, 여러분이 어떠한 상황에서 나중에 도착하는 정보에 비하여 일찍 도착하는 정보에 더 비중을 두는 경향이 있을 때 저지르는 인지 오류를 말한다. 여러분이 어떠한 상황을 보기 시작할 때 처음으로 어떠한 정보가 제시되든지가 '기준점'을 형성할 수 있고 여러분의 생각의 방향을 이 기준점에서 벗어나도록 바꾸는 것은 논리적으로 그러해야 하는 것보다 상당히 더 어려워진다. 응급 진료에서 기준점 편향의 고전적인 예는 '부상자 분류 편향'인데, 이는 여러분이 환자에 대해 어떠한 첫인상을 갖거나 받는지가 그 환자를 보는 모든 다음의 의료 종사자들에게 영향을 미치는 경향이 있다는 것이다. 예를 들어, 이따금 가슴까지 아래로 퍼지는 쑤시는 턱 통증으로 응급 치료를 위해 나타난 두 명의 환자를 상상해 보라. 환자를 예진하는 의료 종사자들이 어떻게 차트에 분류하는가의 차이, 예를 들어 '턱 통증' 대 '가슴 통증' 중 무엇으로 분류하는가의 차이는 그 환자들이 어떻게 치료받는가에 있어 중대한 차이를 초래할 수도 있는 기준점을 만든다.

해설 ⑤ 주어 Differences에 대한 동사가 필요하므로 creating을 create로 고쳐야 한다.

① '~과 비교하여'라는 뜻을 갖는 독립 분사구문 compared는 어법상 적절하다.

② 형식상의 주어 it에 대한 내용상의 주어로 to alter는 어법상 적절하다.

③ "triage bias"가 선행사이고 주어(whatever ~ a patient), 동사(tends to ~)가 포함된 완전한 절이 뒤에 왔으므로 관계부사 where는 어법상 적절하다.

④ 주격 관계대명사(that)의 선행사가 aching jaw pain이므로 단수 동사 extends는 어법상 적절하다.

③번은 일반적인 관계부사 문제이기는 하지만 선행사("triage bias")가 추상적인 장소인 데다가 관계부사(where)가 이끄는 문장에서 주어(whatever ~ a patient), 동사(tends to influence), 목적어(all subsequent ~ that patient)의 구조를 파악하기가 상당히 까다로웠을 거야.

5~6

정답 5 ③ / 6 ④

소재 이야기에 주의를 기울이도록 설계된 이유

직독직해

Stories populate our lives. // [If you are not a fan of
이야기는 우리의 삶에 거주한다 //　　　만약 여러분이 이야기의 팬이 아니라면

stories], / you might imagine / [that the best world is a
　　　여러분은 상상할지도 모른다 /　가장 좋은 세상이란 그것들이 없는 세상

world without them, / {where we can only see the facts /
이라고 /　　　　우리가 사실들만 볼 수 있는 /

in front of us}]. // But [to do this] is to deny / [how our brains
우리 앞에 있는 //　그러나 이렇게 하는 것은 부인하는 것이다 / 우리의 뇌가 어떻게

work], / how they are *designed* to work. // Evolution has
작동하는지를 / 즉 어떻게 그것들이 작동하도록 '설계되어' 있는지를 // 진화는 우리에게 머리

given us minds / [that are alert to stories and suggestion] /
를 주어 왔다 /　　이야기와 암시에 주의를 기울이는 /

because, / through many hundreds of thousands of years
왜냐하면 / 수십만 년의 자연 선택을 거쳐 /

of natural selection, / minds [that can attend to stories]
관계절
이야기에 주의를 기울일 수 있는 머리가 더 성공해 왔기
동명사구(at의 목적어)

have been more successful / at [passing on their owners'
(때문에) / 그들 주인의 유전자를 물려주는 것에 //

genes]. //

부사절(시간)
Think about what happens, / for example, / [when
무슨 일이 일어나는지 생각해 보라 / 예를 들어 / 동물들이

animals face one another in conflict]. // They rarely plunge
싸움에서 서로를 직면할 때 // 그들은 좀처럼 즉시 전투에 뛰

into battle right away. // No, they first try to signal / in all
어들지 않는다 // 아니, 그것들은 먼저 신호를 보내려 애를 쓴다 / 온갖
명사절(signal의 목적어)

kinds of ways / [what the *outcome* of the battle is going
종류의 방법으로 / 전투의 '결과'가 무엇이 될지 //

to be]. // They puff up their chests, / they roar, / and they
그것은 가슴을 잔뜩 부풀리고 / 포효하고 / 그리고 송곳니
~에 주의를 기울이다

bare their fangs. // Animals evolved to attend to stories and
를 드러낸다 // 동물들은 이야기와 신호들에 주의를 기울이도록 진화했다 //
부사절(이유)

signals / [because these turn out to be an efficient way /
이것들이 효율적인 방법이 되기 때문에 /
to부정사구 가정법 과거

{to navigate the world}]. // If you and I were a pair of lions
세상을 항해하는 // 만약 여러분과 내가 세렌게티의 한 쌍의 사자이고 /

on the Serengeti, / and we were trying to decide the strongest
그리고 우리가 가장 강한 사자를 결정하려 한다면 /
형식상의 주어 to부정사구의 의미상의 주어

lion, / it would be most unwise / — for both of us / —
가장 어리석은 일일 것이다 / 우리 둘 다 /
내용상의 주어(to부정사구) 비교급 강조

[to plunge straight into a conflict]. // It is far better / for
싸움에 곧바로 뛰어드는 것 // 훨씬 낫다 / 우리

each of us to make a show of strength, / to tell *the story* /
각자가 힘을 과시하는 것이 / 즉 '이야기'를 하는 것이 /
of의 목적어

of [how our victory is inevitable]. // If one of those stories
어떻게 자신의 승리가 불가피한지에 대한 // 그 이야기들 중 하나가 훨씬 더 설
비교급 강조

is much more convincing / than the other, / we might be
득력이 있다면 / 다른 쪽보다 / 우리는 그 결과에 동
전치사구

able to agree on the outcome / [without actually having the
의할 수 있을지도 모른다 / 실제로 싸우지 않고도 //

fight]. //

전문 해석 이야기는 우리의 삶에 거주한다. 만약 여러분이 이야기의 팬이 아니라면, 여러분은 가장 좋은 세상이란 그것들이 없는 우리가 우리 앞에 있는 사실들만 볼 수 있는 세상이라고 생각할지도 모른다. 그러나 이렇게 하는 것은 우리의 뇌가 어떻게 작동하는지, 즉 어떻게 그것들이 작동하도록 '설계되어' 있는지를 부인하는 것이다. 수십만 년의 자연 선택을 거쳐, 이야기에 주의를 기울일 수 있는 머리가 그들 주인의 유전자를 물려주는 것에 더 성공해 왔기 때문에, 진화는 우리에게 이야기와 암시에 주의를 기울이는 머리를 주어 왔다.
예를 들어 동물들이 싸움에서 서로를 직면할 때 무슨 일이 일어나는지 생각해 보라. 그것들은 좀처럼 즉시 전투에 뛰어들지 않는다. 아니 그것들은 먼저 전투의 '결과'가 무엇이 될지 온갖 종류의 방법으로 신호를 보내려 애를 쓴다. 그것들은 가슴을 잔뜩 부풀리고, 포효하며, 송곳니를 드러낸다. 이야기와 신호가 세상을 항해하는 효율적인 방법이 되기 때문에, 동물들은 이것에 주의를 기울

이도록 진화했다. 만약 여러분과 내가 세렌게티의 한 쌍의 사자이고 우리가 가장 강한 사자를 결정하려 한다면, 우리 둘 다 싸움에 곧바로 뛰어드는 것이 가장 분별 있는(→ 어리석은) 일일 것이다. 우리 각자가 힘을 과시하는 것, 즉 어떻게 자신의 승리가 불가피한지에 대한 '이야기'를 하는 것이 훨씬 낫다. 그 이야기들 중 하나가 다른 쪽보다 훨씬 더 설득력이 있다면, 우리는 실제로 싸우지 않고도 그 결과에 동의할 수 있을지도 모른다.

해설 5 우리는 이야기에 주의를 기울이는 머리를 갖도록 진화해 왔고, 동물들도 즉시 싸우기보다는 전투의 결과가 어떻게 될지 이야기를 해 봄으로써 실제 싸우지 않고도 승부를 낼 수 있다는 내용의 글이므로, 글의 제목으로 가장 적절한 것은 ③ '왜 우리는 이야기에 주의를 기울이도록 만들어졌는가?'이다.

6 이야기를 통해 싸우지 않고 승부를 낼 수 있다고 했으므로 곧바로 싸움에 뛰어드는 것은 어리석은(unwise) 생각일 것이다. 따라서 밑줄 친 낱말 중 문맥상 쓰임이 적절하지 않은 것은 ④이다.

오답분석

오답선지	선택비율
5 ① 스토리텔링의 명암	9.7%
② 동물의 다양한 신호를 해석하는 방법	13.5%
④ 이야기: 승산 없는 싸움을 뒤집기 위한 게임 체인저	19.7%
⑤ 진화: 동물과 인간 공존의 역사	12.8%
6 ① 부인하다	15.2%
② 성공적인	11.2%
③ 신호를 보내다	12.9%
⑤ 설득력이 있는	18.2%

5 ④번은 우선 '이야기'가 이 글의 핵심이기 때문에 매력적인 답안으로 다가왔을 것이고, 싸움을 하려는 두 사자의 상황에서 이야기가 승부에 영향을 미치는 것은 맞기 때문에 이것을 답으로 선택했을 거 같아. 하지만 이야기가 승산 없는 싸움의 판도를 뒤집는 수단이 아니라 싸움을 피하도록 도와주는 도구로서 우리가 이야기에 주의를 기울이도록 타고났다는 것이 이 글의 핵심이므로, 그런 내용을 담고 있는 선지를 찾아야 해.

6 ⑤번은 두 번째 단락의 예시를 제대로 이해하지 못해서 선택한 거야. 사자들은 싸움에 곧바로 뛰어들지 않고 자신이 왜 승리할 수밖에 없는지 이야기를 나눈다고 했지? 싸움을 하지 않고 결과에 승복하려면 한쪽의 이야기가 더 설득력이 있는 게 당연해. 지문 내용에 대한 전체적인 이해를 바탕으로 지문 내용과 반대로 사용된 어휘가 있지 않은지 꼼꼼히 점검해 봐!

Daily Review   Day ⑦

Vocabulary Check-up

1 (1) inevitable (2) bias (3) vivid
2 (1) imposition (2) relevance

1 (1) inevitable / 그러한 경우에 이러한 사람들은 피할 수 없는 사회적, 정신적 외상 때문에 고통을 받고 이것은 감정적 스트레스와 한때 그들의 정체성이었던 것과 자신들이 갑자기 단절되어 왔다는 느낌을 유발한다.

(2) bias / 이러한 종류의 편향은 실험실의 과업에서 경제적으로 합리적인 판단을 저해할 수도 있지만, 우리가 실제 세상에서 대단히 합리적인 방식으로 행동하게 해 준다.

(3) vivid / 그는 함께 작업한 예술가들과 특별한 유대 관계를 맺었고, 그런 관계로 인해 그는 자신의 가장 생생하고 상징적인 이미지의 일부를 포착하는 데 도움을 받았다.

2 (1) imposition / 무관한 것이 아니라, 도덕적 질문은 세금 부과에 근본적이다.

(2) relevance / 그렇기에, 나는 어떤 특정한 과학 논문을 다운로드한 횟수가 전체 논문이 처음부터 끝까지 읽힌 횟수와 거의 관련이 없는 것이 아닌가 하고 생각한다.

Grammar Check-up

1 (1) ① to fine ② from doing (2) ① it ② that
2 ③ → because

---

1 ① to fine: decide는 목적어로 to부정사를 취하므로 to fine이 어법상 적절하다.
② from doing: discourage의 목적어 뒤에는 「from＋동명사」 형태가 이어지므로 from doing이 어법상 적절하다.

(2) ① it: not to play 이하가 내용상의 주어이므로 형식상의 주어 it이 어법상 적절하다.
② that: less ~ in the end가 완전한 절이므로 convince의 목적어 역할을 하는 명사절을 이끄는 접속사 that이 어법상 적절하다.

2 ③ 뒤에 끼어든 전치사구(through ~ selection)를 제외하고 생각하면, 주어(minds)와 동사(have been)가 있는 절이 뒤에 온 것이므로 접속사 because로 고쳐야 한다.

1

정답 ⑤

소재 인간에 의한 침입종의 확산

직독직해

Many marine species / including oysters, marsh grasses,
많은 해양 종들은 /   굴, 습지 풀, 그리고 물고기를 포함한 /
                                    ┌→ 수동태
and fish / were deliberately introduced / for food or for
           의도적으로 도입되었다 /   식량이나 침식 방제를
                    ┌→ 전치사구   ┌→ 관계절
erosion control, / [with little knowledge of the impacts {they
위해 /   그들이 미칠 수 있는 영향에 대한 정보가 거의 없는 상태에서 //
could have}]. // Fish and shellfish have been intentionally
                어패류는 의도적으로 도입되어 왔다 /

introduced / all over the world / for aquaculture, /
            전 세계에 /   양식을 위해 /
        ┌→ 분사구문   ┌→ fish and shellfish
[providing food and jobs], / but they can escape and
음식과 일자리를 제공하며 /   하지만 그것들은 탈출해서 위협이 될 수
                              ┌→ to의 목적어① ┌→ to의 목적어②
become a threat / to [native species], [ecosystem function],
있다 /   토착종에게, 생태계 기능에, 또는 생계에 //
   ┌→ to의 목적어③   ┌→ 수동태
or [livelihoods]. // Atlantic salmon are reared / in ocean
                   대서양 연어는 길러진다 /   Washington

net-pens in Washington State and British Columbia. //
State와 British Columbia의 해양 그물 어장에서 //
    ┌→ Many salmon   ┌→ 발견하다
Many escape each year, / and they have been recovered /
매년 많은 연어가 탈출한다 /   그리고 그들은 발견된다 /

in both saltwater and freshwater in Washington State,
Washington State, British Columbia, Alaska의 해수와 담수에서 //

British Columbia, and Alaska. // Recreational fishing
                                여가용 낚시 또한 침입종을 확산시
                  ┌→ (소재의) 추가
can also spread invasive species. // Bait worms from
킬 수 있다 //   Maine의 미끼용 벌레들은 전
                                      Bait worms ←┐
Maine are popular throughout the country. // They are
국적으로 인기가 있다 //   그것들은 보통
                                                  ┌→ 관계절
commonly packed in seaweed / [which contains many
해초에 싸여 있다 /   많은 다른 유기체들을 포함하는 //
              ┌→ 부사절(조건)   ┌→ 수동태
other organisms]. // [If the seaweed is discarded], / it or the
                     만약 해초가 버려지면 /   그것 또는
                                        the seaweed ←┘
organisms on it / can colonize new areas. // Fishing boots,
그것 위에 있는 유기체들은 / 새로운 영역에서 군락을 이룰 수 있다 // 낚시용 장화, 여가용

recreational boats, and trailers can [pick up organisms / at
보트와 트레일러는 유기체를 집어 올릴 수 있다 /   한
              ┌── 대등한 연결 ──┐
one location] / and [move them elsewhere]. //
장소에서 /   그리고 그것들을 다른 곳으로 옮길 수 있다 //

전문 해석 굴, 습지 풀, 그리고 물고기를 포함한 많은 해양 종들은 그들이 미칠 수 있는 영향에 대한 정보가 거의 없는 상태에서 의도적으로 식량이나 침식 방제를 위해 도입되었다. 어패류는 양식을 위해 전 세계에 의도적으로 도입되어 음식과 일자리를 제공하지만, 탈출해서 토착종, 생태계 기능, 또는 생계에 위협이 될 수 있다. 대서양 연어는 Washington State와 British Columbia의 해

양 그물 어장에서 길러진다. 매년 많은 연어가 탈출해, 그들은 Washington State, British Columbia, Alaska의 해수와 담수에서 발견된다. 여가용 낚시 또한 침입종을 확산시킬 수 있다. Maine의 미끼용 벌레들은 전국적으로 인기가 있다. 그것들은 보통 많은 다른 유기체들을 포함하는 해초에 싸여 있다. 만약 해초가 버려지면, 해초나 해초 위에 있는 유기체들은 새로운 영역에서 군락을 이룰 수 있다. 낚시용 장화, 여가용 보트와 트레일러는 유기체를 한 장소에서 집어 올려 다른 곳으로 옮길 수 있다.

해설 해양 생태계와 토착종에 위협이 되는 침입종은 양식을 위해 의도적으로 도입된 어패류 종이 탈출한 것이고, 미끼 벌레의 사용과 낚시용 장화, 여가용 보트와 트레일러를 통한 유기체의 이동과 같은 여가용 낚시 활동 또한 침입종을 확산시킨다는 내용의 글이다. 따라서 이 글의 주제로 ⑤ '침입종의 확산에 대한 인간의 영향'이 가장 적절하다.

오답분석

오답선지	선택비율
① 여가용 바다낚시의 이점	14.4%
② 해양 생물 다양성을 유지하는 방법들	12.2%
③ 생태 관광을 위한 해양의 잠재적 가치	12.2%
④ 식량 공급에 대한 해양 농업의 기여	12.5%

①번은 부사 also가 담당하고 있는 '첨가, 부연' 기능에 대해 충분히 인식하지 못하고 Recreational fishing can also spread invasive species 이후에 언급되는 내용에만 주목해서 선택한 거야. 게다가 본문에서 전반적으로 언급하고 있는 invasive species가 가져오는 부정적 영향도 정확히 연결 짓지 못했어. 글의 주제를 풀 때는 글 전체에서 일관되게 다루고 있는 내용을 파악해야 한다는 점을 꼭 기억해!

2

정답 ①

소재 철학 활동의 근본적 측면

직독직해

Philosophical activity is based on the recognition of
철학적 활동은 무지에 대한 인정에 기초를 둔다 //
(~에 기초를 두다)

ignorance. // The philosopher's thirst for knowledge
지식에 대한 철학자의 갈망은 나타난다 /

is shown / through attempts to find better answers [to
(수동태) 질문에 대한 더 나은 답을 찾으려는 시도를 통해 / (전치사구)

questions] / [even if those answers are never found]. //
비록 그 답들이 절대 발견되지 않는다 해도 //

At the same time, / a philosopher also knows / [that
동시에 / 철학자는 또한 알고 있다 / (명사절(knows의 목적어)) 지나치

{being too sure} can hinder / the discovery of other and
게 확신하는 것은 방해할 수 있다는 것을 / 다르면서도 더 나은 가능성의 발견을 //
(동명사구(주어))

better possibilities]. // In a philosophical dialogue, / the
철학적 대화에서 / 참여

participants are aware / that there are things [they do
자들은 인식한다 / 그들이 알지 못하거나 이해하지 못하는 것이 있다
(관계절)

not know or understand]. // The goal of the dialogue
는 것을 // 그 대화의 목표는 개념에 도달하는 것이다 /

is [to arrive at a conception / {that one did not know
(to부정사구(보어)) (관계절)
누구라도 미리 알거나 이해하지 못했

or understand beforehand}]. // In traditional schools, /
던 전통적인 학교에서 /
(관계절(traditional schools 부연 설명))

[where philosophy is not present], / students often work
그곳에는 철학이 존재하지 않는데 / 학생들은 흔히 사실적 질문을 놓

with factual questions, / they learn specific content
고 공부한다 / 그들은 특정한 내용을 배운다 /
(분사구) (→ students)

[listed in the curriculum], / and they are not required
교육 과정에 실린 / 그리고 그들은 요구받지 않는다 /
(→ students)

to solve philosophical problems. // However, we know /
철학적 문제를 해결하도록 // 하지만, 우리는 알고 있다 /
(명사절(know의 목적어)) (→ the thing which)

[that awareness of {what one does not know} / can be a
우리가 알지 못하는 것에 대한 인식이 / 지식을 습득하
(관계절)

good way {to acquire knowledge}]. // Knowledge and
는 좋은 방법이 될 수 있다 // 지식과 이해는 발전된다 /
(to부정사구)

understanding are developed / [through thinking and
(수동태) 사색과 토론을 통해 //
(전치사구)

talking]. // [Putting things into words] / makes things
생각을 말로 표현하는 것은 / 생각을 더 분명하게 만
(동명사구(주어)) (make+목+목·보)
(동명사구(of의 목적어①))

clearer. // Therefore, students must not be afraid of / [saying
든다 // 따라서, 학생들은 두려워해서는 안 된다 / 잘못된 무

something wrong] / or [talking without first being sure /
언가를 말하거나 / 또는 처음에 확신하지 않고 이야기하는 것을 /
(동명사구(of의 목적어②))

{that they are right}]. //
자신이 옳다는 것을 //
(명사절)

전문 해석 철학적 활동은 무지에 대한 인정에 기초를 둔다. 지식에 대한 철학자의 갈망은 그 답이 절대 발견되지 않는다고 하더라도 질문에 대한 더 나은 답을 찾으려는 시도를 통해 나타난다. 동시에, 철학자는 지나치게 확신하는 것은 다르면서도 더 나은 가능성의 발견을 방해할 수 있다는 것 또한 알고 있다. 철학적 대화에서 참여자들은 그들이 알지 못하거나 이해하지 못하는 것이 있다는 것을 인식한다. 그 대화의 목표는 누구라도 미리 알거나 이해하지 못했다는 개념에 도달하는 것이다. 철학이 존재하지 않는 전통적 학교에서, 학생들은 흔히 사실적 질문을 놓고 공부하고, 교육 과정에 실린 특정한 내용을 배우며, 철학적인 문제를 해결하도록 요구받지 않는다. 하지만 우리는 우리가 알지 못하는 것에 대한 인식이 지식을 습득하는 좋은 방법이 될 수 있다는 것을 안다. 지식과 이해는 사색과 토론을 통해 발달한다. 생각을 말로 표현하는 것은 생각을 더 분명하게 만든다. 따라서, 학생들은 잘못된 무언가를 말하거나 처음에 그들이 옳다는 것을 확신하지 않고 이야기하는 것을 두려워해서는 안 된다.

해설 철학적 대화의 참여자들은 자신들이 알지 못한다는 것, 그리고 이해하지 못한다는 것을 인정하고 있으며 새롭고 더 나은 개념에 도달하기 위한 갈망으로 대화에 참여한다는 내용의 글이다. 지식과 이해가 사색과 토론을 통해 발달하므로 학생들은 무언가를 잘못 말하거나 확신 없이 말하는 것을 두려워하지 말아야 한다. 따라서 빈칸에 들어갈 말로 가장 적절한 것은 ①이다.

오답분석

오답선지	선택비율
② 자기 확신에 대한 강조	26.1%
③ 기존 가치에 대한 순응	14.0%
④ 고대 사상가들의 업적	16.1%
⑤ 자연 현상에 대한 이해	9.1%

②번은 마지막 문장인 Therefore, students must not be afraid of saying something wrong or talking without first being sure that they are right.를 답을 찾는 근거로 생각한 후, '확신 없이 말하는 것을 두려워하지 말라'는 부분을 '확신에 대한 강조'라고 오해해서 선택한 거야. 지문의 초반부터 강조하고 있는 핵심 내용이 글의 마지막까지 어떻게 연결되어 흐르는지 꼭 확인해!

3

정답 ①

소재 건강에 좋지 못한 음식에 대한 갈망

직독직해

Deep-fried foods are tastier than bland foods, / and
기름에 튀긴 음식은 싱거운 음식보다 더 맛있다 / 그리고
→ 비교급

children and adults develop a taste for such foods. // Fatty
어린이와 어른들은 그런 음식에 대한 취향을 발달시킨다 // 지방이
→ deep-fried foods

foods cause the brain to release oxytocin, / a powerful
많은 음식은 뇌가 옥시토신을 분비하게 한다 / 강력한 호르몬인 /
→ cause+목(the brain)+목·보(to release ~)

hormone / [with a calming, antistress, and relaxing
안정, 항스트레스, 긴장 완화 효과를 가진 /
→ 전치사구

influence], / [said to be the opposite of adrenaline], / into
아드레날린의 반대라고 알려진 / 혈류에 /
→ 분사구문

the blood stream; / hence the term "comfort foods." //
이에 따라 '위안 음식'이란 용어가 (생겨났다) //

We may even be genetically programmed / [to eat too
심지어 우리는 유전적으로 프로그래밍되어 있을지도 모른다 / 너무 많이 먹도록 //
→ 수동태   → to부정사구(~하도록)

much]. // For thousands of years, / food was very scarce. //
수천 년 동안 / 식량은 매우 부족했다 //

Food, along with salt, carbs, and fat, / was hard to get, /
소금, 탄수화물, 그리고 지방이 있는 음식은 / 구하기 어려웠다 /
→ carbohydrates

and the more you got, / the better. // All of these things are
그래서 더 많이 구할수록 / 더 좋았다 // 이러한 모든 것은 필수적인 영양소
→ the+비교급 ~, the+비교급 …: ~할수록 더 …한

necessary nutrients / in the human diet, / and [when their
이다 / 인간의 식단에 / 그래서 그들의 이용 가능
→ 부사절(시간)

availability was limited], / you could never get too much. //
성이 제한되었을 때 / 아무리 많이 먹어도 지나침이 없었다 //

People also had to [hunt down animals] / or [gather plants
사람들은 또한 동물을 사냥해야만 했다 / 또는 식량을 위해 식물을
→ 대등한 연결

for their food], / and that took a lot of calories. // It's
채집해야 했다 / 그리고 그것은 많은 열량을 소모했다 // 오늘
→ 앞 절의 내용

different these days. // We have food at every turn / — lots
날에는 다르다 // 우리는 곳곳에 식량이 있다 / 수많은

of those fast-food places and grocery stores / [with carry-out
그 패스트푸드 가게와 식료품점(이 있다) / 포장 음식이 있는 //
→ 전치사구

food]. // But that ingrained "caveman mentality" says /
하지만 그 뿌리 깊은 '(동굴에 살던) 석기 시대 인간의 정신'은 말한다 /

[that we can't ever get too much to eat]. // So [craving for
우리가 아무리 많이 먹어도 지나치지 않다고 // 그래서 '건강하지 않은'
→ 명사절(says의 목적어)   → 동명사구(주어)

"unhealthy" food] / may actually be our body's attempt to
음식에 대한 갈망은 / 실제로는 건강을 유지하려는 시도일 수도 있다 //

stay healthy. //
→ 보어

전문 해석 기름에 튀긴 음식은 싱거운 음식보다 더 맛있고, 어린이와 어른들은 그런 음식에 대한 취향을 발달시킨다. 지방이 많은 음식은 뇌가 아드레날린의 반대로 알려진, 안정, 항스트레스, 긴장 완화 효과를 가진 강력한 호르몬인 옥시토신을 혈류에 분비하게 하는데, 이에 따라 '위안 음식'이란 용어가 생겨났다. 심지어 우리는 너무 많이 먹도록 유전적으로 프로그래밍되어 있을지도 모른다. 수천 년 동안, 식량은 매우 부족했다. 소금, 탄수화물, 지방이 있는 음식은 구하기 어려웠기에 더 많이 구할수록 더 좋았다. 이러한 모든 것은 인간의 식단에 필수적 영양소이기에 이용 가능성이 제한되었을 때는 아무리 많이 먹어도 지나침이 없었다. 사람들은 또한 식량을 위해 동물을 사냥하거나 식물을 채집해야 했고, 그 활동에 많은 열량을 소모해야 했다. 오늘날은 이와 다르다. 많은 패스트푸드점 음식과 식료품점의 포장 음식처럼 곳곳에 식량이 있다. 하지만 그 뿌리 깊은 '석기 시대 인간의 정신'은 우리가 아무리 많이 먹어도 지나치지 않다고 말한다. 그래서 '건강하지 않은' 음식에 대한 갈망은 실제로 건강을 유지하려는 우리 몸의 시도일 수 있다.

해설 사람들이 기름에 튀긴 음식에 대한 선호하는 것은 특히 지방이 많은 음식이 진정과 긴장 이완 효과와 관련되어 있고, 또한 인간은 수천 년 동안 식량이 부족했기 때문에, 필수 영양소를 함유한 이러한 음식을 많이 섭취하는 성향이 유전적으로 있기 때문이라는 내용의 글이다. 따라서 빈칸에 들어갈 말로 가장 적절한 것은 ①이다.

오답분석

오답선지	선택비율
② 궁극적으로 생태계에 대한 피해로 이어질	15.9%
③ 우리의 전반적인 식욕을 급격하게 감소시킬	14.9%
④ 단순히 현대적인 생활 방식의 결과일	22.9%
⑤ 신선 식품에 대한 우리의 선호를 부분적으로 강화할	10.3%

④번은 We have food at every turn — lots of those fast-food places and grocery stores with carry-out food.를 통해 '건강에 좋지 않은' 음식을 쉽게 접할 수 있는 현대적인 생활 방식에 주목하여 선택한 거야. 우리가 기름에 튀긴 음식에 대해 갈망하는 원인을 종합적으로 이해해야 하는데, 이는 단편적인 정보를 확대 해석한 것이라고 볼 수 있어. 정답을 찾는 과정에서 필요한 정보를 누락하고 있지 않은지 꼭 확인해 봐.

4

정답 ②

소재 민족정신 생성과 유지의 조건

직독직해

[When trying to sustain an independent ethos], / cultures
독립적인 민족(사회) 정신을 유지하려고 할 때 / 문화는 결정
→ 분사구문

face a problem of critical mass. // No single individual, /
적 질량(임계 질량)의 문제에 직면한다 // 어떤 개인도 /
→ 분사구문

[acting on his or her own], / can produce an ethos. //
자신 혼자서 행동하면서 / 민족(사회) 정신을 만들어 낼 수 없다 //

Rather, / an ethos results from the interdependent acts / of
오히려 / 민족(사회) 정신은 상호 의존적인 행위에서 비롯된다 /
→ ~에서 비롯되다

many individuals. // This cluster of produced meaning /
많은 개인의 // 생성된 의미의 이런 군집은 /

may require some degree of insulation / [from larger and
어느 정도의 단절을 필요로 할 수 있다 / 더 크고 부유한 외부 세력
→ 전치사구

wealthier outside forces]. // The Canadian Inuit maintain
으로부터 // 캐나다 이누이트족은 그들의 민족(사회) 정신을

their own ethos, / [even though they number no more
유지한다 /　　　　　　비록 그들이 2만 4천 명에 지나지 않지만 //
부사절(양보)　　　　단지 ~에 지나지 않는

than twenty-four thousand]. // They manage this feat /
그들은 이러한 위업을 해낸다 /
to부정사구(~하기 위해)

through a combination / of [trade, {to support their way
조합을 통해서 /　　　　　그들의 삶의 방식을 유지하기 위해 무역
대등한 연결

of life}], / and [geographic isolation]. // The Inuit occupy
그리고 지리적 고립의 //　　　　　이누이트족은 멀리 떨어진

remote territory, / removed from major population centers
영토를 차지한다 /　　　캐나다의 주요 인구 중심에서 따로 벗어난 //

of Canada. // If cross-cultural contact were to become
가정법 과거(If 주어+were to+동사원형 ~, 주어+would+동사원형 ...):
만약 문화 간 접촉이 충분히 긴밀하게 있었다면

가능성이 매우 희박한 일에 대한 가정

sufficiently close, / the Inuit ethos would disappear. //
이누이트족의 민족(사회) 정신은 사라졌을 것이다 //

Distinct cultural groups of similar size / do not, in the long
비슷한 규모의 다른 문화 집단은 /　　　　　캐나다 토론토 도심에서는
결국

관계절(downtown Toronto, Canada를 부연 설명)

run, persist in downtown Toronto, Canada, / [where they
결국 지속되지 않는다 /　　　　　　　　　거기에서 그들은

대등한 연결

{come in contact with / many outside influences} / and
접촉하게 된다 /　　　　많은 외부 영향과 /　　　　　그리고

{pursue essentially Western paths / for their lives}]. //
본질적으로 서구의 방식을 추구한다 /　　　그들의 삶을 위해 //

전문 해석 독립적인 민족(사회)정신을 유지하려고 할 때, 문화는 결정적 질량(임계 질량)의 문제에 직면한다. 자신 혼자서 행동하는 어떤 한 개인도 민족(사회)정신을 만들어 낼 수 없다. (B) 오히려 민족(사회) 정신은 많은 개인의 상호 의존적인 행위에서 비롯된다. 생성된 의미의 이러한 군집은 더 크고 더 부유한 외부 힘으로부터 어느 정도의 단절을 필요로 할 수 있다. 캐나다의 이누이트족은 비록 2만 4천 명에 불과하지만, 그들만의 민족(사회) 정신을 유지하고 있다. (A) 그들은 삶을 유지하기 위해 무역과 지리적 고립의 조합을 통해 이러한 업적을 해낸다. 이누이트족은 캐나다의 주요 인구 중심지에서 따로 벗어나 멀리 떨어진 영토를 차지하고 있다. 만약 문화 간 접촉이 충분히 긴밀해진다면, 이누이트족의 민족(사회) 정신이 사라지게 될 것이다. (C) 비슷한 규모의 다른 문화 집단은 캐나다 토론토 도심에서는 결국 지속되지 않는데, 거기에서 그들은 많은 외부 영향과 접촉하고 그들의 삶을 위해 본질적으로 서구적 방식을 추구한다.

해설 주어진 글에서 어떤 개인도 독립적인 민족(사회) 정신을 생산할 수 없다고 말하고 있으므로 민족(사회) 정신은 많은 개인의 상호 의존적 행위로 비롯된다는 내용으로 시작하여 이누이트족을 예로 들며 외부 세력과의 단절도 필요함을 언급하는 내용의 (B)가 주어진 글 뒤에 이어져야 한다. 그다음에는 이누이트족이 어떻게 그들의 정신을 유지하는지에 대해 설명하는 (A)가 (B) 뒤에 와야 한다. (A)에서 언급한 이누이트족과는 달리 외부 세력과 지리적으로 근접한 문화 집단은 외부 영향과의 접촉 등으로 인해 지속되지 않는다고 언급하는 (C)가 그 뒤를 잇는 것이 글의 순서로 가장 적절하다.

오답분석

오답선지	①	③	④	⑤
선택비율	4.8%	22.5%	16.0%	14.6%

③번의 순서로 글을 읽게 될 경우, (A)의 처음에 나오는 They manage this feat through a combination of trade, to support their way of life, and geographic isolation.에서 They를 (B)의 이누이트족이 아닌 (C)의 Distinct cultural groups로 읽어야겠지? 그러면 (C)와 (A)의 내용이 모순되고 말아. 순서 문제를 풀 때 대명사 지칭에 유의하면서 읽어야 한다는 것을 꼭 기억해!

5

정답 ⑤

소재 인공위성과 그 잔해물의 처리

직독직해

명사절(asks의 목적어)
The United Nations asks [that all companies remove
국제 연합은 모든 기업이 위성을 제거해 달라고 요청한다 /

전치사구
their satellites / from orbit within 25 years / [after the end
그들의 위성 /　25년 이내에 궤도로부터 /　그들의 임무 종료 후
to부정사(~하기에)

of their mission}]. // This is tricky [to enforce], / though, /
이것은 시행하기에 까다롭다 /　　　하지만 /

부사절(이유)　　　　　　　　　　　고장 나다
[because satellites can (and often do) fail]. // [To tackle
왜냐하면 위성들은 고장 날 수 있어서(그리고 종종 정말로 고장 나기에) // 이 문제를 해결
to부정사구(~하기 위해)

this problem], / several companies around the world / have
하기 위해 /　　　전 세계의 몇몇 회사들이 /　　　　새로운

Novel solutions
come up with novel solutions. // These include [removing
해결책을 내놓았다 //　　　　이것은 수명이 다한 위성을 궤도에서 제
동명사구(include의 목적어①)　　　　　동명사구(include의 목적어②)

dead satellites from orbit] / and [dragging them back into
거하는 것을 포함한다 /　　　　그리고 그것들을 대기권으로 끌어당기는 것을 /

관계절(the atmosphere를 부연 설명)
the atmosphere, / {where they will burn up}]. // Ways
그곳에서 그것들은 다 타 버릴 것이다 //　　　　우리가
관계절　　　　　　　　　동명사구(include의 목적어①)

[we could do this] include / [using a harpoon to grab a
이것을 할 수 있는 방법은 포함한다 /　　위성을 잡기 위해 작살을 사용하거나 /
동명사구(include의 목적어②)　　　동명사구(include의 목적어③)

satellite], / [catching it in a huge net], / [using magnets to
거대한 그물로 붙잡거나 /　　　　자석을 이용하여 잡거나 /
동명사구(include의 목적어④)

grab it], / or [even firing lasers to heat up the satellite], /
또는 심지어 레이저를 발사하여 위성을 가열하는 것을 (포함한다) /

분사구문　　　　　　　　　　　　~하도록
[increasing its atmospheric drag / so that it falls out of
그것의 대기 항력을 증가시키면서 /　　　　그것이 궤도에서 떨어져 나오도록 //

orbit]. // However, / these methods are only useful / for large
그런데 /　이러한 방법들은 오직 유용하다 /　　지구 궤도를
to부정사구의 의미상의 주어

분사구
satellites [orbiting Earth]. // There isn't really a way / for
도는 큰 위성에만 //　　　　정말로 방법이 없다 /　　우리

(예를 들어) ~ 같은
us to pick up smaller pieces of debris / such as bits of paint
가 더 작은 잔해물을 집어 올릴 수 있는 /　페인트 조각이나 금속 같은
to부정사구의 의미상의 주어

and metal. // We just have to wait / for them to naturally
우리는 기다려야 할 뿐이다 /　그것들이 자연적으로 지구의 대기

re-enter Earth's atmosphere. //
권으로 다시 들어오기를 //

전문 해석 국제 연합은 모든 기업이 인공위성의 임무 종료 후 25년 이내에 위성을 궤도에서 제거해 달라고 요청하고 있다. 하지만 인공위성이 작동하지 않을 수 있어서(그리고 종종 정말로 작동하지 않기에) 이것은 시행하기에 까다롭다. 이 문제를 해결하기 위해 전 세계의 몇몇 회사들이 새로운 해결책을 내놓았다. 이것은 수명이 다한 인공위성을 궤도에서 제거하여, 다 타 버리게 될 대기권으로 그것을 다시 끌어당기는 것을 포함하는 것이다. 우리가 이것을 할 수 있는 방법에는 작살을 이용해서 위성을 잡거나, 거대한 그물로 잡거나, 자석을 이용하여 위성을 잡거나, 심지어 레이저를 발사하여 위성이 궤도에서 떨어져 나오도록 대기 항력을 증가시키면서 위성을 가열하는 것이 포함된다. 하지만 이러한 방법은 지구 궤도를 도는 큰 위성에만 유용하다. 우리가 페인트 조각이나 금속 같은 작은 잔해물을 집어들 수 있는 방법은 정말로 없다. 우리는 그것들이 자연적으로 지구의 대기로 다시 들어오기를 기다려야 할 뿐이다.

해설 주어진 문장은 궤도에서 소형 잔해를 들어낼 방법이 없다고 언급한다. ④번 앞 문장까지 인공위성을 궤도에서 제거하는 방법에 대해 언급하고 있는데 ⑤번 앞 문장은 이러한 방법이 대형 위성에만 유용하다고 말하고 있다. 그리고 바로 뒤에는 ④번 앞에서 소개한 방법을 쓸 수 없어서 기다릴 수밖에 없다는 내용의 문장이 이어진다. 따라서 주어진 문장이 들어가기에 가장 적절한 곳은 ⑤이다.

오답분석

오답선지	①	②	③	④
선택비율	5.4%	11.7%	23.5%	21.2%

③번은 Ways we could do this include using a harpoon to grab a satellite, ~에서 this가 주어진 문장의 a way for us to pick up smaller pieces of debris such as bits of paint and metal을 지칭하는 것으로 본 거야. 하지만 그러면 이것은 주어진 문장에서 방법이 없다고 한 내용과 정반대되는 진술이 될 뿐만 아니라 ④ 뒤의 However와 ⑤ 뒤의 them의 의미가 애매해져. 주어진 문장을 삽입할 때는 지엽적인 지칭 관계 말고도 전체적인 글의 흐름까지 꼭 확인해야 해!

6

정답 ③

소재 생물 다양성의 중요성과 그 이익

직독직해

Human innovation in agriculture / has unlocked
농업에서 인류의 혁신은 /   사과, 튤립, 감자에 있어

modifications in apples, tulips, and potatoes / [that
개량을 가능하게 했다 /   결코

never would have been realized / through a plant's
실현할 수 없을 /   식물의 자연적 번식 주기를 통

natural reproductive cycles]. // This cultivation process
해서는 //   이러한 경작 과정은 만들어 냈다 /

has created / some of the recognizable vegetables and
          몇몇 알아볼 수 있는 채소나 과일을 /

fruits / [consumers look for in their grocery stores]. //
          소비자들이 식료품 가게에서 찾는 //

However, / [relying on only a few varieties of cultivated
하지만 /   소수 종의 재배된 작물에 의존하는 것은 /

crops] / can leave humankind vulnerable / [to starvation
          인류를 취약한 상태에 둘 수 있다 /   기아나 농업의 손실

and agricultural loss] / [if a harvest is destroyed]. // For
에 /   만약 추수가 망쳐지면 //   예를

example, / a million people died over the course of three
들어, /   백만 명의 사람들이 3년의 추이에 걸쳐 사망했다 /

years / during the Irish potato famine / [because the
          아일랜드 감자 기근 동안 /   아일랜드 사람들이

Irish relied primarily on potatoes and milk / {to create a
주로 감자와 우유에 의존했기 때문에 /   영양학적으로 균

nutritionally balanced meal}]. // In order to continue its
형 있는 식사를 마련하기 위해 //   재배 식물과 인류의 공생적인 관계를

symbiotic relationship with cultivated plants, / humanity
유지하기 위해 /   인류는 생물의

must [allow for biodiversity] / and [recognize the potential
다양성을 고려해야만 한다 /   그리고 잠재적인 결점도 인식해야 한다 /

drawbacks / {that monocultures of plants can introduce}]. //
              식물의 단일 경작이 가져올 수 있는 //

[Planting seeds of all kinds], / [even if they don't seem
모든 종류의 씨앗을 심는 것이 /   비록 그것들이 당장 유용하거나 이득

immediately useful or profitable], / can ensure the longevity
이 된다고 보이지는 않지만 /   그러한 식물들이 오래 살아남는 것을

of those plants / [for generations {to come}]. // A balance
보장해 줄 수 있다 /   다가올 세대들을 위해 //   균형은 유지되어

must be struck / between nature's capacity for wildness
야 한다 /   야생에 대한 자연의 능력과 통제에 대한 인간의 욕망 사이에서 //

and humanity's desire for control. //

전문 해석 농업에서 인류의 혁신은 식물의 자연적 번식 주기를 통해서는 결코 실현할 수 없었을 사과, 튤립, 감자에 있어 개량을 가능하게 했다. 이러한 경작 과정은 소비자들이 식료품 가게에서 찾는, 몇몇 알아볼 수 있는 채소나 과일을 만들어 냈다. 그러나 만약 추수가 망쳐지면 소수 종의 재배된 작물에만 의존하는 것은 인류를 기아나 농업의 손실에 취약한 상태에 둘 수도 있다. 예를 들어, 아일랜드 사람들이 영양학적으로 균형 있는 식사를 마련하기 위해 주로 감자와 우유에 의존했기 때문에, 아일랜드 감자 기근 (사태) 동안 백만 명의 사람들이 3년의 추이에 걸쳐 사망했다. 재배 식물과 공생 관계를 유지하려면, 인류는 생물의 다양성을 고려해야만 하고 식물의 단일 경작이 가져올 수 있는 잠재적 이점(→ 결점)에 대해서도 인식해야만 한다. 설령 그것들이 당장 유용하거나 이득이 된다고 보이지는 않아도 모든 종류의 씨앗을 심는 것은 다가올 세대들을 위해 그러한 식물들이 오래 지속되는 것을 보장해 줄 수 있다. 야생에 대한 자연의 능력과 통제에 대한 인간의 욕망 사이에서 균형은 유지되어야 한다.

해설 생물 다양성의 중요성과 그것이 가져올 잠재적인 이익에 대해 식용 작물의 차원에서 설명하며 예로 든 아일랜드 감자 기근에서 확인할 수 있듯이 식물의 단일 경작은 때로 치명적인 결과로 이어질 수 있다는 내용의 글이다. 따라서 ③의 benefits를 drawbacks와 같은 낱말로 바꾸어야 한다.

오답분석

오답선지	① 취약한	② 주로	④ 보장하다	⑤ 균형
선택비율	14.6%	17.2%	20.5%	9.2%

④번은 even if they don't seem immediately useful or profitable에서 even if가 지닌 '양보'의 의미를 정확히 파악하지 못해서 선택한 거야. even if 절에서 지금 당장 유용하거나 이익이 되지 않는다는 부정적인 내용이 이어지므로, 그 뒤는 긍정적인 내용이 이어지는 것이 자연스러워. 그러니 식물들이 오래 지속되는 것을 보장해 줄 수 있다는 내용은 적절하겠지? 밑줄 친 어휘의 전후 문맥을 꼭 확인하면서 읽어야 해!

Daily Review   Day 8

Vocabulary Check-up

1 (1) erosion (2) enforce (3) sustain
2 (1) tackle (2) hinder

1 (1) erosion / 예를 들어 농업으로 인한 표토(表土)의 부식이 매우 심한지 어떤지를 밝히기 위해 우리는 단단한 암석으로부터의 자연 발생적인 토양 생성의 속도를 알고 싶어 한다.

(2) enforce / 그 판결의 결과로 이 작곡가들과 음악 발행인을 포함한 다른 사람들이 자신들의 공연 권리를 시행하고 관리하기 위해 협회를 설립했다.

(3) sustain / 추진력은 방향(목표)을 제공하고, 노력(동기 부여)을 유지시키며, 그냥 열심히 하는 것을 넘어서는 훈련의 마음가짐을 만든다.

2 (1) tackle / 컴퓨터가 다수의 일을 다루는 속도는 모든 것이 동시에 일어난다는 착각을 하게 해서 컴퓨터를 인간과 비교하는 것은 혼란스러울 수 있다.

(2) hinder / 반응은 어쩌면 마케팅 노력의 증가, 동업자에게 할인 제공, 그리고 심지어는 경쟁자의 (사업) 확장을 방해하는 규제 방안을 위한 로비 활동을 포함할 수 있다.

Grammar Check-up ◢◢◢

1 (1) ① were ② they (2) ① sufficiently ② where
2 ② → look

---

1 (1) ① were: Many marine species가 문장의 주어 역할을 하는 명사구이므로 동사 were가 어법상 적절하다.
② they: Fish and shellfish를 지칭하는 대명사로 they가 어법상 적절하다.

(2) ① sufficiently: 형용사 close를 수식하고 있으므로 부사 sufficiently가 어법상 적절하다.
② where: downtown, Toronto, Canada를 부연 설명하며, 뒤에 완전한 절이 이어지고 있으므로 where가 어법상 적절하다.

2 ② the recognizable vegetables and fruits를 수식하는 관계절의 술어 동사가 와야 하므로 look으로 고쳐야 한다.

1

정답 ①

소재 규칙으로 굳어진 습관이나 행동들

직독직해

Author Elizabeth Gilbert tells the fable of a great saint /
작가 Elizabeth Gilbert는 위대한 성자의 우화에 관해 이야기한다 /
━관계절
[who would lead his followers in meditation]. // [Just as
명상할 때 그의 신도들을 이끌었던 //   신도들은
the followers were dropping into their zen moment], / they
그들의 선의 순간에 막 빠질 때 /   그들은
━과거의 습관   ━관계절
would be disrupted by a cat / [that would walk through the
고양이에 의해 방해받곤 했다 /   사원을 돌아다니는 /
        ━분사구(~하면서)
temple / {meowing and bothering everyone}]. // The saint
사원 /   야옹 하고 울고 모두를 귀찮게 하며 //   성자는 간단한
        ━생각해 내다
came up with a simple solution: / He began to tie the cat
해결책을 생각해 냈다 /   그는 고양이를 기둥에 묶기 시작했다
        ━전치사구
to a pole / [during meditation sessions]. // This solution
기둥에 /   명상 시간 동안 //   이 해결책은 빠르게
quickly developed into a ritual: / Tie the cat to the pole
하나의 의식으로 발전했다 /   먼저 고양이를 기둥에 묶고, 그다음에
        ━부사절(시간)   ━자연사하다
first, meditate second. // [When the cat eventually died of
명상하는 것이다 //   고양이가 결국 자연사했을 때 /
        ━하기로 되어 있다
natural causes], / a religious crisis followed. // What were
                종교적 위기가 뒤따랐다 //   신도들이 무엇을
the followers supposed to do? // How could they possibly
해야 하는 것인가 //   어떻게 그들이 명상할 수 있을 것인가 /
meditate / without tying the cat to the pole? // This story
명상을 /   고양이를 기둥에 묶지 않고 //   이 이야기는 보여
        관계절━ ━the thing which
illustrates / [what I call invisible rules]. // These are
준다 /   내가 보이지 않는 규칙이라고 부르는 것을 //   이것들은 습관이
        ━관계절
habits and behaviors / [that have unnecessarily rigidified
며 행동들이다 /   불필요하게 규칙으로 굳어진 //
        ━부사절(양보)
into rules]. // [Although written rules can be resistant to
            비록 명문화된 규칙도 변화에 저항할 수 있겠지만 /
        ━rules   Invisible rules━
change], / invisible ones are more stubborn. // They're the
        보이지 않는 규칙들은 더 완고하다 //   그들은 침묵의 살
silent killers. //
인자들이다 //

전문 해석 작가 Elizabeth Gilbert는 명상할 때 그의 신도들을 이끌었던 위대한 성자의 우화에 관해 이야기한다. 신도들은 그들이 선의 순간에 막 빠질 때, 야옹 하고 울고 모든 사람을 귀찮게 하며 사원을 돌아다니는 고양이에 의해 방해받곤 했다. 성자는 간단한 해결책을 생각해 냈다. 그는 명상 시간 동안 고양이를 기둥에 묶기 시작했다. 이 해결책은 빠르게 하나의 의식으로 발전했다. 먼저 고양이를 기둥에 묶고, 그다음에 명상하는 것이다. 고양이가 결국 자연사했을 때, 종교적 위기가 뒤따랐다. 신도들이 무엇을 해야 하는 것인가? 어떻게 고양이를 기둥에 묶지 않고 그들이 명상을 할 수 있을 것인가? 이 이야기는 내가 보이지 않는 규칙이라고 부르는 것을 보여 준다. 이것들은 불필요하게 규칙으

로 굳어진 습관과 행동들이다. 비록 명문화된 규칙들도 변화에 저항할 수 있겠지만, 보이지 않는 규칙들은 더 완고하다. 그들은 침묵의 살인자들이다.

해설 불필요하게 굳어진 습관과 행동들이 숨겨진 규칙이 되어 개인의 행동을 제한하고 적응하거나 변화하는 능력을 저하한다는 내용의 글이다. '침묵의 살인자'라는 표현은 드러나지 않는 규칙이 우리의 행동을 지배하고 있다는 것을 가리키므로, 밑줄 친 부분이 글에서 의미하는 바로 가장 적절한 것은 ① '무의식적으로 우리의 행동을 지배하는 숨겨진 규칙들'이다.

오답분석

오답선지	선택비율
② 우리의 집중력 수준을 짓누르는 소음들	5.7%
③ 고양이의 죽음으로 이어진 주변 환경	24.9%
④ 우리의 자존감을 서서히 낮추는 내면의 힘	7.2%
⑤ 우리가 규칙에 따르지 못하도록 막는 경험들	13.9%

③번은 the silent killers를 글자 그대로 '죽음을 가져오는 것'으로 이해한 후, 고양이가 주로 언급되는 본문 내용과 단순하게 연결해서 '고양이를 죽게 만든 것'이라고 의미를 파악하여 선택한 거야. 본문에서 강조하고 있는 핵심 내용을 정확히 파악하지 못하고 예시로 들고 있는 지엽적인 부분에 큰 의미를 부여한 것이지. 함축 의미는 글의 주제, 요지와 연결하여 밑줄 친 말의 의미를 이해해 내는 문제라는 것을 꼭 기억해 줘!

2

정답 ②

소재 인내심을 발휘하는 리더십의 좋은 예

직독직해

[While leaders often face enormous pressures / {to make decisions quickly}], / premature decisions are the leading cause of decision failure. // This is primarily because leaders respond to the superficial issue of a decision / rather than taking the time / to explore the underlying issues. // Bob Carlson is a good example of a leader / [exercising patience in the face of diverse issues]. //
(리더들은 종종 거대한 압박에 직면하지만 / 결정들을 빠르게 내려야 하는 / 섣부른 결정들은 결정 실패의 주요한 원인이다 // 왜냐하면 주로 리더들이 결정의 피상적인 문제에 반응하기 때문이다 / 시간을 보내기보다는 / 근원적인 문제들을 탐색하는 데에 // Bob Carlson은 리더의 좋은 예이다 / 다양한 문제들에 직면했을 때 인내심을 발휘하는 //)

In the economic downturn of early 2001, / Reell Precision Manufacturing faced a 30 percent drop in revenues. // Some members of the senior leadership team favored layoffs / and some favored salary reductions. // [While it would have been easy / {to push for a decision or call for a vote} /
(2001년 초의 경기 침체기에 / Reell Precision Manufacturing은 수입에서 30퍼센트 하락에 직면했다 // 몇몇 고위 지도자 팀의 구성원들은 해고를 선호했다 / 그리고 몇몇은 임금 삭감을 선호했다 // 쉬웠을 테지만 / 결정을 밀어붙이거나 투표를 요청하는 것이 /)

in order to ease the tension of the economic pressures], / as co-CEO, Bob Carlson helped the team [work together] / and [examine all of the issues]. // The team finally agreed on salary reductions, / [knowing {that, / to the best of their ability, / they had thoroughly examined the implications / of both possible decisions}]. //
(경제적 압박의 긴장 상태를 완화하기 위해서 / 공동 최고 경영자로서, Bob Carlson은 그 팀이 함께 노력하도록 도왔다 / 그리고 모든 문제를 검토하도록 (도왔다) // 그 팀은 마침내 임금 삭감에 동의했다 / 알고 나서 / 그들의 능력을 최대한 발휘해서 / 그들은 영향을 철저하게 검토했다 / 두 가지 가능한 결정 전부의 //)

전문 해석 리더들이 종종 빠르게 결정들을 내려야 하는 거대한 압박에 직면하지만, 섣부른 결정들은 결정 실패의 주된 원인이다. 이것은 주로 리더들이 근원적인 문제들을 탐색하는 데 시간을 보내기보다는 결정의 피상적인 문제에 반응하기 때문이다. Bob Carlson은 다양한 문제들에 직면했을 때 인내심을 발휘하는 리더의 좋은 예이다. 2001년 초의 경기 침체기에, Reell Precision Manufacturing은 수입에서 30퍼센트 하락에 직면했다. 몇몇 고위 지도자 팀의 구성원들은 해고를 선호했고 몇몇은 임금 삭감을 선호했다. 경제적 압박의 긴장 상태를 완화하기 위해서 결정을 밀어붙이거나 투표를 요청하는 것이 쉬웠을 테지만, 공동 최고 경영자로서, Bob Carlson은 그 팀이 함께 노력하고 모든 문제를 검토하도록 도왔다. 그 팀은 마침내, 그들의 능력을 최대한 발휘해서, 그들이 두 가지 가능한 결정 전부의 영향을 철저하게 검토했다는 것을 알고 나서, 임금 삭감에 동의했다.

해설 리더가 피상적인 문제에 반응하여 섣부른 결정을 내리는 것을 결정 실패라고 지적하며 Bob Carlson이 다양한 문제에 직면하여 결정을 밀어붙이거나 투표를 요청하기처럼 쉬운 결정 대신에 결정을 내리기 전에 최선을 다하여 근본적인 문제를 철저히 탐구하는 과정을 거치는 모습을 보인 것을 그 좋은 예로 제시하는 내용이므로, 빈칸에 들어갈 말로 가장 적절한 것은 ②이다.

오답분석

오답선지	선택비율
① 해고를 정당화하는	19.8%
③ 고용을 증가시키는	18.7%
④ 자신의 의견을 고수하는	21.5%
⑤ 비숙련 직원을 훈련하는	12.5%

④번은 Bob Carlson이 발휘한 좋은 리더십을 묘사하는 부분에서 While it would have been easy to push for a decision이 '결정을 밀어붙이는 것이 쉬웠을 테지만'의 역접 의미가 있다는 것을 정확히 파악하지 못해서 선택한 거야. Bob Carlson helped the team work together and examine all of the issues를 보면 그가 자신의 의견을 고수했다는 것은 지문과 반대되는 진술이야.

3

정답 ①

소재 편견에서 벗어난 미술 감상

직독직해

Early in the term, / our art professor projected an image of
(학기 초 / 우리 미술 교수는 수도승의 이미지를 투영했다 /)

a monk, / [his back to the viewer], / [standing on the shore], /
→ 분사구(being 생략)① → 분사구②
보는 이를 등지고 / 바닷가에 서서 /

→ 분사구③
[looking off into a blue sea and an enormous sky]. //
푸른 바다와 거대한 하늘을 바라보고 있는 //

The professor asked the class, / "What do you see?" // The
교수는 반 학생들에게 물었다 / 무엇이 보이나요 // 어두

darkened auditorium was silent. // We looked and looked
컴컴한 강당은 조용했다 // 우리는 보고 또 보고 그리고 생각하

→ as ~ as possible: 가능한 한 ~하게
and thought and thought / as hard as possible / to unearth
고 또 생각했다 / 가능한 한 열심히 / 숨겨진 의미를
→ 생각해 내다

the hidden meaning, / but came up with nothing / — we
발견하기 위해서 / 그렇지만 아무것도 생각해 내지 못했다 / 우리
→ must have p.p.: 이전 사실에 대한 확신

must have missed it. // [With dramatic exasperation] / she
가 그것을 놓쳤음이 틀림없다 // 극도로 분노하면서 / 그녀
→ 전치사구

answered her own question, / "It's a painting of a monk! //
는 자신의 질문에 대답했다 / 그것은 수도승의 그림이에요 //

His back is to us! // He is standing near the shore! // There's
그의 등은 우리에게 향해 있어요 // 그는 해안 근처에 서 있어요 // 푸른 바다와

a blue sea and enormous sky!" // Hmm... why didn't we
거대한 하늘이 있어요 // 음… 왜 우리는 그것을 보지 못했을

→ so as to: ~하기 위하여
see it? // So as not to bias us, / she'd posed the question /
까 // 우리에게 편견을 주지 않기 위해 / 그녀는 질문을 제시했다 /
→ 전치사구 → 편견을 주다

[without revealing the artist or title of the work]. // In fact,
그 작품의 작가와 제목을 밝히지 않고 / 사실, 그것
to부정사구(~하기 위하여) →

it was Caspar David Friedrich's *The Monk by the Sea*. // [To
은 Caspar David Friedrich의 'The Monk by the Sea'였다 // 여러

better understand your world], / consciously acknowledge /
분의 세상을 더 잘 이해하기 위해서 / 의식적으로 인정하라 /
→ the thing which → 관계절 → 삽입절

[what you actually see] / rather than guess at [what {you
여러분이 실제로 보는 것을 / 여러분이 생각하기에 여러분이 볼 것으로 기대되는
→ 관계절 the thing which

think} you are supposed to see]. //
것을 생각하기보다는 //

전문 해석 학기 초, 우리 미술 교수는, 보는 이를 등지고, 바닷가에 서서, 푸른 바다와 거대한 하늘을 바라보고 있는, 수도승의 이미지를 투영했다. 교수는 반 학생들에게 물었다. "무엇이 보이나요?" 어두컴컴한 강당은 조용했다. 우리는 그 숨겨진 의미를 발견하기 위해 가능한 한 열심히 보고 또 보고 생각하고 또 생각했지만, 아무것도 생각해 내지 못하였기에, 우리는 그것을 놓쳤음이 틀림없다. 극도로 분노하며 그녀는 자신의 질문에 대답했다. "그것은 수도승의 그림이에요! 그의 등은 우리에게 향하고 있어요! 그는 해안 근처에 서 있어요! 푸른 바다와 거대한 하늘이 있어요!" 음… 왜 우리는 그것을 보지 못했을까? 우리에게 편견을 주지 않기 위해, 그녀는 그 작품의 작가나 제목을 밝히지 않고 질문을 제시했다. 사실, 그것은 Caspar David Friedrich의 'The Monk by the Sea'였다. 여러분의 세상을 더 잘 이해하기 위해서, 여러분이 생각하기에 여러분이 봐야 할 것으로 기대되는 것을 생각하기보다는 여러분이 실제로 보는 것을 의식적으로 인정하라.

해설 미술 수업 중 학생들이 교수가 보여 주는 작품에서 무엇이 보이는지에 관한 질문에 답을 찾기 위해 노력하지만 결국 실패하며, 교수가 학생들이 작품의 작가나 제목을 알지 못하게 하고 질문을 던짐으로써 학생들이 편견을 배제하고 주어진 작품을 관찰하고 해석할 수 있게 유도하고 있는 내용이므로, 빈칸에 들어갈 말로 가장 적절한 것은 ①이다.

오답분석

오답선지	선택비율
② 넓은 마음으로 다른 의견을 받아들여라	14.1%
③ 여러분이 이미 배운 것을 되새겨라	11.6%
④ 작은 일이라도 직접 체험하라	10.3%
⑤ 다양한 관점에서 답을 분석하라	14.9%

②번과 ⑤번은 모두 So as not to bias us, she'd posed the question without revealing the artist or title of the work. 부분에 초점을 맞추고 편견을 갖지 않는 방법에 대해 선택지를 찾아본 거야. 그렇지만 이 글에서 학생들이 쉽사리 답을 하지 못하게 만든 편견은 We looked and looked and thought and thought as hard as possible to unearth the hidden meaning과 rather than guess at what you think you are supposed to see에서 확인할 수 있듯이 눈앞에 보이는 것 말고 숨겨진 무엇을 보아야 한다는 생각이었던 것이지. 지문에서 일관되게 언급되고 있는 내용과 자신의 '편견'을 혼동하지 말아야 해.

4

정답 ⑤

소재 근원적인 이해관계를 고려해야 하는 협상의 해결책

직독직해

분사구
Consider the story of two men [quarreling in a library]. //
두 남자가 도서관에서 싸우는 이야기를 생각해 보자 //
→ want+목(the window)+목·보(open) → 둘 중의 나머지 하나

One wants the window open and the other wants it closed. //
한 명은 창문을 열기를 원하고 다른 한 명은 그것을 닫기를 원한다 //
→ 의문사+to부정사구(about의 목적어)

They argue back and forth / about [how much to leave it
그들은 주고받는 논쟁을 벌인다 / 얼마나 창문을 열어 둬야 하는지에 대해 /

open]: / a crack, halfway, or three-quarters of the way. //
조금, 절반, 또는 전체의 4분의 3 정도 //
→ two men

No solution satisfies them both. // Enter the librarian. //
어떤 해결책도 그들 둘을 만족시키지 못한다 // 사서를 투입하라 //
→ 명사절(asks의 목적어)

She asks one / [why he wants the window open]: / "[To get
그녀는 한 명에게 묻는다 / 왜 그가 창문을 열어 두기를 원하는지 / 신선한 공
→ 명사절(asks의 목적어)

some fresh air]." // She asks the other / [why he wants it
기를 쐬기 위해서 // 그녀는 다른 한 명에게 묻는다 / 왜 그가 그것이 닫히기를
→ to부정사구(~하기 위해) → 분사구문

closed]: / "[To avoid a draft]." // [After thinking a minute], /
원하는지 / 외풍을 피하려고 // 잠시 생각한 후에 /
→ 분사구문

she opens wide a window in the next room, / [bringing in
그녀는 옆방의 창문을 활짝 열고 / 외풍 없이 신선한

fresh air without a draft]. // This story is typical of many
공기를 들여온다 // 이 이야기는 많은 협상의 전형이다 //
→ 부사절(이유)

negotiations. // [Since the parties' problem appears to
당사자들의 문제가 입장 충돌로 보이기 때문에
→ parties

be a conflict of positions], / they naturally [tend to talk
그들은 자연히 처지에 대해 말하는 경향이
→ 대등한 연결

about positions] / — and often [reach an impasse]. // The
있다 / 그래서 종종 막다른 상황에 이른다 // 사서는
→ 가정법 과거완료: If+주어+had p.p. ~, 주어+would(could)+have p.p. …

librarian could not have invented the solution she did / if
그녀가 했던 해결책을 생각해 낼 수 없었을 것이다 / 만

she had focused / only on the two men's stated positions /
약 그녀가 집중했다면 / 오직 두 남자의 언급된 입장에만 /

[of wanting the window open or closed]. // Instead, she
→ 전치사구
창문을 열거나 닫기를 원하는 //　　　　　　　　　　대신, 그녀는 그들의

looked to their underlying interests / of fresh air and no
근원적인 이해관계를 살펴보았다 /　　　　　　신선한 공기와 외풍이 없다는 //

draft. //

전문 해석 두 남자가 도서관에서 싸우는 이야기를 생각해 보자. 한 명은 창문을 열기를 원하고 다른 한 명은 그것을 닫기를 원한다. 그들은 얼마나 많이 열어 두어야 할지를 주고받는 논쟁을 벌인다: 조금, 절반, 또는 4분의 3 정도. (C) 어떤 해결책도 그들 둘을 만족시키지 못한다. 사서를 투입하라. 그녀는 한 명에게 왜 그가 창문을 열기를 원하는지 묻는다. "신선한 공기를 쐬기 위해서." 그녀는 다른 사람에게 왜 그것이 닫히기를 원하냐고 묻는다. "외풍을 피하려고." (B) 그녀는 잠시 생각한 후, 옆방의 창문을 활짝 열고, 외풍 없이 신선한 공기를 들여온다. 이 이야기는 많은 협상의 전형이다. 당사자들의 문제가 입장 충돌로 보이기 때문에, 그들은 자연히 처지를 말하는 경향이 있다 — 그래서 종종 막다른 상황에 이른다. (A) 만약 그녀가 창문을 열거나 닫기를 원하는 두 남자의 언급된 입장에만 집중했다면 사서는 자신이 했던 해결책을 생각해 낼 수 없었을 것이다. 대신, 그녀는 신선한 공기와 외풍이 없다는 그들의 근원적인 이해관계를 살펴보았다.

해설 주어진 글에서 창문을 얼마나 열어 두어야 할지에 대한 논쟁이 소개되고 있으므로, 논쟁에 대한 원만한 해결책에 이르지 못해 사서가 개입하기 시작하는 내용의 (C)가 이어져야 한다. 사서가 적절한 해결책을 찾아낸 내용으로 (B)가 시작되고 있으므로, 각자가 원하는 해결책을 처음 언급한 (C) 뒤에 (B)가 와야 한다. (B)에서 언급한 그 해결책에 대해 (A)에서 사서가 양측의 근본적인 이해관계를 고려했음을 밝히고 있으므로, (B) 뒤에는 (A)가 이어지는 것이 글의 순서로 가장 적절하다.

오답분석

오답선지	①	②	③	④
선택비율	8.9%	7.4%	9.5%	42.8%

④번은 (A)의 첫 부분에 제시된 The librarian could not have invented the solution she did ~를 '사서는 그녀가 했던 해결책을 생각해 낼 수 없었을 것이다'라고 정확히 이해하기 위해서는 (B)에서 사서가 적절한 해결책을 찾아낸 내용을 먼저 언급해야 하는데, 이를 간과하고 선택한 거야. 글의 순서를 정할 때는 관사, 대명사, 지시어 등의 쓰임에 유의하여야 해!

5

정답 ②

소재 자동차 생산 과정을 가속한 조립 공정

직독직해

Ransom Olds, [the father of the Oldsmobile], could not
　　　　　→ 동격 ──　　 → 창립자
Oldsmobile의 창립자인, Ransom Olds는 생산할 수 없었다 /

produce / his "horseless carriages" fast enough. // In 1901
충분히 빨리 그의 '말 없는 마차'를 //　　　　　　1901년에

he had an idea / [to speed up the manufacturing process] /
　　　　　→ to부정사구
그는 아이디어를 냈다 /　생산 과정의 속도를 높이는 /

— instead of building one car at a time, / he created the
한 번에 한 대의 자동차를 만드는 것 대신에 /　　　　그는 조립 공정을 고안

assembly line. // The acceleration in production was
했다 //　　　　　생산에서의 가속은 전례가 없는 것이었다 /

→ 전례가 없는　　　　　　　　→ from A to B: A에서 B로
unheard-of / — from an output of 425 automobiles in 1901 /
　　　　　　1901년 425대의 자동차 생산에서 /

　　　　　　　　　　　　　　　　　　　　　　　→ 부사절(시간)
to an impressive 2,500 cars the following year. // [While
이듬해 인상적인 2,500대의 자동차로 //　　　　　　　　다른 경쟁

other competitors were in awe of this incredible volume], /
사들이 이러한 놀라운 (생산)량에 깊은 감명을 받는 동안 /

　　　　　　　　　　　　→ 감히 ~하다
Henry Ford dared to ask, / "Can we do even better?" // He
Henry Ford는 감히 물었다 /　　　우리가 더 잘할 수 있을까 //　　그는,

　　　　　　　　　　　　　　　→ 전치사구(= on ~)
was, in fact, able to improve / [upon Olds's clever idea] /
사실, 개선할 수 있었다 /　　　　　Olds의 훌륭한 아이디어에 대해서 /
→ ~(함)으로써
by introducing conveyor belts to the assembly line. // As a
조립 공정에 컨베이어 벨트를 도입함으로써 //　　　　　그 결과 /

　　　　　　　　　　　　　　→ 치솟다, 급등하다
result, / Ford's production went through the roof. // Instead
Ford 사의 생산은 최고조에 달했다 //　　　　　　　　Model T를
　　　　　　　　→ take+시간+to부정사구: ~하는 데 시간이 걸리다
of taking a day and a half to manufacture a Model T, /
제작하기 위해 1.5일이 걸리는 대신에 /

→ ~처럼　　　　　　　　　　　 뱉어 내다(생산하다)　　→ Model Ts　　→ 속도
as in the past, / he was now able to spit them out / at a rate
과거처럼 /　　　그는 이제 그것들을 뱉어 낼 수 있었다 /　　　90분마다 한

of one car every ninety minutes. // The moral of the story /
대씩의 속도로 //　　　　　　　　　이 이야기의 교훈은 /
　　　　　　　→ 명사절(is의 보어)
is [that good progress is often the herald of great progress]. //
좋은 진보는 종종 위대한 진보의 선구자라는 것이다 //

전문 해석 Oldsmobile의 창립자인, Ransom Olds는 '말 없는 마차'를 충분히 빨리 생산할 수 없었다. 1901년에, 그는 생산 과정의 속도를 높이는 아이디어를 가졌다. 한 번에 한 대의 자동차를 만드는 대신 조립 공정을 고안해 낸 것이다. 생산의 가속은 1901년 425대의 자동차 생산량에서 이듬해 인상적인 2,500대의 자동차로 전례가 없는 것이었다. 다른 경쟁사들이 이 놀라운 분량에 깊은 감명을 받는 동안, Henry Ford는 감히 "우리가 훨씬 더 잘할 수 있을까?"라고 물었다. 그는 실제로 컨베이어 벨트를 조립 공정에 도입함으로써 Olds의 훌륭한 아이디어를 개선할 수 있었다. 그 결과, Ford 사의 생산은 최고조에 달했다. 과거처럼, Model T를 제작하는 데 1.5일이 걸리는 대신, 그는 이제 90분마다 한 대씩의 속도로 차를 뱉어 낼(생산할) 수 있게 됐다. 이 이야기의 교훈은 좋은 진보는 종종 위대한 진보의 선구자라는 것이다.

해설 주어진 문장은 늘어난 생산량에 감명받는 다른 경쟁사들과 다르게 Henry Ford는 더 나은 방법을 찾아보려 했다는 내용이다. 이에 이 문장 바로 앞에는 Ransom Olds가 자동차 생산 과정을 가속했다는 내용의 문장이 있어야 하고, 바로 뒤에는 Henry Ford가 경쟁자의 조립 공정을 개선했다는 내용의 문장이 이어져야 한다. 따라서 주어진 문장이 들어가기에 가장 적절한 곳은 ②이다.

오답분석

오답선지	①	③	④	⑤
선택비율	5.7%	23.4%	12.7%	7.8%

③번은 주어진 문장의 this incredible volume이 가리키는 바가 지문 내에서 Olds가 생산하는 자동차의 수가 1년 사이에 급증한 것이라고 연결 짓지 못해서 선택한 거야. ③의 위치에 주어진 문장이 들어가게 되면 this incredible volume은 Henry Ford가 만들어 내는 자동차의 생산량을 지칭하는 것으로 생각해야 하는데 이러한 내용은 글의 후반부에서 언급되고 있어. 게다가 ③의 앞 문장에 나오는 주어 He가 지칭하는 대상이 없어지는 것도 문제야.

6

정답 ⑤

소재 스키너의 상자 실험

직독직해

┌ 분사구문
[While working as a research fellow at Harvard], / B. F.
Harvard에서 연구원으로 일하는 동안 /　　　　　　　　　　B. F.

　　　　　　　　　　　　　　　　　　　　　　　┌ 분사구문 ┐
Skinner carried out a series of experiments / on rats, / [using
Skinner는 일련의 실험을 수행했다 /　　　　　쥐를 대상으로 / 발명품

　　　　　　┌ 관계절
an invention / {that later became known as a "Skinner
을 사용하여 /　　나중에 '스키너의 상자'라고 알려지게 된 //

　　　　　　┌ 수동태　　　┌ 관계절(one of these boxes를 부연 설명)
box."}] // A rat was placed in one of these boxes, / [which
　　　　　쥐 한 마리가 이 상자들 중 하나에 넣어졌다 /　　　 그 상자는

　　　　　　　　　　┌ 분사구
had a special bar / {fitted on the inside}]. // Every time the
특별한 막대가 있었다 /　내부에 끼워져 있는 //　　　쥐가 이 막대를 누를 때

　　　the rat ←┐　　┌ 수동태　　　　　　　　　　　　┌ 비율
rat pressed this bar, / it was presented with food. // The rate
마다 /　　　　　　그것은 음식을 받았다 //　　　　　　　　바를 누르는

of bar-pressing was automatically recorded. // Initially, /
비율이 자동으로 기록되었다 //　　　　　　　　　　　처음에 /

the rat might press the bar accidentally, / or simply out of
그 쥐는 막대를 우연히 눌렀을 것이다 /　　　　또는 단순히 호기심에서 /

curiosity, / and as a consequence / receive some food. //
　　　　　그리고 그 결과로 /　　　약간의 음식을 받는다 //

　　　　　　　　　　　　　　┌ 명사절(learned의 목적어)
Over time, the rat [learned / {that food appeared whenever
시간이 지나면서 그 쥐는 알게 되었다 /　막대가 눌러질 때마다 음식이 나타난다는 것을 /

　　　　　　　　　　┌ 대등한 연결
the bar was pressed}], / and [began to press it purposefully /
　　　　　　　　　　　　　그래서 그것을 의도적으로 누르기 시작했다 /

　　　　　┌ 수동태　　　　　　┌ compare A with B: A와 B를 비교하다
in order to be fed]. // Comparing results from rats /
먹이를 받기 위해 //　　　　쥐들로부터 나온 결과를 비교해 보면 /

┌ 분사구　　　　　　　　　　　　　　　　┌ 전치사구
[given the "positive reinforcement" of food / {for their
음식이라는 '긍정적인 강화'가 주어진 /　　　　　　　그들의 막대

　　　　　　　　　(results from) rats ←┐　　┌ 연결
bar-pressing behavior}] / with those that were not, / or were
누르는 행동에 대해서 /　　　(받지) 않았던 쥐들과 /　　혹은 다른

　　　　　　　　　　　　　　　　　　┌ 형식상의 주어
presented with food at different rates, / it became clear /
비율로 음식을 받은 /　　　　　　　　　　　　분명해졌다 /

┌ 내용상의 주어
[that when food appeared as a consequence of the rat's
음식이 그 쥐의 행동의 결과로 나타났을 때 /

　　　　　　┌ 앞 절의 내용　┌ the rat's
actions, / this influenced its future behavior]. //
　　　　이것이 그것의 향후 행동에 영향을 미쳤다는 것이 //

전문 해석 Harvard에서 연구원으로 일하는 동안, B. F. Skinner는 후에 'Skinner box'로 알려지게 된 발명품을 사용하여, 쥐를 대상으로 일련의 실험을 수행했다. 이 상자 중 하나에 쥐 한 마리가 넣어졌고, 그것은 내부에 끼워져 있는 특별한 막대를 가지고 있었다. 쥐가 이 막대를 누를 때마다, 그것은 음식을 받았다. 막대를 누르는 비율이 자동으로 기록되었다. 처음에, 쥐는 우연히, 또는 단순히 호기심으로, 막대를 눌렀을 것이고, 그리고 그 결과로 약간의 음식을 받았을 것이다. 시간이 지나면서, 쥐는 막대가 눌러질 때마다 음식이 나타난다는 것을 알게 되었고, 먹이를 받기 위해 일부러 그것을 누르기 시작했다. 그들의 막대 누르는 행동에 대해 음식이라는 '긍정적인 강화'가 주어진 쥐들로부터 나온 결과와 그렇지 않거나, 또는 다른 비율로 음식을 받은 그것들(쥐들)로부터 나온 결과를 비교해 보니, 쥐의 행동 결과로 음식이 나타났을 때, 이것이 그것의 향후 행동에 영향을 미쳤다는 것이 분명해졌다.

해설 ⑤ rats를 수식하는 과거분사구를 이끌고 있으므로 gives를 given으로 고쳐야 한다.

① one of these boxes를 부가적으로 설명하는 관계절을 이끄는 관계대명사 which는 어법상 적절하다.

② 과거분사 recorded를 수식하는 부사 automatically는 어법상 적절하다.

③ receive는 조동사에 이어지는 동사 press와 and로 연결되어 주어 the rat의 술어 동사 역할을 하므로 어법상 적절하다.

④ the bar를 가리키는 대명사 it은 어법상 적절하다.

오답분석

오답선지	① which	② automatically	③ receive	④ it
선택비율	5.5%	7.0%	43.8%	6.1%

③번은 술어 동사 역할을 해야 하나 or simply out of curiosity와 as a consequence로 삽입구가 연속되어 주어와의 거리가 멀어져서 주어-동사를 바로 연결 짓기 어려웠을 거야. 주어-동사 일치 문제는 문장 구조를 볼 수 있어야 풀 수 있어서 시험에 자주 출제되는 문법 사항이야. 앞에서부터 차근차근 '직독직해'하면서 문장 구조를 분석하는 연습을 꾸준히 해야 해.

Daily Review　　　　　　　　　　Day 9

Vocabulary Check-up

1 (1) consequence (2) reinforcement (3) underlying
2 (1) disrupts (2) moral

1 (1) consequence / 심리학자들은 당사자가 처벌 결과의 가능성을 피하는 법을 배우고 있기 때문에 이것을 회피 훈련이라고 부른다.

(2) reinforcement / 여행지의 유인 효과는 여행지를 더 접근하기 쉽게 만들어 주는 친관광 산업 정책의 도입 및 강화에 의해 긍정적으로 영향을 받을 수 있다.

(3) underlying / 그 기저에 깔린 메커니즘은 아주 단순해서 어떤 회사가 신제품을 출시하면, 그 회사는 흔히 기존 자사 제품들의 가격을 올린다.

2 (1) disrupts / 즉, 만일 여러분이 여러분의 일에 대한 목적을 정의할 수 있고 여러분 회사의 과업에 대한 열정을 느낄 수 있다면 여러분의 이메일 수신함에 지장을 주는 가끔의 서버 관리를 훨씬 더 용이하게 다룰 수 있다.

(2) moral / 어떤 사람이 도덕적 원칙을 받아들일 때, 그 사람은 당연히 그 원칙이 중요하고 아주 정당하다고 믿는다.

Grammar Check-up

1 (1) ① quickly ② respond (2) ① bringing ② had focused
2 ② → bothering

1 (1) ① quickly: 동사 make를 수식하므로 부사 quickly가 어법상 적절하다.

② respond: because가 이끄는 절에서 주어는 leaders이고 그 뒤에는 술어 동사가 와야 하므로 respond가 어법상 적절하다.

(2) ① bringing: 주절 내용에 따른 결과를 제시하는 분사구문을 이끌어야 하는데, 창문을 연 행동이 신선한 공기를 가져온 것이므로 현재분사 bringing이 어법상 적절하다.

② had focused: 과거 사실에 대해 가정하는 가정법 과거완료 문장이므로 if절에는 had focused가 어법상 적절하다.

2 ② 관계절의 술어 동사 walk에 대해 부대 상황을 나타내고 있으므로 meowing과 대등한 연결 구조를 가진 bothering으로 고쳐야 한다.

1

정답 ④

소재 근대 과학의 시대 이전 창조성에 대한 인식

직독직해

Before the modern scientific era, / creativity was
근대 과학의 시대 이전에 /　　　　　　　　　창의성은 초인적인 힘에
　　　　　　　　　　　　　　　　　　　수동태

attributed to a superhuman force; / all novel ideas
기인한 것으로 여겼다 /　　　　　　　　　모든 새로운 생각은 신에게
┌ 비롯되다, 유래하다

originated with the gods. // After all, / how could a person
서 유래했다 //　　　　　결국 /　　어떻게 인간이 만들 수 있었겠
　　　　　　　　　　　　　　　　　　┌ 전치사구
create / something [that did not exist {before the divine
는가 /　　신의 창조 행위 이전에 존재하지 않았던 것을 //
　　　　　┌관계절

act of creation}]? // In fact, / the Latin meaning of the
　　　　　　　　　사실 /　　'영감을 주다'라는 동사의 라틴어 의미는
　　　　　　　┌분사구문　　　　　　┌동격
verb "inspire" is "to breathe into," / [reflecting the belief /
'숨결을 불어넣다'이다 /　　　　　　　믿음을 반영하면서 /
　　　　　　　　　　　　　　┌ ~과 유사하다
{that creative inspiration was similar to the moment in
창의적 영감은 창조의 순간과 비슷했다는 /

creation / ⟨when God first breathed life into man⟩}]. //
　　　　　┌관계절
　　　　　신이 처음에 인간에게 생명을 불어넣었던 //
　　　　　　　　┌명사절(argued의 목적어) ┌수동태
Plato argued / [that the poet was possessed by divine
Plato는 주장했다 /　　시인은 신이 내린 영감에 사로잡혔다고 /
　　　　　　　　　　　　　　　　┌명사절(wrote의 목적어)
inspiration], / and Plotin wrote / [that art could only be
　　　　　　그리고 Plotin은 썼다 /　　예술은 아름다울 수 있다고 /
　　　　　　　　┌부사절(조건)
beautiful / {if it descended from God}]. // The artist's job
그것이 신으로부터 내려온 경우에만 //　　예술가의 일이 아니었다 /
　　to부정사구(보어)◀　not A but B: A가 아니라 B ┌to부정사구(보어)
was not / [to imitate nature] / but rather [to reveal the
　　　　자연을 모방하는 것이 /　　오히려 자연의 신성하고 초월적인 특성을

sacred and transcendent qualities of nature]. // Art could
드러내는 것(이었다) //　　　　　　　　　　예술은 어설픈
　　　　　　　　┌전치사구
only be a pale imitation / [of the perfection of the world
흉내에 불과한 것일 수 있었다 /　　이데아 세계의 완벽함에 대한 //
　　　　　　　　　　　　　　　　　　┌관계절
of ideas]. // Greek artists did not blindly imitate / [what
그리스의 예술가들은 맹목적으로 모방하지 않았다 /　　그들이
　　　　　　　　　　　　　　　　　　the thing which ◀
they saw in reality]; / instead / they tried to represent the
현실에서 본 것을 /　　대신 /　　그들은 순수하고 진정한 형태를 나타내려
　　　　　　┌분사구　　　　　┌분사구문
pure, true forms / [underlying reality], / [resulting in a sort
고 애썼다 /　　현실의 근저에 있는 //　　(그리고 그것이) 일종의 타협
　　　　　　　┌ between A and B: A와 B 사이에
of compromise / between abstraction and accuracy]. //
을 가져왔다 /　　추상과 정확성 사이에 //

전문 해석 근대 과학 시대 이전에는 창의성이 초인적인 힘에 기인한 것으로 여겼는데 모든 새로운 생각은 신에게서 유래한다고 보았다. 결국 신의 창조 행위 이전에 존재하지 않았던 것을 어떻게 인간이 만들 수 있었겠는가? 사실, '영감을 주다'라는 동사의 라틴어 의미는 '숨결을 불어넣다'이고 창의적 영감은 신이 처음에 인간에게 생명을 불어넣었던 창조의 순간과 비슷했다는 믿음을 반영한다. Plato는 시인은 신이 내린 영감에 사로잡혔다고 주장했고, Plotin은 예술은 그것이 신으로부터 내려온 경우에만 아름다울 수 있다고 썼다. 예술가의

일은 자연을 모방하는 것이라기보다는 오히려 자연의 신성하고 초월적인 특성을 드러내는 것이었다. 예술은 이데아 세계의 완벽함을 어설프게 흉내 낸 것에 불과한 것일 수 있었다. 그리스의 예술가들은 그들이 현실에서 본 것을 맹목적으로 모방하지 않았고, 그 대신 현실의 근저에 있는 순수하고 진정한 형태를 나타내려고 애썼는데, 그 결과 추상과 정확성 간의 일종의 타협을 발생시켰다.

해설 근대 과학 시대 이전에는 창의성이 초인적인, 신성한 힘으로부터 기인하는 것으로 여겼고 모든 새로운 생각이 신에게서 유래한다고 보았으며, 그리스 시대 예술가의 역할은 자연을 모방하는 것이 아니라 자연의 신성하고 초월적인 특성을 드러내는 것이라는 내용의 글이므로, 글의 주제로 가장 적절한 것은 ④ '전근대의 창조력의 원천으로서의 신'이다.

오답분석

오답선지	선택비율
① 예술가의 역할에 대한 상반된 견해	8.6%
② 모방이 창의력에 미치는 긍정적인 영향	13.7%
③ 종교적 신앙을 공유하는 것에 대한 예술의 공헌	12.8%
⑤ 고대의 철학과 예술 사이의 협력	9.0%

②번은 Art could only be a pale imitation of the perfection of the world of ideas.를 '예술은 관념 세계에 대한 완벽함의 모방'이라는 식으로 정확하게 해석하지 못하고, 모방에 대해 긍정적으로 기술한 선택지를 찾은 거야. 글의 주제는 글에서 일관되게 흐르는 중심 내용을 찾는 문제이니만큼 글 전체의 내용 파악 없이 친숙한 단어만 연결하여 답을 찾는 시도는 오답의 가능성이 커.

2

정답 ④

소재 생존을 위해 새로움을 기억하도록 진화한 인간의 뇌

직독직해

Our brains have evolved / [to remember unexpected
우리의 뇌는 진화해 왔다 / 예상치 못한 사건들을 기억하도록 /

events] / [because basic survival depends on the ability /
왜냐하면 기본적인 생존이 능력에 달려 있기 때문이다 /

{to ⟨perceive causes⟩ / and ⟨predict effects⟩}]. // [If the
원인을 인식하는 / 그리고 결과를 예측하는 // 만약 뇌가

brain predicts one event / and experiences another], / the
어떤 사건을 예측하고 / 그리고 다른 사건을 경험한다면 / 그

unusualness will be especially interesting / and will be
특이함은 특히 흥미로울 것이다 / 그리고 그에 따라

encoded accordingly. // Neurologist and classroom teacher
입력될 것이다 // 신경학자이자 학급 교사인 Judith Willis는 주장했다 /

Judith Willis has claimed / [that surprise in the classroom
교실에서의 놀라움은 가장 효과적인 가르침의

is one of the most effective ways of teaching / {with
방법 중 하나라고 / 뇌 자극

brain stimulation in mind}]. // If students are exposed to
을 염두에 둔 상태에서 / 만약 학생들이 새로운 경험에 노출되면 /

new experiences / [via demonstrations] / or [through the
실연을 통해 / 혹은 교사나 또래 친구의

unexpected enthusiasm of their teachers or peers], / they
예상치 못한 열의를 통해 / 그들은

will be much more likely to connect / with the information
훨씬 더 연결될 가능성이 클 것이다 / 뒤따르는 정보와 연결될 //

[that follows]. // Willis has written / [that {encouraging
Willis는 기술했다 / 교실에서 능동적인 발견을 장

active discovery in the classroom} / allows students
려하는 것은 / 학생들에게 새로운 정보와

to interact with new information, / [moving it beyond
상호 작용하게 한다 / 그것이 작동 기억을 넘어 /

working memory / {to be processed in the frontal lobe, /
전두엽에서 처리되도록 /

⟨which is devoted to advanced cognitive functioning⟩}]. //
그것은 고도의 인지 기능을 전담한다 //

Preference for novelty sets us up for learning / [by {directing
새로움에 대한 선호는 우리를 학습하도록 준비시킨다 / 주의를 이끎으로써 /

attention}, / {providing stimulation to developing perceptual
지각 체계를 발전시키는 데 자극을 제공함으로써 /

systems}, / and {feeding curious and exploratory behavior}]. //
그리고 호기심 많고 탐구적인 행동을 충족시킴으로써 //

전문 해석 우리의 뇌는 예상치 못한 사건들을 기억하도록 진화해 왔는데, 왜냐하면 기본적인 생존이 원인을 인식하고 결과를 예측하는 능력에 달려 있기 때문이다. 만약 뇌가 어떤 사건을 예측하고 (그것과) 다른 사건을 경험한다면, 그 특이함이 특히 흥미로울 것이고 그에 따라 (뇌 속의 정보로) 입력될 것이다. 신경학자이자 학급 교사인 Judith Willis는 교실에서의 놀라움은 뇌 자극을 염두에 두고 가르치는 가장 효과적인 방법의 하나라고 주장했다. 학생들이 실연, 혹은 교사나 또래 친구의 예상치 못한 열의를 통해 새로운 경험에 노출되면, 그들은 뒤따르는 정보와 연결될 가능성이 훨씬 더 클 것이다. Willis는 교실에서의 능동적인 발견을 장려하는 것이 학생들에게 새로운 정보와 상호 작용하게 해 주어서, 그것(새로운 정보)이 작업 기억을 넘어 고도의 인지 기능을 전담하는 (대뇌의) 전두엽에서 처리되도록 한다고 기술했다. 새로움에 대한 선호는, 주의를 이끌고, 지각 체계를 발전시키는 데 자극을 제공하며, 호기심 많고 탐구적인 행동을 충족함으로써 우리를 학습하도록 준비시킨다.

해설 원인을 인식하고 결과를 예측하는 능력에 따라 생존이 결정되기 때문에, 뇌는 예측과 다른 경험을 하는 것과 같은 예외적인 상황을 특히 흥미롭게 여기고 기억하도록 진화했으며, 따라서 새로움은 뇌가 주의를 기울이게 하고, 지각 체계를 발전시키는 자극을 제공하며, 호기심과 탐구적인 행동을 유발한다는 내용이므로, 빈칸에 들어갈 말로 가장 적절한 것은 ④이다.

오답분석

오답선지	선택비율
① 사회적 책임에 대한 인식	16.6%
② 역사적 사실의 암기	27.5%
③ 맞수와의 경쟁	11.7%
⑤ 실패에 대한 두려움	5.2%

②번은 Our brains have evolved to remember unexpected events와 new information, moving it beyond working memory to be processed in the frontal lobe를 정확하게 해석하지 못한 채, 가장 쉽게 인식되는 어휘인 brain, memory를 보고 기억 또는 암기와 관련된 내용으로 오인하여 선택한 거야. 빈칸 문제를 풀 때는 무작위로 빈칸이 있는 것이 아니라 글의 핵심적인 내용이 빈칸으로 제시되고 있음을 기억해야 해!

3

Psychological research has shown / [that people naturally
심리학 연구는 보여 주었다 /　　　　　　사람들은 자연스럽게 인지 노동
　　　　　　　　　　　　　　　→ 명사절(shown의 목적어)

divide up cognitive labor, / often without thinking about it]. //
을 분담한다는 것을 /　　　　종종 그것에 대해 별생각 없이 //

Imagine [(that) you're cooking up a special dinner with a
여러분이 친구와 함께 특별한 저녁 식사를 요리하고 있다고 상상해 보라 //
→ 명령문　→ 명사절(Imagine의 목적어): that 생략

friend]. // You're a great cook, / but your friend is the wine
여러분은 요리를 잘한다 /　　　그러나 친구는 아마추어 소믈리에라고 할

expert, an amateur sommelier. // A neighbor drops by and
수 있는 와인 전문가이다 //　　이웃이 들르더니 여러분 두 사람에게 말

starts telling you both / [about the terrific new wines {being
하기 시작한다 /　　　주류 가게에서 파는 기막히게 좋은 새로운 와인에 대해
　　　　　　　→ 전치사구　　　　　　　　　　→ 분사구

sold at the liquor store / just down the street}]. // There
　　　　　　　　　거리를 따라 내려가면 바로 있는 //　　　　많은 새로

are many new wines, / so there's a lot [to remember]. //
운 와인이 있다 /　　　그래서 기억해야 할 것이 많다 //
　　　　　　　→ is　　→ to부정사

How hard are you going to try / [to remember {what the
여러분은 얼마나 열심히 노력해야 할까 /　　이웃이 할 말을 기억하기 위해
(what: the thing which)　　　to부정사구(~하기 위해)　관계절　→ the thing which

neighbor has to say / about {which wines to buy}]? // Why
　　　　　　　어떤 와인을 사야 하는지에 관해 //　　　무엇 하러
　　　　　　　　　→ 의문사+to부정사(about의 목적어)

bother / [when the information would be better retained /
그러겠는가 / 정보가 더 잘 보유될 때 /
→ 일부러 ~하다 → 부사절(시간)

by the wine expert sitting next to you]? // [If your friend
여러분 옆에 앉아 있는 와인 전문가에 의해 //　　　만약 여러분의 친구가
　　　　　　　　　　　　　　　　　　　→ 부사절(조건)

wasn't around], / you might try harder. // After all, / it
　　　　　　　　　　　　　　　　　　　　　형식상의 주어
곁에 없다면 /　　여러분은 더 열심히 애쓸지도 모른다 //　결국 /　아

would be good [to know / {what a good wine would be /
는 것은 좋은 일일 것이다 /　뭐가 좋은 와인이 될 것인지 /
→ 내용상의 주어　→ 명사절(know의 목적어)

for the evening's festivities}]. // But [your friend], [the
저녁 만찬을 위해 //　　　하지만 와인 전문가인 여러분의 친구는
　　　　　　　　　　　　　→ 동격

wine expert], is likely to remember the information /
정보를 기억할 가능성이 더 크다 /

without even trying. //
애쓰지도 않고 //

심리학 연구에 따르면, 사람들은 자연스럽게 인지 노동을 분담하는데, 흔히 그것에 대해서 별생각 없이 그렇게 한다. 여러분이 친구와 함께 특별한 저녁 식사를 요리하고 있다고 상상해 보라. 여러분은 요리를 잘하지만, 친구는 아마추어 소믈리에라고 할 수 있는 와인 전문가이다. 이웃이 들르더니 여러분 두 사람에게 거리를 따라 내려가면 바로 있는 주류 가게에서 파는 기막히게 좋은 새로운 와인에 대해 말하기 시작한다. 많은 새로운 와인이 있어서 기억해야 할 것이 많다. 어떤 와인을 사야 하는지에 관해 이웃이 할 말을 기억하기 위해 여러분은 얼마나 열심히 노력할까? 여러분 옆에 앉아 있는 와인 전문가가 그 정보를 더 잘 기억하고 있는데 무엇 하러 그러겠는가? 여러분의 친구가 곁에 없다면 더 열심히 애쓸지도 모른다. 어쨌든 저녁 만찬을 위해 뭐가 좋은 와인이 될 지 아는 것은 좋은 일일 것이다. 하지만 와인 전문가인 여러분의 친구는 애쓰지도 않고 그 정보를 기억하기가 쉽다.

이웃이 제공하는 와인 정보의 양이 상당할 때, 자신보다 더 잘 기억할 수 있는 와인 전문가인 친구가 옆에 있다면, 굳이 자신이 이웃의 정보를 모두 기억하려 하지 않아도 되고 기억하기라는 인지 노동을 와인 전문가인 친구와 분담하는 것에 관한 내용이므로, 빈칸에 들어갈 말로 가장 적절한 것은 ①이다.

오답선지	선택비율
② 의견 충돌을 피하려고 노력하는	16.7%
③ 비슷한 취향을 가진 사람을 찾는	20.6%
④ 오랜 지혜를 나누는 것을 좋아하는	11.6%
⑤ 일과 여가의 균형을 맞추는	8.1%

③번은 와인을 잘 아는 친구와 함께 요리하는 상황에서, 새로운 와인에 대한 정보를 가진 이웃이 방문한 내용의 예시를 읽고서 선택한 거야. 예시는 필자가 전달하고자 하는 바를 구체적인 사례를 통해 쉽게 이해시키기 위한 도구야. 따라서 예시를 읽고 난 후에는 필자가 이러한 예시를 통해 전달하고자 하는 바가 무엇인지 일반화시키는 사고 과정을 반드시 거쳐야 해. 예시를 겉핥기식으로 이해하지 않도록 주의하도록 해!

4

Everyone automatically categorizes / and generalizes /
모든 사람은 자동으로 분류한다 /　　　그리고 일반화한다 /
→ 단수 주어

all the time. // Unconsciously. It is not a question / [of being
항상 //　　　무의식적으로 (그렇게 한다) // 그것은 문제가 아니다 /　편견을 갖고
　　　　　　　　　　　　　　　　　　　　　　　　　　→ 전치사구

prejudiced or enlightened]. // Categories are absolutely
있다거나 계몽되어 있다는 것의 //　　범주는 절대적으로 필수적이다 //
　　　　　　　　　　　　　　　　　→ to부정사의 의미상의 주어　→ to부정사　→ Categories

necessary / for us [to function]. // They give structure
우리가 기능하는 데 //　　　　그것들은 우리의 사고에 체계를
　　　　우리가 기능하는 데 //

to our thoughts. // Imagine if we saw every item / and
　　　　　　　　　　　　　　　　　　　→ 가정법 과거: If 주어+동사의 과거형 ~, 주어+
제공한다 //　　　만약 우리가 모든 품목을 본다고 상상해 보라 /　그리고

every scenario / as truly unique / — we would not even
　　　　　　　　　　　　　　　　　→ ~동사원형 ...
모든 시나리오를 /　정말로 고유한 것으로 /　　우리는 언어조차 갖지 못할 것
조동사의 과거형+동사원형 ...

have a language / [to describe the world around us]. //
이다 /　　　　　우리 주변의 세계를 설명할 //
　　　　　→ to부정사구

But the necessary and useful instinct [to generalize] /
그러나 그 필요하고 유용한 일반화하려는 본능은 /
　　　　　　　　　　　　　　　　　　　→ to부정사

can distort our world view. // It can make us mistakenly
우리의 세계관을 왜곡할 수 있다 //　　그것은 우리가 사물들을 잘못 묶게 만들 수
　　　　　　　　　　　　　　　　→ The instinct

group together things, / or people, / or countries / [that
있다 /　　　　　　　혹은 사람들을 /　혹은 나라들을 /　　　실제
　　　　　　　　　　　　　　　　　　　　　　　　　　→ 관계절

are actually very different]. // It can make us assume /
로는 아주 다른 //　　　　그것은 우리가 가정하게 만들 수 있다 /
　　　　　　　　　　The instinct　　→ make+목+목·보

[(that) everything or everyone in one category is similar]. //
하나의 범주 안에 있는 모든 것이나 모든 사람을 비슷하다고 //
→ 명사절(assume의 목적어): that 생략

And, maybe, / most unfortunate of all, / it can make us
그리고 어쩌면 /　　모든 것 중에서 가장 유감스럽게도 /　그것은 우리가 전체
　　　　　　　　　　　　　　　　　　　　　　　　make+목+목·보

jump to conclusions about a whole category / [based on a
범주에 대해 성급하게 결론을 내리게 만들 수 있다 /　　몇 가지, 또는 심
→ 성급히 결론을 내리다　　　　　　　　　　　　→ 분사구

few, or even just one, unusual example]. //
지어 고작 하나의, 특이한 사례에 기반하여 //

전문 해석 모든 사람은 항상 자동으로 범주화하고 일반화한다. 무의식적으로 (그렇게 한다). 그것은 편견을 갖고 있다거나 계몽되어 있다는 것의 문제가 아니다. 범주는 우리가 (정상적으로) 활동하는 데 반드시 필요하다. 그것들은 우리의 사고에 체계를 준다. 만일 우리가 모든 품목과 모든 있을 법한 상황을 정말로 유일무이한 것으로 본다고 상상해 보라. 그러면 우리는 우리 주변의 세계를 설명할 언어조차 갖지 못할 것이다. 그러나 필요하고 유용한 일반화하려는 본능은 우리의 세계관을 왜곡할 수 있다. 그것은 우리가 실제로는 아주 다른 사물들이나, 사람들, 혹은 나라들을 하나로 잘못 묶게 만들 수 있다. 그것은 우리가 하나의 범주 안에 있는 모든 것이나 모든 사람이 비슷하다고 가정하게 만들 수 있다. 그리고 어쩌면 모든 것 중에서 가장 유감스럽게도, 그것은 우리로 하여금 몇 가지, 또는 심지어 고작 하나의 특이한 사례를 바탕으로 전체 범주에 대해 성급하게 결론을 내리게 만들 수 있다.

해설 주어진 문장은 우리가 무의식적으로 범주화하고 일반화하는 경향의 위험성에 관해 이야기한다. 이에 이 문장 바로 앞에는 범주화가 사고에 구조를 제공하며, 우리가 세상을 이해하는 데 필요하다고 설명하는 등 인간의 사고에서 범주화의 필요성과 긍정적인 역할에 관해 설명해야 하고, 바로 뒤에는 범주화에 의해 우리가 세상을 보는 관점이 왜곡될 수 있음을 지적하는 등 범주화의 위험성에 관한 내용이 이어져야 한다. 따라서 주어진 문장이 들어가기에 가장 적절한 곳은 ③이다.

오답분석

오답선지	①	②	④	⑤
선택비율	7.5%	15.9%	23.3%	8.4%

④번은 앞에 있는 문장 It can make us mistakenly group together things, or people, or countries that are actually very different.의 주어 It 역시 범주화를 지칭하여 범주화에 의해 세상을 보는 시각이 왜곡된 것의 사례임에도 불구하고 이를 제대로 이해하지 못하여 선택한 거야. ④에 주어진 문장이 들어가면 주어진 문장에 있는 But이 역접의 기능을 제대로 할 수가 없어.

5

정답 ④

소재 인간의 숙고하는 뇌와 반사적인 뇌

직독직해

At the University of Iowa, / students were briefly shown
Iowa 대학교에서 /   학생들에게 숫자를 잠시 보여 주었다 /

numbers / [that they had to memorize]. // Then they were
          그들이 암기해야 하는 //   그리고 나서 그들은 제안

offered / the choice of either a fruit salad or a chocolate
받았다 /   과일 샐러드와 초콜릿 케이크 중 하나의 선택을 //

cake. // [When the number {the students memorized} /
         학생들이 외워야 하는 숫자가 /

was seven digits long], / 63% of them chose the cake. //
일곱 자리일 때 /   그들 중 63퍼센트가 케이크를 선택했다 //

[When the number {they were asked to remember} /
그들이 기억하도록 요청받은 숫자가 /

had just two digits], / however, / 59% opted for the fruit
두 자리뿐이었을 때 /   하지만 /   59퍼센트는 과일 샐러드를 선택했다 //

salad. // Our reflective brains know / [that the fruit salad
         우리의 숙고하는 뇌는 알고 있다 /   과일 샐러드는 우리의 건강에

is better for our health], / but our reflexive brains desire /
더 좋다는 것을 /   하지만 우리의 반사적인 뇌는 원한다 /

that soft, fattening chocolate cake. // [If the reflective
그 부드럽고, 살이 찌는 초콜릿 케이크를 //   만약 숙고하는 뇌가 다른

brain is busy figuring something else out / — like trying
어떤 것을 해결하려고 바쁘다면 /   일곱 자리 숫자를

to remember a seven-digit number] — / then impulse can
기억하려고 애쓰는 것처럼 /   그러면 충동이 쉽게 이길 수

easily win. // On the other hand, / [if we're not thinking too
있다 //   다른 한편 /   만약 우리가 다른 어떤 것에 관해 너무

hard about something else / {(with only a minor distraction
열심히 생각하고 있지 않다면 /   두 자리 숫자를 외우는 것처럼 사소하게 주의

like memorizing two digits)}], / then the reflective system
를 산만하게 하는 일만 있으면 /   그러면 숙고하는 체계는 억제할 수 있다 /

can deny / the emotional impulse of the reflexive side. //
할 수 있다 / 반사적인 쪽의 감정적인 충동을 //

전문 해석 Iowa 대학교에서, 학생들에게 그들이 암기해야 하는 숫자를 잠시 보여 주었다. 그리고 나서 그들은 과일 샐러드나 초콜릿 케이크 중 하나의 선택을 제안받았다. 학생들이 외운 숫자가 일곱 자리일 때, 그들 중 63퍼센트가 케이크를 선택했다. 그러나 그들이 기억하도록 요청받은 숫자가 두 자리밖에 되지 않았을 때, 59퍼센트는 과일 샐러드를 선택했다. 우리의 숙고하는 뇌는 과일 샐러드가 우리의 건강에 더 좋다는 것을 알지만, 우리의 반사적인 뇌는 그 부드럽고 살이 찌는 초콜릿 케이크를 원한다. 만약 숙고하는 뇌가 일곱 자리 숫자를 기억하려고 애쓰는 일과 같은 다른 어떤 것을 해결하느라 바쁘다면, 충동이 쉽게 이길 수 있다. 다른 한편, 우리가 다른 것에 관해 너무 열심히 생각하고 있지 않다면(두 자리 숫자를 외우는 것과 같은 사소하게 주의를 산만하게 하는 일만 있을 때), 숙고하는 (뇌의) 체계는 반사적인 쪽의 감정적인 충동을 억제할 수 있다.

→ 위 실험에 따르면, 뇌에 가해지는 증가된 지적 부담은 뇌의 반사적인 부분이 우세해지게 한다.

해설 우리 뇌를 인지적인 부담을 담당하는 '숙고하는 뇌'와 감정적인 충동을 담당하는 '반사적인 뇌'로 나누어 살펴보면, 일곱 자리 숫자 기억하기처럼 인지적 부담이 클 때는 '숙고하는 뇌'가 반사적인 충동을 억제하는 힘이 크지 않아서, '숙고하는 뇌'보다 '반사적인 뇌'가 우세한 기능을 하고 있다는 내용의 글이다. 따라서 빈칸 (A), (B)에 들어갈 말로 가장 적절한 것은 ④ '증가된 – 우세한'이다.

오답분석

오답선지	선택비율
① 제한된 – 강력한	23.4%
② 제한된 – 나뉘는	13.7%
③ 다양한 – 수동적인	5.8%
⑤ 증가된 – 약화된	17.9%

①번은 글의 마지막 문장 중 if we're not thinking too hard about something else (with only a minor distraction like memorizing two digits)의 두 자릿수 숫자 기억하기라는 말을 보고 뇌에 인지적인 부담이 적다고 생각해서 요약문의 빈칸 (A)에 들어갈 말을 선택한 거야. 그렇다면 빈칸 (B)에는 weakened와 같은 말이 들어가는 게 적절한데, ①번은 오히려 그 반의어를 제시하고 있어. 그런데도 ①번을 고른 것을 보면 주어진 지문 내용을 정확하게 이해하지 못한 채 선택했다고 볼 수 있어. 비록 시간의 압박이 컸어도 40번 문항이지만 한 번을 집중해서 조금만 더 정확히 읽어 내면 충분히 이해할 수 있는 내용으로 출제되니까 너무 빨리 풀고 급하게 넘어가는 일이 없었으면 해.

6

정답 ⑤

소재 리더의 포용성과 배타성

직독직해

→ 분사구문   → of의 목적어
[While reflecting on the needs of {organizations, leaders,
오늘날 조직, 지도자, 그리고 가족의 요구에 관해 곰곰이 생각할 때

→ 명사절(realize의 목적어)
and families today}], / we realize / [that one of the unique
우리는 깨닫는다 / 독특한 특성 중 하나가 포용성이라

characteristics is inclusivity]. // Why? // Because inclusivity
는 것을 // 왜 그런가 / 포용성은 뒷받침하기 때문이다 /

관계절 → the thing which
supports / [what everyone ultimately wants / from their
모든 사람이 궁극적으로 원하는 것을 / 자신의 관계에서 /

relationships]: / collaboration. // Yet the majority of
즉 협력을 // 그러나 대다수의 지도자, 조직, 그

→ of의 목적어
[leaders, organizations, and families] are still using / the
리고 가족은 여전히 사용하고 있다 / 오래

관계절 → 주어
language of the old paradigm / [in which one person —
된 패러다임의 언어를 / 거기서는 한 사람이 보통 가장 연장자,

typically the oldest, most educated, and/or wealthiest / —
가장 교육을 많이 받은 사람, 그리고/또는 가장 부유한 사람인데 /

전치사구
makes all the decisions, / and their decisions rule {with
모든 결정을 내린다 / 그리고 그들의 결정이 토론이나 다른 사람에 대한

분사구문(= leading to ~)
little discussion or inclusion of others}], / [resulting in
포함이 거의 없이 지배한다 / 결과적으로 배타성을

exclusivity]. // Today, this person could be a director, CEO,
초래한다 // 오늘날, 이 사람은 어떤 조직의 관리자, 최고 경영자, 또는 다른 상급

or other senior leader of an organization. // There is no
지도자일 수 있다 // 필요가 없다 /

→ to부정사구의 의미상의 주어   to부정사구 → 부사절(이유)
need / for others [to present their ideas] / [because they
다른 사람들이 자신의 생각을 제시할 / 왜냐하면 그것들은

→ 수동태   → 보어   명사절(shows의 목적어)
are considered inadequate]. // Yet / research shows / [that
부적절한 것으로 여겨지기 때문이다 // 그러나 / 연구는 보여 준다 / 문제

→ 전치사구
exclusivity [in problem solving], / even with a genius, /
해결에 있어서 배타성은 / 천재와 함께하는 것이더라도 /

→ as ~ as ...: ...만큼 ~한   관계절(inclusivity를 부연 설명)
is not as effective as inclusivity, / [where everyone's
포용성만큼 효과적이지 않은데 / (포용성이 있는 경우에는) 모든

→ 수동태   → 전치사구
ideas are heard / and a solution is developed / {through
사람의 생각이 들린다 / 그리고 해결책이 만들어진다 / 협력을 통해

collaboration}]. //

전문 해석 오늘날 조직, 지도자, 그리고 가족의 요구에 관해 곰곰이 생각할 때 우리는 독특한 특성 중 하나가 포용성이라는 것을 깨닫는다. 왜 그런가? 포용성은 모든 사람이 자신의 관계에서 궁극적으로 원하는 것인 협력을 뒷받침하기 때문이다. 그러나 대다수 지도자, 조직, 그리고 가족은 여전히 오래된 패러다임의 언어를 사용하고 있고, 거기서는 한 사람이, 보통 가장 연장자, 가장 교육을 많이 받은 사람, 그리고/또는 가장 부유한 사람인데, 모든 결정을 내리고 토론이나 다른 사람을 포함하는 것이 거의 없이 그들의 결정이 지배하고 결과적으로 배타성을 초래한다. 오늘날 이 사람은 어떤 조직의 관리자, 최고 경영자, 또는 다른 상급 지도자일 수 있다. 다른 사람들이 자기 생각을 제시할 필요가 없는데 왜냐하면 그것은 부적절한 것으로 여겨지기 때문이다. 그러나 연구에 따르면 문제 해결에 있어서 배타성은, 심지어 천재와 함께하는 것이더라도,

포용성만큼 효과적이지 않은데, 포용성이 있는 경우에는 모든 사람의 생각을 듣게 되고 해결책이 협력을 통해 만들어진다.

해설 ⑤ 뒤에 문장의 요소를 모두 갖춘 완전한 절이 이어지므로, 관계대명사인 which를 관계부사인 where로 바꿔야 한다.

① that절의 주어 역할을 one of the unique characteristics에서 one이 하고 있으므로 술어 동사 is는 어법상 적절하다.

② 동사 supports의 목적어 역할을 하며, 명사절을 이끌고, 선행사를 포함한 관계사 what은 어법상 적절하다.

③ 주절을 부연하여 설명하는 분사구문을 이끌어야 하고, 주절의 내용이 동사 result의 주어 역할을 하고 있으므로 현재분사 resulting은 어법상 적절하다.

④ 목적격보어를 필요로 하는 동사 consider의 수동태 뒤에는 부사가 아닌 형용사가 이어져야 하므로 inadequate가 어법상 적절하다.

오답분석

오답선지	① is	② what	③ resulting	④ inadequate
선택비율	8.2%	17.8%	16.6%	20.0%

④번은 형용사가 쓰인 것이 맞는지 물어보고 있는데 they are considered에서 볼 수 있듯이 수동태 뒤에 위치하여서, 동사를 수식하는 부사가 와야 하는 것으로 혼동해서 선택한 거야. 이처럼 형용사와 부사의 쓰임에 대해 알고 있는지 묻는 것이 시험에 자주 출제되는 문항이니 평상시에도 구별하는 연습을 많이 해 두는 것이 좋아.

Daily Review   Day 10

Vocabulary Check-up

1 (1) compromise (2) distraction (3) enthusiasm
2 (1) retain (2) attributes

---

1 (1) compromise / 대학에 갈 무렵이 되었을 때, 그는 자신의 아들이 수학자로서는 생계를 꾸릴 수 없을 거라고 걱정하는 아버지와의 타협안으로 화학 공학을 공부하는 것에 동의했다.

(2) distraction / 연구자들은 텔레비전 시청을 통해 주의를 딴 데로 돌리는 것이 고통스러운 실패나 자신과 자기 안내 지침 사이의 불일치와 관련된 불편함을 효과적으로 완화할 수 있다고 결론지었다.

(3) enthusiasm / 말로 답을 한 것에도 불구하고 표정상의 열정의 부족은 그 계획을 그다지 긍정적으로 간주하지 않고 있음을 암시한다.

2 (1) retain / 그런 시설에서 직원들은 모든 환자가 건강이 쇠퇴하고 있을 때 낙관주의를 유지하기가 힘들다.

(2) attributes / 인플루엔자에 걸릴 때, 그는 절대 이 사건을 세금 징수원이나 자기 장모에 대한 자신의 행동 탓으로 보지 않는다.

1 (1) ① that ② descended (2) ① being ② what
2 ③ → they

1 (1) ① that: the belief와 동격 역할을 하는 명사절을 이끌고 있
으므로 접속사 that이 어법상 적절하다.
② descended: descend가 자동사이고, if절의 주어 it이 가리키
는 art가 신(God)으로부터 내려왔다는 의미이므로 descended가
어법상 적절하다.

(2) ① being: the terrific new wines를 수식하는 분사구이므
로 being이 어법상 적절하다.
② what: remember의 목적어 역할을 하는 명사절을 이끌고 있
고 동사 say의 목적어가 없는 불완전한 절이므로 선행사를 포함한
관계사 what이 어법상 적절하다.

2 ③ students를 지칭하는 주어가 와야 하므로 they로 고쳐야 한다.

Day 11

월   일

□ authority 권위, 권위자	□ revise 개정하다, 수정하다, 조정하다	□ microbe 미생물
□ concentration 농도	□ ambiguity 애매(모호)한 상태	□ yearning 갈망, 동경
□ transmit 전송하다, 송신하다, 방송하다	□ innovation 혁신, 획기적인 것	□ flattery 아첨, 듣기 좋은 소리
□ manipulation 조작, 조종, 취급	□ sway 흔들다, 동요시키다	□ fabricate 날조하다, 조작하다
□ dehydrate 탈수 상태가 되다	□ segment 부분, 마디	□ autonomous 자율적인, 자주적인

Day 12

월   일

□ halt 멈추다, 중단시키다	□ consistently 한결같이, 일관되게	□ cluster (소규모로) 모이다
□ distribute 분배하다, 퍼뜨리다	□ suspicious 의심스러워하는	□ amenity 생활 편의 시설
□ resolution (문제·불화 등의) 해결	□ articulate (생각·감정을) 분명히 표현하다	□ confront 정면으로 맞서다
□ suppress (감정·감정 표현을) 참다	□ converge 모여들다, 수렴되다	□ dedicate 전념하다, 헌신하다
□ self-efficacy 자기 효능감	□ spine-tingling 등골이 오싹오싹한	□ alleged ~로 추정되는

Day 13

월   일

□ theatrical 연극의, 연극적인, 과장된	□ hostile 적대적인, 거부하는	□ encounter 마주하다, 접하다
□ intolerant 너그럽지 못한, 편협한	□ absurd 터무니없는, 불합리한	□ conceal 감추다, 숨기다
□ nonverbal 말을 사용하지 않는	□ elaborate 정교한, 정성을 들인	□ sheer 순전한, 순수한
□ credit 칭찬, 공로, 인정	□ revolutionary 혁명적인, 획기적인	□ machinery (특히 큰) 기계(류)
□ utilization 이용, 활용	□ maintenance (정기적) 유지, 점검, 보수	□ profitability 수익성

Day 14

월   일

□ passive 수동적인	□ spectator 구경꾼	□ intimate 친밀한, 친한
□ twilight 황혼	□ fragility 연약함	□ genetics 유전학
□ initiate 발생시키다	□ blueprint 청사진	□ undeniable 부인할 수 없는
□ diversification 다양화, 다양성	□ abundance 풍요	□ outgrow (성장하여) ~에서 벗어나다
□ vertical 상하의, 수직의	□ collision 충돌	□ malfunction 오작동, 고장

Day 15

월   일

□ fusion 융합	□ democratization 민주화	□ substitute 대체재, 대리자
□ affective 감정의	□ physiological 생리학의	□ hypothesis 가설
□ breakthrough 획기적인 발견	□ unprecedented 전례 없는	□ permissible 허용될 수 있는
□ plantation 대농장	□ reproduction 복제품, 복사, 재생	□ replicate 복제하다
□ authenticity 진정성, 진짜임	□ compulsory 의무적인, 강제적인	□ discern 분간하다, 알아차리다

1

정답 ⑤

소재 과학자의 성공에 가려진 실패

직독직해

In school, there's one curriculum, / one right way to
학교에는 하나의 교육 과정이 있다 / 　　과학을 공부하는 하나의 올

study science, / and one right formula / [that spits out the
바른 방식 / 　　그리고 올바른 공식(이 있다) / 　올바른 정답을 내놓는 /

correct answer / on a standardized test]. // Textbooks [with
올바른 정답을 내놓는 / 　표준화된 시험에서 // 　　대단한 제목을 가진 교과

grand titles / like *The Principles of Physics*] / magically
서들이 / 　'물리학의 원리'와 같은 / 　　마법처럼 보여

reveal / "the principles" in three hundred pages. // An
준다 / 　300페이지에 걸쳐서 그 '원리들'을 // 　그러

authority figure then steps up [to the lectern] / [to feed us
고 나서 한 권위자가 강의대로 다가선다 / 　우리에게 '진실'

"the truth."] // [As theoretical physicist David Gross explained
을 알려 주기 위해서 // 이론 물리학자 David Gross가 그의 노벨상 수상자 강연에서 설명

{in his Nobel lecture}], / textbooks often ignore [the many
했듯이 / 　교과서들은 종종 많은 엇갈린 경로를 무시한다

alternate paths / {that people wandered down}], / [the many
사람들이 헤매고 다닌 / 　　그들이 따랐던

false clues {they followed}], / [the many misconceptions
그 많은 잘못된 단서들을 / 　그들이 가졌던 그 많은 오해들을 //

{they had}]. // We learn about Newton's "laws" / — as if
우리는 뉴턴의 '법칙들'에 대해 배운다 / 　마치

they arrived by [a grand divine visitation] / or [a stroke of
그것들이 어떤 대단한 신성의 방문으로 도래한 것처럼 / 　혹은 한 번의 천재성으

genius] — / but not the years [he spent exploring, revising,
로 / 　그러나 그가 그것들을 탐구하고 수정하고 변경하는 데 들인 세월은 배우지

and changing them]. // The laws [that Newton failed to
않는다 // 　　뉴턴이 확립하는 데 실패했던 법칙들은 /

establish] / — most notably his experiments in alchemy, /
즉, 가장 공공연하게는 연금술에서의 그의 실험들은 /

[which {attempted}, / and {spectacularly failed}, / {to turn
시도했고 / 　　그리고 엄청나게 실패했었는데 / 　　납을 금으로

lead into gold}] / — don't make the cut / as part of the
바꾸려는 것을 / 　선택되지 못한다 / 　일차원적인 이야기 중

one-dimensional story / [told in physics classrooms]. //
일부로 / 　　물리학 수업에서 언급되는 //

Instead, our education system turns / the life stories of
대신에, 우리의 교육 시스템은 바꾼다 / 　이런 과학자들의 인생 이야기

these scientists / from lead to gold. //
들을 / 　납에서 금으로 //

전문 해석 학교에는 하나의 교육 과정, 과학을 공부하는 하나의 올바른 방식, 표준화된 시험의 정답을 내어놓는 하나의 올바른 공식이 있다. '물리학의 원리'와 같은 대단한 제목을 가진 교과서들은 300페이지에 걸쳐 '그 원리들'을 마법

처럼 보여 준다. 그리고 나서 권위자가 우리에게 '진실'을 알려 주기 위해서 강의대로 다가간다. 이론 물리학자 David Gross가 자신의 노벨상 수상자 강연에서 설명했듯이, 교과서들은 종종 사람들이 헤매고 다닌 그 많은 엇갈린 경로들과 그들이 따랐던 그 많은 잘못된 단서들과 그들이 가졌던 그 많은 오해들을 무시한다. 우리는 뉴턴의 '법칙들'에 대해서 마치 그것들이 대단한 신성의 방문이나 한 번의 천재성으로 도래하는 것처럼 배우지만, 그가 그것들을 탐구하고 수정하고 변경하는 데 들인 세월에 대해서는 배우지 않는다. 뉴턴이 확립하는 데 실패한 법칙들, 즉 가장 공공연하게는 납을 금으로 바꾸기를 시도했고, 엄청나게 실패했던 연금술에서의 그의 실험은 물리학 수업에서 언급되는 일차원적인 이야기 중 일부로 선택되지 못한다. 대신에, 우리의 교육 시스템은 이런 과학자들의 인생 이야기들을 납에서 금으로 바꿔 버린다.

해설 우리는 과학자들의 업적과 성공에 대해 초점을 두고 배우고 가르치는 동안에 그들이 그 과정에서 마주했던 실패나 오해 등에는 주목하지 않으며 과학자들의 생애에 대해서 성취 중심으로 단순화시키고 이상화하고 있다는 내용이므로, 밑줄 친 부분이 글에서 의미하는 바로 가장 적절한 것은 ⑤ '과학자들의 과정과 오류를 무시한 채 성공만 드러낸다'이다.

오답분석

오답선지	선택비율
① 과학자들 사이의 가치 있는 관계를 발견한다	8.5%
② 새로운 과학 이론을 정립하는 데에 있어서 어려움을 강조한다	14.9%
③ 전 세계의 위대한 과학자들의 다양한 이야기를 뒤섞는다	12.2%
④ 과학자의 개인적인 생애보다 그들의 연구에 더 초점을 둔다	17.3%

④번은 most notably his experiments in alchemy ~ don't make the cut as part of the one-dimensional story told in physics classrooms 에도 명확하게 제시되어 있듯이 (뉴턴의) 실패한 연구가 수업에서 다루어지지 않고 있다는 부분을 간과하고 있어. 글을 세밀하게 읽지 못하고 대략적으로 훑어 읽어서는 행간에 담긴 함축 의미를 제대로 파악할 수 없으니 마음의 여유를 갖고 글을 차근차근 읽어야 해.

2

정답 ②

소재 유기체의 진화에 따른 지구의 대기 변화

직독직해

Over 4.5 billion years ago, / the Earth's primordial
45억 년도 더 전에 / 　지구의 원시 대기는 아마도 대체로 수

atmosphere was probably largely [water vapour, / carbon
증기였을 것이다 / 　　이산화 탄

dioxide, / sulfur dioxide / and nitrogen]. // The appearance
소 / 　이산화 황 / 　그리고 질소(였을 것이다) // 출현과 그 후의 진화는

and subsequent evolution / [of exceedingly primitive living
그 후의 / 　　극도로 원시적인 생물체(박테리아 같은 미생물과

organisms (bacteria-like microbes and simple single-celled
단순한 단세포 식물)의 /

plants)] / began to change the atmosphere, / [[liberating
대기를 바꾸기 시작했다 / 　산소를 유리(遊離)

oxygen} / and {breaking down carbon dioxide and sulfur
시키고 / 　그리고 이산화 탄소와 이산화 황을 분해하면서 //

dioxide}]. // This made it possible / for higher organisms /
(형식상의 목적어 / to부정사의 의미상 주어)
이것은 가능하게 했다 / 상위 유기체가 /

[to develop]. // [When the earliest known plant cells with
(내용상의 목적어 / 부사절(시간))
발달하는 것을 // 최초라고 알려진 핵이 있는 식물 세포가 약 20억 년 전에 진화했을

nuclei evolved about 2 billion years ago], / the atmosphere
때 / 대기는 고작 1퍼센트만

seems to have had only about 1 percent / [of its present
(to부정사구(완료) / 전치사구)
갖고 있었던 것 같다 / 현재 산소 함량의 //

content of oxygen]. // [With the emergence of the first land
(전치사구)
최초의 육지 식물이 출현하면서 /

plants], / about 500 million years ago, / oxygen reached
약 5억 년 전에 / 산소는 현재 농도의 약

about one-third [of its present concentration]. // It had risen
(전치사구 / 농도 / Oxygen)
3분의 1에 도달했다 // 그것은 거의 현재

to almost its present level / by about 370 million years
(~까지)
수준으로 증가했다 / 대략 3억 7천만 년 전까지 /

ago, / [when animals first spread on to land]. / Today's
(관계절(370 million years ago를 부연 설명))
그때 동물들이 처음 육지에 퍼졌다 / 그러므로 오

atmosphere is thus not just a requirement / [to sustain life] /
(to부정사구(~하기 위한))
늘날의 대기는 필요조건일 뿐 아니라 / 생명체를 유지하기 위한 /
(not just ~ (but) also ...: ~뿐 아니라 또한)

as we know it / — it is also a consequence of life. //
우리가 그것을 알고 있는 것처럼 / 또한 그것은 생명체의 결과이기도 하다 //

전문 해석 45억 년도 더 전에 지구의 원시 대기는 아마도 대부분 수증기, 이산화 탄소, 이산화 황과 질소였을 것이다. 극히 원시적인 생물체(박테리아 같은 미생물과 단순한 단세포 식물)의 출현과 연이은 진화는 산소를 유리(遊離)시키고 이산화 탄소와 이산화 황을 분해하면서 대기를 변화시키기 시작했다. 이것은 더 상위 유기체가 발달하는 것을 가능하게 했다. 가장 최초라고 알려진 핵이 있는 식물 세포가 약 20억 년 전 진화했을 때, 대기는 현재 산소 함량의 고작 약 1퍼센트만을 가지고 있었던 것 같다. 약 5억 년 전에 최초의 육지 식물이 출현하면서 산소는 현재 농도의 약 3분의 1에 달했다. 그것은 약 3억 7천만 년 전까지 거의 현재 수준으로 증가했고, 그때 동물들이 처음 육지에 퍼졌다. 그러므로 오늘날의 대기는 우리가 알고 있는 것처럼 생명체를 유지하기 위한 필요조건일 뿐 아니라, <u>생명체의 결과이기도 하다.</u>

해설 원시 대기는 대부분 수증기, 이산화 탄소, 이산화 황과 질소였지만 오랜 세월에 걸쳐서 유기체가 진화하며 대사 활동을 통해 산소를 방출하고 이산화 탄소와 이산화 황과 같은 가스를 분해함으로써 대기의 구성을 변화시켜 지금과 같은 대기를 만들었다는 내용이므로, 빈칸에 들어갈 말로 가장 적절한 것은 ②이다.

오답분석

오답선지	선택비율
① 진화의 장벽	14.3%
③ 원시 문화의 기록	21.2%
④ 자연 불변성의 표시	28.6%
⑤ 종간 협력의 이유	8.6%

④번은 It had risen to almost its present level by about 370 million years ago, when animals first spread on to land.의 내용을 토대로 3억 7천만 년이라는 기간을 자기만의 감각으로 상당히 긴 기간이라고 판단하여 답으로 선택한 거야. 즉, 이토록 긴 기간에 거쳐 대기가 변하지 않았기 때문에 (인간과도 같은) 생명체가 안정적으로 살 수 있다고 생각을 한 것이지. 하지만 원시 지구부터 현재까지 45억 년의 시간을 이야기하는 이 글에서 불과 10분의 1도 안 되는 3억 7천만 년의 시간만을 가지고 자연 불변이라고 할 수는 없겠지? 그리고 a requirement와 a sign의 호응도 그렇게 매끄럽지는 않잖아. 지문 전체를 통해 핵심 내용을 이해하는 연습을 꾸준히 해!

3

정답 ⑤

소재 확실성의 추구로 인한 능력 상실

직독직해

In the modern world, / we look for certainty [in uncertain
(전치사구)
현대 세계에서 / 우리는 불확실한 곳에서 확실성을 찾는다 [

places]. // We search for [order in chaos], / [the right
(대등한 연결)
우리는 혼란 속에서 질서를 찾는다 / 애매모호함에서

answer in ambiguity], / and [conviction in complexity]. //
정답을 / 그리고 복잡함에서 확신을 (찾는다) //

"We spend far more time and effort / [on trying to control
(비교급 강조 / more ~ than ...: ...보다 더 ~한 / 전치사구)
우리는 훨씬 더 많은 시간과 노력을 쓴다 / 세상을 통제하려고 하는 것에

the world]," / best-selling writer Yuval Noah Harari says, /
베스트셀러 작가 Yuval Noah Harari가 말하길 /

"than [on trying to understand it]." // We look for the
(전치사구 / the world)
그것을 이해하려고 하는 것에보다 // 우리는 쉽게 따라 할 수 있는

easy-to-follow formula. // Over time, we lose our ability /
공식을 찾는다 // 시간이 지나면서, 우리는 우리의 능력을 잃는다 /
(to부정사구)

[to interact with the unknown]. // Our approach reminds me
(the+형용사: ~한 것들)
미지의 것들과 상호 작용할 수 있는 // 우리의 접근법은 나에게 전형적인 이야기
(remind A of B: A에게 B에 대해 생각나게 하다)

of the classic story / [of the drunk man] [searching for his
(전치사구 / 전치사구 / 명사절(knows의 목적어): that 생략)
를 생각나게 하다 / 자신의 열쇠를 찾는 술 취한 남자에 대한 /

keys / {under a street lamp at night}]. // He knows / [(that)
밤에 가로등 아래에서 // 그는 알고 있다 / 그가

he lost his keys somewhere / {on the dark side of the street}]
자신의 열쇠를 어딘가에서 잃어버렸다는 것을 / 어두운 길가에 /

but looks for them underneath the lamp, / [because that's
(keys / 부사절(이유))
하지만 그는 그것들을 찾는다 / 가로등 밑에서 / 왜냐하면 그곳이 빛이

{where the light is}]. // Our yearning for certainty leads us
(관계절(the place 생략) / lead+목+목·보(to부정사))
있는 곳이기 때문이다 // 확실성에 대한 우리의 열망은 우리를 겉으로 보기에 안

to pursue seemingly safe solutions / — by looking for our
(~(함)으로써)
전한 해결책을 추구하도록 이끈다 / 가로등 아래에서 우리의 열쇠

keys under street lamps. // [Instead of taking the risky walk
(전치사구)
를 찾아봄으로써 // 어둠 속으로 위험한 걸음을 내딛는 대신에 /

into the dark], / we stay within our current state, / [however
(부사절(양보))
우리는 자신의 현재 상태에 머문다 / 그것이 아무리

inferior it may be]. //
열등할 수 있을지라도 //

전문 해석 현대 세계에서 우리는 불확실한 곳에서 확실성을 찾는다. 우리는 혼란 속에서 질서를, 애매모호함에서 정답을, 복잡함에서 확신을 찾는다. 베스트셀러 작가 Yuval Noah Harari가, "우리가 세상을 이해하려고 하는 것보다 세상을 통제하려고 하는 것에 훨씬 더 많은 시간과 노력을 쏟는다."라고 말한다. 우리는 쉽게 따라 할 수 있는 공식을 찾는다. 시간이 지나면서 우리는 <u>미지의 것들과 상호 작용하는 우리의 능력을 잃어버린다.</u> 우리의 접근법은 나에게 밤에 가로등 아래에서 자신의 열쇠를 찾는 술 취한 남자에 대한 전형적인 이야기를 생각나게 한다. 그는 자신의 열쇠를 어두운 길가 어딘가에서 잃어버렸다는 것을 알지만 가로등 밑에서 그것들을 찾는데, 왜냐하면 그곳이 빛이 있는 곳이기 때문이다. 확실성에 대한 우리의 열망은 가로등 아래에서 우리의 열쇠를 찾아봄으로써 겉으로 보기에 안전한 해결책을 우리가 추구하도록 이끈다. 어둠 속으로 위험한 걸음을 내딛는 대신에 우리는 그것이 아무리 열등할 수 있을지라도 우리의 현재 상태 안에 머문다.

해설 현대 세계에서 사람들은 불확실하고 혼란스러운 상황에서도 확실성과 통제력을 추구하는 경향이 있으나, 확실성에 대해 초점을 두면서 우리는 모호성을 수용하고 미지의 것을 향해 도전하는 우리의 능력을 제한당한다는 내용이므로, 빈칸에 들어갈 말로 가장 적절한 것은 ⑤이다.

오답분석

오답선지	선택비율
① 우리 행위의 장단점을 따져 본다	12.2%
② 애매모호함을 견뎌 내는 참을성을 기른다	13.4%
③ 안정적으로 정착하기보다 모험을 즐긴다	13.1%
④ 복잡한 문제를 해결하는 통찰력을 얻는다	21.9%

④번은 Our yearning for certainty leads us to pursue seemingly safe solutions — by looking for our keys under street lamps.를 '가로등 아래에서 우리의 열쇠를 찾아냄으로써 안전한 해결책을 우리는 추구한다'라고 잘못 이해하여 선택한 거야. 열쇠를 찾아낸 것이 아니라, 단지 빛이 있는 밝은 곳에서 찾으려고 시도하여 겉보기에 안전한 (실제로는 아닐 수도 있는) 해결책을 추구한다는 것인데 그렇게 해석하지 못한 거지. 지문에 나와 있는 내용에 근거를 두고 거기에 살을 붙여 의미를 생성하는 연습을 꾸준히 해야 해!

4

정답 ③

소재 가까운 사람 사이의 생각과 행동의 전파

직독직해

In the late twentieth century, / researchers sought
(20세기 후반에 /   연구자들은 측정하고자 했다 /)
to measure / [how fast and how far news, rumours or
(/   얼마나 빨리 그리고 얼마나 멀리 뉴스, 소문, 또는 혁신이 이동하는지)
innovations moved]. // More recent research has shown /
(를 //   더 최근의 연구는 보여 주었다 /)
[that ideas — even emotional states and conditions —
(생각, 즉 감정 상태와 상황까지도 전파될 수 있다는 것을 /)
can be transmitted / {through a social network}]. // The
(/   사회 관계망을 통해서 //   이런)
evidence of this kind of contagion is clear: / 'Students
(종류의 전염에 대한 증거는 분명하다 /   학구적인 룸메)
with studious roommates become more studious. // Diners
(이트와 함께하는 학생들은 더욱 학구적이 된다 //   폭식하는)
[sitting next to heavy eaters] eat more food.' // However,
(사람 옆에 앉아 식사하는 사람은 더 많은 음식을 먹는다 //   하지만,)
according to Christakis and Fowler, / we cannot transmit /
(Christakis와 Fowler에 따르면 /   우리는 전파할 수 없다 /)
ideas and behaviours / much [beyond our friends' friends'
(생각과 행동을 /   우리의 친구의 친구를 훨씬 넘어서서 /)
friends] / (in other words, [across just three degrees
(다시 말해, 고작 세 단계의 떨어짐을 건너서는 //)
of separation]). // This is because the transmission and
(이것은 생각이나 행동의 전파와 수용이 더 강한 어떤 연결을)
reception [of an idea or behaviour] requires a stronger
(요구하기 때문이다 /)

connection / than the relaying of a letter or communication /
(/   편지나 정보를 전달하는 것보다 /)
[that a certain employment opportunity exists]. // [Merely
(어떤 고용 기회가 있다는 //   단지 사람을)
knowing people] is not the same as / [being able to
(아는 것은 같지는 않다 /   그들에게 영향을 미칠)
influence them / {to study more or over-eat}]. // Imitation
(수 있는 것과 /   더 공부하거나 과식하도록 //   모방은 실로)
is indeed the sincerest form of flattery, / [even when it is
(가장 순수한 형태의 아첨이다 /   그것이 무의식적일 때조)
unconscious]. //
(차도 //)

전문 해석 20세기 후반 연구자들은 얼마나 빨리 그리고 얼마나 멀리 뉴스, 소문, 또는 혁신이 이동하는지를 측정하고자 했다. 더 최근의 연구는 생각 즉 감정 상태와 상황까지도 사회 관계망을 통해 전파될 수 있다는 것을 보여 주어 왔다. 이러한 종류의 전염의 증거는 분명한데, 즉 '학구적인 룸메이트와 함께하는 학생들은 더욱 학구적이 되며, 폭식하는 사람 옆에 앉아 식사하는 사람은 더 많은 음식을 먹는다.' 그러나 Christakis와 Fowler에 따르면 우리는 우리의 친구의 친구의 친구를 훨씬 넘어서서, 다시 말해 고작 세 단계의 떨어짐을 건너서는 생각과 행동을 전파할 수 없다. 이것은 생각이나 행동의 전파와 수용이 편지나 어떤 고용 기회가 있다는 정보를 전달하는 것보다 더 강한 연결을 요구하기 때문이다. 단지 사람을 아는 것은 그들이 더 공부하거나 과식하도록 영향을 미칠 수 있는 것과는 같지 않다. 모방은 그것이 무의식적일 때조차도 실로 가장 순수한 형태의 아첨이다.

해설 주어진 문장은 우리의 생각과 행동은 세 단계만 넘어가도 전파될 수 없다는 내용으로 앞 문장에서 언급된 생각이나 행동이 쉽게 전파된다는 것을 보여 주는 예시와 상반되는 정보를 제공한다. 이에 이 문장 바로 앞에는 생각이나 행동이 전파되는 예시를 명확하게 보여 주는 문장이 있어야 하고, 바로 뒤에는 이러한 전파가 잘 안 되는 것에 대한 설명을 추가적으로 제시하는 내용의 문장이 이어져야 한다. 따라서 주어진 문장이 들어가기에 가장 적절한 곳은 ③이다.

오답분석

오답선지	①	②	④	⑤
선택비율	4.0%	14.5%	26.8%	5.2%

④번은 This is because the transmission and reception of an idea or behaviour requires a stronger connection than ~을 생각이나 행동의 전파나 수용이 강한 연결이 필요하다는 중립적인 진술로 이해한 후, 주어진 문장을 그 뒤에 넣어서 연결이 강하지 못하여 생각이나 행동이 전달되지 않는다는 식으로 글을 잘못 이해한 거야. This is because와 비교급 stronger의 의미, 그리고 주어진 문장의 however 등 단서가 되는 표현을 더 면밀하게 파악하여 순서를 정해야 해.

5

정답 ①

소재 외부 요인에 의해 발생하는 기억의 왜곡

직독직해

In 2011, Micah Edelson and his colleagues conducted an
(2011년에 Micah Edelson과 그의 동료들이 흥미로운 실험을 했다 /)

interesting experiment / [about external factors of memory
기억 조작의 외부 요인에 관한 //
→ 전치사구

manipulation]. // In their experiment, / participants were
그들의 실험에서 / 참가자들은 2분짜리 다큐멘터리
→ 수동태

[shown a two minute documentary film] / and then [asked
영상을 보았다 / 그러고 나서 (참가자들은)
— 대등한 연결 —

a series of questions about the video]. // [Directly after
그 영상에 대한 일련의 질문을 받았다 // 그 영상을 본 직후
→ 전치사구

viewing the videos], / participants made few errors / in
참가자들은 거의 오류가 없었다 /

their responses / and were correctly able to recall the
그들의 응답에서 / 그리고 정확하게 세부 사항들을 기억해 낼 수 있었다 //

details. // Four days later, they could still remember the
4일 후에, 그들은 여전히 세부 사항들을 기억할 수 있었다 /
→ allow+목+목·보(to부정사구)   → 수동태

details / and didn't allow their memories to be swayed]
그리고 자신의 기억이 흔들리게 두지 않았다 /
→ 부사절(시간)   → 수동태

[when they were presented / with any false information
그들이 제시받았을 때도 / 영상에 관한 어떤 잘못된 정보를 //
→ 부사절(시간)

about the film]. // This changed, however, / [when
하지만 이것이 바뀌었다 / 참가자들
→ 수동태

participants were shown / fake responses about the film
에게 보여 주었을 때 / 영상에 대한 거짓 응답을 /
→ 분사구   → ~하자마자

{made by other participants}]. // Upon seeing the incorrect
다른 참가자들에 의해 만들어진 // 다른 사람들의 올바르지 않은 응답을 보
→ 수동태

answers of others, / participants were also drawn toward
자마자 / 참가자들 자신 또한 잘못된 응답 쪽으로 이끌려 갔다 //
→ 부사절(시간)

the wrong answers themselves. // [Even after they found
심지어 그들은 알아낸 뒤에도 /
→ 명사절(found out의 목적어)

out / {that the other answers had been fabricated / and
다른 응답들은 조작되었다는 것을 / 그리고
→ nothing   → have ~ to do with: ~과 관계가 있다

didn't have anything to do with the documentary}], /
그 다큐멘터리와 아무 상관이 없다는 것을 /
→ 더 이상 ~ 없다

it was too late. // The participants were no longer able to
너무 늦어 버렸다 // 참가자들은 더 이상 구분할 수 없었다 /
→ The participants

distinguish / between truth and fiction. // They had already
진실과 허구를 // 그들은 이미 자신의 기억을
→ to부정사구(~하도록)

modified their memories / [to fit the group]. //
수정했다 / 집단에 맞게끔 //

전문 해석 2011년에 Micah Edelson과 그의 동료들은 기억 조작의 외부 요인에 관한 흥미로운 실험을 했다. 그들의 실험에서 참가자들이 2분짜리 다큐멘터리 영상을 보고 나서 그 영상에 대한 일련의 질문을 받았다. 그 영상을 본 직후 참가자들은 응답에서 거의 실수하지 않았고 정확하게 세부 사항들을 기억해 낼 수 있었다. 4일 후에, 그들은 여전히 세부 사항들을 기억할 수 있었고 그들이 영상에 관한 어떤 잘못된 정보가 제시되었을 때도 자신의 기억이 흔들리게 두지 않았다. 그러나 참가자들이 그 영상에 관한 다른 참가자들이 한 거짓 응답을 봤을 때 이것이 바뀌었다. 다른 사람들의 올바르지 않은 응답을 보자마자 참가자들 자신 또한 잘못된 응답 쪽으로 이끌려 갔다. 심지어 그들이 다른 응답들은 조작되었으며 그 다큐멘터리와 아무 상관이 없다는 것을 알아낸 뒤에도, 이는 너무 늦어 버린 후였다. 참가자들은 더 이상 진실과 허구를 구분할 수 없었다. 그들은 이미 자신의 기억을 집단에 맞게끔 수정했다.

→ 실험에 따르면 참가자들이 거짓된 정보 자체를 받았을 때 그들의 기억은 안정된 상태로 남아 있었으나 그들이 다른 참가자들의 거짓 응답에 노출되었을

때 그들의 기억이 왜곡되었다.

해설 다른 사람이 제시한 허위 정보와 같은 외부 요인이 사람들의 기억에 영향을 미치거나 기억을 조작할 수 있고, 이에 따라 사람들은 집단의 반응에 맞춰 자신의 기억을 수정하기까지 한다는 내용의 글이다. 따라서 빈칸 (A), (B)에 들어갈 말로 가장 적절한 것은 ① '안정적인 – 왜곡된'이다.

오답분석

오답선지	선택비율
② 약한 – 수정된	22.3%
③ 안정적인 – 강화된	13.5%
④ 약한 – 굳어진	10.4%
⑤ 구체적인 – 유지된	4.3%

②번은 지문의 초반부에 있는 they could still remember the details ~ when they were presented with any false information about the film 을 요약문에 적절하게 반영하지 못하고, 영상에 대해 잘못 제시되는 정보에 휘둘리는 모습으로 오해한 거지. 지문만큼이나 요약문을 정확하게 이해하는 것도 요약 문제를 풀 때는 중요해.

6

정답 ③

소재 인간과는 구조가 다른 곤충의 몸

직독직해

→ 전치사구
One of the keys [to insects' successful survival in the open
야외에서 곤충의 성공적인 생존에 중요한 열쇠 중의 하나는 /
→ ~에 있다

air] / lies in their outer covering / — a hard waxy layer /
그들의 외피에 있다 / 즉, 단단한 밀랍 같은 층(이다) /
→ 관계절   → prevent+목+from+-ing: ~이 …하는 것을 막다

[that helps prevent their tiny bodies from dehydrating]. //
그들의 작은 몸이 탈수되는 것을 막도록 돕는 //
→ to부정사구(~하기 위해)   → insects

[To take oxygen from the air], / they use narrow breathing
공기로부터 산소를 흡수하기 위해 / 그들은 좁은 호흡구를 사용한다 /
→ 전치사구   → 관계절(narrow breathing holes 부연 설명)

holes / [in the body-segments], / [which take in air passively /
몸의 마디 안에 / 산소를 수동적으로 흡입한다 /

and can be opened and closed as needed]. // Instead of
그리고 필요에 따라 열리고 닫힐 수 있다 // 혈관에 담긴 피
→ 분사구   → insects

blood [contained in vessels], / they have free-flowing
대신 / 그들은 자유롭게 흐르는 헐림프를 갖고
→ 관계절(hemolymph를 부연 설명)   → 대등한 연결

hemolymph, / [which {helps keep their bodies rigid}, /
있다 / (이는) 그들의 몸이 단단하게 유지되도록 돕고

{aids movement}, / and {assists the transportation of
움직임을 거들고 / 그리고 영양분과 노폐물이 이동하는 것을 도와준다 /
→ 전치사구

nutrients and waste materials / ⟨to the appropriate parts
적절한 몸의 부위로 //

of the body⟩}]. // The nervous system is modular / — in a
신경 체계는 모듈식이다 / 즉, 어

sense, / each of the body segments has / its own individual
떤 의미에서는 / 각각의 몸 마디가 갖고 있다 / 그 자체의 개별적이고 자율

and autonomous brain / — and some other body systems
적인 뇌를 / 그리고 몇몇 다른 몸의 체계가 유사한 모듈화를

show a similar modularization. // These are just a few of
보여 준다 // 이것들은 많은 방식 중 몇 가지일 뿐

the many ways / [in which insect bodies are structured /
이다 /　　　　　관계절　　　　　곤충의 몸이 구조화되어 있고 /　수동태

and function completely differently from our own]. //
　　　　　　　　　　　　　　　　　　our own bodies
그리고 우리의 것과는 완전히 다르게 기능하는 //

전문 해석 야외에서 곤충의 성공적인 생존의 열쇠 중 하나는 그들의 작은 몸이 탈수되는 것을 막도록 돕는 단단한 밀랍 같은 층인 외피에 있다. 그들은 공기로부터 산소를 흡수하기 위해 몸의 마디에 있는 좁은 호흡구들을 사용하는데, 이들은 공기를 수동적으로 흡입하고 필요에 따라 열리고 닫힐 수 있다. 혈관 내 담긴 피 대신 그들은 자유롭게 흐르는 혈림프를 갖고 있는데, 이는 그들의 몸이 단단하게 유지되도록 돕고 움직임을 거들고 영양분과 노폐물이 적절한 몸의 부위로 이동하는 것을 도와준다. 신경 체계는 모듈식으로 되어 있는데, 어떤 의미에서는 각각의 몸 마디가 그 자체의 개별적이고 자율적인 뇌를 갖고 있으며, 몇몇 다른 몸의 체계가 유사한 모듈화를 보여 준다. 이것들은 곤충의 몸이 우리의 것과는 완전히 다르게 구조화되어 있고 기능하는 많은 방식 중 몇 가지일 뿐이다.

해설 ③ blood를 수식하는 과거분사구를 이끌고 있으므로 contained로 고쳐야 한다.
① 문장의 주어가 One of the keys to insects' successful survival이고 수를 일치시켜야 하는 술어 동사이므로 lies는 어법상 적절하다.
② 동사 take를 수식해야 하므로 passively는 어법상 적절하다.
④ 의미상 each of the body segments를 가리키므로 단수형 its는 어법상 적절하다.
⑤ just a few of the many ways를 수식하며, 뒤에 완전한 절이 이어지고 있으므로 in which는 어법상 적절하다.

오답분석

오답선지	① lies	② passively	④ its	⑤ in which
선택비율	6.0%	15.3%	16.7%	19.2%

⑤번은 in a few ways에서 관계사 which가 a few ways의 의미를 가지고 쓰이면서 in which가 되었고, 전치사에 이어진 관계사 뒤의 절 구조에서 빠진 부분이 없으므로 어법상 적절한 것이야. 관계절 구조는 시험에 자주 출제되는 어법이니만큼 완전한 구조인지 불완전한 구조인지 구별하는 연습을 충실히 해 두어야 해.

Daily Review

Vocabulary Check-up

1 (1) segment　(2) manipulation　(3) authority
2 (1) transmit　(2) ambiguity

1 (1) segment / 특히 미국에서는, 이러한 편성 마디에서 대부분의 광고가 식품, 특히 설탕이 첨가된 식품을 위한 광고로 구성되어 있다.

(2) manipulation / 근육의 공동 작용에 의한 뻗치기는 사물의 탐구에 대한 온전히 새로운 길을 열어 주며 아기들이 돌아다닐 수 있을 때 독립적인 탐구와 조작을 위한 기회는 크게 증가된다.

(3) authority / 전문직의 전문 지식과 특권적 지위는 그들이 봉사하는 사람들을 희생시키고서 그들 자신의 이익을 향상하기 위해 쉽게 이용될 수 있는 권위와 권한을 준다는 것이 오랫동안 인식되어 왔다.

2 (1) transmit / 지역의 전기 통신 회사들이 신호를 풍선으로 전송하고, 그런 다음 각 풍선들이 그 신호들을 직경이 수 마일인 지상(에 있는 지역)으로 중계할 것이다.

(2) ambiguity / 특정한 사실적 정보를 어떠한 왜곡이나 모호함이 없이 전달하는 체계로써, 꿀벌의 신호 체계는 아마 인간의 언어를 언제나 쉽게 이길 것이다.

Grammar Check-up

1 (1) ① them ② which　(2) ① where ② however
2 ② → it

1 (1) ① them: laws를 지칭하는 대명사 them이 어법상 적절하다.
② which: 절을 연결하는 접속사와 주어 자리에 위치하는 대명사의 역할을 동시에 해야 하므로 which가 어법상 적절하다.

(2) ① where: 생략된 선행사가 the place이므로 관계사 where가 어법상 적절하다.
② however: 관계사 뒤에 주어 it과 be동사의 보어 inferior가 있지만 inferior를 수식하는 부사가 없으므로 관계부사 however가 어법상 적절하다.

2 ② 동사 made와 보어 possible 사이에 내용상의 목적어 to develop에 대해서 형식상의 목적어가 위치해야 하므로 it으로 고쳐야 한다.

1

정답 ①

소재 폐기했던 아이디어를 되살리는 창작 과정

직독직해

→ 명사절(knew의 목적어)　　　　→ 가는 도중에　전치사구
If creators knew / [when they were on their way / {to
만약 창작자들이 알고 있다면 / 그들이 언제 가는 도중인지를 / 　걸
→ 가정법 과거: If 주어+동사의 과거형 ~, 주어+would+동사원형 …
fashioning a masterpiece}], / their work would progress only
작을 완성하는 것으로 / 　　그들의 작품은 오직 앞으로 나아갈 것이다 /

forward: / they would halt their idea-generation efforts /
앞으로 / 　그들은 자신들의 아이디어 생성 노력을 멈출 것이다 /
→ 부사절(시간)
[as they struck gold]. // But in fact, / they backtrack, /
그들이 금광을 발견했을 때 // 그렇지만 사실은 / 그들은 되돌아간다 /
→ 분사구문　　　　　　　　　→ 관계절
[returning to versions / {that they had earlier discarded /
버전으로 돌아가서 / 그들이 초기에 폐기했던 /
　　　　　　　　　　　　→ 동격
as inadequate}]. // In Beethoven's most celebrated work, /
불충분한 것으로 // 베토벤의 가장 유명한 작품인 /
　　　　　　　　　　　　　　→ 전치사구
the Fifth Symphony, / he scrapped the conclusion [of
제5번 교향곡에서 / 그는 제1악장의 결말 부분을 폐기했다 /
　　　　　　　→ 부사절(이유)　to부정사구(결국 ~하다)
the first movement] / [because it felt too short], / [only
왜냐하면 그것이 너무 짧게 느껴졌기에 / 　　　(결국)
→ 가정법 과거완료(If 생략): Had+주어+p.p. ~,
to come back to it later]. // Had Beethoven been able to
나중에야 그것으로 복귀했다 // 만약 베토벤이 구분할 수 있었다면 /
주어+would+have p.p. …
distinguish / an extraordinary from an ordinary work, / he
비범한 작품과 평범한 작품을 / 　　　　그는
　　　　　　　　　　　　　　→ ~로서
would have accepted his composition immediately / as a
자신의 작곡을 성공으로 바로 받아들였을 것이다 / 　성공으
→ 부사절(시간)　　　　　　　　　　전치사구
hit. // [When Picasso was painting his famous *Guernica* {in
로 // 피카소가 파시즘에 저항하여 자신의 유명한 'Guernica'를 그릴 때 /
protest of fascism}], / he produced 79 different drawings. //
로 // 그는 79점의 다른 스케치들을 그렸다 //
　　　　　　　　　　　→ ~에 근거하다
Many of the images in the painting were based on his
이 그림의 많은 이미지는 초기 스케치에 근거하였다 /
early sketches, / not the later variations. // If Picasso could
이후의 변형물이 아니라 / 만약 피카소가 자신의 작
→ 부사절(시간)
judge his creations / [as he produced them], / he would [get
품을 판단할 수 있었다면 / 그가 작품을 만들면서 / 그는 일관되게 '더 뜨
get의 보어　　　→ 대등한 연결
consistently "warmer"] / and [use the later drawings]. //
겁게' 될 것이고 / 그리고 나중에 그린 스케치를 사용했을 것이다 //
형식상의 주어　　　　→ 내용상의 주어
But in reality, / it was just as common / [that he got
하지만 실제로는 / 아주 흔한 일이었다 / 그가 '더 차갑게' 된
→ got의 보어
"colder."] //
것은 //

전문 해석 만약 창작자들이 그들이 언제 걸작을 만들어 가고 있는지를 안다면, 그들의 작품은 오직 앞으로만 나아갈 것이다. 그들은 금광을 발견했을 때 아이디어를 생성하는 노력을 멈출 것이다. 그러나 사실 그들은 역추적하여 이전에 그들이 불충분하다고 폐기했던 버전으로 되돌아간다. 베토벤의 가장 유명한 작품인 제5번 교향곡에서 그는 제1악장의 결말 부분이 너무 짧다고 느껴져

폐기했고, (결국) 나중에야 그것으로 복귀했다. 베토벤이 비범한 작품과 평범한 작품을 구분할 수 있었다면, 그는 자기의 작곡을 성공으로 바로 받아들였을 것이다. 피카소가 파시즘에 저항하여 자신의 유명한 'Guernica'를 그릴 때, 그는 79점의 다른 스케치들을 그렸다. 이 그림의 많은 이미지는 이후의 변형물이 아니라, 그의 초기 스케치에 바탕을 두었다. 만약 피카소가 작품을 만들면서 그의 작품을 판단할 수 있었다면, 그는 일관되게 '더 뜨겁게(원하는 결과에 더 근접하게)' 되고 나중에 그린 스케치를 사용했을 것이다. 하지만 실제로는 그가 '더 차갑게(원하는 결과에서 더 멀어지게)' 된 것은 아주 흔한 일이었다.

해설 창작자들에게 이전에 폐기했던 작품들로 되돌아가거나 이전의 버전들을 다시 사용하는 것은 빈번하게 일어나는 일이며 창작자들이 작품을 계속 만들거나 스케치할수록 원하는 결과와는 전혀 다른 방향으로 진행되고 있다는 내용이므로, 밑줄 친 부분이 글에서 의미하는 바로 가장 적절한 것은 ① '원하는 결과에서 더 멀어지게'이다.

오답분석

오답선지	선택비율
② 여론의 비판으로 그의 명성을 잃어버리게	10.0%
③ 새로운 예술의 유행을 따르려 하지 않게	25.4%
④ 덜 열정적으로 다른 사람의 예술 작품을 감상하게	11.1%
⑤ 자신만의 스타일을 만들기보다는 거장을 모방하게	22.2%

③번은 글 내용을 전체적으로 잘못 이해한 거야. Many of the images in the painting were based on his early sketches, not the later variations.를 '그의 작품 대다수는 최신의 변화보다는 자신의 초기 스케치에 기반하였다'라고 이해한 거지. 문장의 함축 의미를 선택지에서 정확히 찾아내기 위해서는 제시문 내의 다른 부분에서도 단서를 확인할 수 있어야 해.

2

정답 ②

소재 동종 산업의 회사들이 지리적으로 모이는 이유

직독직해

→ 전치사구　　　　　　　　　　　　→ 수동태
Firms [in almost every industry] / tend to be clustered. //
거의 모든 산업의 회사들은 / 　　　밀집되는 경향이 있다 //
→ (예를 들어) 가정하다　　　　　　　→ 전치사구
Suppose you threw darts / at random [on a map of the
당신이 다트를 던진다고 가정해 보라 / 미국 지도에 무작위로 //
find+목+목·보(to부정사구): ~이 …함을 알다　→ 분사구
United States]. // You'd find the holes [left by the darts] /
당신은 다트에 의해 남겨진 구멍들을 볼 것이다 /
→ 다소　　　　　　　　→ 전치사구
to be more or less evenly distributed / [across the map]. //
다소 고르게 분포된 것을 / 　지도 전체에 //
　　　　　　　　→ 특정
But the real map of any given industry / looks nothing
하지만 어떤 특정 산업의 실제 지도는 / 전혀 그렇게 보이지 않
→ 처럼　　　　　　　→ as if 가정법 과거완료: as if+주어+had p.p.
like that; / it looks more / as if someone had thrown all
는다 / 오히려 그것은 더 보인다 / 마치 어떤 사람이 모든 다트를 같은 지역에 던
　　　　　　　→ 전치사구　　　　　　부분적으로는
the darts [in the same place]. // This is probably in part
진 것처럼 // 이것은 아마 부분적으로는 평판 때문일
because of reputation; / buyers may be suspicious / of a
텐데 / 즉, 구매자가 수상쩍게 여길 것이다 / 옥수수
→ 전치사구　　　　　　　　　→ 형식상의 주어
software firm [in the middle of the cornfields]. // It would
밭 한가운데 있는 소프트웨어 회사에 대해서 // 또한 어려울
과거: 주어+would+동원　→ 내용상의 주어　　　→ 부사절(시간)
also be hard / [to recruit workers] / if [every time you
것이다 / 직원을 채용하는 것은 / 만약 당신이 새로운 직원을 필

needed a new employee] / you had to persuade someone

> 가정법 과거: if+주어+동사의 과거형

요로 할 때마다 / 당신이 누군가에게 나라를 가로질러 이주하도록

persuade+목+목·보(to부정사구): ~이 …하도록 설득하다 ← someone ←

to move across the country, / rather than just poach one

설득해야 한다면 / 근처에서 인력을 빼내기보다는 //

from your neighbor. // There are also regulatory reasons: /

또한 규제상의 이유가 있다 /

> 토지 사용 제한법 ┌ concentrate의 목적어①

zoning laws often try to concentrate [dirty industries]

토지 사용 제한법은 종종 공해 유발 산업들을 집중시키려 한다(는 것이다) /

┌ concentrate의 목적어②

in one place] / and [restaurants and bars / in another]. //

한 지역에 / 그리고 식당들과 술집들은 / 다른 지역에 //

Finally, people [in the same industry] often have similar

마지막으로, 같은 산업에 종사하는 사람들은 종종 유사한 선호가 있다 /

┌ 전치사구

preferences / (computer engineers like coffee, / financiers

컴퓨터 엔지니어들은 커피를 좋아하고 / 금융업 종사자

┌ 전치사구

show off [with expensive bottles of wine]). // Concentration

들은 비싼 와인을 가지고 자랑한다 // 집중이 그들이 좋아하

형식상의 목적어 ┌ 목·보 ┌ 내용상의 목적어 ┌ 관계절

makes it easier [to provide the amenities {they like}]. //

는 생활 편의 시설을 제공하는 것을 더 쉽게 해 준다 //

전문 해석 거의 모든 산업의 회사들은 밀집되는 경향이 있다. 당신이 미국 지도에 무작위로 다트를 던진다고 가정해 보라. 당신은 다트에 의해 남겨진 구멍들이 지도 전체에 다소 고르게 분포된 것을 보게 될 것이다. 하지만 어떤 특정 산업의 실제 지도는 전혀 그렇게 보이지 않는다. 그것은 마치 어떤 사람이 모든 다트를 같은 지역에 던진 것처럼 보인다. 이것은 아마 부분적으로는 평판 때문일 것이다. 구매자들은 옥수수밭 한가운데 있는 소프트웨어 회사를 수상쩍게 여길 것이다. 당신이 새로운 직원을 필요로 할 때마다 근처에서 인력을 빼내기보다는 오히려, 누군가에게 나라를 가로질러 이주하도록 설득해야 한다면 직원을 채용하는 것이 또한 어려울 것이다. 또한 규제상의 이유도 있다. 토지 사용 제한법은 종종 공해 유발 산업들을 한 지역에, 식당들과 술집들을 다른 지역에 집중시키려 노력한다. 마지막으로, 같은 산업에 종사하는 사람들은 종종 유사한 선호도가 있다(컴퓨터 엔지니어들은 커피를 좋아하고 금융업 종사자들은 비싼 와인을 가지고 자랑한다). 집중이 그들이 좋아하는 생활 편의 시설을 제공하는 것을 더 쉽게 해 준다.

해설 한 산업의 회사들이 특정 지역에 집중되어 있는데 이렇게 회사가 한곳으로 모여드는 이유는 평판, 규제, 인력 영입 등에서 유리한 점이 있기 때문이며, 특히 동종의 산업에 근무하는 직원끼리 공유하는 생활상의 선호도가 큰 영향을 미친다는 내용이므로, 빈칸에 들어갈 말로 가장 적절한 것은 ②이다.

오답분석

오답선지	① 자동화	③ 교통	④ 세계화	⑤ 자유화
선택비율	17.7%	17.1%	15.5%	9.6%

①번은 전체 문맥에 대한 고려 없이 빈칸이 포함된 문장과 그 바로 앞 문장만 놓고 선택한 거야. 직원들에게 편의 시설을 쉽게 제공하는 방식으로 자동화가 회사의 집중보다는 더 자연스럽게 보인 거지. 하지만 빈칸 문제는 글 전체의 맥락을 고려하여 빈칸에 들어갈 표현을 고르는 문제라는 거 알지?

3

정답 ③

소재 상관없는 사람에게 표출되기 쉬운 분노

직독직해

┌ 부사절(시간) ┌ 수동태

[When we are emotionally charged], / we often use

우리가 감정적으로 격앙되었을 때 / 우리는 자주 분노를

┌ to부정사구(~하기 위해)

anger / [to hide our more primary and deeper emotions], /

사용한다 / 우리의 더 원초적이고 더 깊은 감정을 숨기기 위해

관계절(앞 절의 내용 부연 설명) ← to부정사의 의미상의 주어

such as sadness and fear, / [which doesn't allow for true

슬픔과 공포 같은 / (이는) 진정한 해결책이 생기는 것을 허용하지

┌ to부정사 ┌ 동명사구(주어)

resolution {to occur}]. // [Separating yourself / from an

않는다 // 자신을 분리하는 것은 / 감정적으로

┌ 관계절

emotionally upsetting situation] / gives you the space [you

화가 나는 상황으로부터 / 당신이 필요한 공간을 당신에게 제공한

need / to better understand {what you are truly feeling} /

다 / 당신이 진정으로 느끼고 있는 것을 더 잘 이해하는 데 /

┌ so (that) ~ can: ~할 수 있도록 ┌ the thing which ┌ 전치사구

so you can more clearly articulate your emotions / {in a

당신이 더 명확하게 당신의 감정을 표현할 수 있도록 / 논리적

logical and less emotional way}]. // A time-out also helps

이며 덜 감정적인 방법으로 // 타임아웃은 또한 무고한 구경꾼을

┌ 구하다, 당하지 않게 하다

spare innocent bystanders. // When confronted with

구하는 데 도움이 된다 // 상황에 직면했을 때

┌ 관계절 ┌ allow+목+목·보(to부정사구): ~이 …하도록 하다 ┐

situations / [that don't allow us to deal with our emotions] /

우리가 자신의 감정을 대처하도록 허용하지 않는 /

── 대등한 연결 ← our emotions

or [that cause us to suppress them], / we may transfer those

혹은 우리가 자신의 감정을 억누르게 하는 / 우리는 그 감정을 전이할 수도 있다 /

feelings / to other people or situations at a later point. //

나중에 다른 사람들이나 상황에 //

For instance, / if you had a bad day at work, / you may

예를 들어 / 만약 당신이 직장에서 기분 나쁜 하루를 보냈다면 / 당신은 사무실

┌ 명사절(find의 목적어)

suppress your feelings at the office, / [only to find {that

에서 당신의 감정을 억누를 수 있다 / 결국 당신은 그것들을 표출

┌ ~(함)으로써 ┌ to부정사구(결국 ~하게 되다)

you release them / by getting into a fight with your kids

하는 것을 발견하게 된다 / 당신의 아이들이나 배우자와 다툼으로써

┌ 부사절(시간)

or spouse / ⟨when you get home later that evening⟩}]. //

또는 배우자 / 그 후 저녁에 당신이 집에 도착했을 때 //

Clearly, your anger didn't originate at home, / but you

분명히, 당신의 분노는 집에서 비롯된 것이 아니다 / 그러나 당신

your anger ← ┌ at home ┌ 부사절(시간)

released it there. // [When you take the appropriate time /

은 그것을 그곳에서 표출했다 / 당신이 적절한 시간을 가질 때

┌ to부정사구

{to digest and analyze your feelings}], / you can mitigate

당신의 감정을 소화하고 분석하기 위해 / 당신은 다른 사람들에게 상

┌ mitigate의 목적어 ┌ 관계절 ┌ ~과 관련이 없다

[[hurting] or {upsetting} other people / {who have nothing

처 주거나 화나게 하는 것을 완화할 수 있다 / 그 상황과 무관한 //

── 대등한 연결

to do with the situation}]. //

전문 해석 우리가 감정적으로 격앙되어 있을 때, 우리는 자주 슬픔과 공포와 같은 우리의 더 원초적이고 더 깊은 감정을 숨기기 위해 분노를 사용하는데, 그 것은 진정한 해결책이 생기는 것을 허용하지 않는다. 감정적으로 화가 나는 상황으로부터 자신을 분리하는 것은 당신이 진정으로 느끼고 있는 것을 더 잘 이해하는 데 필요한 공간을 제공하기에 당신은 논리적이고 덜 감정적인 방법으

로 감정을 더 명확하게 표현할 수 있다. 타임아웃은 <u>또한 무고한 구경꾼들을 구하는 데</u> 도움이 된다. 우리가 우리의 감정에 대처하도록 허용되지 않는 상황 혹은 그 감정을 억누르게 하는 상황에 직면했을 때, 우리는 그러한 감정을 나중에 다른 사람들이나 상황에 전이할 수도 있다. 예를 들어, 만약 당신이 직장에서 기분이 나쁜 하루를 보냈다면, 당신은 사무실에서 당신의 감정을 억누를 수 있지만, 결과적으로 그 후 저녁에 당신이 집에 도착했을 때 당신의 아이들이나 배우자와 다툼으로써 그것들을 표출하는 것을 발견하게 된다. 분명히, 당신의 분노는 집에서 비롯된 것이 아니었지만, 거기서 그것을 표출했다. 당신의 감정을 소화하고 분석하는 데 적절한 시간을 가질 때, 당신은 그 상황과 무관한 다른 사람들에게 상처 주거나 화나게 하는 것을 완화할 수 있다.

해설 우리가 정서적으로 흥분된 상황에서는 분노를 사용하여 슬픔과 두려움을 감추는 경향이 있으며, 이것이 진정한 해결책이 아니라 오히려 아무 상관이 없는 다른 사람들에게 상처 주거나 화나게 하는 일이 될 수 있어서 감정적으로 흥분된 상태에서는 잠시 감정을 명확하게 표현할 수 있는 시간을 마련하여야 한다는 내용이므로, 빈칸에 들어갈 말로 가장 적절한 것은 ③이다.

오답분석

오답선지	선택비율
① 호기심을 억누르는 데	7.4%
② 여러분의 진짜 감정을 감추는 데	35.3%
④ 감정적인 행동을 불러일으키는 데	28.0%
⑤ 건강하지 못한 관계를 맺는 데	5.3%

②번은 you need to better understand what you are truly feeling에서 진짜 감정을 핵심 키워드로 인지한 후, 글에서 이해를 돕기 위한 소재로 사용한 예시에서 가족들에게 감정을 터뜨리는 행위에 대해 비판적인 어조를 감지하여 선택한 거야. 글을 흐름대로 읽어 내지 못하고 배경지식을 주로 활용하여 이해하기 쉬운 부분만 골라 읽으면 지금처럼 오답의 함정에 빠지기 쉬울 수밖에 없으니 조심해.

4

정답 ③

소재 우연성에 기반하여 연주하는 아프리카 부족 음악

직독직해

In the West, / an individual composer writes the music /
서양에서 / 개인 작곡가는 작곡한다 /
└─부사절(시간)
[long before it is performed]. // The patterns and melodies
그 곡이 연주되기 오래전에 // 우리가 듣는 패턴들과 멜로디들은 /
┌─관계절
[we hear] / are pre-planned and intended. // Some African
사전에 계획되고 의도된다 // 일부 아프리카 부족의
└─전치사구
tribal music, / however, / results from collaboration / [by
음악은 / 그런데 / 협연 결과로 생겨난다 / 연주
└─전치사구
the players] / [on the spur of the moment]. // The patterns
자들에 의한 / 즉석에서 // 들리는 패턴은 /
└─분사구 └─부사절(~이든지, …이든지) ┌─관계절
[heard, / {whether they are the silences / ⟨when all players
그것들이 휴지이든 / 모든 연주자가 어느 한 박
┌─관계절
rest on a beat⟩ / or the accented beats / ⟨when all play
자에서 쉬는 / 혹은 강박이든 / 모두 함께 연주하는
└─ not A but B: A가 아니라 B └─부사절(시간)
together⟩}], / are not planned but serendipitous. // [When
계획된 것이 아니라 우연히 얻은 것이다 // 전반적인

└─전치사구
an overall silence appears {on beats 4 and 13}], / it is not
휴지가 4박자와 13박자에 나타날 때 / 그것은 각각
└─전치사구
because each musician is thinking, / "[On beats 4 and 13], /
의 음악가가 생각하고 있기 때문이 아니다 / 4박자와 13박자에
└─부사절(시간)
I will rest." // Rather, / it occurs randomly / [as the patterns
나는 쉴 거야 // 오히려 / 그 일은 무작위로 일어난다 / 모든 연주자들의 패턴
└─전치사구
of all the players converge / {upon a simultaneous rest}]. //
이 한군데 모일 때 / 동시에 쉬는 것으로 //
└─ as ~ as …: …만큼 ~한
The musicians are probably as surprised as their listeners /
그 음악가들은 아마도 그들의 청중만큼 놀란다 /
└─to부정사구 └─전치사구
[to hear the silences {at beats 4 and 13}]. // Surely that
4박자와 13박자에 휴지를 듣고서 // 확실히 그 놀라움
┌─관계절 └─전치사구
surprise is one of the joys / [tribal musicians experience {in
은 기쁨 중 하나이다 / 부족의 음악가들이 곡을 연주하면서 경험하는 //
making their music}]. //

전문 해석 서양에서 개인 작곡가는 그 곡이 연주되기 오래전에 작곡한다. 우리가 듣는 패턴들과 멜로디들은 사전에 계획되고 의도된다. 그러나 일부 아프리카 부족의 음악은 연주자들의 협연 결과로 즉석에서 생겨난다. 모든 연주자가 어느 한 박자에서 쉴 때의 휴지(休止)이든, 모든 연주자가 함께 연주할 때의 강박(accented beats)이든 간에 들리는 패턴은 계획된 것이 아니라 우연히 얻은 것이다. 전반적인 휴지가 4박자와 13박자에 나타날 때, 그것은 각각의 음악가가 "4박자와 13박자에 나는 쉴 거야"라고 염두에 두었기 때문이 아니다. 오히려, 모든 연주자의 패턴이 동시에 쉬는 것으로 한데 모일 때 그것은 무작위로 일어난다. 그 음악가들도 아마 4박자와 13박자에 휴지를 듣고서 청중만큼 놀란다. 확실히 그 놀라움은 부족의 음악가들이 곡을 연주할 때 경험하는 기쁨 중 하나이다.

해설 주어진 문장은 각각의 음악가가 연주 중 휴지할 때를 사전에 염두에 두었기 때문에 쉬는 것이 아니라는 내용이다. 이에 이 문장 앞에는 일부 아프리카 부족의 곡을 연주하는 패턴이 미리 계획된 것이 아니라 우연히 생기는 것이라는 내용의 문장이 있어야 하고, 바로 뒤에는 모든 연주자의 연주가 동시에 한곳으로 모이는 현상은 무작위에 의한 것임을 제시하는 내용의 문장이 이어져야 한다. 따라서 주어진 문장이 들어가기에 가장 적절한 곳은 ③이다.

오답분석

오답선지	①	②	④	⑤
선택비율	4.0%	12.3%	35.4%	17.5%

④번은 주어진 문장이 그 자리에 들어가면 그 앞 문장에 위치하게 되는 Rather가 자연스럽게 연결되지 않는다는 사실을 놓치고 선택한 거야. Rather가 not planned를 받아 쓰게 되어 있는데 not planned는 이미 but serendipitous로 뜻과 기능이 다 해소된 상태이기 때문에 Rather가 중복되는(redundant) 상태가 되거든. 간접 쓰기 영역에서 글이 중복되게 전개되지 않도록 반드시 조심해야 해.

5

정답 ①

소재 취미에 들이는 시간이 직장 생활에 미치는 영향

직독직해

Some researchers at Sheffield University recruited 129
Sheffield 대학교의 몇몇 연구자들은 129명의 취미에 열정적인 사람들을 모집했다 /

hobbyists / [to look at {how the time ⟨spent on their hobbies⟩

→ 명사절(at의 목적어)   → 분사구
자신들의 취미에 쓴 시간이 자신들의 직장 생활에 어떻게 영향을 미치는지를
→ to부정사구(~하기 위해)

shaped their work life}]. // To begin with, / the team
보기 위해 //   먼저 /   연구 팀은 각

measured the seriousness of each participant's hobby, /
참가자가 가지고 있는 취미의 진지함을 측정했다 /
→ 분사구문

[asking them to rate their agreement with statements / like
참가자들에게 진술에 동의하는 정도를 평가하도록 요청하면서 /   '나는
→ ~처럼

"I regularly train for this activity]," / and also assessed /
이 (취미) 활동을 위해 정기적으로 연습한다'와 같은 /   그리고 또한 평가했다 /
→ 명사절(assessed의 목적어)

[how similar the demands of their job and hobby were]. //
그들의 일과 취미를 하는 데 필요한 것들이 얼마나 비슷한지도 //

Then, each month for seven months, / participants recorded /
그 뒤, 7개월 동안 매월 /   참가자들은 기록했다 /
→ 명사절(recorded의 목적어)

[how many hours they had dedicated to their activity], / and
그들이 자신의 취미 활동에 몇 시간을 투자했는지 /   그리고
→ 분사구

completed a scale / [measuring their belief in their ability /
평가표를 작성했다 /   자신의 능력에 대한 그들의 믿음을 측정하는 /
→ to부정사구

{to effectively do their job}, / or their "self-efficacy."] //
자기 직업을 효과적으로 수행하는 (능력) / 즉 '자기 효능감'에 대한 //
→ 명사절(found의 목적어)   → 부사절(시간)

The researchers found / [that {when participants spent
연구자들은 발견했다 /   참가자들이 보통 수준보다 길게 자신의 취미 활동
spend+시간+-ing: ~하는 데 시간을 보내다

longer than normal / doing their leisure activity}, / their
에 시간을 썼을 때 /   자신의
→ to부정사구

belief in their ability {to perform their job} / increased]. //
일을 수행하는 자신의 능력에 대한 그들의 믿음이 /   증가했다 //
→ 부사절(시간)

But this was only the case [when they had a serious hobby /
하지만 이것은 그들이 진정한 취미를 가졌을 때만 해당되었다 /
→ 관계절   → 부사절(시간)

{that was dissimilar to their job}]. // [When their hobby
그들의 직업과 유사하지 않은 /   그들의 취미가 진지하고 그들의
→ 동명사구(주어)

was both serious and similar to their job], / then [spending
직업과 유사할 때 /   그때에는 취미에 시간을
→ their hobby

more time on it] / actually decreased their self-efficacy. //
많이 보내는 것이 /   실제로 그들의 자기 효능감을 낮추었다 //

전문 해석 Sheffield 대학교의 몇몇 연구자들은 취미에 쓴 시간이 어떻게 직장 생활에 영향을 미치는지를 보기 위해 129명의 취미에 열정적인 사람들을 모집했다. 먼저 연구 팀은 '나는 이 (취미) 활동을 위해 정기적으로 연습한다'와 같은 진술에 동의하는 정도를 평가하도록 요청하며, 각 참가자가 가지고 있는 취미의 진지함을 측정하고, 또한 그들의 일과 취미를 하는 데 필요한 것들이 얼마나 비슷한지도 평가했다. 그 뒤, 7개월 동안 매월, 참가자들은 취미 활동에 몇 시간을 투자했는지를 기록하고 그들의 직업을 효과적으로 수행하는 능력에 대한 믿음 즉, '자기 효능감'을 측정하는 평가표를 작성했다. 연구자들은 참가자들이 보통 수준보다 길게 취미 활동에 시간을 썼을 때 그들의 직업 수행 능력에 대한 믿음이 증가하였다는 것을 발견했다. 하지만 이는 그들이 직업과 다른 진지한 취미를 가지고 있을 때만 그러했다. 그들의 취미가 진지하면서 직업과 유사할 때, 그때에는 취미에 시간을 많이 보내는 것은 실제로 그들의 자기 효능감을 낮추었다.
→ 연구는 취미와 직업이 충분히 다른 경우 진지한 취미에 더 많은 시간을 보내는 것이 일에 있어서의 자신감을 높여 줄 수 있다고 시사한다.

해설 취미에 소비된 시간이 직장 생활에 미치는 영향을 알아보려는 실험을 한 결과 개인의 취미에 대해 보이는 진지함과 직업과의 유사성에 따라 직장 생활에서의 자기 효능감이 다르다는 사실을 밝혀냈

다는 내용의 글이다. 특히 취미가 진지하면서 직업과 다를 때, 취미에 시간을 많이 보내는 것이 실제로 그들의 자기 효능감을 높여 주었다고 한다. 따라서 빈칸 (A), (B)에 들어갈 말로 가장 적절한 것은 ① '자신감 – 다른'이다.

오답분석

오답선지	선택비율
② 생산성 – 연결된	19.3%
③ 관계 – 균형 잡힌	10.0%
④ 창의성 – 분리된	10.6%
⑤ 헌신 – 유사한	12.9%

②번은 their belief in their ability to perform their job increased. But this was only the case when they had a serious hobby that was dissimilar to their job.에서 확인할 수 있듯이 (B)에 들어갈 낱말은 선지에 제시된 낱말과는 정반대 의미를 가진 것이어야 하고, (A)의 빈칸에 제시된 생산성에 대한 근거도 지문에서 뚜렷하게 나와 있지 않아. 아무래도 증감 관계를 파악하면서 혼동을 일으킨 것 같아.

6

정답 ②

소재 오래될수록 믿게 되는 소문

직독직해

→ to부정사   → 부사절(조건)
Spine-tingling ghost stories are fun [to tell] / [if they
전율 넘치는 유령 이야기는 들려주기에 재밌다 /   만약 그것
more fun to tell   → 부사절(조건)   → 명사절(claim의 목적어)

are really scary], / and even more so / [if you claim {that
들이 정말 무섭다면 /   그리고 훨씬 더 그렇다 /   만약 당신이 그것들이 사실
→ 전치사구

they are true}]. // People get a thrill / [from passing on
이라고 주장하면 //   사람들은 전율을 느낀다 /   그런 이야기를 전달하는 것
→ ~도 마찬가지로 적용된다   → 부사절(조건)

those stories]. // The same applies to miracle stories. // [If
으로부터도 //   이것은 기적 이야기에도 마찬가지로 적용된다 //
→ 수동태

a rumor of a miracle gets written down in a book], / the
만약 기적에 대한 소문이 어떤 책에 쓰인다면 /   그 소
→ to부정사   → 부사절(조건)

rumor becomes hard [to challenge], / especially [if the
문은 의문을 제기하기 힘들어진다 /   특히 그 책이 먼 옛날의 것이
→ 부사절(조건)

book is ancient]. // [If a rumor is old enough], / it starts to
라면 //   만약 소문이 충분히 오래된 것이라면 /   그것은 대신 '전
→ 수동태   → 보어

be called a "tradition" instead, / and then people believe
통'으로 불리기 시작한다 /   그리고 나서 사람들은 그것을 한결 더
→ 조건절(이유)

it all the more. // This is rather odd / [because you might
믿는다 //   이것은 다소 이상하다 /   당신이 생각할지도 모르기
→ 명사절(think의 목적어): that 생략   → 명사절(realize의 목적어)

think / {(that) they would realize / {that older rumors have
때문에 /   그들이 깨달을 것이라고 /   오래된 소문이 왜곡될 시간이 더
→ to부정사구   → 관계절

had more time to get distorted / than younger rumors / that
있다는 점을 /   최근의 소문보다 /   시간상
→ too to ... 너무 ~해서 ... 할 수 없다

are close in time / to the alleged events themselves}}]. //
가까운 /   (근거 없이) 주장된 사건 그 자체에 //
→ too to ... 너무 ~해서 ... 할 수 없다

Elvis Presley and Michael Jackson lived too recently / for
Elvis Presley와 Michael Jackson은 너무 최근에 살았다 /   전통
→ to부정사구 의미상의 주어

traditions to have grown up, / so not many people believe
이 생겨나기에는 /   그래서 'Elvis가 화성에서 목격되었다'와 같은
→ ~ 같은

stories like "Elvis seen on Mars." //
이야기를 믿는 사람이 많지 않다 //

전문 해석 전율 넘치는 유령 이야기는 정말 무섭다면 들려주기에 재밌고, 만약 당신이 그 이야기가 사실이라고 주장하면 훨씬 더 그렇다. 사람들은 그런 이야기를 전달하는 것으로부터 전율을 느낀다. 이것은 기적 이야기에도 동일하게 적용된다. 만약 기적에 대한 소문이 어떤 책에 쓰인다면, 특히 그 책이 먼 옛날의 것이라면, 그 소문은 믿기(→ 의문을 제기하기) 힘들어진다. 만약 소문이 충분히 오래된 것이라면, 그것은 대신 '전통'으로 불리기 시작하고, 그러고 나서 사람들은 그것을 한결 더 믿는다. 이것은 다소 이상한데, 그 이유는 그들이 (근거 없이) 주장된 사건 그 자체에 시간상 가까운 최근의 소문보다 오래된 소문이 왜곡될 시간이 더 있다는 점을 깨달을 것이라고 당신이 생각할 수 있기 때문이다. Elvis Presley와 Michael Jackson은 전통이 생겨나기에는 너무 최근에 살아서 'Elvis가 화성에서 목격되었다'와 같은 이야기를 믿는 사람이 많지 않다.

해설 기적과 관련된 이야기와 같은 소문이 책에 쓰여서 오랜 시간 동안에 걸쳐 이어져 왔다면 그것은 전통으로 자리 잡게 되고 사람들은 그것에 대해 의심하지 않고 믿음을 갖게 되기에 먼 과거에 쓰인 책에 적힌 소문에 대해서 사람들이 의문을 제기하기 어렵다는 내용의 글이다. 따라서 ②의 believe를 challenge와 같은 낱말로 바꾸어야 한다.

오답분석

오답선지	① 전율	③ 오래된	④ 왜곡된	⑤ 최근에
선택비율	4.7%	11.5%	26.2%	23.4%

④번은 older rumors have had more time to get distorted than younger rumors that are close in time to the alleged events themselves를 보고 '왜곡된'이라는 말의 반대 의미를 가진 낱말이 더 적절할 것으로 판단하여 답을 고른 거야. 즉, '주장된 사건 그 자체에 시간상 가까운 최근의 소문보다 오래된 소문이 정정될(revised) 시간이 많았다'라고 이해한 거지. 그런데 이렇게 해석하면 이것은 다소 이상하다고 이야기하는 앞부분과 맞지 않아. 글의 흐름 속에서 반의어의 쓰임이 적절한지 판단하면서 답을 찾도록 해.

Daily Review   Day ⑫

Vocabulary Check-up ▄

1 (1) confront (2) distribute (3) dedicate
2 (1) suspicious (2) suppress

1 (1) confront / 통제된 실험을 할 수 있다고 해도, 농부는 복잡하고 관찰하기 어려워 관리하기 힘든 현상에 자주 직면한다.

(2) distribute / 많은 똑같은 동물이나 식물을 퍼뜨리기 위한 복제로 이어지는 유전 공학은 때때로 자연의 다양성에 대한 위협으로 여겨진다.

(3) dedicate / 혼자만의 시간은 여러분이 자신만의 목표를 향해 나아가고, 자신만의 개인적인 필요 사항들을 충족시키며, 더 나아가 자신의 개인적인 꿈을 탐험하기 위해 시간을 바칠 수 있도록 일상적인 책임과 다른 사람들의 요구 사항으로부터 강제로라도 잠시 휴식을 취할 수 있게 한다.

2 (1) suspicious / 자신의 돈에 접근하는 데 도입된 난관에 더해, 만약 의심스러운 사기가 감지되면, 예금주 본인이 그 의심스러운 거래를 했는지 묻는 내용의 전화 통화를 응대해야만 한다.

(2) suppress / 플라톤은 비겁한 사람들의 표현은 우리를 비겁하게 만들기 때문에, 이러한 영향을 막는 유일한 방법은 그러한 표현들을 억누르는 것이라고 확신한다.

Grammar Check-up ▄

1 (1) ① to move ② to provide (2) ① spent ② were
2 ① → gives

1 (1) ① to move: persuade의 목적격보어 역할을 해야 하므로 to move가 어법상 적절하다.
② to provide: 동사 makes와 목적격보어 easier 사이에 형식상의 목적어 it이 쓰였으므로 내용상의 목적어로 to provide가 어법상 적절하다.

(2) ① spent: the time이 의미상 동사 spend의 대상이므로 과거분사 spent가 어법상 적절하다.
② were: 주어를 이루는 명사구 the demands of their job and hobby에서 핵이 demands이므로 동사 were가 어법상 적절하다.

2 ① 주어 역할을 하는 동명사구 Separating yourself from an emotionally upsetting situation에 이어서 술어 동사가 있어야 하므로 gives로 고쳐야 한다.

1 ⑤	**2** ④	**3** ①	**4** ⑤	**5** ②	**6** ⑤

1

정답 ⑤

소재 사회적 삶의 연극적 속성

직독직해

Over the centuries / various writers and thinkers, /
수 세기에 걸쳐 /　　　　　　　　다양한 작가와 사상가들이 /
┌ 분사구문　　　　　　　　　　　┌ 전치사구
[looking at humans {from an outside perspective}], / have
외부의 관점에서 인간을 바라보며 /　　　　　　　　마주해
└ strike: (뜻밖에) 마주치다
been struck / by the theatrical quality of social life. //
왔다 /　　　　사회적 삶의 연극적 속성과 //
　　　　　　　　　　┌ 분사구　　　┌ the theatrical ~ social life
The most famous quote / [expressing this] / comes from
가장 유명한 인용구는 /　　이것을 표현하는 /　　셰익스피어에게서
　　　　　　　　　　　　　　　　　　is
Shakespeare: / "All the world's a stage, / And all the men
비롯된다 /　　　모든 세상은 연극 무대이다 /　그리고 모든 남성과 여성은
and women merely players; / They have their exits and
단지 배우일 뿐이다 /　　　즉, 그들은 퇴장하고 입장한다 /
　　　　　　　　　　　　　┌ 전치사구
their entrances, / And one man [in his time] plays many
　　　　　그리고 한 인간은 자신의 일생에서 다양한 역할을 연기한다 //
　　　　　　　┌ 부사절(조건)　　　　　　┌ 수동태
parts." // [If the theater and actors were traditionally
만약 연극과 배우들이 전통적으로 표현된다면 /
┌ 전치사구　　　　　　　(예를 들어) ~ 같은 ┐
represented / {by the image of masks}], / writers such as
　　　가면의 이미지에 의해 /　　　　　셰익스피어와 같은 작가
　　　　　　　　┌ 명사절(implying의 목적어)
Shakespeare are implying / [that all of us are constantly
들은 암시하는 것이다 /　　　우리는 모두 끊임없이 가면을 쓰고 있다는
wearing masks]. // Some people are better actors than
것을 //　　　　　어떤 사람들은 다른 사람보다 더 나은 배우이다 //
　　　　　　　　　　　　　　　　┌ 전치사구
others. // Evil types such as Iago [in the play *Othello*] / are
연극 'Othello' 속 Iago와 같은 악역들은 /　　　　　그들
　　　　　　　　　　　　　　　　┌ 전치사구
able to conceal their hostile intentions / [behind a friendly
의 적대적 의도를 숨길 수 있다 /　　　　친근한 미소 뒤에 //
　　　　　　　　　　　┌ 전치사구
smile]. // Others are able to act [with more confidence and
　　　　다른 사람들은 더 많은 자신감과 허세를 가지고 연기할 수 있다 /
　　　　　　　　　　　　　　　　　　전치사구 ┐
bravado] — they often become leaders. // People [with
　　　그래서 그들은 자주 리더가 된다 //　　훌륭한 연기력을 가
excellent acting skills] / can [better navigate our complex
지고 있는 사람들은 /　　　우리의 복잡한 사회적 환경을 더 잘 헤쳐 나갈 수 있고
　　　　　┌ 대등한 연결
social environments] and [get ahead]. //
그래서 앞서갈 수 있다 //

전문 해석 수 세기에 걸쳐 다양한 작가와 사상가들은 외부의 관점에서 인간들을 바라보며 사회적 삶의 연극적 속성과 마주해 왔다. 이것을 표현하는 가장 유명한 인용구는 셰익스피어에게서 비롯되는데 그것은 '모든 세상은 연극 무대이고, 모든 인간은 단지 배우일 뿐이다. 그들은 퇴장하고 입장한다. 그리고 일생한 인간은 다양한 역할을 연기한다.'이다. 만약 연극과 배우들이 전통적으로 가면의 이미지에 의해 표현된다면, 셰익스피어와 같은 작가들은 우리 모두는 끊임없이 가면을 쓰고 있다는 것을 암시하는 것이다. 어떤 사람들은 다른 사람보다 더 나은 배우이다. 연극 'Othello' 속 Iago와 같은 악역들은 그들의 적대적 의도를 친근한 미소 뒤에 숨길 수 있다. 다른 사람들은 더 많은 자신감과 허세

를 가지고 연기를 할 수 있고, 그들은 자주 리더가 된다. 훌륭한 연기력을 가지고 있는 사람들은 우리의 복잡한 사회적 환경을 더 잘 헤쳐 나갈 수 있고 앞서갈 수 있다.

해설 셰익스피어의 인용구에 빗대어 사회적 생활의 연극적인 특성을 강조하며, 세상이라는 연극 무대에서 우리는 모두 마치 다양한 역할을 맡은 배우처럼 사회적인 상황에 따라 행동을 조절하고 적응한다는 내용을 가면을 쓴 배우 이미지를 통해 비유적으로 표현하고 있으므로, 밑줄 친 부분이 글에서 의미하는 바로 가장 적절한 것은 ⑤ '주어진 사회적 맥락에 따라 우리의 행동을 조정하고 있다'이다.

오답분석

오답선지	선택비율
① 해로운 외부의 힘으로부터 우리의 얼굴을 보호하고 있다	9.2%
② 우리의 연기력을 뽐내려고 무대에서 공연하고 있다	32.8%
③ 다른 사람을 경쟁에서 이김으로써 자신감을 느끼고 있다	8.3%
④ 다른 사람들이 기대하는 것과 완전히 반대로 행동하고 있다	11.6%

②번은 Some people are better actors than others.를 비롯한 밑줄 친 부분 다음에 이어지는 내용을 바탕으로 선택한 거야. 즉 인생이란 무대에서 다른 사람들보다 뛰어나게 맡은 역할을 해내는 사람들에 대해 이야기한 부분을 토대로 함축 의미를 파악한 것인데, 그보다는 우수한 연기력을 가진 사람들이 주어진 사회 상황을 잘 조율하여 성공하는 경향이 있다는 해석이 글의 중심 내용에 더욱 적절한 해석일 거야.

2

정답 ④

소재 같은 문화적 산물이 사람마다 다르게 인식되는 이유

직독직해

　　　　　　　　　　　　┌ 명사절(proven의 목적어)
Sociologists have proven / [that people bring their own
사회학자들은 입증해 왔다 /　　　사람들이 그들 자신의 관점과 가치를 가져
　　　　　　　　┌ 전치사구　　　　┌ 관계절
views and values / {to the culture ⟨they encounter⟩}]; /
온다는 것을 /　　　　자신이 직면하는 문화로 /
books, TV programs, movies, and music may affect everyone, /
그래서 책, TV 프로그램, 영화, 그리고 음악은 모두에게 영향을 줄지도 모른다 /
　　　　　　┌ books, TV programs, movies, and music
but they affect different people in different ways. // In a
하지만 그것들은 다양한 사람들에게 다른 방식으로 영향을 준다 //　　한 연구
study, Neil Vidmar and Milton Rokeach showed / episodes
에서, Neil Vidmar와 Milton Rokeach는 보여 주었다 /　　시트콤 'All in
　　　　　　　　　　　　　　　┌ 전치사구　　　　┌ 다양한
of the sitcom *All in the Family* / to viewers [with a range
the Family'의 에피소드들을 /　　　인종에 관한 다양한 관점을 가진 시청
of different views on race]. // The show centers on a
자들에게 //　　　　　　　　　그 쇼는 Archie Bunker라는 인물에
　　　　　　┌ 분사구　　　　　　　┌ 동격
character [named Archie Bunker], / [an intolerant bigot /
초점을 맞춘다 /　　　　　　　　편협한 고집쟁이 /
　　　┌ 관계절
{who often gets into fights ⟨with his more progressive
그의 더 진보적인 가족 구성원들과 자주 싸움에 휘말리는 //
　　　　　　　　　　　　┌ 명사절(found의 목적어)
family members⟩}]. // Vidmar and Rokeach found / [that
　　　　　　　　　　Vidmar와 Rokeach는 발견했다 /　　　Archie
　　　　　┌ 관계절
viewers {who didn't share Archie Bunker's views} thought /
Bunker의 관점을 공유하지 않는 시청자들이 생각했다는 것을 /

the show was very funny / in the way it made fun of
_{그 쇼가 아주 재미있다고 /}　_{~을 놀리다, ~을 비웃다}
_{그 쇼가 아주 재미있다고 /}　_{Archie의 어처구니없는 인종 차별주의를 그}

Archie's absurd racism] / — in fact, this was the producers'
_{것이 비웃는 방식에 있어 /}　_{앞 절의 내용}　_{사실, 이것이 제작자의 의도였다 //}

intention. // On the other hand, / though, / viewers [who
_{반면에 /}　_{그러나}　_{스스로가 고집쟁이인}　_{관계절}
_{명사절(thought의 목적어①): that 생략}

were themselves bigots] / thought [(that) Archie Bunker
_{시청자들은 /}　_{Archie Bunker가 그 쇼의 영웅이라고 생각했고 /}
_{명사절(thought의 목적어②)}

was the hero of the show] / and [that the producers meant
_{그리고 제작자가 그의 어리석은 가족들을 비웃}
_{to부정사구(~하기 위해)}

{to make fun of his foolish family}]! // This demonstrates /
_{으려고 한다고 (생각했다) //}　_{이것이 보여 준다 /}
_{형식상의 주어}　_{명사절(assume의 목적어)}

[why it's a mistake {to assume / 〈that a certain cultural
_{가정하는 것이 잘못된 이유를 /}　_{내용상의 주어}　_{특정 문화적 산물이 모든 사람에게}
_{명사절(demonstrates의 목적어)}

product will have the same effect on everyone〉}]. //
_{똑같은 영향을 줄 것이라고 //}

전문 해석 사회학자들은 사람들이 그들 자신의 관점과 가치를 그들이 직면하는 문화로 가져온다는 것을 입증해 왔다. 그래서 책, TV 프로그램, 영화, 그리고 음악은 모두에게 영향을 줄지도 모르지만, 그것들은 다양한 사람들에게 다른 방식으로 영향을 준다. 한 연구에서, Neil Vidmar와 Milton Rokeach는 인종에 관한 다양한 관점을 가진 시청자들에게 시트콤 'All in the Family'의 에피소드들을 보여 주었다. 이 쇼는 그의 더 진보적인 가족 구성원들과 자주 싸움에 휘말리는 편협한 고집쟁이 Archie Bunker라는 인물에 초점을 맞춘다. Vidmar와 Rokeach는 Archie Bunker의 관점을 공유하지 않는 시청자들이 Archie의 어처구니없는 인종 차별주의를 비웃는 방식에 있어 그 쇼가 아주 재미있다고 생각했다는 것을 발견했다. 사실, 이것이 제작자의 의도였다. 그러나 반면에, 스스로가 고집쟁이인 시청자들은 Archie Bunker가 그 쇼의 영웅이라고 생각했고, 제작자가 Bunker의 어리석은 가족들을 비웃으려고 한다고 생각했다! 이것이 특정 문화적 산물이 모든 사람에게 똑같은 영향을 줄 것이라고 가정하는 것이 잘못인 이유를 보여 준다.

해설 Vidmar와 Rokeach의 연구에서 볼 수 있듯이 같은 내용의 시트콤을 보여 주었더라도 사람들은 자신의 시각과 가치관을 적용하여 서로 다르게 내용을 해석하였고, 감정을 이입하는 대상도 달랐던 것처럼 사람들이 같은 문화를 접하더라도 그 문화가 그들에게는 다른 영향을 미친다고 주장하는 내용이므로, 빈칸에 들어갈 말로 가장 적절한 것은 ④이다.

오답분석

오답선지	선택비율
① 많은 가치 있는 견해를 제공할 수 있다	21.9%
② 사회학자들의 생각을 반영한다	12.0%
③ 특정한 등장인물에 편견을 형성한다	18.1%
⑤ 사람들 사이의 사회적 갈등을 해결할지도 모른다	10.3%

①번은 빈칸이 포함된 문장의 앞부분인 This demonstrates why it's a mistake to assume that a certain cultural product ~에 알맞게 빈칸을 채우지 못하여 선택한 거야. 빈칸으로 제시되는 부분이 글의 중심 내용과 관련 있다는 것은 여러 번 강조했지? 그러다 보니 글의 중심 내용에 해당하는 선택지만 고르느라고 빈칸이 포함된 문장의 전체 의미를 놓치는 경우가 있어. 반드시 빈칸이 포함된 문장이 글의 흐름에서 어떤 의미를 지니는지 파악하여야 해.

3

정답 ①

소재 비언어적 신호를 통한 의사소통

직독직해

[For hundreds of thousands of years] / our hunter-gatherer
_{전치사구}
_{수십만 년 동안 /}　_{우리의 수렵-채집인 조상들은}

ancestors could survive / only by constantly communicating
_{생존할 수 있었다 /}　_{~(함)으로써}　_{오직 서로 끊임없이 의사소통함으로써만}

with one another / [through nonverbal cues]. // [Developed
_{전치사구}
_/　_{비언어적 신호들을 통해서 //}　_{오랜 시간에 걸쳐}
_{분사구문}

over so much time], / [before the invention of language], /
_{전치사구}
_{개발되어서 /}　_{언어의 발명 이전에 /}

that is [how the human face became so expressive, / and
_{명사절(is의 보어)}　_{보어}
_{그것은 인간의 얼굴이 매우 표현적으로 된 방식이다 /}　_{그리고}
_{became 생략}

gestures so elaborate]. // We have a continual desire /
_{보어}
_{몸짓이 매우 정교해진 (방식이다) //}　_{우리는 끊임없는 욕망을 가지고 있다 /}

[to communicate our feelings] / and yet at the same time /
_{to부정사구}
_{우리의 감정을 전달하고자 하는 /}　_{그러나 동시에 /}

the need to conceal them / [for proper social functioning]. //
_{욕구}　_{our feelings}　_{전치사구}
_{그것들을 감추고자 하는 욕구를 /}　_{적절한 사회적 기능을 위해 //}

With these counterforces battling inside us, / we cannot
_{with+목+현재분사: ~하면서}
_{이 상충하는 힘들이 우리 내면에서 다투면서 /}　_{우리는 완전히}

completely control / [what we communicate]. // Our real
_{관계절}　_{the thing which}
_{통제할 수는 없다 /}　_{우리가 전달하는 것을 //}　_{우리의 진짜}

feelings continually leak out / [in the form of {gestures,
_{전치사구}　_{of의 목적어}
_{감정은 끊임없이 새어 나온다 /}　_{몸짓, 목소리의 어조, 얼굴 표정, 그리고}

tones of voice, facial expressions, and posture}]. // We
_{자세의 형태로 //}　_{우리는}

are not trained / however, / [to pay attention {to people's
_{to부정사구(~하도록)}　_{전치사구}
_{훈련받지 않는다 /}　_{그러나 /}　_{사람들의 비언어적 신호에 주의를 기울이도록 //}

nonverbal cues}]. // By sheer habit, / we fixate on the
_{순전한 습관을 통해서 /}　_{우리는 사람들이 하는 말에}

words [people say], / while also thinking about [what we'll
_{관계절}　_{관계절}　_{the thing which}
_{매달리고 /}　_{동시에 또한 우리가 다음번에 말할 것에 대해 생각한다 //}

say next]. // [What this means] is [that we are using only
_{관계절}　_{the thing which}　_{명사절(is의 보어)}
_{이것이 의미하는 것은 오직 작은 부분만을 우리가 사용하고 있다는 것}

a small percentage / {of the potential social skills 〈we all
_{전치사구}
_{이다 /}　_{우리 모두 소유한 잠재적인 사회적 기술 중 //}

possess〉}]. //
_{관계절}

전문 해석 수십만 년 동안 우리의 수렵–채집인 조상들은 비언어적 신호들을 통해서 서로 끊임없이 의사소통함으로써만 생존할 수 있었다. 언어의 발명 이전에, 오랜 시간에 걸쳐 개발되어서, 그것은 인간의 얼굴이 매우 표현적이고, 몸짓이 매우 정교해진 방식이다. 우리는 우리의 감정을 전달하고자 하는 끊임없는 욕망과 그러나 동시에 적절한 사회적 기능을 위해 그것들을 감추고자 하는 욕구를 지니고 있다. 이 상충하는 힘들이 우리 내면에서 다투면서, 우리는 우리가 전달하는 것을 완전히 통제할 수 없다. 우리의 진짜 감정은 몸짓, 목소리의 어조, 얼굴 표정, 그리고 자세의 형태로 끊임없이 새어 나온다. 그러나 우리는 사람들의 비언어적 신호에 주의를 기울이도록 훈련받지 않는다. 순전한 습관을 통해서 우리는 사람들이 하는 말에 매달리고, 동시에 또한 우리가 다음

번에 말할 것에 대해 생각한다. 이것이 의미하는 것은 우리 모두 소유한 잠재적인 사회적 기술 중 오직 작은 부분만을 우리가 사용하고 있다는 것이다.

해설 주어진 글에서 우리가 감정을 전달하고자 하는 지속적인 욕구와 동시에 적절한 사회적 기능을 위해 그들을 숨겨야 하는 필요성을 가지고 있다고 말한다. 이 문장 바로 뒤에 상충하는 힘이 있다는 내용의 문장이 이어지고 있고 이러한 상충하는 힘들이 주어진 문장에서 대립 관계에 놓여 있는 '전달하고자 하는 욕구와 숨겨야 하는 필요성'을 가리킨다. 따라서 주어진 문장이 들어가기에 가장 적절한 곳은 ①이다.

오답분석

오답선지	②	③	④	⑤
선택비율	24.6%	19.1%	16.1%	11.7%

②번은 주어진 문장을 ②에 넣어서 앞 문장에 나오는 these counterforces가 지칭하는 대상을 그 앞에 언급한 language와 표정이나 몸짓 등의 nonverbal cues로 본 거야. 그런데 이 글의 이후 맥락에서 language와 nonverbal cues가 내면에서 갈등을 일으키고 있다고 볼 근거는 없어. 지칭 대상을 정확하게 연결해야 논리적 공백 없이 글을 완성할 수 있다는 것을 꼭 기억해.

4

정답 ⑤

소재 개인의 성공을 이끄는 환경 조성의 중요성

직독직해

Every farmer knows / [that the hard part is {getting the field prepared}. // [Inserting seeds and watching them grow] is easy. // In the case of science and industry, / the community prepares the field, / yet society tends to give all the credit / to the individual / [who happens to plant a successful seed]. // [Planting a seed] does not necessarily require / overwhelming intelligence; / [creating an environment / {that allows seeds to prosper}] / does. // We need to give more credit / to the community [in science, politics, business, and daily life]. // Martin Luther King Jr. was a great man. // Perhaps his greatest strength was his ability / to inspire people to work together / [to achieve, / against all odds, / revolutionary changes / {in society's perception of race] / and {in the fairness of the law}]. // But

[to really understand {what he accomplished}] / requires [looking beyond the man]. // Instead of treating him as the manifestation of everything great, / we should appreciate his role / in allowing America to show / [that it can be great]. //

전문 해석 모든 농부는 밭이 준비되도록 하는 것이 어려운 부분임을 안다. 씨앗을 심고 그것들이 자라는 것을 보는 것은 쉽다. 과학과 산업의 경우, 공동체가 밭을 준비하지만, 사회는 우연히 성공적인 씨앗을 심은 개인에게 모든 공로를 돌리는 경향이 있다. 씨를 심는 것은 반드시 엄청난 지능이 있어야 하는 것은 아니다. 씨앗이 번성하게 해 주는 환경을 만드는 것이 그러하다. 우리는 과학, 정치, 사업 그리고 일상에서 공동체에 좀 더 많은 공로를 인정해 줄 필요가 있다. Martin Luther King Jr.는 위대한 사람이었다. 아마도 그의 가장 큰 강점은 모든 역경에 맞서, 사회의 인종에 대한 인식과 법의 공정성에 있어 혁명적인 변화를 성취하기 위해서 사람들이 함께 일하도록 고무시키는 능력이었다. 그러나 그가 성취한 것을 진정으로 이해하는 것은 그 사람을 넘어서 보는 것을 요구한다. 그를 모든 위대한 것들의 구현으로 여기는 대신에 우리는 미국이 위대해질 수 있음을 보여 주도록 하는 데 있어서 그의 역할을 인정해야 한다.

해설 ⑤ 앞의 동사 understand의 목적어 역할을 하는 명사절을 이끌며, 그 뒤에 accomplish의 목적어가 빠진 불완전한 구조가 이어지므로 that을 선행사를 포함하는 관계사 what으로 바꿔야 한다.

① 「get + 목적어 + 목적격보어」 구문에서 목적어와 목적격보어가 수동 관계이므로 prepared가 쓰인 것은 어법상 적절하다.

② 의미상 seeds를 가리키는 복수형 대명사 them은 어법상 적절하다.

③ 문장의 주어가 creating an environment that allows seeds to prosper이고, 동명사 creating에 맞추어 술어 동사를 단수형으로 써야 하므로, does는 어법상 적절하다.

④ his ability를 뒤에서 꾸며 주는 형용사 역할을 하는 to inspire는 어법상 적절하다.

오답분석

오답선지	① prepared	② them	③ does	④ to inspire
선택비율	10.1%	7.2%	31.4%	14.2%

③번은 대동사로 쓰여서 앞에 있는 절의 necessarily require overwhelming intelligence를 받고 있어. 하지만 세미콜론(;)으로 연결되어 있고, 문장의 주어(creating an environment that allows seeds to prosper)도 복잡하여 대동사와 주어-동사 일치를 판단하는 구조를 알아보기 어려웠을 거야.

5~6

정답 5 ② / 6 ⑤

소재 단기적 성공 추구의 폐해

직독직해

An organization imported new machinery / [with the capacity {to produce quality products / at a lesser price}]. //

A manager was responsible [for large quantities] /
한 관리자는 많은 양에 대해 책임이 있었다 /
→전치사구
[in a relatively short span of time]. // He started with the
상대적으로 짧은 시간에 / 그는 새로운 기계를 최대한 사
→전치사구
full utilization [of the new machinery]. // He operated
용하기 시작했다 / 그는 그것을 최대 능
→ the machine →전치사구
it 24/7 [at maximum capacity]. // He paid the least
력치로 24시간 7일 내내 작동시켰다 // 그는 거의 관심을 기울이지 않
→to의 목적어
attention to / [downtime, recovery breaks or the general
았다 / 비가동 시간, 회복을 위한 휴지기, 또는 기계의 일반적인 유지 보수에
→부사절(이유)
maintenance of the machinery]. // [As the machinery was
는 // 그 기계가 새것이었기 때문에 /
new], / it continued to produce results / and, therefore,
그것은 지속해서 결과물을 생산했다 / 그리고, 따라서, 그 조직의
the organization's profitability soared / and the manager
수익성은 치솟았다 / 그리고 그 관리자는 그의
→수동태
was appreciated for his performance. // Now / after some
성과에 대해서 인정받았다 // 지금 / 얼마의 시간이
→대등한 연결
time, / this manager was [promoted] / and [transferred to
지나고 / 이 관리자는 승진하였고 / 그리고 다른 지점으로 옮겼다 //
a different location]. // A new manager came in his place /
새로운 관리자가 그의 자리에 왔다 /
→to부정사구(~하기 위해) →운영하다
[to be in charge of running the manufacturing location]. //
제조 지점 운영하는 것을 담당하기 위해 /
→명사절(realized의 목적어) →전치사구
But this manager realized / [that {with heavy utilization} /
그러나 이 관리자는 깨달았다 / 과도한 사용으로 /
→대등한 연결
and {without any downtime for maintenance}, / a lot of
그리고 유지 보수를 위한 비가동 시간의 부재로 / 그 기계의
→대등한 연결 –
the parts of the machinery / {were significantly worn} /
많은 부품이 / 상당히 닳았고 /
→수동태
and {needed to be replaced or repaired}]. // The new
그리고 대체되거나 수리될 필요가 있었다는 것을 // 새 관리자는
→전치사구
manager had to put significant time and effort / [into repair
상당한 시간과 노력을 들여야만 했다 / 그 기계의 수리와
→관계절(앞 절의 내용의 결과)
and maintenance of the machines], / [which resulted in
유지 보수에 / (이는) 낮은 생산을 초래했다 /
lower production / and thus a loss of profits]. // The earlier
그래서 이익의 손실을 (초래했다) // 이전의 관리자는
→대등한 연결
manager had only [taken care of the goal of production] /
오직 생산 목표만 신경 썼다 /
→부사절(양보)
and [ignored the machinery] / [although he had short-term
그리고 기계는 무시했다 / 비록 그가 단기간에 좋은 결과를 얻었을지
→동명사구(주어)
good results]. // But ultimately [not giving attention to
라도 / 그렇지만 궁극적으로 회복과 유지 보수에 주의를 기울이지 않은
→to의 목적어
{recovery and maintenance}] / resulted in long-term
것이 / 장기간의 부정적인 결과들을 초래했다 //
negative consequences. //

전문 해석 한 조직이 질 좋은 제품을 더 낮은 가격으로 생산하는 능력이 있는
새로운 기계를 수입했다. 한 관리자는 상대적으로 짧은 시간에 많은 양에 대해
(생산할) 책임이 있었다. 그는 새로운 기계를 최대한 사용하기 시작했다. 그는
그것을 최대 능력치로 24시간 7일 내내 작동시켰다. 그는 비가동 시간, 회복을

위한 휴지기, 또는 기계의 일반적인 유지 보수에 거의 관심을 기울이지 않았다.
그 기계가 새것이었기 때문에, 그것은 지속해서 결과물을 생산했고, 따라서, 그
조직의 수익성은 치솟았고 그 관리자는 그의 성과에 대해서 인정받았다. 얼마
의 시간이 지난 지금, 이 관리자는 승진하였고 다른 지점으로 옮겼다. 새로운
관리자가 제조 지점 운영을 담당하기 위해 그의 자리에 왔다. 그러나 이 관리자
는 과도한 사용으로, 그리고 유지 보수를 위한 비가동 시간의 부재로, 그 기계
의 많은 부품이 상당히 닳았고 대체되거나 수리될 필요가 있다는 것을 깨달았
다. 새 관리자는 상당한 시간과 노력을 그 기계의 수리와 유지 보수에 들여야만
했고, 그것은 낮은 생산과 그에 따른 이익의 손실을 초래했다. 이전의 관리자는
비록 그가 단기간에 좋은 결과를 얻었을지라도 생산 목표만 신경 썼고 기계
를 무시했다. 그러나 궁극적으로 회복과 유지 보수에 주의를 기울이지 않은 것
이 장기간의 긍정적인(→ 부정적인) 결과들을 초래했다.

해설 5 새로운 기계를 도입하여 최대 능력치로 24시간 7일 내내 작
동시킨다면 단기적으로는 생산량을 증가시키는 성공을 가져올 수 있
지만, 결국에는 기계의 유지 보수와 정비를 위한 비가동 시간 확보를
소홀히 하였기 때문에 기계의 마모 증가와 수익성 감소와 같은 장기
적인 면에서의 부정적인 결과를 초래할 수 있다는 내용이므로, 글의
제목으로 가장 적절한 것은 ② '과도한 사용을 줄이기 위해 기계에 휴
식을 주라'이다.

6 새 관리자는 상당한 시간과 노력을 그 기계의 수리와 유지 보수에
들여야만 했고, 그것은 낮은 생산과 그에 따른 이익의 손실을 초래했
다고 했으며 전임 관리자가 단기적인 좋은 결과를 얻었을지라도 새
관리자는 장기적으로 큰 손실을 감당해야 했으므로 (e)의 positive
를 negative와 같은 낱말로 바꾸어야 한다.

오답분석

오답선지	선택비율
5 ① 왜 양질의 제품이 중요한가?	13.5%
③ 근로자의 능력 극대화를 위해 보상책 제공하기	20.3%
④ 관리자를 위한 조언: 적재적소에 적임자를 배치하라	18.1%
⑤ 경쟁의 세계에서 높은 생산성을 확보하기 위한 전쟁	5.3%
6 ① 최대한의	6.0%
② 치솟았다	13.4%
③ 닳은	15.2%
④ 무시했다	26.0%

5 ③번은 기계에 대한 글을 사람에 대한 비유로 과도하게 확대 해석해서 선택
한 거야. 그렇다 하더라도 이 글에서 필자의 어조는 단기적인 성공을 지향하는
것에 관해서 비판적인 톤을 보이는데 그 부분에 대한 고려 없이 성공 지향적인
제목을 고른 것 또한 잘못된 선택이야. 제목 문제를 풀 때는 필자가 제시하는
정보의 범위에서 주제, 요지가 함축적으로 제시되는 것을 찾아야 해.

6 ④번은 The earlier manager had only taken care of the goal of
production and ignored the machinery라는 표현에서 전임 관리자가 기계
를 잘 관리하면서 최대한 활용했다고 생각했기 때문에 답으로 선택한 거야. 하
지만 이어지는 부분에서 although he had short-term good results라고 언
급하고 있어서 although의 양보 의미를 고려한다면 앞에서는 부정적인 언급이
있어야만 해. 어휘 문제는 밑줄 친 낱말만 봐서는 안 된다는 것을 꼭 기억해.

Daily Review

Vocabulary Check-up

1 (1) absurd (2) nonverbal (3) elaborate
2 (1) encountered (2) profitability

1 (1) absurd / 우연히 발생할 수 있는 것보다는 훨씬 더 체계적이지만 직접적인 인과 관계의 증거로서 다루기에는 불합리한 상관관계의 예를 찾기는 쉽다.

(2) nonverbal / 옷감과 옷은 단지 몸을 보호하는 것을 넘어서는 기능을 갖고 있다. 옷과 옷감 둘 다 비언어적 의사소통의 수단으로 사용된다.

(3) elaborate / 그 종은 정교한 인사 행동을 진화시켜 왔는데, 그 형태는 (마치 여러분이 오래전부터 알고 지내온 지인들과는 단지 악수만 하지만 한동안 보지 못했던 친한 친구는 껴안고, 어쩌면 눈물까지 흘릴 수도 있는 것처럼) 개체들 사이의 사회적 유대감의 강도를 반영한다.

2 (1) encountered / 대부분의 동물은 선천적으로 이전에 마주치지 않은 대상을 피한다. 익숙하지 않은 대상은 위험할 수 있으므로, 그것을 조심해서 다루는 것은 생존가(生存價)를 갖는다.

(2) profitability / 석유 거래 회사인 Enron은 법에 규정된 보고서에서 자신들의 수익성을 과장하기 위해 자신들의 장부를 조작했다.

Grammar Check-up

1 (1) ① them ② battling (2) ① had ② resulted
2 ③ → was

1 (1) ① them: our feelings를 지칭하므로 them이 어법상 적절하다.
② battling: these counterforces가 의미상 battle의 주체이므로 battling이 어법상 적절하다.

(2) ① had: although 절의 동사 had가 시제의 기준이 되어 그 이전에 일어난 일을 이야기하므로 과거완료 시제 had가 어법상 적절하다.
② resulted: 주어를 이루는 동명사구에 이어서 술어 동사가 있어야 하므로 resulted가 어법상 적절하다.

2 ③ thought의 목적어 역할을 하는 명사절의 주어가 the show이므로 동사는 단수인 was로 고쳐야 한다.

---

1 ②	**2** ①	**3** ⑤	**4** ②	**5** ①	**6** ⑤

1

정답 ②

소재 레크리에이션에 참여하는 이유

직독직해

→ ~뿐만 아니라   ┌관계절
In addition to the varied forms [that recreation may
레크리에이션이 취할 수 있는 다양한 형태뿐만 아니라 /
                    ┌ recreation
take], / it also meets a wide range of individual needs and
                    그것은 또한 광범위한 개인의 욕구와 관심사도 충족시킨다 //
                                        ┌~에 참여하다
interests. // Many participants take part in recreation /
                            많은 참여자들은 레크리에이션에 참여한다 /
┌ 전치사구   ┌ 전치사구
[as a form of relaxation and release / {from work pressures
휴식과 분출구의 형태로 /   업무상의 압박이나 다른 긴장으
                                        ┌ many participants
or other tensions}]. // Often they may be passive spectators
로부터의 //   흔히 그들은 오락의 수동적인 구경꾼일 수 있다 /
                            ┌by의 목적어①   ┌by의 목적어②
of entertainment / [provided by television, movies, or
오락의   [텔레비전, 영화 또는 다른 형태의 전자적인 즐길 거리에 의
┌ by의 목적어③
other forms of electronic amusement]. // However, / other
해 제공되는 //   그러나 /   다른 중
                                ┌ ~에 근거하다
significant play motivations are based on the need /
요한 놀이 동기는 욕구에 근거한다 /
                    ┌─── 대등한 연결 ───┐
to [express creativity], / [discover hidden talents], /
창의성을 표현하거나 /   숨겨진 재능을 발견하거나 /
                    ┌ 전치사구
or [pursue excellence / {in varied forms of personal
또는 탁월함을 추구하려는 /   다양한 형태의 개인적 표현에서의 //
expression}]. // For some participants, / active, competitive
            일부 참여자들에게는 /   활동적이고 경쟁적인 레크리
                            ┌ 전치사구①
recreation may offer a channel / [for releasing hostility
에이션은 통로를 제공할 수 있다 /   적의와 공격성을 분출하거나 /
                    ┌ 전치사구②
and aggression] / or [for struggling against others or the
                    또는 타인이나 환경에 맞서 싸울 수 있는 /
            ┌ 전치사구
environment / {in adventurous, high-risk activities}]. //
        모험적이고 위험성이 높은 활동에서 //
            ┌ 관계절   ┌── 대등한 연결
Others enjoy recreation / [that {is highly social} / and
다른 사람들은 레크리에이션을 즐긴다 /   매우 사교적이고 /   그리고
                        ┌ 명사구(for의 목적어①)
{provides the opportunity / for ⟨making new friends⟩ / or
기회를 제공하는 /   새로운 친구를 사귀거나 /   혹은
┌ 명사구(for의 목적어②)
⟨cooperating with others / in group settings⟩}]. //
다른 사람들과 협력할 /   집단 환경에서 //

전문 해석 레크리에이션이 취할 수 있는 다양한 형태뿐만 아니라, 그것은 또한 광범위한 개인의 욕구와 관심사도 충족시킨다. 많은 참여자들은 업무상의 압박이나 다른 긴장으로부터의 휴식과 분출구의 형태로 레크리에이션에 참여한다. 흔히 그들은 텔레비전, 영화 또는 다른 형태의 전자적인 즐길 거리에 의해 제공되는 오락의 수동적인 구경꾼일 수 있다. 그러나 다른 중요한 놀이 동기는 창의성을 표현하거나, 숨겨진 재능을 발견하거나, 또는 다양한 형태의 개인적 표현에서의 탁월함을 추구하려는 욕구에 근거한다. 일부 참여자들에게 활동적이고 경쟁적인 레크리에이션은 적의와 공격성을 분출하거나 모험적이고 위험성이 높은 활동에서 타인이나 환경에 맞서 싸울 수 있는 통로를 제공할 수

있다. 다른 사람들은, 매우 사교적이고, 새로운 친구를 사귀거나 집단 환경에서 다른 사람들과 협력할 기회를 제공하는 레크리에이션을 즐긴다.

해설 다양한 형태를 취하는 레크리에이션은 광범위한 개인의 욕구와 관심사를 충족시킨다고 하면서 레크리에이션에 참가하는 사람들의 다양한 동기를 설명하는 글이다. 휴식이나 분출구의 형태로, 창의성을 표현하거나 숨겨진 재능을 발견하려고, 또는 적의와 공격성을 분출하는 통로로 레크리에이션을 즐긴다는 내용의 글이므로, 글의 주제로 가장 적절한 것은 ② '레크리에이션 참여를 위한 다양한 동기'이다.

오답분석

오답선지	선택비율
① 레크리에이션 참여가 기억력에 미치는 영향	11.1%
③ 일과 여가 사이의 균형의 중요성	8.8%
④ 레크리에이션 운동을 촉진하는 사회적 요인	19.3%
⑤ 레크리에이션 참여에 영향을 주는 경제 동향	5.8%

④번은 첫 번째 문장에 나오는 이 글의 주제 it also meets a wide range of individual needs and interests를 social factors라고 오해한 거야. 하지만 글에서 언급되는 여러 가지 내용들은 사람들이 레크리에이션에 참여하는 다양한 이유를 말하는 것이므로 사회적 요인(social factors)이 아니라 다양한 동기(various motivations)가 맞는 거지. 그리고 individual과 social은 상충되는 개념이니까 답이 될 수가 없어!

2

정답 ①

소재 우리의 마음을 여는 연약함

직독직해

→ 부사절(시간)
[When he was dying], / the contemporary Buddhist
그가 죽어 가고 있을 때 / 현대의 불교 승인 Dainin Katagiri는 /

→ 분사구
teacher Dainin Katagiri / wrote a remarkable book / [called
주목할 만한 책을 집필했다 / '침묵으로

Returning to Silence]. // Life, / he wrote, / "is a dangerous
의 회귀'라는 // 삶이란 / 그는 썼다 / '위험한 상황이다'라

→ it ~ that 강조 구문(the weakness of life 강조) → life
situation." // It is the weakness of life / that makes it
고 // 바로 삶의 취약함이다 / 그것(삶)을 소중하게

→ ~로 채워져 있다 → 동격
precious; / his words are filled with the very fact / of [his
만드는 것은 / 그의 글은 바로 그 사실로 채워져 있다 / 자신의 삶

own life passing away]. // "The china bowl is beautiful /
이 끝나 가고 있다는 // 자기 그릇은 아름답다 /

→ 조만간(머잖아)
because sooner or later it will break.... // The life of the
머잖아 그것이 깨질 것이기 때문에 // 그 그릇의 생명은 늘 놓

→ 전치사구
bowl is always existing / [in a dangerous situation]." //
여 있다 / 위험한 상황에 //

Such is our struggle: / this unstable beauty. // This
그런 것이 우리의 고향이다 / 이 불안정한 아름다움 // 이 피할

inevitable wound. // We forget / — how easily we forget /
수 없는 상처 // 우리는 잊어버린다 / 우리는 너무나 쉽게 잊어버린다 /

→ 명사절(forget의 목적어①) → 명사절(forget의 목적어②)
— [that love and loss are intimate companions], / [that we
사랑과 상실이 친밀한 동반자라는 것을 / 우리가 진짜

love the real flower so much / more than the plastic one /
꽃을 훨씬 더 사랑하고 / 플라스틱 꽃보다 /

and love the cast of twilight / across a mountainside /
그리고 황혼의 색조를 사랑한다는 것을 / 산 중턱을 가로지르는 /

→ 분사구
→ it ~ that 강조 구문(this very fragility 강조)
{lasting only a moment}]. // It is this very fragility / that
한순간만 지속하는 // 바로 이 연약함이다 / 우리의

opens our hearts. //
마음을 여는 것은 //

전문 해석 현대의 불교 스승인 Dainin Katagiri는 그가 죽어 가고 있었을 때, '침묵으로의 회귀'라는 주목할 만한 책을 집필했다. 그는 삶이란 '위험한 상황이다.'라고 썼다. 삶을 소중하게 만드는 것은 바로 삶의 취약함이며, 그의 글은 자신의 삶이 끝나 가고 있다는 바로 그 사실로 채워져 있다. '자기 그릇은 머잖아 그것이 깨질 것이기 때문에 아름답다…. 그 그릇의 생명은 늘 위험한 상황에 놓여 있다.' 그런 것이 우리의 고향이다. 이 불안정한 아름다움. 이 피할 수 없는 상처. 우리는 사랑과 상실이 친밀한 동반자라는 것을, 우리가 진짜 꽃을 플라스틱 꽃보다 훨씬 더 사랑하고 산 중턱을 가로지르는 한순간만 지속하는 황혼의 색조를 사랑한다는 것을 잊어버리는데, 우리는 너무나 쉽게 잊어버린다. 우리의 마음을 여는 것은 바로 이 연약함이다.

해설 Dainin Katagiri은 자신의 책에서 우리의 삶을 소중하게 만드는 것은 삶의 취약함이며, 언젠가는 깨질 것이기에 아름답고, 그릇의 생명은 늘 위험한 상황에 놓여 있다고 하면서 불안정한 아름다움 등을 언급하고 있으므로, 빈칸에 들어갈 말로 가장 적절한 것은 ①이다.

오답분석

오답선지	② 안정성	③ 조화	④ 만족감	⑤ 다양성
선택비율	18.3%	14.6%	14.2%	7.8%

②번은 글의 내용을 제대로 이해하지 못한 상태에서 상식적으로 생각해서 정답을 고른 것으로 보여. 글에서 dangerous situation, weakness, will break 등의 어구를 보고 이를 극복하기 위해서는 안정성(stability)이 필요하다고 생각했을 거야. 하지만 오히려 그런 것들로 인해 삶이 아름답고 소중하다고 했기 때문에 언급된 내용을 모두 포괄할 수 있는 단어를 골라야 했던 거지.

3

정답 ⑤

소재 유전자 발현에 영향을 미치는 음식

직독직해

→ showing의 직접목적어
The growing field of genetics is showing us / [what
성장하고 있는 유전학 분야는 우리에게 보여 주고 있다 / 많은 과

→ what ~ for years 부연 설명
many scientists have suspected / for years] — [foods
학자가 의구심을 가져왔던 것을 / 여러 해 동안 / 즉 식품이

can immediately influence the genetic blueprint]. // This
유전자 청사진에 직접 영향을 줄 수 있다는 것을 / 이 정보

→ 명사절(understand의 목적어)
information helps us better understand / [that genes are
는 우리가 더 잘 이해하도록 도와준다 / 유전자가 우리의 통제

→ 관계절
under our control / and not something {we must obey}]. //
하에 있는 것이고 / 그리고 우리가 복종해야 하는 것이 아니라는 것을 //

→ 수동태
Consider identical twins; / both individuals are given the
일란성 쌍둥이를 생각해 보자 / 두 사람은 모두 똑같은 유전자를 부여받는다

same genes. // In mid-life, / one twin develops cancer, /
같은 유전자 // 중년에 / 쌍둥이 중 한 명은 암에 걸린다 /

→ 둘 중 나머지 한 명
and the other lives a long healthy life / without cancer. //
그리고 다른 한 명은 건강하게 오래 산다 / 암 없이 //

→ instruct+목(one twin)+목·보(to develop ~): ~에게 …하도록 명령하다

A specific gene instructed one twin to develop cancer, / but
특정 유전자가 쌍둥이 중 한 명에게 암에 걸리도록 명령했다 / 그러

in the other the same gene did not initiate the disease. //
나 나머지 한 명에게서는 똑같은 유전자가 그 질병을 발생시키지 않았다 //

→명사절(is의 보어)   →관계절
One possibility is / [that the healthy twin had a diet / {that
한 가지 가능성은 ~이다 / 쌍둥이 중 건강한 사람이 식사를 했다는 것 / 암유전
→~을 차단하다   →관계절
turned off the cancer gene / — the same gene / ⟨that
자를 차단하는 / 즉 그 똑같은 유전자를 / 나머지

instructed the other person to get sick⟩}]. // For many years,
한 명이 병에 걸리도록 명령했던 // 여러 해 동안

→명사절(recognized의 목적어)
scientists have recognized / [other environmental factors, /
과학자들은 인정해 왔다 / 다른 환경적 요인들이 /
→(예를 들어) ~같은
such as chemical toxins (tobacco for example), / can
화학적 독소(예를 들어 담배)와 같은 / 암의

→전치사구
contribute to cancer / {through their actions on genes}]. //
원인이 될 수 있다는 것을 / 유전자에 그것의 작용을 통해서 //

→동격
The notion / [that food has a specific influence on gene
생각은 / 음식이 유전자 발현에 특정한 영향을 미친다는 /

expression] / is relatively new. //
비교적 새로운 것이다 //

전문 해석 성장하고 있는 유전학 분야는 많은 과학자가 여러 해 동안 의구심을 가져왔던 것, 즉 식품이 유전자 청사진에 직접 영향을 줄 수 있다는 것을 우리에게 보여 주고 있다. 이 정보는 유전자가 우리의 통제하에 있는 것이지 우리가 복종해야 하는 것이 아니라는 것을 우리가 더 잘 이해하도록 도와준다. 일란성 쌍둥이를 생각해 보자. 두 사람은 모두 똑같은 유전자를 부여받는다. 중년에, 쌍둥이 중 한 명은 암에 걸리고, 다른 한 명은 암 없이 건강하게 오래 산다. 특정 유전자가 쌍둥이 중 한 명에게 암에 걸리도록 명령했지만, 나머지 한 명에서는 똑같은 유전자가 그 질병을 발생시키지 않았다. 한 가지 가능성은 쌍둥이 중 건강한 사람이 암유전자, 즉 나머지 한 명이 병에 걸리도록 명령했던 그 똑같은 유전자를 차단하는 식사를 했다는 것이다. 여러 해 동안 과학자들은 화학적 독소(예를 들어 담배)와 같은 다른 환경적 요인들이 유전자에 그것의 작용을 통해서 암의 원인이 될 수 있다는 것을 인정해 왔다. 음식이 유전자 발현에 특정한 영향을 미친다는 생각은 비교적 새로운 것이다.

해설 일란성 쌍둥이의 사례를 통해 그들이 동일한 유전자를 가지고 있음에도 한 명은 암에 걸리고 한 명은 암에 걸리지 않는 것이 '식사'의 영향일 수 있다고 설명하면서, 결국 음식이 유전자 발현에 영향을 미친다고 설명하는 내용의 글이다. 따라서 빈칸에 들어갈 말로 가장 적절한 것은 ⑤이다.

오답분석

오답선지	선택비율
① 일란성 쌍둥이는 똑같은 유전자 구성을 지닌다	12.3%
② 음식에 대한 우리의 선호도는 유전자에 의해 영향을 받는다	18.3%
③ 균형 잡힌 식단이 우리의 정신 건강에 필수적이다	14.0%
④ 유전 공학은 몇몇 치명적인 질병을 치료할 수 있다	18.8%

④번은 쌍둥이 중 한 명은 암에 걸리고 다른 한 명은 걸리지 않았다는 내용을 질병이 치료되었다고 잘못 이해하고 고른 선지일 거야. 하지만 이 글은 유전 공학이 암 등의 질병을 치료한다는 내용이 아니라, 유전자의 발현에 영향을 미치는 요소에 관한 내용이고 결국 그것이 음식일 수 있다고 주장하는 글이야.

4

정답 ②

소재 인구 증가가 가져온 변화

직독직해

→~과는 관계없이   →of의 목적어   →분사구
Regardless of / [whether the people {existing after
관계없이 /   농경 이후에 존재했던 사람들이 더 행복했든, 더 건강했든,
                                              →형식상의 주어
agriculture} were happier, healthier, or neither], / it is
아니면 둘 다 아니었든 /   부인할
→내용상의 주어(명사절)
undeniable / [that there were more of them]. // Agriculture
수 없다 /   더 많은 수의 사람들이 있었다는 것은 //   농경은 (더 많은
                                            →to부정사구(~할)
both [supports] / and [requires] more people [to grow
사람을) 부양하는 동시에 / 그리고 농작물을 기를 더 많은 사람을 필요로 한다 /
              →관계절   →people
the crops / {that sustain them}]. // Estimates vary, /
농작물을 /   그들을 지탱해 주는 //   추정치는 다양하다 /

of course, / but evidence points to an increase / in the
물론 /   하지만 증거는 증가를 보여 준다 /   인구에서
                              →from ~ to ...: ~에서 …으로
human population / from 1-5 million people worldwide /
                  전 세계적으로 1~5백만 명에서 /
                          →부사절
to a few hundred million / [once agriculture had become
수억 명으로의 /   농경이 확립된 후 //

established]. // And a larger population doesn't just mean /
                 그리고 더 많은 인구는 단지 의미하지는 않는다 /
→동명사구(mean의 목적어)
[increasing the size of everything, / like buying a bigger
모든 것의 규모를 확장하는 것을 /   더 큰 상자의 시리얼을 사는 것

box of cereal / for a larger family]. // It brings qualitative
같이 /   더 큰 가족을 위해 //   그것은 질적인 변화를 가져온다 /
                        →관계절
changes / in the way [people live]. // For example, / more
           사람들의 생활 방식에 //   예를 들어 /   더 많은
                                                    →부사절(시간)
people means more kinds of diseases, / particularly [when
사람은 더 많은 종류의 질병을 의미하는데 /   특히 그 사람들이 한곳에 정

those people are sedentary]. // Those groups of people can
착해 있을 때 (그렇다) //   그러한 사람들의 집단은 또한 음식을 보관할
                          →관계절(앞의 내용 부연 설명)
also store food / for long periods, / [which creates a society /
수 있다 /   장기간 동안 /   (그런데) 이것은 사회를 만들어 낸다 /
                    →전치사구
{with haves and have-nots}]. //
가진 자와 가지지 못한 자로 이루어진 //

전문 해석 농경 이후에 존재했던 사람들이 더 행복했든, 더 건강했든, 아니면 둘 다 아니었든 관계없이, 더 많은 수의 사람들이 있었다는 것은 부인할 수 없다. 농경은 더 많은 사람을 부양하는 동시에, 그들을 지탱해 주는 농작물을 기를 더 많은 사람을 필요로 한다. (B) 물론, 추정치는 다양하지만, 증거는 농경이 확립된 후 전 세계적으로 인구에서 1~5백만 명에서 수억 명으로의 증가를 보여 준다. (A) 그리고 더 큰 가족을 위해 더 큰 상자의 시리얼을 사는 것 같이, 더 많은 인구는 단지 모든 것의 규모를 확장하는 것을 의미하지는 않는다. 그것은 사람들의 생활 방식에 질적인 변화를 가져온다. (C) 예를 들어, 더 많은 사람은 더 많은 종류의 질병을 의미하는데, 특히 그 사람들이 한곳에 정착해 있을 때 그렇다. 그러한 사람들의 집단은 또한 음식을 장기간 보관할 수 있고, 이것은 가진 자와 가지지 못한 자로 이루어진 사회를 만들어 낸다.

해설 주어진 글에서 농경 이후에 인구가 증가했다고 했으므로, 전 세계적으로 인구가 1~5백만 명에서 수억 명으로 증가했다는 구체적인 수치를 제시하는 (B)가 주어진 글 뒤에 이어져야 한다. (A)에서 더 많은 인구가 단지 규모의 확장만 의미하는 것이 아니라 생활 방식의

질적인 변화까지 의미한다고 설명했으므로, (B) 뒤에는 (A)가 와야 한다. 질적인 변화가 생겼다고 (A)에서 언급한 이후에 (C)에서 질적인 변화의 예시로 더 많은 사람이 더 많은 질병을 의미하게 되었다고 설명하고 있으므로, (A) 뒤에는 (C)가 이어지는 것이 글의 순서로 가장 적절하다.

오답선지	①	③	④	⑤
선택비율	8.1%	19.9%	17.7%	17.2%

③번은 주어진 문장에서 농경 이후 인구가 증가했다는 것을 구체적인 수치를 제시하는 (B)가 이어지는 것을 파악하고는, 그다음으로 (C)가 먼저 온다고 착각한 경우야. 하지만 (C)에서 사용된 예시는 (B)에 대한 예시가 아니라 (A)의 마지막에 언급한 질적인 변화(qualitative changes)에 대한 예시야. 예시 등이 등장할 때는 무엇에 대한 예시인지를 잘 생각해야 해.

5

정답 ①

소재 경제 성장을 저해하는 풍부한 천연자원

직독직해

Some natural resource-rich developing countries / tend to
천연자원이 풍부한 일부 개발 도상국들은 / 지나친 의
(~하는 경향이 있다)

create an excessive dependence / on their natural resources, /
존을 초래하는 경향이 있으며 / 자국의 천연자원에 대한 /
(관계절(앞의 내용 부연 설명))

[which generates a lower productive diversification / and
이것은 더 낮은 생산적 다양화를 초래한다 / 그리고

a lower rate of growth]. // Resource abundance in itself /
더 낮은 성장률을 (초래한다) // 자원의 풍요가 그 자체로는 /

need not do any harm: / many countries have abundant
어떠한 해를 끼치게 되는 것은 아니다 / 많은 나라들이 풍부한 천연자원을 가지고 있다 /

natural resources / and have managed to outgrow / their
그리고 그럭저럭 벗어났다 / 그것(풍
(natural resources)

dependence on them / by diversifying their economic
부한 천연자원)에 대한 의존에서 / 자국의 경제 활동을 다양화함으로써 //
(~(함)으로써)

activity. // That is the case of Canada, Australia, or the US, /
캐나다, 호주, 또는 미국의 경우가 그러하다 /

to name the most important ones. // But some developing
가장 중요한 나라들을 꼽자면 // 하지만 일부 개발 도상국들은 갇혀
(countries)

countries are trapped / in their dependence on their large
있다 / 자국의 많은 천연자원에 대한 의존에 /
(수동태)

natural resources. // They suffer from a series of problems /
그들은 일련의 문제를 겪고 있다 /
(일련의)

[since a heavy dependence on natural capital tends to /
자연 자본에 대한 과도한 의존은 ~하는 경향이 있기 때문에 /
(부사절(이유))

{exclude other types of capital} / and thereby {interfere
다른 형태의 자본을 배제하고 / 그리고 그로 인해 경제 성장을 저해
(대등한 연결) (~을 방해하다)

with economic growth}]. //
하는 //

전문 해석 천연자원이 풍부한 일부 개발 도상국들은 자국의 천연자원에 대한 지나친 의존을 초래하는 경향이 있으며, 이것은 더 낮은 생산적 다양화와 더 낮은 성장률을 초래한다. 자원의 풍요가 그 자체로 어떠한 해를 끼치게 되는 것은 아니다. 많은 나라들이 풍부한 천연자원을 가지고 있으며 자국의 경제 활동을

다양화함으로써 그것(풍부한 천연자원)에 대한 의존에서 그럭저럭 벗어났다. 가장 중요한 나라들을 꼽자면 캐나다, 호주, 또는 미국의 경우가 그러하다. 하지만 일부 개발 도상국들은 자국의 많은 천연자원에 대한 의존에 갇혀 있다. 자연 자본에 대한 과도한 의존은 다른 형태의 자본을 배제하고 그로 인해 경제 성장을 저해하는 경향이 있기 때문에 그들은 일련의 문제를 겪고 있다.

→ 경제 활동을 다양화하지 않은 채 풍부한 천연자원에 의존하는 것은 경제 성장에 장애가 될 수 있다.

해설 일부 국가들은 다양한 경제 활동을 통해 천연자원에 대한 의존에서 벗어났지만, 일부 개발 도상국들은 자국의 천연자원에 지나치게 의존하여 더 낮은 생산적 다양화와 성장률을 초래하고 있다는 내용의 글이다. 따라서 빈칸 (A), (B)에 들어갈 말로 가장 적절한 것은 ① '다양화하지 – 장애'이다.

오답선지	선택비율
② 다양화하지 – 지름길	14.3%
③ 제한하지 – 난제	11.0%
④ 제한하지 – 장애	23.0%
⑤ 연결하지 – 지름길	5.9%

④번은 요약문에서 빈칸 (A) 앞의 without과 with를 혼동했기 때문에 limiting을 선택한 것으로 보여. an excessive dependence on their natural resources가 문제점이고 이를 해결하기 위해선 diversifying their economic activity가 필요하다는 내용의 글이므로 (A)에는 diversifying과 같은 의미의 낱말을 골라야 해, 경제 활동을 '제한한다(limiting)'고 하는 것은 적절하지 않아!

6

정답 ⑤

소재 항공기 운항 방식

직독직해

Commercial airplanes generally travel airways / [similar
일반적으로 민간 항공기는 항로로 운항한다 / 도로와 유
(형용사구(후치 수식))

to roads], / [although they are not physical structures]. //
사한 / 그것이 물리적 구조물은 아니지만 //
(부사절(양보))

Airways have fixed widths and defined altitudes, / [which
항로에는 고정된 폭과 규정된 고도가 있다 / 그런데 그
(관계절(fixed ~ altitudes를 부연 설명))

separate traffic / {moving in opposite directions}]. //
것들이 통행을 분리한다 / 반대 방향으로 움직이는 //
(분사구)

Vertical separation of aircraft / allows some flights to pass
항공기 간에 상하 간격을 둠으로써 / 일부 비행기가 공항 위를 통과할 수 있게
(allow+목(some flights)+목·보(to pass ~):)
(~이 …할 수 있게 하다)

over airports / while other processes occur below. // Air
된다 / 아래에서 다른 과정이 이루어지는 동안 // 항공
(~이 …할 수 있게 하다)

travel usually covers long distances, / with [short periods
여행은 보통 장거리에 걸친다 / 짧은 시간의 고강도 조종사
(with의 목적어①)

of intense pilot activity / at {takeoff} and {landing}] / and
활동과 함께 / 이륙과 착륙 시 / 그리고
(대등한 연결)

[long periods of lower pilot activity / while in the air], / the
긴 시간의 저강도 조종사 활동과 / 공중에 있는 동안 / 비행
(with의 목적어②)

portion of the flight / [known as the "long haul."] // [During
부분인 / '장거리 비행'이라고 알려진 / 비행에서
(분사구) (전치사구)

the long-haul portion of a flight], / pilots spend more time
장거리 비행 부분 동안 / 조종사들은 항공기 상태를 평가하는
(spend+시간+-ing: ~하는 데 시간을 보내다)

assessing aircraft status / than searching out nearby planes. //
데 더 많은 시간을 보낸다 / 근처의 비행기를 탐색하는 것보다 //
→ is의 보어
This is / [because collisions between aircraft usually occur /
이는 / 항공기 간의 충돌은 대개 발생하기 때문이다 /

전치사구
in the surrounding area of airports], / while crashes [due
공항 주변 지역에서 / 반면에 항공기 오작동으로 인
→전치사구
to aircraft malfunction] / tend to occur / [during long-haul
한 추락은 / 발생하는 경향이 있다 / 장거리 비행 중에 //

flight]. //

전문 해석 일반적으로 민간 항공기는 물리적 구조물은 아니지만, 도로와 유사한 항로로 운항한다. 항로에는 고정된 폭과 규정된 고도가 있으며, 그것들이 반대 방향으로 움직이는 통행을 분리한다. 항공기 간에 상하 간격을 둠으로써 아래에서 다른 과정이 이루어지는 동안 일부 비행기가 공항 위를 통과할 수 있게 된다. 항공 여행은 보통 장거리에 걸치며, 이륙과 착륙 시 짧은 시간의 고강도 조종사 활동과 함께 '장거리 비행'이라고 알려진 비행 부분인, 공중에 있는 동안 긴 시간의 저강도 조종사 활동이 있다. 비행에서 장거리 비행 부분 동안 조종사들은 근처의 비행기를 탐색하는 것보다 항공기 상태를 평가하는 데 더 많은 시간을 보낸다. 이는 항공기 간의 충돌은 대개 공항 주변 지역에서 발생하는 반면 항공기 오작동으로 인한 추락은 장거리 비행 중에 발생하는 경향이 있기 때문이다.

해설 ⑤ while이 이끄는 절의 주어가 crashes로 복수이므로 tends를 tend로 고쳐야 한다.
① 바로 뒤에 동사(separate)가 있고 fixed widths and defined altitudes가 선행사이므로, 계속적 용법의 주격 관계대명사 which는 어법상 적절하다.
② allow는 목적격보어로 to부정사를 취하는 동사이므로 to pass는 어법상 적절하다.
③ the portion of the flight를 수식하는 분사가 필요한데 '비행 부분'은 장거리 비행이라고 '알려진' 것이므로 과거분사 known은 어법상 적절하다.
④ than으로 비교되는 두 대상이 대등하게 연결되어야 하므로, 동명사 assessing과 대등하게 searching은 어법상 적절하다.

오답분석

오답선지	① which	② to pass	③ known	④ searching
선택비율	7.1%	7.8%	19.1%	11.2%

③번은 the portion of the flight가 문장의 주어라고 생각하고 동사구가 와야 한다고 착각하기 쉬운 구조야! 하지만 the portion of the flight known as the "long haul"은 앞의 long periods of lower pilot activity while in the air와 동격으로 사용된 명사구가 온 것이므로 동사구가 필요한 것은 아니야.

Daily Review Day **14**

Vocabulary Check-up 📶

1 (1) genetics (2) twilight (3) outgrow
2 (1) passive (2) Vertical

1 (1) genetics / 반대로, 유전학에 관한 새로워진 관심은 아직 알

려지지 않은 다양한 목적을 위해서 이용될 수 있는 흥미롭거나 유용한 유전 특성을 가진 많은 야생 동식물이 있다는 인식을 점점 키웠다.

(2) twilight / 그녀는 황혼 녘에 그 다리를 볼 수 있어서 기뻤다.

(3) outgrow / 이 격언은 밭에서 다른 것들보다 더 자라는 어떤 '양귀비'이든 '잘리게' 된다는 것, 다시 말해 기대 이상의 성공을 거두는 사람은 누구든지 결국 실패하리라는 것을 보여 준다.

2 (1) passive / 그들에게 선택권을 제공할 수 있는 도구로 무장한 소비자는 수동적 방관자에서 능동적 참여자로 이동한다.

(2) Vertical / 수직적 전이는 그러한 상황을 가리킨다. 학습자는 더 기본적인 정보와 절차를 바탕으로 하여 새로운 지식이나 기술을 습득한다.

Grammar Check-up 📶

1 (1) ① highly ② cooperating (2) ① that ② relatively
2 ④ → lasting

1 (1) ① highly: '매우'라는 의미로 social을 수식하므로 부사 highly가 어법상 적절하다.
② cooperating: 문맥상 making과 대등한 연결을 이루기 때문에 cooperating이 어법상 적절하다.

(2) ① that: food has ~ expression은 The notion과 동격의 의미로 사용된 절이므로 명사절을 이끄는 접속사 that이 어법상 적절하다.
② relatively: 형용사 new를 수식하므로 부사 relatively가 어법상 적절하다.

2 ④ love의 목적어인 the cast of twilight across a mountainside를 수식하는 분사가 와야 하므로 lasting으로 고쳐야 한다.

1

정답 ①

소재 크라우드 펀딩의 의미

직독직해

Crowdfunding is a new and more collaborative way /
크라우드 펀딩은 새롭고 더 협력적인 방법이다 /

→ to부정사구
[to secure funding for projects]. // It can be used / in
프로젝트를 위한 자금을 확보하는 //   →수동태   그것은 사용될 수 있다 / 다른

(예를 들어) ~ 같은 →   → 동명사구(as의 목적어①)
different ways / such as [requesting donations for a worthy
방식들로 /   가치 있는 명분을 위한 기부를 요청하는 것과 같은

→ 동명사구(as의 목적어②)
cause / anywhere in the world] / and [generating funding
세계 어느 곳에서나 /   그리고 프로젝트를 위한 자금을 조성

   → 분사구
for a project / with the contributors / {then becoming
하는 것과 같은 /   기여자들과 함께 /   이후에 프로젝트의 파트

partners in the project}]. // In essence, / crowdfunding is
너가 되는 //   본질적으로 /   크라우드 펀딩은 소셜 네트

   → of의 목적어①   → of의 목적어②
the fusion of social networking and venture capitalism. //
워킹과 벤처 자본주의의 융합이다 //

→ the same ... as ~: ~과 동일한
In just the same way / as social networks have rewritten
동일한 방식으로 /   소셜 네트워킹이 전통적인 규칙을 다시 쓴 것과

   → 전치사구 → about의 목적어
the conventional rules / [about {how people communicate
사람들이 어떻게 서로 의사소통하고 상호 작용하는

and interact with each other}], / crowdfunding in all its
지에 대한 /   온갖 다양한 방식의 크라우드 펀딩은

   → to부정사구   on의 목적어
variations / has the potential [to rewrite the rules / on {how
규칙을 다시 쓸 잠재력을 가진다 /   기업과 다른

businesses and other projects get funded / in the future}]. //
프로젝트가 어떻게 자금을 얻는지에 대한 /   미래에 //

   → 수동태
Crowdfunding can be viewed / as the democratization
크라우드 펀딩은 여겨질 수 있다 /   기업 자금 조달의 민주화로 //

   동명사구(of의 목적어) →   → restrict ~ to ...: ~을 …에
of business financing. // Instead of [restricting capital   한정하다
자본 조달과 할당을 한정하는 것 대신에 /

sourcing and allocation / to a relatively small and fixed
   비교적 소규모의 고정된 소수에 /

   → 분사구
minority], / crowdfunding empowers everyone / [connected
크라우드 펀딩은 모든 사람이 ~하게 해 준다 /   인터넷에 연결된 /

to the Internet] / to access both the collective wisdom and
인터넷에 연결된] /   모든 다른 사람의 집단 지혜와 적은 돈에 다가갈 수 있게 /

   → 관계절
the pocket money of everyone else / [who connects to the
적은 돈에 다가갈 수 있게 /   인터넷에 접속하는 //

Internet]. //

전문 해석 크라우드 펀딩은 프로젝트를 위한 자금을 확보하는 새롭고 더 협력적인 방법이다. 그것은 세계 어느 곳에서나 가치 있는 명분을 위한 기부를 요청하는 것 그리고 이후에 프로젝트의 파트너가 되는 기여자들과 함께 프로젝트를 위한 자금을 조성하는 것과 같은 다른 방식들로 사용될 수 있다. 본질적으로, 크라우드 펀딩은 소셜 네트워킹과 벤처 자본주의의 융합이다. 소셜 네트워

킹이 사람들이 어떻게 서로 의사소통하고 상호 작용하는지에 대한 전통적인 규칙을 다시 쓴 것과 동일한 방식으로, 온갖 다양한 방식의 크라우드 펀딩은 미래에 기업과 다른 프로젝트가 어떻게 자금을 얻는지에 대한 규칙을 다시 쓸 잠재력을 가진다. 크라우드 펀딩은 기업 자금 조달의 민주화로 여겨질 수 있다. 자본 조달과 할당을 비교적 소규모의 고정된 소수에 한정하는 것 대신에 크라우드 펀딩은 인터넷에 연결된 모든 사람이 인터넷에 접속하는 모든 다른 사람의 집단 지혜와 적은 돈에 다가갈 수 있게 해 준다.

해설 자금 확보에 새롭고 더 협력적인 방법이라는 크라우드 펀딩은 자본 조달과 할당을 소수에 한정하는 것이 아니라 다수의 사람들이 다가갈 수 있게 해 준다는 내용이므로, 밑줄 친 부분이 글에서 의미하는 바로 가장 적절한 것은 ① '더 많은 사람들이 사업 자금을 모으는 데 관여할 수 있다.'이다.

오답분석

오답선지	선택비율
② 더 많은 사람들이 새로운 제품을 개발하는 데 참여할 수 있을 것이다.	8.5%
③ 크라우드 펀딩이 자금을 조달하는 전통적인 방식을 강화할 수 있다.	21.3%
④ 크라우드 펀딩은 소셜 네트워크가 자금 조달을 활성화하는 것을 막는다.	30.8%
⑤ 인터넷이 한 회사의 직원들이 서로 상호 작용하는 것을 도와준다.	7.3%

④번은 keep의 의미를 잘못 이해한 학생들이 선택한 것으로 보여. 뒤에 from이 왔기 때문에 '소셜 네트워크가 자금 조달을 활성화하는 것을 막는다'는 의미이므로 본문과는 정반대의 내용이 되는 거지. 지문 내용과 선택지 표현을 꼼꼼히 비교하며 어떻게 연결되어 있는지 꼭 확인해! 빈칸 추론 유형의 경우 선택지가 영어로 되어 있으니 우선 이를 정확하게 해석하는 것이 필수야!

2

정답 ②

소재 대체재와 보완재

직독직해

   → 동격
Are the different types of mobile device, smartphones
다른 유형의 모바일 기기인 스마트폰과 태블릿은 /

and tablets, / substitutes or complements? // Let's explore
   대체재인가 아니면 보완재인가 //   이 질문을 탐구해 보

this question / by considering the case of Madeleine and
자 /   (함)으로써   Madeleine과 Alexandra의 사례를 생각하면서 /

   → 동격
Alexandra, / two users of these devices. // Madeleine uses
   이 기기들의 두 명의 사용자인 //   Madeleine은 태블릿을

   → to부정사구(~하기 위해)   → 수동태
her tablet / [to take notes in class]. // These notes are synced
사용한다 /   수업 중에 필기하기 위해   이 필기는 무선으로 스마트폰에 동

to her smartphone wirelessly, / via a cloud computing
기화되어 /   클라우드 컴퓨팅 서비스를 통해 /

   → 분사구문
service, / [allowing Madeleine to review her notes / on her
   Madeleine이 자신의 필기를 복습하도록 해 준다 /   전화기로

   → 전치사구
phone / {during the bus trip home}]. // Alexandra uses
   집으로 버스를 타고 가는 동안 //   Alexandra는 자신의 전

   → 대등한 연결
both her phone and tablet / to [surf the Internet], / [write
화기와 태블릿을 둘 다 사용한다 /   인터넷을 검색하고 /   이메일을

emails] / and [check social media]. // Both of these devices
쓰고 / 그리고 소셜 미디어를 확인하기 위해 // 이러한 두 기기 모두 Alexandra
→ allow+목(Alexandra)+목·보(to access ~): ~이 …하도록 해 주다 → 부사절(시간)
allow Alexandra to access online services / [when she is
가 온라인 서비스에 접근하도록 해 준다 / 그녀가 떨어져 있을

away / from her desktop computer]. // For Madeleine, /
때 / 데스크톱 컴퓨터로부터 // Madeleine에게 /

smartphones and tablets are *complements*. // She gets greater
스마트폰과 태블릿은 '보완재'이다 // 그녀는 더 큰 기능성을
                                                      her two devices → 수동태
functionality / out of her two devices / when they are
얻는다 / 자신의 두 기기로부터 / 그들이 함께 사용될 때

used together. // For Alexandra, they are *substitutes*. //
                Alexandra에게 그것들은 '대체재'이다 //

Both smartphones and tablets fulfil more or less the same
스마트폰과 태블릿 둘 다 거의 같은 기능을 수행한다 /

function / in Alexandra's life. // This case illustrates the
                 Alexandra의 생활에서 // 이 사례는 역할을 보여 준다 /
          → 관계절
role / [that an individual consumer's behavior plays / in
          개별 소비자의 행동이 행하는 (역할을) /
→ 동명사구(in의 목적어)   → 전치사구
{determining the nature of the relationship / ⟨between two
관계에 대한 속성을 결정하는 데 있어 / 두 개의 상품 또는

goods or services⟩}]. //
서비스 사이의 //

전문 해석 다른 유형의 모바일 기기인 스마트폰과 태블릿은 대체재인가 아니면 보완재인가? 이 기기들의 두 명의 사용자인 Madeleine과 Alexandra의 사례를 생각함으로써 이 질문을 탐구해 보자. Madeleine은 수업 중에 필기하기 위해 자신의 태블릿을 사용한다. 이 필기는 클라우드 컴퓨팅 서비스를 통해 무선으로 스마트폰에 동기화되어 Madeleine이 집으로 버스를 타고 가는 동안 전화기로 자신의 필기를 복습하도록 해 준다. Alexandra는 인터넷을 검색하고, 이메일을 쓰고, 소셜 미디어를 확인하기 위해 자신의 전화기와 태블릿을 둘 다 사용한다. 이러한 두 기기 모두 Alexandra가 데스크톱 컴퓨터로부터 떨어져 있을 때 그녀가 온라인 서비스에 접근하도록 해 준다. Madeleine에게 스마트폰과 태블릿은 '보완재'이다. 두 기기가 함께 사용될 때, 그녀는 그것들로부터 더 큰 기능성을 얻는다. Alexandra에게 그것들은 '대체재'이다. 스마트폰과 태블릿 둘 다 Alexandra의 생활에서 거의 같은 기능을 수행한다. 이 사례는 개별 소비자의 행동이 두 개의 상품 또는 서비스 사이의 관계에 대한 속성을 결정하는 데 있어 행하는 역할을 보여 준다.

해설 다른 유형의 모바일 기기인 스마트폰과 태블릿을 사용하는 Madeleine과 Alexandra의 예를 들어 '대체재'와 '보완재'의 의미를 설명하는 글이다. Madeleine과 Alexandra가 두 기기를 어떤 식으로 사용하는지에 따라 보완재 혹은 대체재가 될 수 있다는 내용의 글이므로, 빈칸에 들어갈 말로 가장 적절한 것은 ②이다.

오답분석

오답선지	선택비율
① 다른 사람들과의 상호 작용	13.2%
③ 사회적 지위의 명백한 변화	8.5%
④ 혁신적인 기술 발전	20.2%
⑤ 현재 상황의 객관적인 평가	10.2%

④번은 단순하게 스마트폰, 태블릿과 같은 모바일 기기에서 연상되는 내용으로 만든 오답이야. 스마트폰과 태블릿이 보완재로 사용되었는지 아니면 대체재로 사용되었는지를 결정하는 것은 사용자가 그것을 어떻게 사용했느냐에 따라 결정된다고 했지. 빈칸 추론 유형의 경우 언제나 빈칸은 글의 전체적인 내용과 연관성이 있다는 것을 꼭 기억해!

3

정답 ②
소재 태도의 형성 과정
직독직해

                      → 수동태   → 전치사구
Attitude has been conceptualized / [into four main
태도는 개념화되어 왔다 / 네 가지 주요 요소로 /
                          → 주요 요소①
components]: / {affective (feelings of liking or disliking)} /
즉, 감정적 요소(좋아하거나 싫어한다는 느낌) /
→ 주요 요소②
{cognitive (beliefs and evaluation of those beliefs)}, /
인지적 요소(신념 및 그러한 신념에 대한 평가) /
→ 주요 요소③
{behavioral intention (a statement of how one would behave
행동적 의도 요소(누군가 어떤 상황에서 어떻게 행동할 것인가에 대한 진술) /
                              → 주요 요소④
in a certain situation)}, / and {behavior} . // Public attitudes
그리고 행동 요소이다 // 야생 동물종과 그것의 관
          → 전치사구   수동태 ←
[toward a wildlife species and its management] / are
리에 대한 대중의 태도는 /   생성
                            → ~에 기초하여
generated / based on the interaction of those components. //
된다 / 그러한 요소들의 상호 작용에 기초하여 //
     → 동명사구(In의 목적어)
In [forming our attitudes toward wolves], / people strive
늑대들에 대한 우리의 태도를 형성할 때 /   사람들은 태도의 감
                → keep+목(their ~ attitude) +목·보(consistent): ~을 …하게 유지하다
to keep their affective components of attitude consistent /
정적 요소를 일치하게 유지하려고 노력한다 /

with their cognitive component. // For example, / I could
그들의 인지적 요소와 //   예를 들어 /   나는 늑대를
                              → 명사절(believe의 목적어): that 생략
dislike wolves; / I believe / [(that) they have killed
싫어할 수 있다 / 나는 믿는다 / 그것들이 사람들을 죽였다고(인지적 신념) /
                          → 동명사구(주어) ← → 사역동사+목(people)+목·보(killed)
people (cognitive belief), / and {having people killed} /
사람들을(인지적 신념), /   그리고 사람을 죽게 하는 것은 /

is of course bad (evaluation of belief). // The behavioral
당연히 나쁘다(신념에 대한 평가) //   행동적 의도는 /
                          → 관계절   to부정사구(is의 보어)
intention / [that could result from this] / is [to support
이것으로부터 생길 수 있는 /   늑대 통제 프로그램을

a wolf control program] / and actual behavior may be a
지지하는 것이다 /   그리고 실제 행동은 늑대 사냥의 역사일 것이다 //

history of shooting wolves. // In this example, / all aspects
                            이 예에서는 /   태도의 모든 측면
                  → 과 일치하다   → 분사구문
of attitude are consistent with each other, / [producing a
이 서로 일치한다 /   부정적인 전체 태도

negative overall attitude / toward wolves]. //
를 만들어 내면서 /   늑대에 대해 //

전문 해석 태도는 네 가지 주요한 요소로 개념화되어 왔다. 즉, 감정적 요소(좋아하거나 싫어한다는 느낌), 인지적 요소(신념 및 그러한 신념에 대한 평가), 행동적 의도 요소(누군가 어떤 상황에서 어떻게 행동할 것인가에 대한 진술), 그리고 행동 요소이다. 야생 동물종과 그것의 관리에 대한 대중의 태도는 그러한 요소들의 상호 작용에 기초하여 생성된다. 늑대들에 대한 우리의 태도를 형성할 때, 사람들은 태도의 감정적 요소를 그들의 인지적 요소와 일치되게 유지하려고 노력한다. 예를 들어, 나는 늑대를 싫어할 수 있다. 나는 그것들이 사람들을 죽였다고 믿는다(인지적 신념), 그리고 사람을 죽게 하는 것은 당연히 나쁘다(신념에 대한 평가). 이것으로부터 생길 수 있는 행동적 의도는 늑대 통제 프로그램을 지지하는 것이고, 실제 행동은 늑대 사냥의 역사일 것이다. 이 예에서는, 태도의 모든 측면이 서로 일치하여 늑대에 대해 부정적인 전체 태도를 만들

어 낸다.

해설 태도에는 네 가지 요소가 있다고 하면서 태도가 형성되는 과정에서 이 네 가지 요소가 어떻게 적용되어 가는지를 설명하는 내용의 글이다. 늑대를 예로 들어 감정적 요소, 인지적 요소, 행동적 의도 요소, 행동 요소가 함께 연결돼서 늑대에 대해 전체적인 부정적인 태도가 만들어지는 것이므로, 빈칸에 들어갈 말로 가장 적절한 것은 ②이다.

오답분석

오답선지	선택비율
① 태도가 다양한 형태의 믿음을 만들어	22.8%
③ 태도의 인지적 요소는 감정적 요소보다 더 중요하여	22.4%
④ 태도의 요소들은 동시에 평가되지 않아	14.6%
⑤ 우리의 편향된 태도들은 생물의 다양성을 보존하는 데 방해되어	11.0%

①번을 선택한 학생들이 많았는데, 이 글에서 설명하는 4가지 요소를 읽고 이것을 various forms of belief라고 판단했기 때문이야. 하지만 다양한 믿음을 형성하는 게 아니라, 태도의 4가지 구성 요소가 연결되어 전체적인 하나의 태도(늑대에 대한 부정적인)가 형성되는 것이니 그것은 오답이야! 늑대가 예시로 등장하는 4가지 구성 요소가 결국 하나의 태도로 귀결되고 있음을 파악하는 것이 핵심이야!

4

정답 ④

소재 과학이 작동하는 방식

직독직해

[Like the physiological discoveries of the late nineteenth
19세기 후반의 생리학의 발견처럼 /
~전치사구

century], / today's biological breakthrough / has fundamentally
오늘날 생물학의 획기적인 발견은 / 우리의 이해를 근본적으로
of의 목적어

altered our understanding / of [how the human organism
바꿔 놓았다 / 인간 유기체가 작동하는 방식에 대한

works] / and will change medical practice / fundamentally
그리고 의료 행위를 변화시킬 것이다 / 본질적으로 그리고 철

and thoroughly. // The word "breakthrough," / however, /
저하게 // '획기적인 발견'이라는 말은 / 그러나 /
전치사구
imply의 목적어

seems to imply / {in many people's minds} / [an amazing,
의미하는 것처럼 보인다 / 많은 사람들의 마음속에서는 / 놀랍고 전례 없는
관계절

unprecedented revelation / {that, in an instant, / makes
발견을 / 순식간에 / 모든 것을
make+목(everything)+목·보(clear): ~을 …하게 만들다

everything clear}]. // Science doesn't actually work that
명확하게 만드는 // 과학은 실제로는 그런 방식으로 작동하지 않는다
Do you 생략
관계절(the scientific method 부연 설명)

way. // Remember the scientific method, / [which you
과학적 방법을 기억하는가 / 여러분이 아마 처

probably first learned / about back in elementary school]? //
음 배웠을 / 대략 초등학교에서 //

It has a long and difficult process / of observation, hypothesis,
그것은 길고 어려운 과정을 지닌다 / 관찰, 가설, 실험, 검증, 수정, 재검증, 그

experiment, testing, modifying, retesting, and retesting /
리고 재검증의 /
is의 보어

again and again and again. // That's [how science works], /
재차 반복되는 // 그것이 과학이 작동하는 방식이다 /

and the breakthrough understanding of the relationship /
그리고 관계에 대한 획기적 이해는 /

[between our genes and chronic disease] / happened in
우리 유전자와 만성 질환 사이의 / 바로 그러한 방식으
전치사구
분사구문(~하면서)

just that way, / [building on the work of scientists / from
로 일어난다 / 과학자들의 연구를 기반으로 하면서 / 수십 년,

decades — even centuries — ago]. // In fact, / it is still
심지어 수백 년 전으로부터의 // 사실 / 그것은 여전히
부사절

happening; / the story continues to unfold / [as the research
일어나고 있으며 / 그 이야기는 계속 펼쳐진다 / 연구가 계속되는 한 //

presses on]. //

전문 해석 19세기 후반의 생리학의 발견처럼, 오늘날 생물학의 획기적인 발견은 인간 유기체가 작동하는 방식에 대한 우리의 이해를 근본적으로 바꿔 놓았고, 의료 행위를 본질적으로 그리고 철저하게 변화시킬 것이다. (C) 그러나 '획기적인 발견'이라는 말은 많은 사람들의 마음속에서는 순식간에 모든 것을 명확하게 만드는 놀랍고 전례 없는 발견을 의미하는 것처럼 보인다. 과학은 실제로는 그런 방식으로 작동하지 않는다. (A) 여러분이 대략 초등학교에서 처음 배웠을 과학적 방법을 기억하는가? 그것은 관찰, 가설, 실험, 검증, 수정, 재검증, 그리고 재차 반복되는 재검증의 길고 어려운 과정을 지닌다. (B) 그것이 과학이 작동하는 방식이고, 우리 유전자와 만성 질환 사이의 관계에 대한 획기적 이해는 수십 년, 심지어 수백 년 전으로부터의 과학자들의 연구를 기반으로 하면서 바로 그러한 방식으로 일어난다. 사실, 그것은 여전히 일어나고 있으며 연구가 계속되는 한 그 이야기는 계속 펼쳐진다.

해설 주어진 글에서 생물학의 '획기적인 발견'이 의료 행위를 본질적으로 변화시킬 것이라고 했는데, 그럼에도 불구하고 이러한 '획기적인 발견'이라는 말이 순식간에 모든 것을 명확하게 만드는 전례 없는 발견을 의미하는 것은 아니라고 하면서 과학은 그런 식으로 작동하지 않는다고 설명하는 (C)가 주어진 글 뒤에 이어져야 한다. (C)에 대한 설명으로 초등학교 때 처음 배웠던 것처럼 과학은 길고 어려운 과정을 지닌다고 설명하는 (A)가 (C)의 뒤에 이어져야 한다. 과학이 길고 어려운 과정이라는 (A)에 대한 부연 설명으로 우리의 유전자와 만성 질환 사이의 관계에 대한 획기적인 이해도 굉장히 오랜 기간에 걸쳐 일어났다고 (B)에서 설명하고 있으므로, (A) 뒤에는 (B)가 이어지는 것이 글의 순서로 가장 적절하다.

오답분석

오답선지	①	②	③	⑤
선택비율	6.1%	9.7%	15.0%	21.2%

⑤번은 연결사 however로 주어진 글 다음에 (C)가 이어지는 것은 어렵지 않게 판단이 되지만, (B)에서 That's how science works가 지칭하는 것을 혼동했기 때문에 고른 답이야. (B)에서 말하는 과학이 작동하는 방식이란 관찰, 가설, 실험, 검증, 수정, 재검증이라는 길고 어려운 과정을 뜻한다는 것을 파악해야 올바른 순서를 찾을 수 있었던 문항이야.

5

정답 ④

소재 지역의 특색을 보여 주는 건물의 스타일

직독직해

In the US, / regional styles of speech / have always
미국에서는 / 말의 지역적 스타일이 / 건축의 지역적 스타일이
주어①

been associated with regional styles of building: / the
~과 연결되어 있다
일과 함께 항상 연결되어 왔다 / 중서

Midwestern farmhouse, the Southern plantation mansion,
부의 농장 주택, 남부의 대농장 저택, 그리고 Cape Cod 지역의 오두막 모두가 /
→주어②

and the Cape Cod cottage all / have their equivalent / in
→주어③   →동사
그에 상응하는 것을 가진다 /   구어

spoken dialect. // These buildings may be old and genuine, /
방언에서 //   이 건물들은 오래되고 진품일 수도 있다 /
→these buildings

or they may be recent reproductions, / the equivalent of an
또는 최근의 복제물일 수도 있다 /   꾸며진 (방언에) 상응하는 것인 /
→~이라기보다는 (차라리)

assumed / rather than a native accent. // As James Kunstler
그 지방 고유의 방언이라기보다는 //   James Kunstler가 말한 것

says, / "half-baked versions of Scarlett O'Hara's Tara now
처럼 /   Scarlett O'Hara의 Tara에 대한 어설픈 변형들이 요즘 세워져 있다
→분사구문(앞에 being 생략)

stand / [replicated in countless suburban subdivisions /
수없이 많은 교외 지역에 복제되어 /

around the United States."] // In some cities and towns, /
미국 전역의 //   몇몇 도시와 마을에서는 /
→관계절

[especially where tourism is an important part of the
특히 관광 사업이 경제의 중요한 일부분인 /
→make+목+목·보: ~을 …으로 만들다

economy], / zoning codes may make a sort of artificial
지역제(地域制) 규칙이 일종의 인위적인 진정성을 의무로 정할 수 있다 //

authenticity compulsory. // Houses in the historic district
플로리다주 Key West의 역사적으로 유명한 지

of Key West, Florida, / for example, / whether new or
역에 있는 주택들은 /   예를 들어 /   신축이거나 리모델링된 것

remodeled, / must be built of wood / in a traditional style, /
이거나 /   목재로 지어져야만 한다 /   전통적 양식에 따라 /
→수동태

and there are only a few permissible colors of paint, / [white
그리고 단지 몇 가지 허용될 수 있는 페인트의 색깔이 있으며 /   흰색이
→분사구문

being preferred]. // [From the street] / these houses may
선호된다 //   거리에서 보면 /   이 주택들은 단순한 선장의
→전치사구

look like the simple sea captains' mansions / [they imitate]. //
저택처럼 보일 수도 있다 /   그것들이 모방하고 있는 //
→~처럼 보이다   →관계절

Inside, / however, / [where zoning does not reach], /
내부에는 /   그러나 /   지역제가 미치지 않는 /
→관계절(Inside를 부연 설명)

they often contain / [modern lighting and state-of-the-art
그것들은 종종 포함하고 있다 /   현대적인 조명과 최신식 부엌과 욕실을 //
→contain의 목적어

kitchens and bathrooms]. //

전문 해석 미국에서는 말의 지역적 스타일이 건축의 지역적 스타일과 함께 항상 연결되어 왔다. 중서부의 농장 주택, 남부의 대농장 저택, 그리고 Cape Cod 지역의 오두막 모두가 구어 방언에서 그에 상응하는 것을 가진다. 이 건물들은 오래되고 진품일 수도 있고 또는 그 지방 고유의 방언이라기보다는 꾸며진 방언에 상응하는 것인 최근의 복제품일 수도 있다. James Kunstler가 말한 것처럼, "Scarlett O'Hara의 Tara에 대한 어설픈 변형들이 요즘 미국 전역의 수없이 많은 교외 지역에 복제되어 세워져 있다." 특히 관광 사업이 경제의 중요한 일부분인 몇몇 도시와 마을에서는 지역제(地域制) 규칙이 일종의 인위적인 진정성을 의무로 정할 수 있다. 예를 들어, 플로리다주 Key West의 역사적으로 유명한 지역에 있는 주택들은 신축이거나 리모델링된 것이거나 전통적 양식에 따라 목재로 지어져야만 하고, 단지 몇 가지 허용될 수 있는 페인트의 색깔이 있으며, 흰색이 선호된다. 거리에서 보면 이 주택들은 그것들이 모방하고 있는 단순한 선장의 저택처럼 보일 수도 있다. 그러나 지역제가 미치지 않는 내부에는, 그것들은 현대적인 조명과 최신식 부엌과 욕실을 종종 포함하고 있다.

해설 주어진 문장은 플로리다주의 Key West 지역에서 주택을 지을 때 지켜야 할 규칙을 예로 들어 설명한다. 이에 이 문장 바로 앞에는 일부 도시와 마을에서 지역제 규칙을 의무로 한다는 내용의 문장이 있어야 하고, 바로 뒤에는 주어진 문장의 Houses in the historic district of Key West, Florida를 these houses로 받으면서 흰색의 페인트를 선호하기 때문에 겉으로 보기에 단순한 선장의 저택처럼 보일 수 있다는 내용의 문장이 이어져야 한다. 따라서 주어진 문장이 들어가기에 가장 적절한 곳은 ④이다.

오답분석

오답선지	①	②	③	⑤
선택비율	11.4%	11.8%	13.8%	9.5%

④번 뒤 문장에 포함된 these houses가 주어진 문장의 Houses in the historic district of Key West, Florida를 지칭하기 때문에 ③번이나 ④번으로 정답이 금방 좁혀졌을 거야. 따라서 주어진 문장이 In some cities and towns에 대한 예시라는 것만 파악하면 정답을 고르기가 어렵지는 않았을 거야!

6

정답 ④

소재 녹음된 음악에 끌리는 이유

직독직해

There is a reason / [why so many of us are attracted to
이유가 있다 /   우리 중 그렇게나 많은 사람이 녹음된 음악에 끌리는 /
→관계절   →~에 끌리다

recorded music / these days], / [especially considering /
요즘 /   특히 고려할 때 /
→분사구문

{personal music players are common} / and {people are
개인용 음악 플레이어가 흔하고 /   그리고 사람들이 음악을
→considering의 목적어①   considering의 목적어②

listening to music / through headphones a lot}]. // Recording
듣는 것을 /   헤드폰으로 많이 //   녹음 엔지니어와

engineers and musicians have learned to create special
음악가는 특수 효과를 만들어 내는 것을 배웠다 /

effects / [that tickle our brains / by exploiting neural
우리의 뇌를 자극하는 /   신경 회로를 이용함으로써 /
→관계절

circuits / {that evolved to discern important features of our
우리 청각 환경의 중요한 특징들을 분간하도록 진화한 //
→관계절

auditory environment}]. // These special effects are similar /
이러한 특수 효과들은 비슷하다 /

in principle / to 3-D art, motion pictures, or visual illusions, /
원리상 /   3-D 아트, 영화, 또는 착시와 /
→관계절(3-D art ~ illusions를 부연 설명)

[none of which have been around / long enough / for our
그런데 그것들 중 어느 것도 주변에 존재하지 않았다 /   충분히 오랫동안 /   우리의 뇌가

brains to have evolved special mechanisms / {to perceive
특수한 방법을 진화시킬 만큼 /   그것들을 인식하기
→to부정사구

them}]. // Rather, / 3-D art, motion pictures, and visual
위한 //   오히려 /   3-D 아트, 영화, 그리고 착시는

illusions / leverage perceptual systems / [that are in place
인식 체계를 이용한다 /   다른 것들을 성취하기 위해
→관계절

to accomplish other things]. // [Because they use these
자리 잡고 있는 //   그것들이 이러한 신경 회로를 사용하기
find+목(them)+목·보(interesting): ~을 …하다고 여기다   →부사절(이유)

neural circuits / in novel ways], / we find them especially
때문에 /   새로운 방식으로 /   우리는 그것들이 특히 흥미롭다고 여

interesting. // The same is true of the way⎤관계절 / [that modern
긴다 //　　　동일한 것이 방법에도 적용된다 /　　　　현대의 녹음된 음악
recordings are made].⎤수동태 //
이 만들어지는 //

전문 해석 개인용 음악 플레이어가 흔하고 사람들이 헤드폰으로 음악을 많이 듣는 것을 특히 고려할 때, 요즘 우리 중 그렇게나 많은 사람이 녹음된 음악에 끌리는 이유가 있다. 녹음 엔지니어와 음악가는 우리 청각 환경의 중요한 특징들을 분간하도록 진화한 신경 회로를 이용함으로써 우리의 뇌를 자극하는 특수 효과를 만들어 내는 것을 배웠다. 이러한 특수 효과들은 원리상 3-D 아트, 영화, 또는 착시와 비슷하지만, 그것들 중에 어느 것도 우리의 뇌가 그것들을 인식하기 위한 특수한 방법을 진화시킬 만큼 충분히 오랫동안 주변에 존재하지는 않았다. 오히려 3-D 아트, 영화, 그리고 착시는 다른 것들을 성취하기 위해 자리 잡고 있는 인식 체계를 이용한다. 그것들이 이러한 신경 회로를 새로운 방식으로 사용하기 때문에, 우리는 그것들이 특히 흥미롭다고 여긴다. 동일한 것이 현대의 녹음된 음악이 만들어지는 방법에도 적용된다.

해설 ④ find의 목적어로 쓰인 them은 3-D art, motion pictures, and visual illusions를 의미하고 그것들 자체가 흥미로운 것이므로, interested를 현재분사 interesting으로 고쳐야 한다.
① 동사 evolved 뒤에 '분간하도록 진화한'이라는 목적의 의미로 사용된 to discern은 어법상 적절하다.
② 선행사 3-D art, motion pictures, or visual illusions를 부연 설명하는 계속적 용법의 관계사절을 이끄는 주격 관계대명사 which는 어법상 적절하다.
③ perceptual systems가 선행사이므로 관계사 that이 이끄는 절의 동사로 복수 동사 are는 어법상 적절하다.
⑤ the way를 선행사로 하는 관계부사 that은 어법상 적절하다.

오답분석

오답선지	① to discern	② which	③ are	⑤ that
선택비율	8.0%	18.5%	11.0%	11.6%

②번은 none of가 which 앞에 쓰여 학생들이 낯설게 느꼈을 것으로 보여. 하지만 which의 선행사가 3-D art, motion pictures, or visual illusions이고 '이것들 중 어느 것도 존재하지 않았다'는 부정의 의미로 사용되었으니 자연스러워. 어법 문제는 단순하게 문법 사항을 묻기도 하지만 문맥 안에서 자연스럽게 사용되었는지까지 묻는 경우가 많다는 점을 반드시 명심해!

Daily Review　　　　　　　　　　　Day 15

Vocabulary Check-up

1 (1) hypothesis (2) discern (3) breakthrough
2 (1) unprecedented (2) substitute

1 (1) hypothesis / 아주 존경받는 물리학자인 Enrico Fermi는 자신의 학생들에게 가설을 성공적으로 입증하는 실험은 측정이며, 그렇지 않은 것은 발견이라고 말했다.

(2) discern / 서로 다른 색깔은 우리가 분간할 수 있지만, 여러 다른 소리에는 정확한 '숫자'를 부여할 수 있다.

(3) breakthrough / HP는 HP 실험실에서 만들어진 초정밀 온도계로 획기적 발전을 이룩했다.

2 (1) unprecedented / 이것은 개발 도상국의 도시들이 전례 없는 속도로 성장해서, 저소득층의 많은 도시 거주민들을 훨씬 더 자연과 인간이 야기한 위험에 대해 취약하게 했던 종종 위험한 자생적 정착지로 불러 모았던 때에 발생했다.

(2) substitute / 실제 보상을 대체하는 것으로서 그 숫자들이 접시에 놓였을 때 침팬지들은 처음에 작은 숫자를 가리켜서, 자신을 위해 더 큰 보상을 얻는 것을 금방 배웠다.

Grammar Check-up

1 (1) ① restricting ② connected (2) ① to imply ② clear
2 ④ → write

1 (1) ① restricting: 전치사 of의 목적어이므로 동명사 restricting이 어법상 적절하다.
② connected: empowers의 목적어인 everyone을 수식하는 분사가 와야 하므로 connected가 어법상 적절하다.
(2) ① to imply: seem은 보어로 to부정사를 취하므로 to imply가 어법상 적절하다.
② clear: 5형식으로 쓰인 makes의 목적격보어로는 형용사가 와야 하므로 clear가 어법상 적절하다.

2 ④ 문맥상 surf, check와 대등한 연결이 되어야 하므로 write로 고쳐야 한다.

Week 4 — Word Preview

월 일

Day 16

□ monopoly 독점의; 독점	□ barrier 장벽	□ sue 고소하다
□ lawsuit 소송	□ solitude 고독	□ bureaucratic 관료적인
□ hierarchy 계급 구조	□ dysfunctional 제대로 기능을 하지 않는	□ outperform 능가하다, 더 나은 결과를 내다
□ mass 질량, 덩어리	□ equation 방정식, 동일시	□ formula 공식
□ unemployment 실직, 실업	□ devastating 엄청나게 충격적인	□ precedent 전례, 선례

월 일

Day 17

□ perfection 완벽	□ insert 삽입하다, 끼우다	□ criteria 기준(criterion의 복수형)
□ lasting 지속적인	□ pursue 추구하다	□ executive 간부; 경영의
□ radical 급진적인	□ reverse 반대로 하다	□ inclined ~하는 경향이 있는
□ urgency 다급함, 시급함	□ internalize 내면화하다	□ athletic 운동의
□ oversimplification 과도한 단순화	□ illusion 착각, 오해	□ overtake ~을 따라잡다

월 일

Day 18

□ disorder 질병, 엉망	□ tumor 종양	□ shift 이동시키다, 변화하다
□ inequality 불평등	□ splendidly 훌륭하게	□ inspiration 영감
□ long 간절히 바라다	□ coin 신조어를 만들다	□ inappropriate 부적절한
□ suction 흡입	□ specification 사용 설명서	□ lethargic 몽롱한 상태인, 무기력 상태인
□ skull 두개골	□ in a row 연달아	□ mount 쌓이다, 증가하다

월 일

Day 19

□ measles 홍역	□ sanitation 위생	□ thesis 논지, 학위 논문
□ suggestive 시사하는, 연상시키는	□ aesthetically 심미적으로	□ majestic 장엄한
□ captivating 매혹적인	□ geology 지질학	□ alternating 교대로 일어나는
□ feast 성찬	□ famine 기근	□ aplenty 많이
□ mindfulness 마음 챙김	□ paradoxical 역설적인	□ meditation 명상

월 일

Day 20

□ intact 온전한, 전혀 다치지 않은	□ suspend 유예[중단]하다, 연기하다	□ slip 빠져나가다, 들어가다
□ sensory 감각의	□ ubiquitous 어디에나 있는, 아주 흔한	□ codify (법률 등을) 성문화하다
□ transfer 옮기다, 이동하다	□ density 밀도, 농도	□ competence 능숙함, 기능, 권한
□ commit 저지르다, 약속하다	□ influential 영향력이 큰, 영향력 있는	□ welfare 안녕, 행복, 복지, 후생
□ syndrome 증후군, 일련의 증상	□ interpret 설명하다, 해석하다, 이해하다	□ contradict 반박하다, 모순되다

1

정답 ④

소재 특허권 독점의 폐해

직독직해

┌ 명령문
The original idea of a patent, / remember, / was
특허권의 원래 목적은 / 기억해라 / 발명가
┌ not ~ but ...: ~이 아니라 …이다
not to reward inventors / with monopoly profits, /
에게 보상하는 것이 아니라 / 독점 이익으로 /
┌ encourage+목(them)+목·보(to share ~): ~이 …하도록 장려하다
but to encourage them to share their inventions. //
그들이 발명품을 공유하도록 장려하는 것임을 //

A certain amount of intellectual property law /
어느 정도의 지적 재산권법은 /
┌ to부정사구(~하기 위해)
is plainly necessary / [to achieve this]. // But it has
분명히 필요하다 / 이 목적을 이루기 위해 // 하지만 그것은
┌ as much ~ as ...: …만큼 ~한
gone too far. // Most patents are now as much about
도를 넘어섰다 // 대부분의 특허권은 이제 독점을 보호하고 경쟁자들을 단념시키고
┌ about의 목적어①   ┌ about의 목적어②
[defending monopoly] and [discouraging rivals] /
있다 /

as about sharing ideas. // And that disrupts innovation. //
아이디어를 공유하는 것만큼 // 그리고 그것은 혁신을 막는다 //
┌ 분사구문(and they sue ~)
Many firms use patents / as barriers to entry, / [suing
많은 회사들은 특허권을 사용한다 / 진입 장벽으로 / 신흥 혁신가
┌ 관계절   ┌ ~을 침해하다
upstart innovators / {who trespass on their intellectual
들을 고소하면서 / 그들의 지적 재산을 침해하는 /

property / even on the way to some other goal}]. //
어떤 다른 목표를 향해 가는 도중에도 //
┌ 전치사구
[In the years before World War I], / aircraft makers
제1차 세계 대전 이전에는 / 항공기 제조사들은 특허권
┌ 대등한 연결
[tied each other up in patent lawsuits] / and [slowed down
소송에 서로를 묶어 놓았다 / 그리고 혁신을 늦추었다 /
┌ 부사절(시간)
innovation / {until the US government stepped in}]. //
미국 정부가 개입할 때까지 //

Much the same has happened / with smartphones and
거의 똑같은 상황이 생기고 있다 / 오늘날 스마트폰과 생명 공학에서도 //
┌ ~을 헤쳐 나가다
biotechnology today. // New entrants have to fight their
새로운 업체들은 헤쳐 나가야 한다 /
┌ ~하려고 한다면(의도)
way / through "patent thickets" / if they are to build on
'특허 덤불'을 / 기존 기술을 바탕으로 새로운 기술을
┌ technologies
existing technologies to make new ones. //
만들려고 한다면 //

전문 해석 특허권의 원래 목적은 발명가에게 독점 이익으로 보상하는 것이 아니라 그들이 발명품을 공유하도록 장려하는 것임을 기억하라. 어느 정도의 지적 재산권법은 이 목적을 이루기 위해 분명히 필요하다. 하지만 그것은 도를 넘어섰다. 대부분의 특허권은 이제 아이디어를 공유하는 것만큼 독점을 보호하고 경쟁자들을 단념시키고 있다. 그리고 그것은 혁신을 막는다. 많은 회사들은 특허권을 진입 장벽으로 사용하여, 어떤 다른 목표를 향해 가는 도중에도 그들의 지적 재산을 침해하는 신흥 혁신가들을 고소한다. 제1차 세계 대전 이전에는

항공기 제조사들이 특허권 소송에 서로를 묶어 놓아 미국 정부가 개입할 때까지 혁신을 늦추었다. 오늘날 스마트폰과 생명 공학에서도 거의 똑같은 상황이 생기고 있다. 기존 기술을 바탕으로 새로운 기술을 만들려고 한다면 새로운 업체들은 '특허 덤불'을 헤쳐 나가야 한다.

해설 특허권의 목적이 이익의 독점이 아니라 발명품을 공유하도록 장려하는 것임에도 불구하고, 도를 넘으면서 오히려 독점을 보호하고 경쟁자들을 단념시킴으로써 혁신을 저해하고 있다는 내용의 글이므로, 글의 주제로 가장 적절한 것은 ④ '혁신을 저해하는 특허법 남용'이다.

오답분석

오답선지	선택비율
① 반독점법의 부작용	10.7%
② 지적 재산권을 보호하는 방법	12.1%
③ 특허 출원의 요건	14.7%
⑤ 기술 혁신에 필요한 자원	10.9%

③번을 포함한 나머지 선지들은 patent의 의미를 잘 모르는 학생들이 글의 내용을 잘 이해하지 못한 상황에서 임의로 고른 오답들로 보여. monopoly, intellectual property, thickets와 같은 어휘는 물론 특히, 글의 중심 소재인 patent를 모르면 이 글을 이해하기 많이 어려웠을 거야. 평소 어휘 암기를 꾸준히 해야 하는 이유가 바로 여기에 있어.

2

정답 ②

소재 아이의 혼자 있는 능력을 키워 주는 방법

직독직해

┌ 전치사구
Children develop the capacity for solitude / [in the
아이들은 혼자 있을 수 있는 능력을 발달시킨다 / 관심을 가져
┌ 명령문
presence of an attentive other]. // Consider the silences /
주는 타인이 있을 때 // 고요를 생각해 보라 /
┌ 관계절   ┌ 부사절(시간)
[that fall / {when you take a young boy on a quiet walk /
다가오는 / 여러분이 어린 소년을 조용히 산책시킬 때 /

in nature}]. // The child comes to feel increasingly aware
자연에서 // 그 아이는 점점 알아 가는 것을 느끼게 된다 /
┌ of의 목적어
of / [what it is to be alone in nature, / supported by
자연 속에서 혼자 있는 것이 어떤 것인지에 대해 / 누군가와 '함께' 있다는
┌ 관계절
being "with" someone / {who is introducing him to this
것에 의해 도움을 받아 / 자신에게 이러한 경험을 처음으로 하게 한 //

experience}]. // Gradually, / the child takes walks alone. //
점차적으로 / 그 아이는 혼자 산책한다 //
┌ 명령문   ┌ 분사구
Or imagine a mother / [giving her two-year-old daughter
또는 엄마를 상상해 보라 / 자신의 두 살짜리 딸아이를 목욕시키는 /

a bath], / allowing the girl's reverie / with her bath toys /
그 소녀가 공상에 잠길 수 있게 하는 것을 / 자신의 목욕 장난감을 가지고 /
┌ 대등한 연결
as she [makes up stories] / and [learns to be alone /
그녀가 이야기를 만들면서 / 그리고 혼자 있는 법을 배우면서 /
┌ 명사절(knowing의 목적어): 접속사 that 생략
with her thoughts], / all the while / knowing [(that) her
생각을 하며 / 내내 / 그녀의 엄마가 함께 있고 자신에게

mother is present and available to her]. // Gradually, /
시간을 내어 줄 수 있다는 것을 알고 있는 // 점차적으로 /

the bath, / [taken alone], / is a time / [when the child is
(when it is) taken alone   관계절
목욕은 / 혼자서 하는 / 시간이 된다 / 그 아이가 상상을 하며 편안해

comfortable with her imagination]. // Attachment enables
하는 //   애착은 혼자 있는 것을 가능하게

solitude. //
한다

전문 해석 아이들은 관심을 가져 주는 타인이 있을 때 혼자 있을 수 있는 능력을 발달시킨다. 여러분이 어린 소년을 자연에서 조용히 산책시킬 때 다가오는 고요를 생각해 보라. 그 아이는, 자신에게 이러한 경험을 처음으로 하게 한 누군가와 '함께' 있다는 것에 의해 도움을 받아, 자연 속에서 혼자 있는 것이 어떤 것인지에 대해 점점 알아 가는 것을 느끼게 된다. 점차적으로, 그 아이는 혼자 산책한다. 또는 자신의 두 살짜리 딸아이를 목욕시키는 엄마가, 딸이 그녀의 엄마가 함께 있고 자신에게 시간을 내어 줄 수 있다는 것을 알고 있는 내내, 그녀가 이야기를 만들고 생각을 하며 혼자 있는 법을 배우면서 자신의 목욕 장난감을 가지고 그 소녀가 공상에 잠길 수 있게 하는 것을 상상해 보라. 점차적으로, 혼자서 하는 목욕은 그 아이가 자신의 상상을 하며 편안해하는 시간이 된다. 애착은 혼자 있는 것을 가능하게 한다.

해설 필자는 산책이나 목욕을 아이와 함께하는 상황을 예시로 들면서, 아이들은 자신에게 관심을 가져 주는 타인이 있을 때 혼자 있을 수 있는 능력을 발달시킨다는 내용이므로, 빈칸에 들어갈 말로 가장 적절한 것은 ②이다.

오답분석

오답선지	① 고난	③ 창의성	④ 칭찬	⑤ 책임
선택비율	9.6%	46.3%	8.6%	7.0%

③번은 창의성이 아이와 관련하여 잘 다뤄지는 주제인 데다가 imagine, imagination 등의 단어를 보고 잘못 판단한 거야. 이 글은 창의성이 주제가 아니라 아이들의 혼자 있을 수 있는 능력이 발달되려면 아이에게 관심을 주는 타인이 옆에 있어야 한다는 내용이므로, '관심을 주는 타인'을 대신할 수 있는 단어가 무엇일지 생각해 보면 정답이 보일 거야.

3

정답 ①

소재 신기술 개발에 적합한 소규모의 스타트업

직독직해

New technology tends to come from new ventures / —
   ~하는 경향이 있다
신기술은 새로운 벤처 기업에서 비롯되는 경향이 있다 /

startups. // From the Founding Fathers in politics / to the
   from ~ to ...: ~에서 …까지
즉 스타트업에서 // 정치 분야의 Founding Fathers로부터 / 과학 분야의

Royal Society in science / to Fairchild Semiconductor's
Royal Society / 경영 분야의 Fairchild Semiconductor의

"traitorous eight" in business, / small groups of people /
'8명의 배신자'에 이르기까지 / 소집단의 사람들이 /

[bound together / by a sense of mission] / have changed
   분사구
함께 뭉쳐진 / 사명감에 의해 / 세상을 변화시켜 왔다 /

the world / for the better. // The easiest explanation for
세상을 / 더 나은 방향으로 // 이것에 대한 가장 쉬운 설명은 /
   형식상의 주어   내용상의 주어(to부정사구)

this / is negative: / it's hard [to develop new things /
부정적인 것인데 / 새로운 것을 개발하기가 어렵다

in big organizations], / and it's even harder [to do it /
   형식상의 주어   내용상의 주어(to부정사구)
큰 규모의 조직에서는], / 그리고 그것을 해내기는 훨씬 더 어렵다는 것이다

by yourself]. // Bureaucratic hierarchies move slowly, /
혼자 힘으로 // 관료적인 계급 구조는 느리게 움직인다 /

and entrenched interests shy away from risk. // In the
   ~을 피하다
그리고 굳어진 이해관계는 위험을 피하려 한다 // 가장 제대로
   동명사구(주어)   명사절(signaling의 목적어)

most dysfunctional organizations, / [signaling / {that work
기능을 하지 않는 조직에서는 / 알리는 것은 / 일이 진행되고

is being done}] / becomes a better strategy / [for career
   동명사구   전치사구
있음을 / 더 나은 전략이 된다 / 승진을 위한

advancement] / than [actually doing work]. // At the other
실제로 일을 진행하는 것보다 // 반대 극단에서는 /

extreme, / a lone genius might create / a classic work of art
혼자인 천재는 만들어 낼지도 모른다 / 최고 수준의 예술이나 문학 작품을 /

or literature, / but he could never create an entire industry. //
그러나 그는 절대 전체 산업을 창출해 낼 수는 없다 //
   동격

Startups operate on the principle / [that you need to work
스타트업은 원칙에 따라 작동한다 / 여러분이 다른 사람들과 함께 일해야
   to부정사구(~하기 위해)

with other people / {to get stuff done}, / but you also need
한다는 / 일을 끝내기 위해 / 그러나 여러분은 또한 충분히
   so that ~ can: ~하도록(목적)

to stay small enough / so that you actually can]. //
작은 규모를 유지할 필요가 있다 / 여러분이 실제로 그렇게 할 수 있도록

전문 해석 신기술은 새로운 벤처 기업, 즉 스타트업에서 비롯되는 경향이 있다. 정치 분야의 Founding Fathers로부터 과학 분야의 Royal Society와 경영 분야의 Fairchild Semiconductor의 '8명의 배신자'에 이르기까지, 사명감에 의해 함께 뭉쳐진 소집단의 사람들이 세상을 더 나은 방향으로 변화시켜 왔다. 이것에 대한 가장 쉬운 설명은 부정적인 것인데, 큰 규모의 조직에서는 새로운 것을 개발하기가 어렵고, 혼자 힘으로 해내기는 훨씬 더 어렵다는 것이다. 관료적인 계급 구조는 느리게 움직이고, 굳어진 이해관계는 위험을 피하려 한다. 가장 제대로 기능을 하지 않는 조직에서는, 일이 진행되고 있음을 알리는 것이 실제로 일을 진행하는 것보다 승진을 위한 더 나은 전략이 된다. 반대 극단에서는, 혼자인 천재는 최고 수준의 예술이나 문학 작품을 만들어 낼지는 모르지만, 절대 전체 산업을 창출해 낼 수는 없다. 스타트업은 일을 끝내기 위해 여러분이 다른 사람들과 함께 일해야 하지만, 또한 여러분이 실제로 그렇게 할 수 있도록 충분히 작은 규모를 유지할 필요가 있다는 원칙에 따라 작동한다.

해설 큰 규모의 조직에서는 새로운 것을 개발하기 어렵고 계급 구조가 느리게 움직이며, 그 반대인 천재가 그렇듯이 혼자서도 전체 산업을 창출해 낼 수가 없다고 했다. 반면 소규모 스타트업은 신기술을 개발하고 세상을 변화시키는 데 더 유리하다는 내용의 글이므로, 빈칸에 들어갈 말로 가장 적절한 것은 ①이다.

오답분석

오답선지	선택비율
② 자신에게 가능한 한 자주 도전할	29.5%
③ 다른 국가에서 경쟁 기업들을 능가할	9.0%
④ 대기업의 효율적인 시스템을 이용할	14.6%
⑤ 일관된 정책으로 조직을 통제할	14.2%

②번은 신기술과 같은 세상을 더 나은 방향으로 변화시키기 위한 조건을 설명하는 글의 내용과 무관한 거야. 새로운 혁신을 위해서는 그 집단의 크기가 너무 크지 말아야 한다는 것이 글의 주제이고, 빈칸에 들어갈 말은 항상 글의 주제와 긴밀하게 연결된다는 것을 잊지 마!

4

정답 ②

소재 중력의 당기는 힘의 강도

직독직해

→ 명사절(know의 목적어①)

You know / [that forks don't fly off to the Moon] /
여러분은 알고 있다 / 포크가 달로 날아가지 않는다는 것을 /

→ 명사절(know의 목적어②)   → neither ~ nor ...: ~도 …도 아니다

and [that neither apples nor anything else on Earth /
그리고 사과나 지구상의 다른 어떤 것도 /

cause+목(the Sun)+목·보(to crash ~): ~이 …하게 하다   → 관계절(why 생략)

cause the Sun to crash down on us]. // The reason /
태양이 우리에게 추락하도록 하지 않는다는 것을 // 이유는 /

[these things don't happen] / is [that the strength of
이런 일들이 일어나지 않는 / 중력의 당기는 힘의 강도가 두 가지에

gravity's pull depends on two things]. // The first is
따라 달라지기 때문이다 // 첫째는 물체의 질량

the mass of the object. // The apple is very small, /
이다 // 사과는 매우 작다 /

→ 그래서, 따라서

and doesn't have much mass, / so its pull on the Sun /
그리고 큰 질량을 가지고 있지 않다 / 그래서 이것이 태양에 작용하는 인력은 /

→ 비교급 강조

is absolutely tiny, / certainly much smaller / than the
분명히 작은데 / 확실히 훨씬 더 작다 / 모든 행성의

pull of all the planets. // The Earth has more mass /
인력보다 // 지구는 더 큰 질량을 가지고 있다 /

than tables, trees, or apples, / so almost everything
탁자, 나무, 또는 사과보다 / 그래서 지구상의 거의 모든 것이

→ 전치사구   → 수동태   → 그래서 ~하는 이유이다

[in the world] / is pulled / towards the Earth. // That's
당겨진다 / 지구를 향해 // 그것이

why apples fall from trees. // Now, / you might know /
나무에서 사과가 떨어지는 이유다 // 이제 / 여러분은 알고 있을 것이다 /

→ 명사절(know의 목적어)

[that the Sun is much bigger / than Earth / and has much
태양이 훨씬 더 크다는 것을 / 지구보다 / 그리고 훨씬 더 많은 질량을

more mass]. // So why don't apples fly off towards the
가지고 있다는 것을 // 그렇다면 왜 사과는 태양을 향해 날아가지 않을까 //

→ 명사절(is의 보어)

Sun? // The reason / is [that the pull of gravity also depends
이유는 / 중력의 당기는 힘이 물체와의 거리에 따라 또한 달라지기 때문

→ 분사구

on the distance to the object / {doing the pulling}]. //
이다 / 잡아당기는 //

→ 부사절(양보)

[Although the Sun has much more mass / than the Earth], /
태양이 훨씬 더 많은 질량을 가지고 있지만 / 지구보다 /

→ 비교급 강조   → 그래서, 따라서

we are much closer to the Earth, / so we feel its gravity
우리가 지구에 훨씬 더 가깝다 / 그래서 우리는 지구의 중력을 더

more. //
많이 느낀다 //

전문 해석 여러분은 포크가 달로 날아가지 않으며 사과나 지구상의 다른 어떤 것도 태양이 우리에게 추락하도록 하지 않는다는 것을 알고 있다. (B) 이런 일들이 일어나지 않는 이유는 중력의 당기는 힘의 강도가 두 가지에 따라 달라지기 때문이다. 첫째는 물체의 질량이다. 사과는 매우 작고 큰 질량을 가지고 있지 않아서 이것이 태양에 작용하는 인력은 분명히 작은데, 확실히 모든 행성의 인력보다 훨씬 더 작다. (A) 지구는 탁자, 나무, 또는 사과보다 더 큰 질량을 가지고 있어서 지구상의 거의 모든 것이 지구를 향해 당겨진다. 그것이 나무에서 사과가 떨어지는 이유다. 이제 여러분은 태양이 지구보다 훨씬 더 크고 훨씬 더 많은 질량을 가지고 있다는 것을 알고 있을 것이다. (C) 그렇다면 왜 사과는 태

양을 향해 날아가지 않을까? 이유는 중력의 당기는 힘이 잡아당기는 물체와의 거리에 따라 또한 달라지기 때문이다. 태양이 지구보다 훨씬 더 많은 질량을 가지고 있지만, 우리가 지구에 훨씬 더 가까워서 우리는 지구의 중력을 더 많이 느낀다.

해설 주어진 글에서 포크는 달로 날아가지 않고 어떤 것도 태양이 우리에게 추락하도록 하지 않을 것임을 우리는 알고 있다고 했으므로, 이런 일이 일어나는 첫 번째 이유로 물체의 질량을 언급하는 (B)가 주어진 글 뒤에 이어져야 한다. 구체적인 설명으로 지구상의 모든 것이 지구로 당겨지는 이유가 지구의 질량 때문이라고 하면서 지구보다 태양의 질량이 훨씬 더 크다고 설명하는 (A)가 (B)의 뒤에 이어져야 한다. 질량이 중요한 영향을 미친다는 (A)의 내용에 이어 태양이 지구보다 훨씬 더 질량이 큼에도 불구하고 사과가 태양으로 날아가지 않는 이유는 태양과의 거리 때문이라고 (C)에서 설명하고 있으므로, (A) 뒤에는 (C)가 이어지는 것이 글의 순서로 가장 적절하다.

오답분석

오답선지	①	③	④	⑤
선택비율	7.9%	20.8%	13.3%	13.4%

③번은 (A)와 (C)의 순서를 잘못 파악했기 때문이야. 주어진 글 뒤에 포크가 달로 날아가지 않고 어떤 것도 태양이 우리에게 추락하도록 하지 않는 이유로 질량을 처음 언급했잖아. 그러니까 그 뒤에 질량에 대해 자세히 설명하는 (A)가 먼저 오고, 그다음으로 태양이 지구보다 훨씬 더 질량이 큼에도 불구하고 사과가 태양을 향해 날아가지 않는 이유가 잡아당기는 물체와의 거리 때문이라고 설명하는 (C)가 오는 게 가장 자연스럽겠지?

5

정답 ①

소재 태도나 가치관의 주관성

직독직해

→ 명사절(requires의 목적어)

In physics, / the principle of relativity requires / [that
물리학에서 / 상대성 이론은 요구한다 / 모든

→ 분사구

all equations / {describing the laws of physics} / have the
방정식이 / 물리 법칙들을 설명하는 / 동일한 형태를

same form / regardless of inertial frames of reference]. //
가져야 한다고 / 관성좌표계에 관계없이 //

→ appear+형용사: ~처럼 보이다

The formulas should appear identical / to any two observers
그 공식들은 동일하게 보여야 한다 / 어떤 두 관찰자와 같은 관찰자에게

→ 전치사구

and to the same observer / [in a different time and space]. //
그리고 같은 관찰자에게 / 다른 시공간에 있는 //

→ 원래, 처음에는

Attitudes and values, / however, / are subjective / to begin
태도와 가치관은 / 그러나 / 주관적이다 / 원래 /

→ 수동태   to부정사구(~하게)

with, / and therefore they are easily altered / [to fit
그리고 따라서 그것들은 쉽게 바뀐다 / 끊임없이

our ever-changing circumstances and goals]. // Thus, /
변화하는 우리의 상황과 목표에 맞게 // 그러므로 /

→ 수동태   → 대등한 연결

the same task can be viewed as / [boring one moment] /
동일한 일이 여겨질 수 있고 / 한 순간에는 지루한 것으로 /

→ the next moment

and [engaging the next]. // Divorce, unemployment, and
그리고 다음 순간에는 매력적으로 (여겨질 수 있다) // 이혼, 실직, 그리고 암이 엄청나게 충격적

cancer can seem devastating / to one person / but be
으로 보일 수 있다 / 한 사람에게는 / 하지만 인식

수동태 →

perceived / as an opportunity for growth / by another
될 수 있다 / 성장의 기회로 / 또 다른 사람에게는 /

~에 따라

person, / depending on / [whether or not the person is
~에 따라 / 그 사람이 결혼했는지, 취직을 했는지, 그리고

명사절(on의 목적어)

it ~ that 강조 구문(only beliefs ~ values 강조) →

married, employed, and healthy]. // It is not only beliefs,
건강한지에 (따라) // 신념, 태도, 가치관만이 아니다 /

attitudes, and values / that are subjective. // Our brains
주관적인 것은 // 우리의 뇌는 물리적

comfortably change our perceptions of the physical world /
세계에 대한 우리의 인식을 수월하게 바꾼다 /

to suit our needs. // We will never see the same event and
우리의 필요에 맞게 // 우리는 동일한 사건과 자극을 절대 볼 수 없을 것이다 /

전치사구 →

stimuli / [in exactly the same way] / at different times. //
정확히 똑같은 방식으로는 / 다른 시간에 //

전문 해석 물리학에서, 상대성 이론은 물리 법칙들을 설명하는 모든 방정식이 관성좌표계에 관계없이 동일한 형태를 가져야 한다고 요구한다. 그 공식들은 어떤 두 관찰자나 다른 시공간에 있는 같은 관찰자에게 동일하게 보여야 한다. 그러나 태도나 가치관은 원래 주관적이어서 끊임없이 변화하는 우리의 상황과 목표에 맞게 그것들은 쉽게 바뀐다. 그러므로 동일한 일이 한 순간에는 지루하게 여겨질 수 있고 다음 순간에는 매력적으로 보일 수 있다. 이혼, 실직, 그리고 암이 한 사람에게는 엄청나게 충격적으로 보일 수 있지만 그 사람이 결혼했는지, 취직을 했는지, 그리고 건강한지에 따라 또 다른 사람에게는 성장의 기회로 인식될 수 있다. 주관적인 것은 신념, 태도, 가치관만이 아니다. 우리의 뇌는 우리의 필요에 맞게 물리적 세계에 대한 우리의 인식을 수월하게 바꾼다. 우리는 동일한 사건과 자극을 다른 시간에 정확히 똑같은 방식으로는 절대 볼 수 없을 것이다.

해설 주어진 문장은 역접의 연결사로 시작하면서 태도나 가치관이 주관적이어서 우리의 상황과 목표에 따라 쉽게 바뀐다고 설명한다. 이에 이 문장 바로 앞에는 물리 법칙들이 다른 시공간에 있는 관찰자들에게도 동일하게 보여야 한다는 내용의 문장이 있어야 하고, 바로 뒤에는 태도나 가치관이 끊임없이 변화하기 때문에 동일한 일이 순간마다 다르게 보일 수 있다고 설명하는 내용의 문장이 이어져야 한다. 따라서 주어진 문장이 들어가기에 가장 적절한 곳은 ①이다.

오답분석

오답선지	②	③	④	⑤
선택비율	17.5%	33.4%	26.6%	5.8%

③번은 주어진 문장이 역접을 나타내는 연결사(however)가 포함되면서 Attitudes and values are subjective라고 말하고 있어서 ③ 뒤에 이어지는 beliefs, attitudes, and values that are subjective라고 말하는 문장과 자연스럽게 연결이 된다고 잘못 판단한 거야. 하지만 ③번 뒤의 문장은 주어진 문장에 대한 부연 설명이 아니라 신념, 태도, 가치관만 그런 것이 아니라 주관적인 것이 다른 것도 있다는 의미이므로, 내용상 연결되는 문장이 아니야.

6

정답 ②

소재 외부 에너지원을 이용한 인간

직독직해

not only ~ but also ...: ~뿐만 아니라 …도   동격 →

Not only are humans unique / in the sense / [that they
인간은 유일무이할 뿐만 아니라 / ~라는 점에서 / 그들이 점점

began to use an ever-widening tool set], / (but) we are also
확장되는 도구 세트를 이용하기 시작했다는 / 우리는 지구상 유일한 종

관계절 →

the only species on this planet / [that has constructed forms
이기도 하다 / 복잡한 형태를 만들어 낸 /

관계절 →

of complexity / {that use external energy sources}]. //
외부 에너지원을 이용하는 //

관계절(a fundamental new development를 부연 설명) →

This was a fundamental new development, / [for which
이것은 근본적인 새로운 발전이었는데 / (이에 대한) 전례가

there were no precedents / in big history. // This capacity
없었다 / 거대한 역사에서 // 이러한 능력은 처음으로

전치사구 →

may first have emerged / [between 1.5 and 0.5 million
생겨났을지도 모른다 / 150만 년 전에서 50만 년 전 사이에 /

부사절(시간) →

years ago, / {when humans began to control fire}]. //
인간이 불을 통제하기 시작했던 때인 //

From at least 50,000 years ago, / some of the energy /
적어도 5만 년 전부터 / 에너지의 일부가 /

분사구 →   수동태 →

[stored in air and water flows] / was used / for navigation /
기류 및 수류에 저장된 / 사용되었다 / 운항에 /

비교급 강조   동명사구(for의 목적어) →

and, much later, / also for [powering the first machines]. //
그리고 훨씬 후에 / 최초의 기계에 동력을 제공하는 데에도 //

Around 10,000 years ago, / humans learned to [cultivate
1만 년 전 즈음에 / 인간은 식물을 경작하고 동물을 길들이는 법을

대등한 연결 →

plants] and [tame animals] / and thus [control these
배웠다 / 그래서 이런 중요한 물질 및 에너지 흐름을

important matter and energy flows]. // Very soon, / they
통제하는 (법을 배웠다) // 곧 / 인간은

also learned to use animal muscle power. // About 250
동물의 근력을 이용하는 법도 배우게 되었다 // 약 250년 전에는 /

대규모로 →

years ago, / fossil fuels began to be used / on a large scale /
화석 연료가 사용되기 시작하였고 / 대규모로 /

동명사구(for의 목적어) →   분사구문(and thereby it created ~) →

for [powering machines of many different kinds], / [thereby
많은 다양한 종류의 기계에 동력을 공급하기 위해 / 그렇게 함

creating the virtually unlimited amounts of artificial
으로써 사실상 무한한 양의 인공적인 복잡성을 만들어 냈다 /

관계절 →

complexity / {that we are familiar with today}]. //
오늘날 우리에게 익숙한 //

전문 해석 인간은 그들이 점점 확장되는 도구 세트를 이용하기 시작했다는 점에서 유일무이할 뿐만 아니라 외부 에너지원을 이용하는 복잡한 형태를 만들어 낸 지구상 유일한 종이기도 하다. 이것은 근본적인 새로운 발전이었는데 거대한 역사에서 전례가 없었다. 이러한 능력은 인간이 불을 통제하기 시작했던 150만 년 전에서 50만 년 전 사이에 처음으로 생겨났을지도 모른다. 기류 및 수류에 저장된 에너지의 일부가 적어도 5만 년 전부터 운항에, 그리고 훨씬 후에, 최초의 기계에 동력을 제공하는 데에도 사용되었다. 1만 년 전 즈음에, 인간은 식물을 경작하고 동물을 길들여서 이런 중요한 물질 및 에너지 흐름을 통

제하는 법을 배웠다. 곧 인간은 동물의 근력을 이용하는 법도 배우게 되었다. 약 250년 전에는, 많은 다양한 종류의 기계에 동력을 공급하는 데 화석 연료가 대규모로 사용되기 시작하였고, 그렇게 함으로써 오늘날 우리에게 익숙한 사실상 무한한 양의 인공적인 복잡성을 만들어 냈다.

해설 ② 선행사가 a fundamental new development인데 밑줄 이하가 완벽한 문장이므로 관계대명사는 올 수가 없으며, 문맥상 거대한 역사에서 '그 발전에 대한' 전례가 없었다는 의미이므로 which를 for which로 고쳐야 한다.

① Not only로 시작되면서 도치가 일어난 문장에서 동사가 are이므로 보어로 형용사 unique는 어법상 적절하다.

③ stored in air and water flows가 주어인 some of the energy를 수식하는 분사구이므로, 단수인 주어에 맞춘 단수 동사 was는 어법상 적절하다.

④ 문맥상 인간은 식물을 경작하고 동물을 길들이는 법을 배웠다는 것이므로, cultivate와 대등한 구조를 이루는 tame은 어법상 적절하다.

⑤ 분사구문이 사용된 것으로 and thereby it created로 풀어서 이해할 수 있으므로, creating은 어법상 적절하다.

오답분석

오답선지	① unique	③ was	④ tame	⑤ creating
선택비율	3.3%	31.5%	18.6%	13.7%

③번은 분사구(stored in air and water flows)가 주어 역할을 하는 명사구 뒤에서 꾸며 주고 있어서 주어를 찾기 쉽지 않았을 것이며, 찾았다고 하더라도 some만 보고 주어가 복수라고 판단했을 거야. 주어가 「some of + 명사」인 경우 전치사 of 뒤에 오는 명사의 수에 따라 단수와 복수가 결정된다는 것을 꼭 기억해!

Daily Review Day **16**

Vocabulary Check-up

1 (1) solitude (2) equation (3) precedent
2 (1) unemployment (2) mass

1 (1) solitude / 내가 권하는 것은 만약 여러분이 어떤 진지한 생각을 하고자 한다면 인터넷, 전화, 텔레비전의 연결을 모두 끊고 24시간 동안 절대적인 고독 속에서 한번 지내 보라는 것이다.

(2) equation / 평등의 기초를 인간의 획일성이 아니라 획일성과 차이의 상호 작용에 두는 그러한 견해는 평등이라는 바로 그 개념에 차이를 포함시키고, 전통적으로 평등을 유사성과 동일시하는 것을 깨뜨리며, 일원론적 왜곡을 면하게 된다.

(3) precedent / 원칙이나 관례의 쟁점을 세분화하는 작업을 할 때 당사자들은 그 쟁점을 세분화하는 방법으로 시간 지평 원칙이 효력을 발휘하거나 지속되는 기간을 사용할 수 있다.

2 (1) unemployment / 사람들이 진짜 역경, 즉 질병, 실직, 혹은 연령으로 인한 장애에 직면할 때, 반려동물로부터의 애정은 새로운 의미를 띤다.

(2) mass / 그 안의 수많은 식물 및 다른 유기 물질은 많은 양의 탄소를 흡수하고 저장한다.

Grammar Check-up

1 (1) ① was ② to share (2) ① increasingly ② supported
2 ① → have

1 (1) ① was: remember의 목적어로 쓰인 절 내에서 주어가 The original idea of a patent이므로 동사 was가 오는 것이 어법상 적절하다.

② to share: 5형식으로 쓰인 encourage의 목적격보어로는 to share가 어법상 적절하다.

(2) ① increasingly: feel의 보어로 쓰인 형용사 aware를 수식하고 있으므로 부사 increasingly가 어법상 적절하다.

② supported: 앞에 절을 연결해 주는 분사구문이 와야 하는데 의미상의 주체인 '아이는 도움을 받는다'는 의미이므로 supported가 어법상 적절하다.

2 ① 분사구 bound together by a sense of mission이 수식하는 주어가 small groups of people이므로 have로 고쳐야 한다.

본문 80~82쪽

| 1 ① | 2 ② | 3 ④ | 4 ③ | 5 ② | 6 ① |

1

정답 ①

소재 유연한 사고를 통한 완벽주의 극복

직독직해

You can be perfect, / but you need to change the way /
당신은 완벽할 수 있다 / 하지만 방식을 바꿀 필요가 있다 /
└ 관계절
[you think about it]. // Perfection actually is possible /
당신이 그것에 대해서 생각하는 // 완벽함은 실제로 가능하다 /
└ 부사절(조건)   └ 명령문
[if you delete "perfect" and insert "complete."] // Imagine /
만약 당신이 '완벽한'을 지우고 '완수된'을 삽입한다면 // 상상해 보라 /

a basketball player taking a fifteen-foot shot / and the
한 농구 선수가 15피트 슛하는 것을 / 그리고 공이
                                    └ 분사구문(~하면서)
ball going through the net, / [never touching the rim]. //
골 망을 통과하는 것은 / 골대 가장자리를 전혀 건드리지 않으면서 //
                              └(아마) ~할 것이다
Someone is likely to exclaim, / "That was a perfect shot!" //
누군가는 아마도 외칠 것이다 / "정말 완벽한 슛이었어!"라고 //

And it was perfect. // The scoreboard reflects an increase
그리고 그것은 완벽했다 // 점수판은 2점이 올라가는 것을 보여 준다 //
                            └ 명령문
of two points. // Now again imagine / that same player
            // 이제 다시 상상해 보자 / 그 똑같은 선수가 몇 분 후에
                                            └ 분사구
a few minutes later / [taking another fifteen-foot shot]. //
                    / 다른 15피트 슛하는 것을 //
                                        └ 대등한 연결
But this time / the ball [hits one side of the rim], /
하지만 이번에는 / 그 공이 골대 가장자리의 한 면에 부딪히고 /

[rolls around] / and [stands still for half a second], /
빙글빙글 돌다가 / 그리고는 0.5초 동안 정지된 후 /

and it finally falls / through the net. // An announcer might
그리고 마침내 떨어진다 / 골 망을 통과해서 // 아나운서는 언급할 수 있다 /
                                        └ on의 목적어
comment / on [what an ugly shot that was], / and she
언급한다 / 그것이 얼마나 볼품없는 슛이었는지를 / 그리고 그녀의

would be right. // But basketball games are not won /
말이 옳을지도 모른다 // 하지만 농구 경기는 승부가 나지는 않는다 /
                                        └ 대등한 연결
on such criteria / as [pretty] or [ugly]. // In this instance /
그런 기준으로 / (슛이) 깔끔한가 혹은 볼품없는가와 같은 // 이 예에서 /

the ball went through the net / and the scoreboard
공은 골 망을 통과했다 / 그리고 점수판에 2점이 올라갔다 //
        └ ~만큼
increased by two points. // In that sense, / the second shot
            // 그러한 의미에서 / 두 번째 슛은 첫 번째 슛
  └ as ~ as ...: ···만큼 ~한
was as perfect as the first. //
만큼이나 완벽했다 //

전문 해석 당신은 완벽할 수 있지만, 당신이 그것에 대해서 생각하는 방식을 바꿀 필요가 있다. 만약 당신이 '완벽한'을 지우고 '완수된'을 삽입한다면 완벽함은 실제로 가능하다. 한 농구 선수가 15피트 슛을 하고 공이 골대 가장자리를 전혀 건드리지 않으면서 골 망을 통과한다고 상상해 보라. 누군가는 아마도 "정말 완벽한 슛이었어!"라고 외칠 것이다. 그리고 그것은 완벽했다. 점수판은 2점이 올라가는 것을 보여 준다. 이제 그 똑같은 선수가 몇 분 후에 다시 15피트 슛을 한다고 상상해 보자. 하지만 이번에는 그 공이 골대 가장자리의 한 면

에 부딪히고 빙글빙글 돌다가 0.5초 동안 정지된 후, 마침내 골 망을 통과해서 떨어진다. 아나운서는 그것이 얼마나 볼품없는 슛이었는지를 언급할 수 있는데, 그녀의 말이 옳을지도 모른다. 하지만 농구 경기는 (슛이) 깔끔한가 혹은 볼품없는가와 같은 그런 기준으로 승부가 나지는 않는다. 이 예에서 공은 골 망을 통과했고 점수판에 2점이 올라갔다. 그러한 의미에서 두 번째 슛은 첫 번째 슛만큼이나 완벽했다.

해설 농구 선수의 골에 대한 예시에서 보듯이 무조건 완벽함이 중요한 것이 아니라 완수되기만 하면 실제로 완벽함이 가능하다는 내용이므로, 밑줄 친 부분이 글에서 의미하는 바로 가장 적절한 것은 ① '과업 성취를 근거로 완벽함을 재정의하다'이다.

오답분석

오답선지	선택비율
② 성취할 수 있는 것과 성취할 수 없는 것을 구별하다	7.8%
③ 절대적으로 완벽하도록 어떤 것을 결점이 없게 만들다	16.5%
④ 성취했던 것에 관한 사회적 관점을 취하다	10.6%
⑤ 큰일을 처리하기 위해 먼저 작은 일을 완성하다	17.0%

③번은 농구 선수가 하는 슛에 대한 설명을 끝까지 제대로 이해하지 못한 상태에서 고른 답이야. 밑줄 바로 뒤에 오는 부분 Imagine a basketball player taking a fifteen-foot shot and the ball going through the net, never touching the rim. Someone is likely to exclaim, "That was a perfect shot!"만 보고 단순히 완벽함의 중요성을 강조한 글이라고 잘못 판단한 거지. 이 문항은 글의 요지를 우선 파악하고 이를 밑줄 문장에 적용해야지, 일부 내용만 적용해서는 오답을 고르게 돼!

2

정답 ②

소재 우정이 형성되는 과정

직독직해

      └ 주어①   └ 주어②
Psychologists Leon Festinger, Stanley Schachter, and
심리학자 Leon Festinger, Stanley Schachter와 사회학자 Kurt Back은 /
└ 주어③   └ 명사절(wonder의 목적어)
sociologist Kurt Back / began to wonder / [how friendships
              / 궁금해하기 시작했다 / 우정이 어떻게 형성되는지 //

form]. // Why do some strangers build lasting friendships, /
    // 왜 몇몇 타인들은 지속적인 우정을 쌓고 /
    └ 반면에
while others struggle to get past basic platitudes? // Some
반면에 다른 이들은 기본적인 상투적인 말을 넘어서는 데 어려움을 겪을까 // 몇몇
                          └ 명사절(explained의 목적어) ~로 거슬러 올라가다
experts explained / [that friendship formation could be
전문가들은 설명하였다 / 우정 형성이 유아기로 거슬러 올라갈 수 있다고 /
                          └ 관계절(infancy를 부연 설명)
traced to infancy, / {where children acquired the values,
        / 그 시기에 아이들은 가치, 신념, 그리고 태도를 습득했다 /
                  └ 관계절   children
beliefs, and attitudes / ⟨that would bind or separate them /
      / 그들을 결합시키거나 분리시킬 수도 있는 /

later in life⟩}]. // But Festinger, Schachter, and Back
훗날 삶에서 // 그러나 Festinger, Schachter, 그리고 Back은 다른 이론을

pursued a different theory. // The researchers believed /
추구하였다 // 그 연구자들은 믿었다 /
      └ 명사절(believed의 목적어)
[that physical space was the key to friendship formation]; /
물리적 공간이 우정 형성의 핵심이라고 /
      └ 명사절(앞 that절과 같이 believe의 목적어) ~에 근거하여
[that "friendships are likely to develop / on the basis of brief
우정이 발달하는 것 같다 / 짧고 수동적인 접촉에 근거하여 /

and passive <u>contacts</u> / {made / <going to and from home /
분사구　분사구문(~하면서)
이루어지는 / 집을 오가면서 /

or walking about the neighborhood."〉}] // In their view, /
또는 동네 주변을 걸어 다니면서 // 그들의 관점에서 /

it wasn't so much / [that people with similar attitudes /
형식상의 주어　내용상의 주어(명사절)
유사한 태도를 지닌 사람들이 /

became friends, / but rather that people / {who passed each
관계절
친구가 된다기보다는 / 오히려 사람들이 / 서로를 지나쳐 가는 /

other / <during the day〉 / tended to become friends / and
전치사구
그날 동안 / 친구가 되는 경향이 있다 / 그래서

so came to adopt similar attitudes / over time]. //
~하게 되다
유사한 태도를 받아들이게 되었다 / 시간이 지남에 따라 //

전문 해석 심리학자 Leon Festinger, Stanley Schachter와 사회학자 Kurt Back은 우정이 어떻게 형성되는지 궁금해하기 시작했다. 왜 몇몇 타인들은 지속적인 우정을 쌓는 반면, 다른 이들은 기본적인 상투적인 말을 넘어서는 데 어려움을 겪을까? 몇몇 전문가들은 우정 형성이 유아기로 거슬러 올라갈 수 있다고 설명하였고, 그 시기에 아이들은 훗날 삶에서 그들을 결합시키거나 분리시킬 수도 있는 가치, 신념, 그리고 태도를 습득했다. 그러나 Festinger, Schachter, 그리고 Back은 다른 이론을 추구하였다. 그 연구자들은 물리적 공간이 우정 형성의 핵심이라고 믿었다; '우정은 집을 오가거나 동네 주변을 걸어 다니면서 이루어지는 짧고 수동적인 접촉에 근거하여 발달하는 것 같다.' 라고 믿었다. 그들의 관점에서는 유사한 태도를 지닌 사람들이 친구가 된다기보다는 그날 동안 서로를 지나쳐 가는 사람들이 오히려 친구가 되는 경향이 있고 그래서 시간이 지남에 따라 유사한 태도를 받아들이게 되었다.

해설 몇몇 심리학자와 사회학자에 따르면 우정이 유사한 태도를 지닌 사람들 사이에 형성된다기보다 집을 오가고 동네 주변을 함께 걸으면서 이뤄지는 접촉에 근거하여 발달된다는 내용이므로, 빈칸에 들어갈 말로 가장 적절한 것은 ②이다.

오답분석

오답선지	선택비율
① 공유 가치	16.3%
③ 의식적인 노력	11.2%
④ 유사한 성격	26.4%
⑤ 심리적 지지	10.2%

④번은 글의 주제인 우정이 일반적으로 비슷한 성향의 아이들끼리 어울리게 된다는 점과 반복해서 등장하는 similar attitudes 등을 보고 잘못 고른 거야. similar attitudes가 포함된 문장을 보면 유사한 태도를 지닌 사람들이 친구가 되는 것은 아니라 people who passed each other during the day tended to become friends라고 했으니 이를 잘 포괄하는 표현을 생각해 보면 정답이 보일 거야.

3

정답 ④

소재 혁신과 변화를 위한 위험 무릅쓰기

직독직해

At the pharmaceutical giant Merck, / CEO Kenneth
거대 제약 회사인 Merck에서 / CEO인 Kenneth

Frazier decided to motivate his executives / to take a
motivate + 목(his executives)+목·보(to take): ~에게
Frazier는 그의 간부들에게 동기를 부여하기로 결심하였다 / 보다 적극적인

more active role / in [leading innovation and change]. //
…하도록 동기를 부여하다　동명사구(in의 목적어)
역할을 취하도록 / 혁신과 변화를 이끄는 데 //

He asked them to do something radical: / generate ideas /
ask+목(them)+목·보(to do): ~에게 …하도록 요청하다
그는 그들에게 급진적인 무엇인가를 하도록 요청하였다 / 아이디어를 만들어 내라고 /

[that would put Merck out of business]. // For the next two
관계절
Merck를 사업에서 몰아낼 수도 있는 // 다음 두 시간 동안 /

hours, / the executives worked in groups, / [pretending
분사구문(~하면서)
회사 간부들은 그룹으로 작업을 하였다 / Merck의 주요

to be one of Merck's top competitors]. // Energy soared /
경쟁사 가운데 하나인 체하면서 // 에너지가 치솟았다 /

as they developed ideas / [for drugs {that would crush
전치사구　관계절
그들이 아이디어를 만들어 내는 동안 / 자신들의 회사를 짓밟을 만한 약에 대한 /

theirs} / and key markets {they had missed}]. // Then, their
관계절
그리고 그들이 놓쳤던 주요 시장에 대한 // 그러고 나서, 그들의

challenge was [to reverse their roles / and figure out /
to부정사구(was의 보어)
과제는 그들의 역할을 반대로 하는 것이었다 / 그리고 알아내는 (것이었다) /
figure out의 목적어

{how to defend against these threats}]. // This "kill the
부사절(이유)
이러한 위협을 어떻게 방어할 수 있는지를 // 이러한 '회사 무너뜨리기'

company" exercise is powerful / [because it reframes
활동은 강력하다 / 그것이 수익 (창출로) 구조화된

a gain-framed activity / in terms of losses]. // When
활동을 재구조화하기 때문에 / 손실의 관점에서 // 혁신 기회에

deliberating about innovation opportunities, / the leaders
대해 심사숙고할 때 / 리더들은 위험을
be inclined to: ~하는 경향이 있다

weren't inclined to take risks. // When they considered /
무릅쓰지 않는 경향이 있었다 // 그들은 고려했을 때 /
considered 목적어

[how their competitors could put them out of business], /
그들의 경쟁사들이 그들을 어떻게 사업에서 몰아낼 수 있을지를 /
명사절(realized의 목적어)

they realized / [that it was a risk not to innovate]. //
그들은 깨달았다 / 혁신하지 않는 것이 위험한 것이라는 것을 //

The urgency of innovation was apparent. //
혁신의 다급함이 명확해졌다 //

전문 해석 거대 제약 회사인 Merck에서 CEO인 Kenneth Frazier는 혁신과 변화를 이끄는 데 그의 간부들이 보다 적극적인 역할을 취하도록 동기를 부여하기로 결심하였다. 그는 그들이 급진적인 무엇인가를 하도록, 즉 Merck를 사업에서 몰아낼 수도 있는 아이디어들을 만들어 내라고 요청하였다. 다음 두 시간 동안 회사 간부들은 Merck의 주요 경쟁사 가운데 하나인 체하면서, 그룹으로 작업을 하였다. 그들이 자신들의 회사를 짓밟을 만한 약과 놓쳤던 주요 시장에 대한 아이디어를 만들어 내는 동안 에너지가 치솟았다. 그러고 나서, 그들의 과제는 그들의 역할을 반대로 하여 이러한 위협을 어떻게 방어할 수 있는지를 알아내는 것이었다. 이러한 '회사 무너뜨리기' 활동은 손실의 관점에서 수익 (창출로) 구조화된 활동을 재구조화하기 때문에 강력하다. 혁신 기회에 대해 심사숙고할 때, 리더들은 위험을 무릅쓰지 않는 경향이 있었다. 그들은 경쟁자들이 그들을 어떻게 사업에서 몰아낼 수 있을지를 고려했을 때, 혁신하지 않는 것이 위험하다는 것을 깨달았다. 혁신의 다급함이 명확해졌다.

해설 제약 회사의 한 CEO는 혁신과 변화를 이끌기 위해 간부들에게 경쟁사의 입장이 되어 본인 회사를 사업에서 몰아낼 수 있는 아이디어에 대해 생각해 보도록 하였는데, 이런 과정을 통해 그들에게 혁신의 다급함을 느끼게 만들었다는 내용이므로, 빈칸에 들어갈 말로 가장 적절한 것은 ④이다.

오답선지	택비율
① 모르는 것이 부정적인 것보다 더 도움이 되기	14.7%
② 그들이 이미 이룬 진전을 강조하기	16.9%
③ 비합리적인 것이 아니라 소비자 중심의 관행이기	17.9%
⑤ 그들은 자신들의 이익 공유 계획에 그것이 얼마나 잘 맞는지 논의하기	11.6%

②번은 글의 내용과는 오히려 정반대로 설명하는 오답이야. 간부들이 혁신의 필요성을 느끼도록 하기 위해 한 제약 회사의 CEO는 간부들로 하여금 경쟁사가 되어 본인의 회사의 문제점을 찾아내서 무너뜨릴 방안을 생각해 보게 했지? 자신의 회사의 문제점이 '손실'과 연결이 되고 활동을 재구조화한다는 의미는 CEO가 간부들이 느끼길 원했던 혁신과 연결되는 거야. 항상 전체 내용을 명확히 이해한 뒤 빈칸에 들어갈 어구나 문장과 연결 지어 보도록 해!

4

정답 ③

소재 뇌가 운동 기술을 내면화하는 과정

직독직해

Brain research provides a framework / for understanding /
뇌 연구는 틀을 제공한다 / 이해하기 위한 /
└ understanding의 목적어 ─ 대등한 연결
[how the brain {processes} and {internalizes} athletic
뇌가 어떻게 운동 기술을 처리하고 내면화하는지를 //
└ 동명사구(In의 목적어) (예를 들어) ~ 같은
skills]. // In [practicing a complex movement / such as a
복잡한 움직임을 연습할 때 / 골프채 휘두르기
golf swing], / we experiment with different grips, positions
와 같은 / 우리는 다른 잡기, 자세, 그리고 휘두르는 움직임으로 실험한다 /
└ 분사구문 └ ~의 관점에서
and swing movements, / [analyzing each / in terms of
각각을 분석하면서 / 그것이 산출하는
└ 관계절
the results {it yields}]. // This is a conscious, left-brain
결과의 관점에서 / 이것은 의식적인 좌뇌 과정이다 //
└ 부사절
process. // [Once we identify those elements of the swing /
일단 우리가 휘두르기의 그러한 요소들을 확인하면 /
└ 관계절 those elements ─
{that produce the desired results}], / we rehearse them /
원하는 결과를 만들어 내는 / 우리는 그것들을 연습한다 /
└ ~하려는 시도에서
over and over again / in an attempt to record them
반복적으로 / 그것들을 영구적으로 기록하고자 하는 시도에서 /
permanently / in "muscle memory." // In this way, /
'근육 기억' 속에 // 이러한 방식으로 /
we internalize the swing / as a kinesthetic feeling /
우리는 휘두르기를 내면화한다 / 운동 감각의 느낌으로써 /
└ 관계절
[that we trust / to recreate the desired swing / on demand]. //
우리가 의존하는 / 원하는 휘두르기를 다시 만들기 위해 / 언제든지 //
from ~ to ...: ~로부터 ...으로
This internalization transfers the swing / from a
이러한 내면화는 휘두르기를 전이시킨다 / 의식적으로
consciously controlled left-brain function / to a
통제되는 좌뇌 기능으로부터 / 더 직관적
more intuitive or automatic right-brain function. //
이거나 자동화된 우뇌 기능으로 //
└ 주어 └ 전치사구
This description, / [despite being an oversimplification
이러한 묘사는 / 실제 과정의 과도한 단순화에도 불구하고

──분사 ──동사
of the actual processes / {involved}], / serves as a model
관련된 / 상호 작용을 위한 모델로서
└ 전치사구
for the interaction / [between conscious and unconscious
작용한다 / 의식과 무의식 활동 사이에 /
└ 부사절(시간)
actions / in the brain], / [as it learns to perfect an athletic
뇌 속의 / 그것이 운동 기술을 완벽히 하는 법을 배울 때 //
skill]. //

전문 해석 뇌 연구는 뇌가 어떻게 운동 기술을 처리하고 내면화하는지를 이해하기 위한 틀을 제공한다. (B) 골프채 휘두르기와 같은 복잡한 움직임을 연습할 때, 우리는 그것이 산출하는 결과의 관점에서 각각을 분석하면서 다른 잡기, 자세, 그리고 휘두르는 움직임으로 실험한다. 이것은 의식적인 좌뇌 과정이다. (C) 일단 우리가 원하는 결과를 만들어 내는 휘두르기의 그러한 요소들을 확인하면, 우리는 '근육 기억' 속에 그것들을 영구적으로 기록하고자 하는 시도에서 그것들을 반복적으로 연습한다. 이러한 방식으로, 우리는 필요할 때마다 언제든지 원하는 휘두르기를 다시 만들기 위해 우리가 의존하는 운동 감각의 느낌으로써 휘두르기를 내면화한다. (A) 이러한 내면화는 휘두르기를 의식적으로 통제되는 좌뇌 기능으로부터 더 직관적이거나 자동화된 우뇌 기능으로 전이시킨다. 이러한 묘사는, 관련된 실제 과정의 과도한 단순화에도 불구하고, 그것이 운동 기술을 완벽히 하는 법을 배울 때 뇌 속의 의식과 무의식 활동 사이에 상호 작용을 위한 모델로서 작용한다.

해설 주어진 글에서 뇌 연구가 뇌가 어떻게 운동 기술을 처리하고 내면화하는지를 이해하는 틀을 제공한다고 했으므로, 이에 대한 예시로 골프채 휘두르기를 언급하는 (B)가 주어진 글 뒤에 이어져야 한다. (B)에서 이것이 복잡한 움직임을 분석하는 의식적인 좌뇌 과정이라고 설명한 뒤, 이런 동작들을 반복 연습하는 방식으로 내면화하게 된다고 설명하는 (C)가 (B)의 뒤에 이어져야 한다. 휘두르기가 내면화된다는 (C)의 내용에 이어 이런 내면화는 의식적으로 통제되는 좌뇌 기능에서 자동화된 우뇌 기능으로 전이되는 것이라고 (A)에서 설명하고 있으므로, (C) 뒤에는 (A)가 이어지는 것이 글의 순서로 가장 적절하다.

오답선지	①	②	④	⑤
선택비율	7.7%	22.0%	13.7%	12.5%

②번은 뇌가 어떻게 운동 기술을 처리하고 내면화하는지를 설명하기 위해 골프채 휘두르기를 처음으로 언급하는 (B)가 주어진 문장 뒤에 우선 온다는 것을 이해한 뒤 (A)와 (C)의 순서를 잘못 판단한 경우야. (C)는 (B)에서 분석한 여러 동작들을 반복적인 연습을 통해 내면화하게 된다는 것이므로, 우뇌로 전이되는 과정을 설명한 (A)보다는 먼저 오는 것이 맞아!

5

정답 ②

소재 상대적 움직임에 대한 착각

직독직해

└ 분사구
You are in a train, / [standing at a station next to another
당신은 한 기차 안에 있다 / 어떤 역에서 또 다른 기차 옆에 서 있는 //
train]. // Suddenly / you seem to start moving. // But then /
갑자기 / 당신은 움직이기 시작하는 것 같다 // 하지만 그때 /

you realize / [that you aren't actually moving at all]. //
→ 명사절(realize의 목적어)
당신은 깨닫는다 / 당신이 사실상 전혀 움직이지 않고 있다는 것을 //
→ It ~ that 강조 구문(the second train 강조)
It is the second train / that is moving in the opposite
바로 그 두 번째 기차이다 / 반대 방향으로 움직이고 있는 것은 //
→ 주어의 핵   → 동사
direction. // The illusion of relative movement / works
상대적인 움직임에 대한 착각이 / 다른 방식
→ 명사절(think의 목적어): 접속사 that 생략
the other way, too. // You think / [(that) the other train
으로도 작동한다 // 당신은 생각한다 / 다른 기차가 움직였다고 /
→ 명사절(discover의 목적어)
has moved, / only to discover / {that it is your own train /
결국 발견하게 된다 / 바로 당신 자신의 기차라는 것을 /
→ 형식상의 주어   → 내용상의 주어(to부정사구)
that is moving}]. // It can be hard / [to tell the difference /
움직이고 있는 것은 // 어려울 수 있다 / 차이를 구별하는 것은 /
between apparent movement and real movement]. //
외견상의 움직임과 실제 움직임 사이에 //
→ 부사절(조건)
It's easy / [if your train starts with a jolt], / of course, /
그것은 쉽다 / 당신의 기차가 덜컥하고 움직이기 시작한다면 / 물론 /
→ 부사절(조건)   → 부사절(시간)
but not / [if your train moves very smoothly]. // [When
그러나 쉽지 않다 / 만약 당신의 기차가 매우 부드럽게 움직인다면 // 당신의 기차가
your train overtakes a slightly slower train], / you can
약간 더 느린 기차를 따라잡을 때 / 당신은 때때로
→ 명사절(thinking의 목적어): 접속사 that 생략
sometimes fool yourself / into thinking / [(that) your train
당신 자신을 속일 수 있다 / 생각하도록 / 당신의 기차가 정지해
is still / and the other train is moving slowly backwards]. //
있다고 / 그리고 다른 기차가 천천히 뒤쪽으로 움직이고 있다고 //

전문 해석 당신은, 어떤 역에서 또 다른 기차 옆에 서 있는, 한 기차 안에 있다. 갑자기 당신은 움직이기 시작하는 것 같다. 하지만 그때 당신은 당신이 사실상 전혀 움직이지 않고 있다는 것을 깨닫는다. 반대 방향으로 움직이고 있는 것은 바로 그 두 번째 기차이다. 상대적인 움직임에 대한 착각이 다른 방식으로도 작동한다. 당신은 다른 기차가 움직였다고 생각하지만, 결국 움직이고 있는 것은 바로 당신 자신의 기차라는 것을 발견하게 된다. 외견상의 움직임과 실제 움직임 사이에 차이를 구별하는 것은 어려울 수 있다. 물론, 당신의 기차가 덜컥하고 움직이기 시작한다면 그것은 (구별하기는) 쉽지만, 만약 당신의 기차가 매우 부드럽게 움직인다면 쉽지 않다. 당신의 기차가 약간 더 느린 기차를 따라잡을 때, 당신은 당신의 기차가 정지해 있고 다른 기차가 천천히 뒤쪽으로 움직이고 있다고 생각하도록 때때로 당신 자신을 속일 수 있다.

해설 주어진 문장은 상대적인 움직임에 대한 착각이 다른 방식으로 작동한다고 설명한다. 이에 이 문장 바로 앞에는 본인은 움직인다고 생각하지만 실제로는 두 번째 기차가 반대 방향으로 움직이고 있다는 첫 번째 착각을 설명하는 문장이 있어야 하고, 바로 뒤에는 두 번째 착각으로 다른 기차가 움직였다고 생각하지만 결국 움직이고 있는 것은 자신이 타고 있는 기차라고 설명하는 내용의 문장이 이어져야 한다. 따라서 주어진 문장이 들어가기에 가장 적절한 곳은 ②이다.

오답분석

오답선지	①	③	④	⑤
선택비율	6.4%	24.6%	27.0%	19.9%

이 문제에서 ③번과 ④번을 많이 선택한 이유는 주어진 문장에서 말하는 작동하는 다른 방식이 ③ 뒤쪽에서 언급되고 있다고 잘못 이해했기 때문이야. 하지만 거기에 있는 문장들은 기차가 부드럽게 움직이지 않으면 잘 구분이 된다고 설명하고 있기 때문에 또 상대적 움직임에 대한 착각의 다른 방식을 설명하는 것은 아니야. 착각의 첫 번째 방식을 언급한 문장과 또 다른 두 번째 방식을 설명한 문장 사이가 바로 주어진 문장이 위치해야 하는 곳이야!

6

정답 ①

소재 사라진 공예 음악의 가치

직독직해

→ 전치사구   → 부연 설명
Our culture is biased / [toward the fine arts] / — those
우리의 문화는 편향되어 있다 / 순수 예술 쪽으로 / 즉 그러한
→ 관계절   → ~이외에는
creative products / [that have no function / other than
창조적 생산물(쪽으로) / 어떤 기능도 가지고 있지 않은 / 즐거움 외에는
→ 부사절(이유)
pleasure]. // Craft objects are less worthy; / [because they
공예품은 덜 가치가 있는데 / (그 이유는) 그것들이
serve an everyday function], / they're not purely creative. //
일상의 기능을 제공하기 때문에 / 그것들은 순수하게 창의적이지 않다 //
But this division is culturally and historically relative. //
하지만 이러한 구분은 문화적으로 그리고 역사적으로 상대적이다 //
→ 전치사구 → ~로서
Most contemporary high art began / [as some sort of craft]. //
대부분의 현대 고급 예술은 시작했다 / 일종의 공예로서 //
→ of의 목적어
The composition and performance / of [what we now
작곡과 연주는 / 우리가 오늘날 '고전 음악'이라고
call "classical music"] / began as a form of craft music /
부르는 것의 / 공예 음악의 형태로 시작했다 /
→ 분사구 → satisfying의 목적어①
[satisfying {required functions / in the Catholic mass}, /
요구되어지는 기능을 충족시키는 / 가톨릭 미사에서 /
→ satisfying의 목적어②
or {the specific entertainment needs of royal patrons}]. //
또는 왕실 후원자의 특정한 오락적 요구를 (충족시키는) //
→ ~하도록 설계되다
For example, / chamber music really was designed to
예를 들면 / 실내악은 실제로 연주되도록 설계되었다 /
be performed / in chambers / — small intimate rooms /
방들에서 / 작고 친밀한 방들에서 /
→ 전치사구
in wealthy homes / — [often as background music]. //
부유한 가정의 / 종종 배경 음악으로 //
→ 분사구
The dances / [composed by famous composers
춤곡들은 / 유명한 작곡가들에 의해서 작곡된 /
→ 전치사구
{from Bach to Chopin}] / originally did indeed accompany
Bach에서 Chopin에 이르는 / 원래는 사실상 춤을 동반했다 //
→ 분사구문(with+명사구+분사)
dancing. // But today, / [with the contexts and functions
하지만 오늘날 / 그것들이 작곡된 맥락과 기능들이 사라진 채로 /
→ 관계절 → 분사
{they were composed for} gone], / we listen to these works /
우리는 이러한 작품들을 듣는다 /
as fine art. //
순수 예술로 //

전문 해석 우리의 문화는 순수 예술, 즉 즐거움 외에는 어떤 기능도 가지고 있지 않은 그러한 창조적 생산물 쪽으로 편향되어 있다. 공예품은 덜 가치가 있는데, 그것들이 일상의 기능을 제공하기 때문에 그것들은 순수하게 창의적이지 않다. 하지만 이러한 구분은 문화적으로 역사적으로 상대적이다. 대부분의 현대 고급 예술은 일종의 공예로서 시작했다. 우리가 오늘날 '고전 음악'이라고 부르는 것의 작곡과 연주는 가톨릭 미사에서 요구되어지는 기능 또는 왕실 후원자의 특정한 오락적 요구를 충족시키는 공예 음악의 형태로 시작했다. 예를 들면, 실내악은 실제로 방들, 즉 부유한 가정의 작고 친밀한 방들에서 종종 배경 음악으로 연주되도록 설계되었다. Bach에서 Chopin에 이르는 유명한 작곡가들에 의해서 작곡된 춤곡들은 원래는 사실상 춤을 동반했다. 하지만 오늘날, 그것들이 작곡된 맥락과 기능들이 사라진 채로, 우리는 이러한 작품들을 순

→ from ~ to ...: ~에서 …으로

from limited (often oral only) distribution to wide, printed
제한된 유포(흔히 구두로만)에서 광범위한 인쇄된 형태의 보급으로 //

dissemination]. //

전문 해석 1800년대 후반 동안 인쇄가 더 저렴해지고 더 빨라지면서 신문과 잡지 수에서의 급증과 이러한 출판물들에서의 이미지 사용 증가로 이어졌다. (B) 목판화와 판화뿐만 아니라 사진도 신문과 잡지에 등장했다. 신문과 잡지의 늘어난 수는 더 큰 경쟁을 만들어 냈는데, 몇몇 신문들이 독자를 끌어들이기 위해 더 외설적인 기사들을 찍어 내도록 만들었다. (A) 이러한 '황색 저널리즘'은 때때로 자신을 사적인 인물로 여기는 사교계 인물들뿐만 아니라 공인들, 그리고 심지어 고위층에 속하지는 않지만, 기자들이 생각했을 때 신문을 잘 팔리게 할 스캔들, 범죄 또는 비극적인 일에 자신들이 연루된 것을 알아차린 사람들에 대한 가십의 형태를 취했다. (C) 가십이 물론 새로운 것은 아니었지만, 널리 배포된 신문과 잡지 형태의 대중 매체의 증가는 가십이 제한된 유포(흔히 구두로만)에서 광범위한 인쇄된 형태의 보급으로 이동했다는 것을 의미했다.

해설 주어진 글에서 1800년대 후반 인쇄가 저렴해지면서 이는 이미지 사용의 증가로 이어졌다고 했으므로, 이에 대한 결과로 신문과 잡지의 증가로 경쟁이 심해지면서 외설적인 기사가 늘어나게 되었다는 내용의 (B)가 주어진 글 뒤에 이어져야 한다. 이러한 외설적인 기사들을 찍어 내는 '황색 저널리즘'은 신문을 잘 팔리게 할 수 있게끔 가십의 형태를 취했다는 내용의 (B) 뒤에는 (A)가 와야 한다. (A)에서 처음 언급된 가십을 언급하면서 가십이 새로운 것은 아니었지만 주로 구두로만 유포되던 가십이 인쇄된 형태의 보급으로 이동했다고 (C)에서 설명하고 있으므로, (A) 뒤에는 (C)가 이어지는 것이 글의 순서로 가장 적절하다.

오답분석

오답선지	①	③	④	⑤
선택비율	6.0%	32.7%	10.1%	6.9%

③번은 (A)와 (C)의 순서를 잘못 이해한 거야. (C)는 가십에 대해 설명하고 있으므로, 우선 (A)의 마지막에 가십을 언급하고 나서 구체적인 설명이 이어지는 흐름이 더 자연스러워!

5

정답 ③

소재 아미노산 결핍의 문제

직독직해

→ 주어의 핵   → 동사

The problem of amino acid deficiency / is not unique
아미노산 결핍의 문제가 /   현대 세계에 유일한

→ 결코 ~가 아니다

to the modern world / by any means. // Preindustrial
것은 아니다 /   결코 /   산업화 이전의 인류는

→ ~에 대처하다

humanity probably dealt with protein and amino acid
아마 단백질과 아미노산의 부족에 대처했을 것이다 /

→ 정기적으로

insufficiency / on a regular basis. // Sure, / large hunted
정기적으로 /   물론 /   사냥해서 잡은 거대한

→ (예를 들어) ~ 같은

animals / such as mammoths / provided protein and amino
동물들이 /   매머드와 같이 /   단백질과 아미노산을 많이 제공했다 //

→ 동명사구(주어)

acids aplenty. // However, / [living off big game / in the
하지만 /   거대한 사냥감에 의존해서 사는 것은 /

→ 동사   → 명사절(meant의 목적어): 접속사 that 생략

era before refrigeration] / meant / [(that) humans had
냉장 보관 이전 시대에 /   의미했다 /   사람들이 견뎌야 했다는 것을

→ endure의 목적어

to endure / {alternating periods of feast and famine}]. //
    성찬과 기근이 교대로 일어나는 시기를 //

→ ~로 이어지다

Droughts, forest fires, superstorms, and ice ages / led to
가뭄, 산불, 슈퍼스톰 그리고 빙하기가 /   어려운

long stretches of difficult conditions, / and starvation was a
장기적 상황으로 이어졌다 /   그리고 굶주림은 지속적인 위협

→ to부정사구   → ~ 같은

constant threat. // The human inability [to synthesize / such
이었다 //   인간이 합성할 수 없다는 것이 /

→ 대등한 연결

basic things as amino acids] / certainly [worsened those
아미노산과 같은 기본적인 것들을 /   확실히 그러한 위기들을 악화시켰다

→ made의 목적어

crises] / and [made surviving on whatever was available
    그리고 구할 수 있는 무엇이든 먹으며 생존하는 것을 그만큼 훨씬 더 힘들게

→ it ~ that 강조 구문(the lack of calories 강조)

that much harder]. // During a famine, / it's not the lack of
했다 //   기근 동안 /   열량 부족이 아니라

→ made의 목적격보어

calories / that is the ultimate cause of death; / it's the lack
    죽음의 궁극적인 원인은 /   단백질과 필수 아미

→ 관계절

of proteins and the essential amino acids / [they provide]. //
노산의 부족이다 /   그것들이 제공하는 //

전문 해석 아미노산 결핍의 문제가 결코 현대 세계에 유일한 것은 아니다. 산업화 이전의 인류는 아마 단백질과 아미노산의 부족에 정기적으로 대처했을 것이다. 물론, 매머드와 같이 사냥해서 잡은 거대한 동물들이 단백질과 아미노산을 많이 제공했다. 하지만 냉장 보관 이전 시대에 거대한 사냥감에 의존해서 사는 것은 사람들이 성찬과 기근이 교대로 일어나는 시기를 견뎌야 했다는 것을 의미했다. 가뭄, 산불, 슈퍼스톰 그리고 빙하기가 어려운 장기적 상황으로 이어졌고, 굶주림은 지속적인 위협이었다. 아미노산과 같은 기본적인 것들을 인간이 합성할 수 없다는 것이 확실히 그러한 위기들을 악화시켰고 구할 수 있는 무엇이든 먹으며 생존하는 것을 그만큼 훨씬 더 힘들게 했다. 기근 동안 죽음의 궁극적인 원인은 열량 부족이 아니라, 바로 단백질과 그것들이 제공하는 필수 아미노산의 부족이다.

해설 주어진 문장은 하지만 냉장 보관 이전 시대에는 거대한 사냥감에 의존해서 사는 것은 성찬과 기근이 교대로 일어날 수밖에 없다고 설명한다. 이에 이 문장 앞에는 거대한 사냥감으로 매머드를 언급하면서 이러한 거대한 동물들이 단백질과 아미노산을 제공했다는 내용의 문장이 있어야 하고, 바로 뒤에는 가뭄, 산불, 슈퍼스톰 그리고 빙하기가 장기적으로 굶주림이라는 위협을 가했다고 설명하는 내용의 문장이 이어져야 한다. 따라서 주어진 문장이 들어가기에 가장 적절한 곳은 ③이다.

오답분석

오답선지	①	②	④	⑤
선택비율	5.3%	6.8%	25.7%	24.9%

소재가 까다로워서 지문 내용을 명확하게 이해하지 못한 상황에서 주어진 문장의 적절한 위치를 뒤쪽 번호로 임의 선택했을 거야. 동시에 주어진 문장에서 언급한 big game이 결국 ③ 앞 문장에서 언급한 large hunted animals such as mammoths라는 것을 알았다면 이 두 개의 문장이 논리적으로 연결된다는 것을 파악할 수 있었을 거야.

6

정답 ①

소재 마음 챙김 명상의 효과

직독직해

→ 주어의 핵
Application of Buddhist-style mindfulness / to Western
불교 방식의 마음 챙김을 적용하는 것은 / 서양 심리학에 /

→ 동사
psychology / came primarily from the research of Jon
원래 Jon Kabat-Zinn의 연구에서 비롯됐다 /

→ 전치사구
Kabat-Zinn / [at the University of Massachusetts Medical
Massachusetts 대학교 의료 센터의 //

→ ~을 떠맡다   → 동명사구(of의 목적어) ←
Center]. // He initially took on the difficult task / of [treating
그는 처음에는 힘든 일을 맡고 있었는데 / 만성 통증 환자들을

→ 관계절(chronic-pain patients를 부연 설명)
chronic-pain patients, / {many of whom had not responded
치료하는 / 그들 중 다수는 잘 반응하지 않았었다 /

well / to traditional pain-management therapy}]. // In many
전통적인 통증 관리 요법에는 / 여러 가지

→ seem+형용사: ~인 것으로 보이다
ways, / such treatment seems completely paradoxical /
면에서 / 그러한 치료는 완전히 역설적인 것으로 보인다 /

→ 동명사구(by의 목적어)
— you teach people to deal with pain / by [helping them to
즉 여러분이 통증을 다루는 법을 사람들에게 가르쳐 주는 것이다 / 그들이 그것(통증)에

become more aware of it]! // However, / the key is to help
대해 더 많이 의식하도록 도와줌으로써 // 그러나 / 그 핵심은 끊임없는 긴장감을

→ (쥐고 있던 것을) 놓다   → 관계절
people let go of the constant tension / [that accompanies
사람들이 놓을 수 있도록 도와주는 것이다 / 통증과의 싸움에 동반되는 /

→ 관계절
their fighting of pain], / a struggle [that actually prolongs
즉 싸움에 / 통증에 대한 그들의 인식을 사실상

allow+목(many ~ people)+목·보(to increase): ~이 …하도록 해 주다
their awareness of pain]. // Mindfulness meditation allowed
연장시키는 // 마음 챙김 명상은 이 사람 중 많은 이들이 행복감을

→ 대등한 연결
many of these people to increase their sense of well-
높이도록 했다

being / and to experience a better quality of life. // How
그리고 더 나은 삶의 질을 경험하도록 (했다) // 어떻게

→ 동격
so? // Because such meditation is based on the principle
그럴 수 있었을까 // 왜냐하면 그러한 명상은 원리에 바탕을 두고 있기 때문이다 /

→ 부사절(조건)
[that {if we try to ignore or repress unpleasant thoughts
우리가 불쾌한 생각이나 기분을 무시하거나 억누르려고 하면 /

→ end up -ing: 결국 ~하게 되다
or sensations}, / then we only end up increasing their
그때는 우리가 결국 그것들의 강도를 더 증가시킬 뿐이라는 //

intensity]. //

전문 해석 불교 방식의 마음 챙김을 서양 심리학에 적용하는 것은 원래 Massachusetts 대학교 의료 센터의 Jon Kabat-Zinn의 연구에서 비롯됐다. 그는 처음에는 만성 통증 환자들을 치료하는 힘든 일을 맡고 있었는데, 그들 중 다수는 전통적인 통증 관리 요법에는 잘 반응하지 않았었다. 여러 가지 면에서, 그러한 치료는 완전히 역설적인 것으로 보이는데, 즉 사람들이 통증에 대해 더 많이 의식하도록 도와줌으로써 통증을 다루는 법을 그들에게 가르쳐 주는 것이다! 그러나 그 핵심은 통증과의 싸움, 즉 통증에 대한 그들의 인식을 사실상 연장시키는 싸움에 동반되는 끊임없는 긴장감을 사람들이 놓을 수 있도록 도와주는 것이다. 마음 챙김 명상은 이 사람 중 많은 이들이 행복감을 높이고 더 나은 삶의 질을 경험하도록 했다. 어떻게 그럴 수 있었을까? 그 이유는 그러한 명상이 우리가 불쾌한 생각이나 기분을 무시하거나 억누르려고 하면 그때는

우리가 결국 그것들의 강도를 더 증가시킬 뿐이라는 원리에 바탕을 두고 있기 때문이다.

해설 ① He initially took on the difficult task of treating chronic-pain patients와 many of them had not responded well to traditional pain-management therapy라는 두 개의 문장을 연결해 주는 역할을 하는 관계대명사가 와야 하므로, them을 whom으로 고쳐야 한다.

② seem의 보어이므로 부사가 아닌 형용사 paradoxical은 어법상 적절하다.

③ 주격 관계대명사 that의 선행사는 the constant tension인데 단수이므로 단수 동사 accompanies는 어법상 적절하다.

④ 5형식으로 쓰인 allow의 목적격보어로는 to부정사가 와야 하며 to increase와 대등하게 연결되어야 하므로 to experience는 어법상 적절하다.

⑤ '결국 ~하게 되다'라는 의미를 갖는 표현은 end up -ing이므로 increasing이 어법상 적절하다.

오답분석

오답선지	선택비율
② paradoxical	22.1%
③ accompanies	23.0%
④ to experience	14.5%
⑤ increasing	16.2%

③번은 that이 주격 관계대명사로 쓰였다는 것을 우선 이해한 뒤 그 선행사를 찾아 동사의 수까지 판단해야 하므로 다른 오답 선지에 비해 조금 더 까다로웠을 거야. 선행사를 찾아 동사의 수를 결정해야 하는 수 일치 유형도 자주 출제되는 유형 중 하나야!

Daily Review   Day ⑲

Vocabulary Check-up

1 (1) majestic (2) paradoxical (3) famine
2 (1) geology (2) suggestive

1 (1) majestic / 사람들이 텔레비전에서 히말라야산맥에 대한 영화를 시청하고 장엄한 산봉우리의 '손대지 않은 자연'에 흥분하게 되는지, 또는 사람들이 일어나서 네팔로 긴 여행을 하는지에 관해서는 상당한 차이가 있다.

(2) paradoxical / 이렇게 스포츠 저널리즘을 진지하게 여기기를 꺼리는 것은 스포츠 신문 기자들이 많이 읽히면서도 거의 존경받지 못하는 역설적인 결과를 낳는다.

(3) famine / 마찬가지로 기근과 내전이 사하라 사막 이남의 아프리카 사람들을 위태롭게 하는 경우, 많은 아프리카계 미국인들은 수 세기 이전에 자기 조상들이 기원했던 대륙과의 혈족 관계가 생각나서 자신들의 지도자들에게 인도주의적 구호를 제공하라는 압력을 가한다.

2 (1) geology / 그는 지질학에서의 업적으로 지질학회로부터 상을 받았다.

(2) suggestive / 대신에, 그것들에게는 뚜렷한 사회적 존재감이 있고 눈, 귀 또는 입과 같은 사회적 상호 작용을 할 수 있는 능력을 <u>암시하는</u> 시각적 특징을 가지고 있다.

Grammar Check-up

1 (1) ① that ② made (2) ① to synthesize ② much
2 ② → that

---

1 (1) ① that: It이 형식상의 주어로 사용된 것이므로 내용상의 주어로는 that절이 오는 것이 어법상 적절하다.
② made: 명사구 the relentless improvements와 동사 make가 수동의 관계이므로 made가 어법상 적절하다.

(2) ① to synthesize: The human inability를 수식하는 말로는 to부정사의 형용사적 용법으로 사용된 to synthesize가 어법상 적절하다.
② much: 비교급(harder)을 강조하는 말로는 much, even, far, still, a lot 등이 가능하므로 much가 어법상 적절하다.

2 ② 뒤에 이어지는 all members of a natural kind share with each other에 목적어가 빠져 있고, 선행사가 those properties이므로 관계사 that으로 고쳐야 한다.

1

정답 ④

소재 온라인 환경에서의 기록의 가능성과 저장의 가능성

직독직해

Online environments vary widely / in [how easily you
온라인 환경은 아주 다양하다 /   여러분이 얼마나 쉽게 저장할 수
can save / {whatever happens there}], / [what I call its
있는지에 있어서 /   거기서 일어나는 것은 무엇이든 /   내가 그것의 '기록 가능
recordability and *preservability*]. // [Even though the
성'과 '저장 가능성'이라고 부르는 것이다 // 비록 소셜 미디어의 디자인,
design, activities, and membership of social media / might
활동, 멤버십이 시간이 지남에 따라   시간이
change over time], / the content of [what people posted] /
지남에 따라 바뀔지도 모르지만 / 사람들이 게시했던 것의 내용은 //
usually remains intact. // Email, video, audio, and text
보통 훼손되지 않고 남아 있다 //   이메일, 동영상, 음성, 그리고 문자 메시지는 저장될
messages can be saved. // When perfect preservation is
수 있다 //   완벽한 보존이 가능할 때
possible, / time has been suspended. // Whenever you
시간은 멈춰져 왔다 //   여러분이 원할 때마다 /
want, / you can go back / [to reexamine those events {from
         여러분은 되돌아갈 수 있다 / 과거로부터의 그러한 사건을 다시 보기 위해 //
the past}]. // In other situations, / permanency slips between
                또 다른 상황에서 /   영속성은 우리의 손가락 사이를 빠져나가고
our fingers, / [even challenging our reality testing /
                심지어 우리의 실재 검증에 이의를 제기하면서 /
about {whether something existed at all}], / as [when an
어떤 것이 어떤 식으로든 실재했는지에 대한 /   우리가 받았다고 기억
email {that we seem to remember receiving} mysteriously
하는 것처럼 보이는 이메일이 불가사의하게 사라질 때처럼 /
disappears / {from our inbox}]. // The slightest accidental
            받은 편지함에서 //   손가락으로 우연히 아주 살짝 톡 친
tap [of the finger] / can send an otherwise everlasting
것이 /   그렇지 않았으면 영원히 존재할 문서를 무(無)로 보내 버릴
document into nothingness. //
수 있다 //

전문 해석 온라인 환경은 거기에서 일어나는 일이 무엇이든지 간에 얼마나 쉽게 저장할 수 있는지에 따라 아주 다양한데, 그것이 내가 '기록 가능성'과 '저장 가능성'이라고 부르는 것이다. 비록 소셜 미디어의 디자인, 활동, 멤버십이 시간이 지남에 따라 바뀔지도 모르겠지만, 사람들이 게시했던 것의 내용은 보통 훼손되지 않고 남아 있다. 이메일, 동영상, 음성, 그리고 문자 메시지는 저장될 수 있다. 완벽한 보존이 가능할 때, 시간은 멈춰진다. 여러분이 원할 때마다 과거로부터의 그러한 사건들을 다시 돌아보기 위해 되돌아갈 수 있다. 또 다른 상황에서, 우리가 받았다고 기억하는 것처럼 보이는 이메일이 우리의 받은 편지함에서 불가사의하게 사라질 때처럼, 어떤 것이 어떤 식으로든 존재했었는지에 대한 실재(實在) 검증에 심지어 이의를 제기하면서, 영속성은 우리 손가락 사이로 빠져나간다. 손가락으로 우연히 아주 살짝 톡 친 것이 그렇게 하지 않으면

영원히 존재했을 문서를 무(無)의 상태로 보내 버릴 수 있다.

해설 온라인 환경에서의 기록 가능성과 저장 가능성으로 인해 이메일, 동영상, 음성, 문자 메시지 등의 완벽한 보존이 가능하지만, 이메일이 우리의 받은 편지함에서 사라지는 것처럼 문서가 우리 손가락 사이로 빠져나가 무(無)의 상태로 돌아갈 수도 있다는 내용이므로, 빈칸에 들어갈 말로 가장 적절한 것은 ④이다.

오답분석

오답선지	① 희소성	② 창의성	③ 가속도	⑤ 불가사의함
선택비율	13.4%	13.1%	12.4%	17.5%

⑤번은 as when an email that we seem to remember receiving mysteriously disappears from our inbox를 받은 이메일이 메일함에서 불가사의하게 사라지는 현상을 불가사의함에 대한 비유라고 잘못 이해하여 선택한 거야. In other situations가 마치 연결사처럼 전환의 기능을 수행하는 방식에 대해 이해했다면 올바른 해석이 가능했을 거야.

2

정답 ⑤

소재 감각 정보의 의미를 추측하는 도구로서의 개념

직독직해

Your concepts are a primary tool / for your brain / [to guess the meaning / {of incoming sensory inputs}]. // For example, / concepts give meaning to changes [in sound pressure] / so you hear them / as words or music / instead of random noise. // In Western culture, / most music is based / on an octave [divided into twelve equally spaced pitches]: / the equal-tempered scale / [codified by Johann Sebastian Bach / in the 17th century]. // All people of Western culture / [with normal hearing] / have a concept [for this ubiquitous scale], / [even if they can't explicitly describe it]. // Not all music uses this scale, / however. // [When Westerners hear Indonesian gamelan music / for the first time, / {which is based on seven pitches per octave / with varied tunings}], / it's more likely to sound like noise. // A brain / [that's been wired / by listening

to twelve-tone scales] / doesn't have a concept [for that music]. //

전문 해석 여러분이 가진 개념은 입력되는 감각 정보의 의미를 추측하게 하는 뇌의 주요한 도구이다. (C) 예를 들어, 개념은 음압의 변화에 의미를 부여하며, 그래서 여러분은 그 변화를 마구잡이의 소음 대신에 말이나 음악으로 듣는다. 서구 문화에서 음악 대부분은 12개의 동일한 간격을 가지고 있는 음의 높낮이로 나누어진 하나의 옥타브를 기본으로 하는데, 이것은 17세기의 Johann Sebastian Bach의 평균율 음계를 체계화한 것이다. (B) 비록 정상적인 듣기 능력을 지닌 서구 문화의 모든 사람은 분명하게 설명할 수 없을지라도 그들은 이 도처에 있는 음계에 대한 개념이 있다. 그러나 모든 음악이 이 음계를 사용하는 것은 아니다. (A) 서구인들이 다양한 음의 조율과 더불어 옥타브당 7개의 음의 높낮이를 기본으로 하는 인도네시아 gamelan 음악을 처음 들을 때 그것이 소음처럼 들릴 가능성이 더 크다. 12음계를 들음으로써 고정된 뇌는 그 음악에 대한 개념을 가지고 있지 않다.

해설 주어진 글에서 개념이 뇌에서 오는 감각 정보의 의미를 추측하는 데 주요 도구라고 언급하고 있으므로 그 예로 서구에서 소리 정보가 Johann Sebastian Bach의 음계 개념 때문에 음악이 되는 것을 설명하는 내용의 (C)가 주어진 글 뒤에 이어져야 한다. 서구의 음계에 대한 내용으로 (C)가 시작되고 있으므로, 서구 문화에서의 모든 사람이 동일 음계에 대한 개념을 가지고 있다고 언급하는 (B)가 (C) 뒤에 와야 한다. (A)에서 서구 음악이 아닌 인도네시아의 gamelan 음악을 예로 들어 서구 음계 개념을 가진 사람은 이러한 음악에 대한 개념이 없어 소음으로 듣는다고 이야기하므로 (B) 뒤에는 (A)가 이어지는 것이 글의 순서로 가장 적절하다.

오답분석

오답선지	①	②	③	④
선택비율	5.8%	7.0%	9.0%	23.0%

④번은 (B)의 정보가 없으면 (A)의 서구 사람들에게는 인도네시아의 음악이 소음처럼 들린다는 언급을 납득할 수 없다는 사실을 간과하고 선택한 거야. 글의 순서는 학생들이 일반적인 글의 순서를 지켜 가며 글에 응집력이 생기도록 연결하는 능력을 갖췄는지 확인하는 문제 유형이야. 따라서 이 글에서도 원인과 결과라는 일반적인 글의 순서가 지켜지도록 답을 찾아야 해.

3

정답 ⑤

소재 공기와 고체 물질의 소리 파동 전달

직독직해

Tap your finger [on the surface of a wooden table or desk], / and observe the loudness of the sound / [you hear]. // Then, place your ear flat / [on top of the table or desk]. // [With your finger about one foot away from your

ensuring [equality of opportunity] / or [equality of access
기회의 평등을 보장함으로써 / 또는 기본적인 자원에의 접근의

to fundamental resources]. //
평등을 (보장함으로써) //

전문 해석 Dworkin은 기회의 평등에 관한 어떤 한 종류의 고전적 주장을 제시한다. Dworkin의 관점에서 정의는 한 사람의 운명이 운이 아닌 그 사람의 통제 내에 있는 것들에 의해 결정되는 것을 요구한다. 행복에서 차이가 개인의 통제 밖에 있는 환경에 의해 결정된다면, 그것들(그 차이들)은 불공평하다. 이 주장에 따르면, 개인의 선택이나 취향에 있어서의 차이에 의해 이끌려지는 행복의 불평등은 받아들일 수 있다. 그러나 우리는 개인의 책임이 아니면서 개인이 중요하게 여기는 것을 성취하지 못하게 막는 요소에 의해 이끌려지는 행복의 불평등을 제거하기 위해 노력해야 한다. 우리는 기회의 평등 또는 기본적인 자원에의 접근의 평등을 보장함으로써 그렇게 한다.

해설 (A) 앞 문장에서 정의는 개인의 통제 내에 있는 것들에 의해 결정되는 것을 요구한다고 했기 때문에 개인의 통제 밖의 환경에 의해 행복의 차이가 생기는 것에 대한 설명에는 unjust(불공평한)를 써야 한다. fair는 '공정한'이라는 뜻이다.

(B) 바로 앞 문장과 이어지는 내용으로 개인의 선택이나 취향에 의한 행복의 불평등은 개인의 통제 내에 있는 것이므로 acceptable(받아들일 수 있는)을 써야 한다. intolerable은 '견딜 수 없는'이라는 뜻이다.

(C) 개인의 책임이 아닌데도 개인의 성취를 막는 요소에 대해서는 제거하기 위해 노력해야 한다고 앞 문장에서 이야기하고 있으므로 기회의 평등에 대해서는 ensuring(보장함)을 써야 한다. neglecting은 '방치함'이라는 뜻이다.

오답분석

오답선지	선택비율
① 공정한 – 받아들일 수 있는 – 방치함	7.9%
③ 불공평한 – 견딜 수 없는 – 보장함	13.0%
④ 공정한 – 견딜 수 없는 – 방치함	3.7%
⑤ 불공평한 – 받아들일 수 있는 – 방치함	13.8%

⑤번은 글의 중후반부까지 내용 파악을 잘했으나 But we should seek to eliminate inequality of well-being that is driven by factors that are not an individual's responsibility 문장의 해석을 제대로 하지 못하면서 (C)의 소홀히 방치하는 것(neglecting)을 제거하다(eliminate)와 유사한 느낌을 주는 낱말로 오인하여 선택한 거야.

5~6

정답 5 ⑤ / 6 ⑤

소재 자율 주행차를 둘러싼 딜레마

직독직해

A new study [published {in *Science*}] reveals / [that
'Science' 지에 게재된 새로운 연구는 드러낸다 / 사람들은

people generally approve of / driverless, or autonomous,
일반적으로 찬성한다는 것을 / 운전자 없는 자동차들, 즉 자율 자동차에 대

cars / {programmed <to sacrifice their passengers> / in
하여 / 탑승자를 희생하도록 프로그램된 /

order to save pedestrians}, / but these same people /
보행자를 구하기 위해 / 하지만 이 동일한 사람들이 /

are not enthusiastic / {about riding in such autonomous
열광하지 않는다 / 그러한 자율 자동차(AV)에 타는 것에 대해서는 /

vehicles (AVs) / themselves}]. // In six online surveys /
본인이 스스로 // 6개의 온라인 설문 조사에서 /

of U.S. residents / [conducted in 2015], / researchers
미국 주민들에 대해 / 2015년에 실시된 / 연구자들은 (조사)

asked participants / [how they would want their AVs to
참가자들에게 물었다 / 자신들의 AV가 어떻게 작동하기를 원하는지를 //

behave]. // The scenarios [involved in the surveys] varied /
설문 조사에 포함된 시나리오들은 달리했다 /

[in the number of pedestrian and passenge lives / {that
보행자와 탑승자 생명의 수를 / 구해질

could be saved}, / {among other factors}]. // For example, /
수 있는 / 다른 요인 중에서 // 예를 들어 /

participants were asked / [whether it would be more moral /
(조사) 참가자들은 질문을 받았다 / 더 도덕적일 것인지 /

for AVs {to sacrifice one passenger / rather than kill 10
AV가 한 명의 승객을 희생시키는 것이 / 10명의 보행자를 사망하게

pedestrians}]. // Survey participants said / [that AVs should
하는 것보다는 // 조사 참가자들은 말했다 / AV가 프로그램되어야

be programmed / {to be utilitarian} / and {to minimize
한다고 / 공리적이고 / 그리고 보행자에 대한 피해를

harm to pedestrians}], / [a position that would put the
최소화하도록 / (이는) 차량 밖에 있는 사람들의 안전을 우선시

safety of those outside the vehicle / ahead of the driver and
하겠다는 태도다 / 운전자와 승객의 안전보다 //

passengers' safety]. // The same respondents, / however, / said /
그 같은 응답자들은 / 하지만 / 말했다 /

[(that) they prefer to buy cars / {that protect them and their
그들은 차량의 구매를 선호한다고 / 자신들과 탑승자를 보호하는 /

passengers, / especially <if family members are involved>}]. //
특히 자기 가족과 관련된 경우라면 //

This suggests / [that {if both self-protective and utilitarian
이것은 시사한다 / 만약 자기방어적인 AV와 공리적인 AV가 둘 다 /

AVs / were allowed on the market, / few people would
출시된다면 / 선뜻 하려는 사람은 거의 없으

be willing to / ride in the latter] / — [even though they
리라 / 후자에 타려고 / 남들이 타는 것은 선호할지

would prefer others to do so]. / The inconsistency, / [which
라도 / 이러한 불일치는 / (이는)

illustrates an ethical tension / between the good of the
윤리적 긴장을 설명하는데 / 개인의 이익과 공동의 이익 사이에 /

individual and that of the public], / persisted [across a wide
/ 지속되었다 분석된 광범위한 설문 시나리오에서

range of survey scenarios analyzed]. //
지속되었다 //

전문 해석 'Science' 지에 게재된 새로운 연구에 의하면, 보행자를 구하기 위해 탑승자를 희생하도록 프로그램된 운전자 없는 자동차들, 즉 자율 자동차

(AV)에 대하여 사람들은 일반적으로 찬성하지만, 이 동일한 사람들은 그러한 자율 자동차를 본인이 스스로 타는 것에 대해서는 열광하지 않는다는 것이 드러난다. 2015년 미국 주민들에게 실시된 6개의 온라인 설문 조사에서 연구자들은 (조사) 참가자들에게 그들의 AV가 어떻게 작동하기를 원하는지 물었다. 설문 조사에 포함된 시나리오들은 다른 요인 중에서, 구할 수 있는 보행자와 탑승자의 수를 달리했다. 예컨대, (조사) 참가자들은 AV가 10명의 보행자를 사망하게 하는 것보다는 한 명의 승객을 희생시키는 것이 더 도덕적일 것인가에 대한 질문을 받았다. 조사 참가자들은 AV가 공리적이고 보행자에 대한 피해를 최소화하도록 프로그램되어야 한다고 말했는데, 이는 운전자와 승객의 안전보다 차량 밖에 있는 사람들의 안전을 우선시하겠다는 태도이다. 하지만 그 같은 응답자들은 자신들과 탑승자를 보호하는 차량의 구매를 선호하는데, 특히 자기 가족과 관련된 경우라면 그렇다고 말했다. 이것은, 만약 자기방어적인 AV와 공리적인 AV가 모두 출시된다면, 남들이 (공리적인 AV에) 타는 것은 선호할지언정, 후자(공리적인 AV에) 선뜻 타려고 할 사람은 거의 없으리라는 것을 시사한다. 개인의 이익과 공공의 이익 사이의 윤리적 긴장을 설명하는 이러한 불일치는 분석된 광범위한 설문 시나리오에서 지속되었다.

해설 5 자율 주행차에 대한 설문 조사에 참여했던 사람들이 자율 주행차가 탑승자보다는 보행자의 안전을 우선하여 고려하라고 요구했던 것과는 별개로 본인들이 그러한 자동차를 구매하여 탑승하는 것에 대해서는 그다지 선호하지 않았다는 내용의 글로 개인의 이익과 공공의 이익 사이의 윤리적 긴장을 설명하고 있다. 따라서 글의 제목으로 가장 적절한 것은 ⑤ '딜레마: 승객을 구하는 자율 주행차인가 아니면 보행자를 구하는 자율 주행차인가?'이다.

6 사람들은 탑승하고 있는 승객이 자기 혹은 자기 가족이라면 승객을 방어적으로 지키는 자율 주행차를 선택할 것이고, 다른 사람들이 자율 주행차를 산다면 공리적으로 판단하여 보행자를 지킬 수 있는 자율 주행차를 구매하기를 바랄 것이므로 자율 주행차에 대해 사람들이 보이는 태도가 일관되지 못함을 시사하는 내용의 글이다. 따라서 빈칸에 들어갈 말로 가장 적절한 것은 ⑤이다.

오답분석

오답선지	선택비율
5 ① 자율 주행차가 자동차 사고를 끝낼 것인가?	8.4%
② 무인 자동차가 어떻게 실업을 초래하는가	5.1%
③ 무인 자동차에 필요한 안전 조치	9.5%
④ 안전 최우선: 자동차 산업의 새로운 흐름	6.8%
6 ① 죄책감	12.7%
② 열등감	16.0%
③ 비관주의	16.8%
④ 무지	7.7%

5 ③번은 지문의 주요 소재인 자율 주행차에 대해서 계속해서 언급되고 있는 승객 또는 보행자를 구하거나 희생시키는 것과 관련된 어휘와 정보들이 누적되어 선택한 거야. 이 글 내용의 핵심은 자율 주행차의 안전 문제가 아니라 자율 주행차를 선택하여 개인의 이익과 공공의 이익 사이에서 윤리적 딜레마가 발생하고 있다는 것인데 그 점을 간과한 거지.

6 ③번은 빈칸이 포함된 문장 앞에 제시된 This suggests that if both self-protective and utilitarian AVs were allowed on the market, few people would be willing to ride in the latter — even though they would prefer others to do so.를 아무도 자율 주행차를 구매하지 않으리라고 확대 해석하여 자율 주행차의 상업성에 대한 미래를 암울하게 예상하여 선택한 거야. 지문 내용에 근거해서 정답을 찾아야지 배경지식의 간섭을 지나치게 받아서는 안 돼.

━━━━━━━━ **Vocabulary** Check-up ━━━━━━━━

1 (1) properties (2) incentives (3) violate
2 (1) accumulate (2) pedestrians

1 (1) properties / 시간이 흐르면서 그들은 자연적인 특성의 물질보다 더 우수한 특성을 가진 물질을 만들어 내는 기술을 발견했다.

(2) incentives / 때로는 신임을 얻지 못한다는 인식이 자기 성찰에 필요한 동기를 제공할 수 있다.

(3) violate / 그 사람은 자기 자신의 행동이 그 원칙을 어기면 죄책감을 느끼는 경향이 있을 것이며, 그것과 충돌하는 행동을 하는 다른 사람을 못마땅해하는 경향이 있을 것이다.

2 (1) accumulate / 담수호에 있는 물고기가 바다를 흉내 내려고 자기 몸속에 염분을 축적하려고 애쓰고 있다는 생각은 우리에게 생물권의 또 다른 거대한 모순, 즉 식물은 대략, 3/4에 이르는 질소로 구성된 환경 속에 감싸여 있지만 그들의 성장은 질소 부족에 의해 제한되는 경우가 빈번하다는 것을 상기시킨다.

(2) pedestrians / 교통안전 규칙을 모르는 것이 알고 보면 보행자들에게 실은 좋은 일이다. 보행자들은 자동차가 멈출 것인지에 대해 모르기 때문에 더 조심스럽게 행동한다.

━━━━━━━━ **Grammar** Check-up ━━━━━━━━

1 (1) ① be determined ② is (2) ① possible ② it
2 ④ → them

1 (1) ① be determined: a person's fate가 의미상 determined의 대상이므로, be determined가 어법상 적절하다.
② is: 주어 역할을 하는 명사구 inequality of well-being의 핵이 inequality이므로 술어 동사로 is가 어법상 적절하다.

(2) ① possible: 목적격보어를 필요로 하는 동사 make의 수동태 뒤에는 부사가 아닌 형용사가 이어져야 하므로 possible이 어법상 적절하다.
② it: an Internet server를 지칭하므로 대명사 it이 어법상 적절하다.

2 ④ incentives를 지칭하므로 them으로 고쳐야 한다.

1

정답 ①

소재 지구 온난화를 막기 위한 식생활 전환

직독직해

How can we access / the nutrients [we need] /
어떻게 우리는 접근할 수 있는가 / 필요한 영양분에 /

[with less impact on the environment]? // The most
환경에 더 적은 영향을 미치면서 // 농업에서의 가장

significant component of agriculture / [that contributes
중요한 요소는 / 기후 변화의 원인이 되는 /

to climate change] / is livestock. // Globally, / beef cattle
가축이다 // 세계적으로 / 육우와 젖소가 /

and milk cattle / [have the most significant impact /
가장 큰 영향을 미친다 /

in terms of greenhouse gas emissions(GHGEs)], / and
온실가스 배출(GHGEs)의 측면에서 / 그리고

[are responsible / for 41% of the world's CO₂ emissions /
책임이 있다 / 세계의 이산화 탄소 배출의 41퍼센트와 /

and 20% of the total global GHGEs]. // The atmospheric
그리고 전 세계 온실가스 배출의 20퍼센트에 // 대기의 온실가스 배출 증가

increases in GHGEs / [caused by {the transport, land
가 / 운송, 벌채, 메탄(가스) 배출 그리고 곡물 경작으로

clearance, methane emissions, and grain cultivation /
야기된 /

⟨associated with the livestock industry⟩}] / are the main
가축 산업과 연관된 / 주요 요인이다 /

drivers / [behind increases in global temperatures]. //
지구의 온도 상승 배후의 //

In contrast to conventional livestock, / insects as
전통적인 가축과 대조하여 / '소형 가축'으로서의

"minilivestock" / [are low-GHGE emitters], / [use minimal
곤충들은 / 온실가스를 적게 배출하고 / 최소한의 땅을 사용

land], / [can be fed on food waste / rather than cultivated
하며 / 음식물 쓰레기를 사료로 먹을 수 있고 / 재배된 곡물보다

grain], / and [can be farmed anywhere] / [thus potentially
그리고 어느 곳에서나 사육될 수 있으며 / 따라서 잠재적으로 온실

also avoiding GHGEs / [caused by long distance
가스 배출을 줄일 수 있다 / 장거리 운송으로 야기되는 //

transportation]]. // If we increased insect consumption /
/ 우리가 세계적으로 곤충 소비를 늘리고 /

and decreased meat consumption worldwide, / the
그리고 세계적으로 육류 소비를 줄인다면 / 식량

global warming potential of the food system / would be
체계로 인한 지구 온난화 가능성은 현저히 줄어들 것이다 /

significantly reduced. //

전문 해석 어떻게 우리는 환경에 더 적은 영향을 미치면서 필요한 영양분에

접근할 수 있는가? 기후 변화의 원인이 되는 농업에서의 가장 중요한 요소는 가축이다. 세계적으로 육우와 젖소는 온실가스 배출(GHGEs)의 측면에서 가장 큰 영향을 미치고, 세계의 이산화 탄소 배출의 41퍼센트와 전 세계 온실가스 배출의 20퍼센트에 책임이 있다. 가축 산업과 연관된 운송, 벌채, 메탄(가스) 배출, 곡물 경작으로 야기된 대기의 온실가스 배출 증가는 지구의 온도 상승 배후의 주요 요인이다. 전통적인 가축과 대조하여, '소형 가축'으로서의 곤충들은 온실가스를 적게 배출하고 최소한의 땅을 사용하며 재배된 곡물보다 음식물 쓰레기를 사료로 먹을 수 있고 어느 곳에서나 사육될 수 있으며, 따라서 잠재적으로 장거리 운송으로 야기되는 온실가스 배출을 줄일 수 있다. 우리가 세계적으로 곤충 소비를 늘리고 육류 소비를 줄인다면 식량 체계로 인한 지구 온난화 가능성은 현저히 줄어들 것이다.

해설 지구 온난화 가능성을 줄이기 위한 수단으로 식량 시스템에서 전 세계적으로 곤충 소비를 늘리고 육류 소비를 줄이는 것이 환경에 이익이 되는데, 이는 육우와 젖소가 온실가스 배출과 기후 변화에 큰 영향을 미치고 있기에 이것에 대한 소비를 줄이는 방법이 필요하다는 내용의 글이므로, 글의 주제로 가장 적절한 것은 ① '식용 곤충으로의 식생활 전환의 필요성'이다.

오답분석

오답선지	선택비율
② 수요와 공급이 곤충 양식에 미치는 영향	16.1%
③ 온실가스 배출을 줄이는 것의 중요성	20.9%
④ 지구 온난화를 막기 위한 기술 발전	9.1%
⑤ 농업에서 생산성을 향상하는 방법들	3.4%

①번은 첫 문장인 How can we access the nutrients we need with less impact on the environment?와 마지막 문장인 the global warming potential of the food system would be significantly reduced에서 문장의 핵심적 의미가 영양 또는 음식 등 식생활과 관련 있다는 것을 정확하게 파악하지 못한 거야. 그래서 평상시 친숙하게 접하던 기후 위기, 지구 온난화를 중심 소재로 오해하여 선택한 거지.

2

정답 ①

소재 꿀벌들의 집단 지성을 활용한 민주적 의사 결정 방식

직독직해

Honeybees have evolved / what we call "swarm
꿀벌은 발전시켜 왔다 / 소위 '집단 지성'을

intelligence," / [with up to 50,000 workers {in a single
한 군집에 최대 5만 마리의 벌이 함께 모이면서 /

colony} coming together] / [to make democratic
/ 민주적인 결정을 내리기 위해 //

decisions]. // [When a hive gets too crowded {in
봄철에 벌집이 너무 붐빌 때 /

springtime}], / colonies send scouts / [to look for a new
군집들은 정찰병을 보낸다 / 새 벌집을 찾기 위해

home]. // [If any scouts disagree / on {where the colony
어느 정찰병이라도 동의하지 않으면 / 군집이 다음 벌집을 지어야 할 장소에

should build its next hive}], / they argue their case /
대해 /   그들은 그 문제를 논의한다 /

the civilized way: / [through a dance-off]. // Each scout
문명화된 방식으로 /   춤 경연을 통해 //   각 정찰병은 '8자의

performs a "waggle dance" / [for other scouts] / [in an
춤'을 춘다 /   다른 정찰병들에게 /   그들이 찾은

attempt to convince them of their spot's merit]. // The
장소의 장점을 납득시키려는 시도에서 //   그 춤이

more enthusiastic the dance is, / the happier the scout
더 열정적일수록 /   그 정찰병은 그 장소를 더 마음에 들어

is with his spot. // The remainder of the colony / votes
하는 것이다 //   그 군집의 나머지 벌들은 /   그들의

[with their bodies], / [flying to the spot {they prefer}]
몸으로 투표한다 /   그들이 선호하는 장소로 날아가서 /

and [joining in the dance / {until one potential hive
그리고 춤에 합류하여 /   한 잠재적인 벌집이 모든 주변의 다른 춤을

overcomes all other dances of the neighborhood}]. // It
이길 때까지 //

would be great / if Congress settled their disagreements the
멋질 것이다 /   만약 의회가 의견 불일치를 같은 방법으로 해결한다면 //

same way. //

전문 해석 꿀벌은 한 군집에 최대 5만 마리의 벌이 함께 민주적인 결정을 내리기 위해 모이면서, 소위 '집단 지성'을 발전시켜 왔다. 봄철에 벌집이 너무 붐빌 때 군집들은 새 벌집을 찾기 위해 정찰병을 보낸다. 어느 정찰병이라도 다음 벌집을 지을 장소에 대해 동의하지 않으면 그들은 문명화된 방법인 춤 경연을 통해서 그 문제를 논의한다. 각 정찰병은 다른 정찰병들에게 그들이 찾은 장소의 장점을 납득시키기 위해 '8자의 춤'을 춘다. 그 춤이 더 열정적일수록 그 정찰병은 그 장소를 더 마음에 들어 하는 것이다. 그 군집의 나머지 벌들은 그들이 선호하는 장소로 날아가서 한 잠재적인 벌집이 모든 주변의 다른 춤을 이길 때까지 춤에 합류하여 그들의 몸으로 투표한다. 의회가 의견 불일치를 같은 방법으로 해결한다면 멋질 것이다.

해설 꿀벌은 집단 지성을 발전시키며 진화하였는데, 이는 봄에 벌집이 너무 혼잡해지면, 일련의 결정을 내리기 위해 최대 50,000마리의 벌들이 하나의 군집으로 모여들어 민주적으로 의사 결정을 내리는 과정을 통해 드러나며, 이때 사용하는 의사 결정 방식이 바로 춤을 이용한 투표라는 내용의 글이다. 따라서 빈칸에 들어갈 가장 적절한 것은 ①이다.

오답분석

오답선지	선택비율
② 다른 벌의 벌집을 침범한다	14.5%
③ 더 많은 꽃을 탐색한다	10.3%
④ 짝짓기 대상에게 더 많은 관심을 보인다	9.5%
⑤ 그들의 소통 능력을 향상시킨다	12.4%

②번은 도입부에 있는 When a hive gets too crowded in springtime, colonies send scouts to look for a new home.을 인구 밀도가 늘어난 벌집의 벌이 나머지 다른 벌의 벌집을 공격한다는 식으로 확대 해석해서 선택한 거야. 벌이 찾는 새로운 집이 반드시 다른 벌의 집일 것이라는 근거를 확인할 수 없는데도 말이야. 항상 지문 내에서 답의 근거를 찾도록 해.

3

정답 ⑤

소재 모르는 것을 묻는 것을 두려워하지 않는 리더

직독직해

Confident leaders are not afraid / [to ask the basic
자신감 있는 리더들은 두려워하지 않는다 /   기본적인 질문을 하는 것을 /

questions]: / the questions [to which you may feel
                창피하게 느낄 수도 있는 질문이더라도 /

embarrassed / about {not already knowing the answers}]. //
                아직 답을 알지 못한다는 것에 대해 //

[When you don't know something], / admit it as
여러분이 무엇인가를 알지 못한다면 /   가능한 한 빨리 그것을

quickly as possible / and immediately take action /
인정해라 /   그리고 즉시 조치를 취하라 /

— ask a question. // [If you have forgotten / {who
다시 말해, 질문하라 //   만약 여러분이 잊어버렸다면 /   주지사가

the governor is} / or {how many hydrogen atoms are
누구인지를 /   혹은 물 분자에 얼마나 많은 수소 원자가 있는지를 /

⟨in a molecule of water⟩}], / quietly ask a friend / but
                                조용히 친구에게 물어라 /   하지만

one way or the other, / quit hiding, and take action. //
어느 쪽이든 /   숨기기를 그만두고 조치를 취하라 //

Paradoxically, / [when you ask basic questions], / you will
역설적으로 /   여러분이 기본적인 질문을 할 때 /   여러분은 인식될

more than likely be perceived / by others / to be smarter. //
가능성이 매우 대단히 크다 /   다른 사람들에 의해 / 더 똑똑하다고 //

And more importantly, / you'll end up knowing / far more
그리고 더 중요한 점은 /   여러분은 알게 되리라는 것이다 /   평생을 살아

[over your lifetime]. // This approach / will cause you to
가면서 훨씬 더 많은 것을 //   이러한 접근법은 /   여러분을 더 성공적으로 만들

be more successful / than you would have been / had you
것이다 /   여러분이 이룰 수 있는 것보다 /   만약 여러분이

employed the common practice / of [pretending to know
흔한 행동을 했다면 /   아는 것보다 더 많은 것을 아는 척하는

more than you do]. // [To make good leaders], / effective
                      //   훌륭한 리더를 만들어 내기 위해서 /   유능한 교사들은

teachers / encourage, invite, and even force their students /
학생들을 격려하고 권유하고 심지어 강요한다 /

[to ask those fundamental questions]. //
그러한 기본적인 질문을 하도록 //

전문 해석 자신감 있는 리더들은 아직 답을 알지 못한다는 것에 대해 창피하게 느낄 수도 있는 기본적인 질문을 하는 것에 대해 두려워하지 않는다. 여러분이 무엇인가를 알지 못한다면, 그것을 가능한 한 빨리 인정하고 즉시 조치를 취하라. 다시 말해 질문을 하라. 만약 여러분이 주지사가 누구인지 혹은 물 분자에 얼마나 많은 수소 원자가 있는지를 잊어버렸다면, 조용히 친구에게 물어보지만, 어느 쪽이든 숨기기를 그만두고, 조치를 취하라. 역설적으로, 여러분이 기본적인 질문을 할 때, 여러분은 다른 사람들에 의해 더 똑똑하다고 인식될 가능성이 매우 대단히 크다. 그리고 더 중요한 점은 여러분이 결국 인생을 살아가면서 훨씬 더 많은 것을 알게 되리라는 것이다. 이러한 접근법은 만약 여러분이 아는 것보다 더 많은 것을 아는 척하는 흔한 행동을 했다면 여러분이 이룰 수 있는 성공보다, 여러분을 더 성공적으로 만들 것이다. 훌륭한 리더를 만들어 내

기 위해서 유능한 교사들은 학생들이 그러한 기본적인 질문을 하도록 격려하고 권유하고 심지어 강요한다.

해설 자신의 부족한 점을 인정하고 질문을 하라는 것을 강조하는 이 글에서 알지 못한다는 사실을 인정하고 질문을 하면 더 배울 수 있고, 지식도 향상할 수 있기에 이러한 접근 방식이 성공적인 지도자가 되는 데 도움이 된다고 설명하고 있으며, 자신이 더 많이 안다고 가장하거나 알고 있는 척하는 행동보다는 자신이 모르는 것을 솔직하게 인정하는 것이 훨씬 더 얻을 것이 많다는 내용의 글이다. 따라서 빈칸에 들어갈 말로 가장 적절한 것은 ⑤이다.

오답분석

오답선지	선택비율
① 다른 사람을 배려하는 태도를 보이는	12.5%
② 여러분이 완벽하지 않다는 것을 인정하는	19.9%
③ 현실에 대하여 승리감을 느끼고 싶어 하는	7.7%
④ 반대 의견에 대하여 논쟁하는	8.7%

②번은 빈칸을 포함하고 있는 문장의 앞부분을 제대로 이해하지 못하고 빈칸에 들어갈 말을 선택한 거야. 지금까지 많은 문제가 이러한 패턴을 보이는 것을 눈치챘니? 지문의 전체적인 흐름상 적절한 선지와 빈칸에 들어갈 말이 상반되는 관계를 보이면 많은 학생이 어려움을 겪는데, 빈칸을 포함하는 문장에 대한 올바른 해석이 늘 선행되어야 한다는 것을 기억해!

4

정답 ③

소재 내부 체온 안전성의 중요성

직독직해

It is vitally important / [that {wherever we go and
지극히 중요하다 / 우리가 어디를 가든 그리고 무엇을 하든

whatever we do} / the body temperature is maintained /
체온이 유지되는 것이 /

at the temperature {at which our enzymes work best}]. //
우리 몸의 효소가 가장 잘 작용하는 온도로 /

It is not the temperature [at the surface of the body] /
바로 몸의 표면 온도가 아니다 /

which matters. // It is the temperature [deep inside the
중요한 것은 // 바로 몸속 깊은 곳의 온도이다 /

body] / which must be kept stable. // [At only a few
안정되게 유지되어야 하는 것은 // 정상적인 체온보다 조금

degrees above or below normal body temperature] /
이라도 높거나 낮을 때 /

our enzymes cannot function properly. // [If this
우리의 효소는 원활하게 기능할 수 없다 // 만약 이러한

goes on {for any length of time}] / the reactions in
상태가 일정 시간 계속된다면 / 우리의 세포 안에서의 반응

our cells / cannot continue and we die. // All sorts of
들은 / 지속될 수 없고 우리는 죽는다 // 모든 종류의 것들은

things can affect internal body temperature, / including /
내부 체온에 영향을 미칠 수 있다 / 포함하여

[heat generated in the muscles during exercise], / [fevers
운동 중 근육에서 발생하는 열 / 질병으로

caused by disease], / and [the external temperature]. //
인한 열 / 그리고 외부 온도를 (포함하여) //

We can control our temperature [in lots of ways]: / we can
우리는 다양한 방법으로 우리의 체온을 통제할 수 있다 / 즉, 우리는

change [our clothing], / [the way we behave] / and [how
옷을 바꿀 수 있다 / 행동하는 방식을 / 그리고 우리가

active we are]. // But we also have an internal control
얼마나 활동적인지를 (바꿀 수 있다) // 그러나 우리는 또한 내부 통제 체제를 가지고 있다 /

mechanism: / [when we get too hot] / we start to sweat. //
즉, 너무 더울 때 / 우리는 땀을 흘리기 시작한다 //

전문 해석 우리가 어디를 가든 그리고 무엇을 하든, 우리 몸의 효소들이 가장 잘 작용하는 온도로 체온이 유지되는 것이 지극히 중요하다. 중요한 것은 바로 몸의 표면 온도가 아니다. 안정되게 유지되어야 하는 것은 바로 몸속 깊은 곳의 온도이다. 정상적인 체온보다 조금이라도 높거나 낮을 때 우리의 효소들은 원활하게 기능할 수 없다. 만약 이러한 상태가 일정 시간 계속된다면, 우리의 세포 안에서의 반응들은 지속될 수 없고 우리는 죽는다. 운동 중 근육에서 발생하는 열, 질병으로 인한 열, 그리고 외부 온도를 포함하여, 모든 종류의 것들은 내부 체온에 영향을 미칠 수 있다. 우리는 다양한 방법으로 우리의 체온을 통제할 수 있다. 즉, 옷과 행동하는 방식과 활동 정도를 바꿀 수 있다. 그러나 우리는 또한 내부 통제 체제를 가지고 있는데 너무 더우면 땀을 흘리기 시작하는 것이다.

해설 주어진 문장은 내부 체온의 안정성의 중요성을 강조하고 있으며, 효소가 잘 작용할 수 있도록 적정한 온도를 유지하지 못하면 사망에 이른다고 설명한다. 이에 이 문장 바로 앞에는 정상적인 체온과 다를 경우 효소가 원활하게 기능할 수 없다는 내용의 문장이 있어야 하고, 바로 뒤에는 이런 내부 체온에 영향을 미치는 요소들과 그것에 대한 통제 방식이 언급되는 문장이 이어져야 한다. 따라서 주어진 문장이 들어가기에 적절한 곳은 ③이다.

오답분석

오답선지	①	②	④	⑤
선택비율	4.9%	7.9%	20.7%	8.9%

④ 앞의 문장은 내부 체온에 영향을 줄 수 있는 다양한 요소(all sorts of things)에 대한 설명이며, 이것에 이어서 주어진 문장이 위치하게 되면 주어진 문장의 주어는 this가 아니라 they가 되는 것이 더 적절해. 또한 ③에 공백이 발생하게 되면 주요 소재로 다뤄지고 있는 효소에 대한 언급이 충분치 못한 상태에서 내부 체온을 조절하는 방법에 관한 이야기로 전환되면서 글의 응집성이 부족하게 느껴져.

5

정답 ②

소재 다른 사람들과 비교하여 형성하는 자아상

직독직해

The self is formed / by social forces, / by looking
자아는 형성된다 / 사회적 힘에 의해 / 외적으로 살펴봄으

outwards / as well as inwards. // One way [in which other
로써　　　내적으로뿐만 아니라 //　　　　다른 사람이 여러분이 누구인지를 형성

people shape {who you are}] / is described by Leon
하는 한 가지 방법은 /　　　　Leon Festinger의 이론에 의해 설명

Festinger's theory. // Simply put, / imagine [that you feel /
된다 //　　　　간단히 말하면 /　여러분이 느낀다고 상상해 보라 /

like you're good at math / {because you came top of your
여러분이 수학을 잘하는 것처럼 /　여러분이 학급에서 1등을 했기 때문에 //

class}]. // But / you feel that you're bad at dancing / [after
　　　그러나 / 여러분은 춤을 못 춘다고 느낀다 /　　　　　　　학교

seeing other people at the school disco]. // These facts
디스코에서 다른 사람(이 춤추는 것)을 본 후에 //　　　　이러한 사실들은

aren't objective, / of course. // If you happen to be placed /
객관적이지 않다 /　　물론 /　만약 여러분이 우연히 있게 된다면 /

[in a classroom {of future professional statisticians}], /
장래의 통계 전문가들이 있는 교실에 /

inevitably you feel relatively bad at math. // On the upside, /
필연적으로 여러분은 상대적으로 수학을 못한다고 느낄 것이다 //　긍정적인 면을 고려하면 /

you may feel like you're better at dancing. // Festinger
여러분은 자신이 춤을 잘 추는 것처럼 느낄지도 모른다 //　Festinger는

realized / [that these social comparisons aren't entirely
깨달았다 /　그러한 사회적 비교가 완전히 우연한 것이 아니라는 것을

accidental]. // Humans actively [seek out particular
　　　　사람들은 적극적으로 특정한 사람들을 찾는다

people] / and [select particular skills or attributes] / [for
　　　그리고 특정한 능력들이나 특성들을 선택한다 /

comparison]. //
비교하기 위해 //

전문 해석 자아는 내적으로뿐만 아니라 외적으로 살펴봄으로써 사회적 힘으로 형성된다. 다른 사람들이 여러분이 누구인지를 형성하는 한 가지 방법은 Leon Festinger의 이론에 의해 설명된다. 간단히 말하면, 여러분이 학급에서 1등을 했기 때문에 여러분이 수학을 잘하는 것처럼 느낀다고 상상해 보라. 그러나 여러분이 학교 디스코에서 다른 사람을 본 후 여러분은 춤을 못 춘다고 느낄 것이다. 물론 이러한 사실은 객관적이지 않다. 만약 여러분이 우연히 장래의 통계 전문가들이 있는 교실에 있게 된다면, 필연적으로 여러분은 상대적으로 수학을 못한다고 느낄 것이다. 긍정적인 면을 고려하면 춤은 더 잘 춘다고 느낄지도 모른다. Festinger는 이러한 사회적 비교가 완전히 우연한 것이 아니라는 것을 깨달았다. 사람들은 비교하기 위하여 적극적으로 특정한 사람들을 찾고 특정한 능력들이나 특성들을 선택한다.
→ 사람들은 자신들과 주변에 있는 사람들을 <u>비교함</u>으로써 자신이 누구인지에 대한 개념을 <u>얻는다</u>.

해설 사람들은 주변 사람들과 자기 자신을 비교함으로써 자신의 정체성을 획득하고, 이러한 사회적 비교는 완전히 우연에 의한 것이 아니며 사람들은 비교를 위해 특정한 사람들과 능력과 특성을 구한다는 내용이다. 따라서 요약문의 빈칸 (A), (B)에 들어갈 말로 가장 적절한 것은 ② '얻는다 – 비교함'이다.

오답분석

오답선지	선택비율
① 얻는다 – 변호함	24.9%
③ 잊는다 – 변호함	12.5%
④ 잊는다 – 경쟁함	10.8%
⑤ 과대평가한다 – 비교함	3.4%

①번은 주변 사람들과 비교하여 자기 능력을 가늠하는 상황에서 스스로 수학 능력 또는 춤 실력이 부족하다고 여겨지는 것을 잘못 이해해서 스스로 변호하는 것으로 보고 선택한 거야. 지문에 언급되지 않은 내용에 대해 자기 해석이 개입하는 실수이니까 이런 방식으로 답을 고르지 않도록 조심해야 해.

6

정답 ④

소재 비용 절감보다 나은 생산성 향상

직독직해

[Cutting costs] can improve profitability / but only up
비용 절감은 수익성을 향상할 수 있다 /　　　하지만 어느 정도

to a point. // [If the manufacturer cuts costs so deeply /
까지(이다) //　　만약 제조 업자가 비용을 너무 많이 절감해서 /

that {doing so} harms the product's quality], / then the
그렇게 하는 것이 제품의 질을 손상시키게 된다면 /　　　그 증가된

increased profitability will be short-lived. // A better
수익성은 단기적일 것이다 //　　　　더 나은 접근법은

approach is [to improve productivity]. // [If businesses
생산성을 향상하는 것이다 //　　　만약 기업이 얻을 수

can get / more production {from the same number of
있다면 /　똑같은 수의 직원들로부터 더 많은 생산을 /

employees}], / they're basically tapping into free money. //
　　　그들은 기본적으로 거저 얻게 되는 것이다 //

They get more product to sell, / and the price of each
그들은 판매할 상품을 더 많이 얻는다 /　　그리고 각 상품의 가격은 떨어진다 /

product falls. // [As long as the machinery or employee
　　　　기계 또는 직원 연수가 ~한다면 /

training / {needed for productivity improvements} / costs
생산성 향상에 필요한 /　　　　　　　　　가치보다

less than the value / of the productivity gains], / it's an easy
비용이 적게 든다 /　　생산성 향상의 /　　　　쉬운 투자이다

investment / for any business [to make]. // Productivity
　　　어떤 기업이든 할 수 있는 //　　생산성 향상은 매우

improvements are as important / [to the economy] / as they
중요하다 /　　　　　　　경제에 /　　　　그것들이

are to the individual business / [that's making them]. //
개별 기업에 (중요한 만큼) /　　그것들을 만들어 내는 //

Productivity improvements generally raise the standard of
일반적으로 생산성 향상은 모두를 위한 생활 수준을 올려 주고 /

living for everyone / and are a good indication of a healthy
　　　　　　　　그리고 건강한 경제의 좋은 지표가 된다 //

economy. //

전문 해석 비용 절감은 수익성을 향상할 수 있지만, 어느 정도까지다. 만약 제조 업자가 비용을 너무 많이 절감해서 그렇게 하는 것이 제품의 질을 손상시키게 된다면 그 증가된 수익성은 단기적일 것이다. 더 나은 접근법은 생산성을 향상하는 것이다. 만약 기업이 똑같은 수의 직원들로부터 더 많은 생산을 얻을 수

있다면, 그들은 기본적으로 거저 얻게 되는 것이다. 그들은 판매할 상품을 더 많이 얻고, 각 상품의 가격은 떨어진다. 생산성 향상에 필요한 기계 또는 직원 연수가 생산성 향상의 가치보다 비용이 적게 든다면, 이것은 어떤 기업이든 할 수 있는 쉬운 투자이다. 생산성 향상은 그것을 만들어 내는 개별 기업에 중요한 만큼 경제에도 중요하다. 일반적으로 생산성 향상은 모두를 위한 생활 수준을 올려 주고 건강한 경제의 좋은 지표가 된다.

해설 ④ are important를 대신 받아야 하므로 do를 are로 고쳐야 한다.

① 「so ~ that ...」 구문을 이루는 접속사로 뒤에 완전한 구조를 이루는 절이 이어지므로 that은 어법상 적절하다.

② 동사구 are tapping into를 수식하고 있으므로 부사 basically는 어법상 적절하다.

③ 수식을 받는 the machinery or employee training은 동사 need의 대상이 되므로 과거분사 needed는 어법상 적절하다.

⑤ 주어가 Productivity improvements이므로 술어 동사는 복수형인 are가 어법상 적절하다.

오답분석

오답선지	① that	② basically	③ needed	⑤ are
선택비율	9.5%	8.1%	27.1%	10.5%

③번은 As long as가 이끄는 부사절에서 술어 동사의 역할을 costs가 하는 것을 파악하지 못하고 needed가 술어 동사의 역할을 한다고 보아 선택한 거야. 어법의 기본은 정확하게 문장의 구조를 분석해 내는 거야. 특히 주어와 동사를 찾는 것이 문장 구조 분석의 기본이니까 어렵지 않도록 많은 연습을 해 두어야 해.

Daily Review — Day 25

Vocabulary Check-up

1 (1) mechanism (2) reaction (3) nutrient
2 (1) cultivation (2) accidentally

1 (1) mechanism / 현상에 대한 과학적 설명은 흥미로운 현상을 생성한 기제를 밝히는 것으로 구성된다.

(2) reaction / 주민들은 대개 관광 산업이 삶의 질에 미치는 경제적인 그리고 몇 가지 사회 문화적인 영향에 대해 긍정적인 견해를 가지고 있지만, 환경적 영향에 대한 그들의 반응은 엇갈린다.

(3) nutrient / 식욕, 즉 먹고자 하는 욕구가 회복된다는 것은, 많은 양의 식사를 하고 나서 배가 아주 불러서, 매일의 요구를 충족시킬 추가적인 에너지나 영양소가 필요하지는 않지만, 디저트 카트를 보고 나서 추가적인 칼로리를 더 섭취하기로 결심하는 사람이면 누구에게나 분명하다.

2 (1) cultivation / 그러나 토지 단위에 따라 하는 이 전통적인 분배는 부분적으로는 새로운 공급의 개발에 의해서뿐만 아니라, 경제적으로 상당히 중요한 작물의 재배 증가에 의해서도 회피되었다.

(2) accidentally / 제2차 세계 대전 직후에 갈색 나무 뱀은 남태평양에 있는 그것의 원래 분포 구역으로부터 괌으로 우연히 들어오게 되었는데, 아마도 배나 비행기에 원치 않는 승객으로 실려서 들어왔을 것이다.

Grammar Check-up

1 (1) ① had ② do (2) ① at which ② stable
2 ① → is

1 (1) ① had: if가 생략된 가정법 과거완료 구문이고, 절의 주어 you가 동사 employ의 행위자이므로 능동의 형태인 had가 어법상 적절하다.
② do: 대동사로 쓰여서 앞에 있는 know를 받고 있어 do가 어법상 적절하다.

(2) ① at which: temperature를 수식하는 관계절을 이끌고 이어지는 문장 구조가 완전하므로 at which가 어법상 적절하다.
② stable: 수동태 be kept 뒤에 보어가 이어지므로 형용사 stable이 어법상 적절하다.

2 ① 주어를 The most significant component of agriculture로 하는 문장의 술어 동사가 되어야 하므로 is로 고쳐야 한다.

Memo

하루 6개
1등급
영어독해

전국연합학력평가 기출 고2

정답과해설

변별력 갖춘 공정 수능! EBS 모의고사로 최종 대비!

수능 모의고사 시리즈 영역

다음 문제를 읽고 빈칸에 알맞은 답을 적으시오.

1. 최다 분량, 최다 과목 가장 많은 수험생이 선택한 과목별 8절 모의고사는?

FINAL □□□□□□

5월 발행 국어, 수학, 영어, 한국사, 생활과 윤리, 한국지리, 사회·문화, 물리학Ⅰ, 화학Ⅰ, 생명과학Ⅰ, 지구과학Ⅰ

2. 수능과 동일한 형태의 시험지와 OMR 카드로 실전 훈련을 할 수 있는 모의고사는?

□□□□□□ 봉투모의고사

7월 발행 국어, 수학, 영어, 한국사, 생활과 윤리, 사회·문화, 화학Ⅰ, 생명과학Ⅰ, 지구과학Ⅰ

만점마무리 봉투모의고사 □□□2

8월 발행 국어, 수학, 영어

3. 국어·수학·영어 모의고사가 한 봉투에! 논스톱 실전 훈련을 위한 모의고사는?

만점마무리 봉투모의고사 □□□□□ Edition

8월 발행 합본(국어 + 수학 + 영어)

4. 마지막 성적 상승의 기회! 수능 직전 성적을 끌어올리는 마지막 모의고사는?

수능 □□□□ 클리어 봉투모의고사

9월 발행 국어, 수학, 영어, 생활과 윤리, 사회·문화, 생명과학Ⅰ, 지구과학Ⅰ

EBS

고1~2 내신 중점 로드맵

과목	고교 입문	기초	기본	특화	+	단기

국어 / 영어 / 수학 / 한국사 사회 / 과학

- 고교 입문: 고등 예비 과정 / 내 등급은?
- 기초:
  - 윤혜정의 개념의 나비효과 입문편/워크북
  - 어휘가 독해다!
  - 정승익의 수능 개념 잡는 대박구문
  - 주혜연의 해석공식 논리 구조편
  - 기초 50일 수학
  - 매쓰 디렉터의 고1 수학 개념 끝장내기
  - 인공지능: 수학과 함께하는 고교 AI 입문 / 수학과 함께하는 AI 기초
- 기본:
  - 기본서 올림포스
  - 올림포스 전국연합학력평가 기출문제집
  - 유형서 올림포스 유형편
  - 기본서 개념완성 / 개념완성 문항편
- 특화:
  - 국어 특화: 국어 독해의 원리 / 국어 문법의 원리
  - 영어 특화: Grammar POWER / Reading POWER / Listening POWER / Voca POWER
  - 고급 올림포스 고난도
  - 수학 특화: 수학의 왕도
  - 고등학생을 위한 多담은 한국사 연표
- 단기: 단기 특강

과목	시리즈명	특징	수준	권장 학년
전과목	고등예비과정	예비 고등학생을 위한 과목별 단기 완성	●	예비 고1
국/수/영	내 등급은?	고1 첫 학력평가 + 반 배치고사 대비 모의고사	●	예비 고1
	올림포스	내신과 수능 대비 EBS 대표 국어·수학·영어 기본서	●	고1~2
	올림포스 전국연합학력평가 기출문제집	전국연합학력평가 문제 + 개념 기본서	●	고1~2
	단기 특강	단기간에 끝내는 유형별 문항 연습	●	고1~2
한/사/과	개념완성 & 개념완성 문항편	개념 한 권+문항 한 권으로 끝내는 한국사·탐구 기본서	●	고1~2
국어	윤혜정의 개념의 나비효과 입문편/워크북	윤혜정 선생님과 함께 시작하는 국어 공부의 첫걸음	●	예비 고1~고2
	어휘가 독해다!	학평·모평·수능 출제 필수 어휘 학습	●	예비 고1~고2
	국어 독해의 원리	내신과 수능 대비 문학·독서(비문학) 특화서	●	고1~2
	국어 문법의 원리	필수 개념과 필수 문항의 언어(문법) 특화서	●	고1~2
영어	정승익의 수능 개념 잡는 대박구문	정승익 선생님과 CODE로 이해하는 영어 구문	●	예비 고1~고2
	주혜연의 해석공식 논리 구조편	주혜연 선생님과 함께하는 유형별 지문 독해	●	예비 고1~고2
	Grammar POWER	구문 분석 트리로 이해하는 영어 문법 특화서	●	고1~2
	Reading POWER	수준과 학습 목적에 따라 선택하는 영어 독해 특화서	●	고1~2
	Listening POWER	수준별 수능형 영어듣기 모의고사	●	고1~2
	Voca POWER	영어 교육과정 필수 어휘와 어원별 어휘 학습	●	고1~2
수학	50일 수학	50일 만에 완성하는 중학~고교 수학의 맥	●	예비 고1~고2
	매쓰 디렉터의 고1 수학 개념 끝장내기	스타강사 강의, 손글씨 풀이와 함께 고1 수학 개념 정복	●	예비 고1~고1
	올림포스 유형편	유형별 반복 학습을 통해 실력 잡는 수학 유형서	●	고1~2
	올림포스 고난도	1등급을 위한 고난도 유형 집중 연습	●	고1~2
	수학의 왕도	직관적 개념 설명과 세분화된 문항 수록 수학 특화서	●	고1~2
한국사	고등학생을 위한 多담은 한국사 연표	연표로 흐름을 잡는 한국사 학습	●	예비 고1~고2
기타	수학과 함께하는 고교 AI 입문/AI 기초	파이선 프로그래밍, AI 알고리즘에 필요한 수학 개념 학습	●	예비 고1~고2